Über die Autorin:

Maureen Waller studierte am University College in London Geschichte des Mittelalters und der frühen Neuzeit. Anschließend vertiefte sie ihre Studien am Queen Mary College in London und konzentrierte sich auf das Thema Europäische Geschichte von 1660 bis 1714. Sie war in mehreren renommierten Verlagen tätig; heute arbeitet sie als Lektorin für Belletristik in Book Club Associates. Maureen Waller lebt in London.

Maureen Waller

Huren, Henker Hugenotten

Das Leben in London um 1700

Aus dem Englischen von
Rainer Schumacher

BASTEI
LÜBBE

Bastei Lübbe Taschenbuch
Band 64186

1. Auflage: Juli 2002

Vollständige Taschenbuchausgabe

Bastei Lübbe Taschenbücher ist ein Imprint
der Verlagsgruppe Lübbe

Deutsche Erstveröffentlichung
Titel der englischen Originalausgabe:
1700. SCENES FROM LONDON LIFE
© 2000 by Maureen Waller
© für die deutschsprachige Ausgabe 2002 by
Verlagsgruppe Lübbe GmbH & Co. KG,
Bergisch Gladbach
Lektorat: Alexander Huiskes und Hilke Bemm
Titelbild: Artothek/Heemskeercke, Egbert/van (1634/35–1704)
Powells-Marionettentheater in Covent Garden
Einbandgestaltung: Tanja Østlyngen
Satz: Textverarbeitung Garbe, Köln
Druck und Verarbeitung: Clausen & Bosse, Leck
Printed in Germany
ISBN 3-404-64186-8

Sie finden uns im Internet unter
http://www.luebbe.de

Der Preis dieses Bandes versteht sich einschließlich
der gesetzlichen Mehrwertsteuer.

INHALTSVERZEICHNIS

DANKSAGUNG

Ich möchte meinem guten Freund Tim Hely Hutchinson danken, der von Beginn an Interesse an diesem Projekt zeigte. Meinem Verleger Roland Phillips schulde ich ebenfalls Dank, weil er an mich geglaubt und mir Gelegenheit gegeben hat, mein erstes Buch zu veröffentlichen. Während all der Zeit hat er mich freundlich unterstützt. Auch danke ich den anderen Teammitgliedern von Hodder & Stoughton für ihren Enthusiasmus und ihre Professionalität.

Mein Dank gebührt zudem meiner Agentin Maggie Pearlstine sowie Matthew Bayliss und Toby Green, die sich großzügig für mich eingesetzt haben. Professor Lisa Jardine bin ich dankbar dafür, dass sie mich auf das London des 18. Jahrhunderts aufmerksam machte. Dank auch meiner Freundin Jane Ashelford, weil sie mir ihre Expertise über die Kleidung der Zeit und bei der Bildersuche zur Verfügung gestellt hat. Wie immer hat es mit ihr Spaß gemacht. Meinen Dank an Jerome Boyd-Maunsell für seine gewissenhaften Recherchen in kritischen Augenblicken.

Dieses Buch wäre nicht möglich gewesen ohne die Hilfe der Angestellten und die hervorragenden Sammlungen der London Library, der Guildhall Library, der British Library und ihrem Zeitungsarchiv in Colindale, der Senate House Library der University of London, des Greater London Record Office in Clerkenwell und der Lambeth Palace Library. Mein besonderer Dank geht an Mr Jeremy Smith und Mr John Fisher in der Druck- und Kartenabteilung der Guildhall Library. Mr Ian Murray von der Worshipful Company of Barbers zeigte mir freundlicherweise die Rechnungsbücher aus jenen Tagen, und Mr S.W. Massil in der Huguenot Society Library im University College London hat mich auf äußerst hilfreiche Art mit Material versorgt.

Dr. Thomas Stuttaford bin ich ausgesprochen dankbar für seine Ratschläge, was Krankheiten betrifft, und meinem Vater, Dr. John Waller, für seine langen Erklärungen zum selben Thema. Alle Schnitzer in den hier abgedruckten Ausführungen sind meine. Barry Turner und Tony Rennell möchte ich danken, weil sie mir ihre wertvolle Zeit gegeben und das Manuskript gelesen haben, sowie für ihre hilfreichen Kommentare und ihre Kritik.

Vor allem aber schulde ich Brian MacArthur meinen enormen Dank für seine schier endlose Geduld, seine Ermutigungen, seine gute Laune, seine emotionale und praktische Unterstützung und seine Ratschläge, wie man schreibt. Er hat sich stundenlang angehört, was Daniel Defoe gedacht hat und was die Londoner vor uns gesagt und getan haben. Jetzt wird es ihm vielleicht wieder möglich sein, mit mir auszugehen, ohne sich eine Beschreibung des Fleetgrabens oder der Lage der Pestgruben anzuhören, wenn wir doch eigentlich nur ein einfaches Dinner zu uns nehmen wollen.

VORWORT

*»... das bedeutendste Handelszentrum der Welt;
die größte und bevölkerungsreichste, die schönste und
prächtigste Stadt, die es heute in Europa gibt,
vielleicht sogar in der ganzen Welt.«*

Im Jahre 1700 war London die prachtvollste Stadt Europas.
Sie verdankte ihre Schönheit vor allem den Kirchen des Baumeisters Christopher Wren, die das Stadtbild beherrschten, besonders vom Fluss aus betrachtet. Auf ihrem Hügel überragte die nahezu fertig gestellte St. Paul's Cathedral die Stadt. Nur die Kuppel fehlte noch, was den Witzbold Ned Ward zu der Analogie veranlasste: »So langsam wie ein Bauarbeiter von St. Paul's mit einem Eimer Mörtel.«

Die Themse war die Lebensader der Metropole. In ihrer breiten Fahrrinne drängten sich Tausende von Vergnügungsbooten sowie rote und grüne Personenfähren. Die London Bridge mit ihren dicht stehenden Häusern und Andenkenläden stellte die einzige Brückenverbindung zwischen Nord- und Südufer dar. Darunter, im Londoner Hafen, lagen unzählige Schiffe – ein schwimmender Wald aus Masten –, die Waren aus den entferntesten Winkeln der Erde löschten. Nur wenige Meilen entfernt bildeten die Hügel von Hampstead und Highgate einen ländlichen Hintergrund zu der brodelnden, blühenden Metropole zu ihren Füßen.

Um das Jahr 1700 beherrschte London das Königreich in politischer, wirtschaftlicher und kultureller Hinsicht wie nie zuvor, und wie auch in späteren Jahrhunderten nicht mehr. Die Hauptstadt war Heimat von mindestens 530 000 Menschen, ein Neuntel der Gesamtbevölkerung, während die zweitgrößte Stadt des Landes, Norwich, lediglich 30 000 Einwohner zählte. Doch London bestimmte das Schicksal von weitaus mehr Menschen als der Untertanen von William III. London war ein Magnet für sämtliche sozialen Schichten: Hochadel, also die Nobility, und die Gentry[1] strömten hierher, um sich bei Hofe zu zeigen, an den Parlamentssitzungen teilzunehmen, juristische Angelegenheiten zu regeln, sich zu amüsieren, Ehen für ihre Kinder zu arrangieren oder um einzukaufen: London war ein wahres Einkaufsparadies, ein riesiges Kaufhaus voller Waren für den hungrigen Konsumenten. In der Grub Street blühte die Zeitungsindustrie; ihr Hauptabsatzmarkt waren die Kaffeehäuser, in denen über Gott und die Welt diskutiert wurde. Die Stadt war ein Zentrum des Buchdrucks, des Theaters und der Musik, und ihr kulturelles Leben strahlte auf das gesamte Königreich aus.

Doch die gewaltige Stadt konnte sich nicht aus eigener Kraft erhalten. Die Sterberate hatte im Vergleich zum vorangegangenen Jahrhundert sogar zugenommen. Mittlerweile gab es mehr Beerdigungen als Taufen, Tendenz steigend. Nur zwei von drei Kindern erlebten ihren zweiten Geburtstag, und von diesen beiden starb ein weiteres, ehe es 15 wurde. Erwachsene in den Zwanzigern und Dreißigern, meist die Ernährer ihrer Familien, waren besonders anfällig für Krankheiten. Die Straßen waren Kloaken, das Trinkwasser verschmutzt; der Gestank verrottenden Abfalls und überbelegter Friedhöfe war allgegenwärtig; in den Häusern gab es weder fließendes Wasser noch Waschräu-

---

[1] Der sog. *Gentry* umfasst einerseits den Niederen Adel – bis zum Baronet –, ist aber keine abgeschlossene Gruppe: Auch Großgrundbesitzer und Inhaber bestimmter Orden und Ämter zählen dazu. (Anm. der Redakteure)

Londons Hauptverkehrsweg war die Themse, auf der sich Tausende von Passagier- und Vergnügungsbooten drängten. Unter der London Bridge bildeten die Schiffe regelrecht einen schwimmenden Wald, um ihre Ladung zu löschen. *(Guildhall Library, Corporation of London)*

me mit Toiletten, und es existierte nicht einmal ein grundlegendes Verständnis für Hygiene. Die Luft war von schwefelhaltigem Kohlenrauch verpestet, der von Tausenden häuslicher und industrieller Feuer herrührte und Schmutz und Gift über der Stadt verteilte.

Die Tuberkulose war weit verbreitet; außerdem schlug ein besonders virulenter Pockenstamm regelrechte Schneisen des Todes durch die dicht gedrängt lebende Bevölkerung. Die Medizin war angesichts solcher Krankheiten nahezu hilflos; ein gebrochenes Bein konnte Infektionen und damit den Tod bedeuten.

In Anbetracht der hygienischen Verhältnisse kann es nicht verwundern, dass die gebürtigen Londoner chronisch krank und von schwacher Konstitution waren. Die riesige Stadt benötigte ständig neue, gesunde und robuste Zuwanderer vom Lande. Jedes Jahr strömten annähernd 8 000 junge Leute aus dem gesamten Königreich einschließlich Irlands in die Stadt, angezogen von den Löhnen, die hier 50 Prozent höher lagen als anderswo.

Der Große Brand von 1666 verschaffte der Stadt die Möglichkeit zur räumlichen Expansion. London war ohnehin schon über die alte Quadratmeile hinausgewachsen – jenes Areal, das in etwa von der römischen Mauer begrenzt worden war, von Ludgate im Westen zur Londonmauer im Norden, zum Tower im Süden und am Themseufer entlang bis nach Blackfriars. Inzwischen dehnte das Stadtgebiet sich bis zu weit außerhalb gelegenen Sprengeln wie Bishopsgate Without und Aldgate. Im Osten erstreckten sich die Siedlungen entlang des Ratcliffe Highway und durch Whitechapel bis nach Mile End, und die verkommenen Häuser der Seeleute und Hafenarbeiter in den feuchten Gassen längs des Flusses zogen sich von Wapping bis Rotherhithe.

Am Südufer grenzte Southwark mit seiner Metall verarbeitenden Industrie und seinen Brauereien an offene Felder. Jenseits vom Nordrand der Stadt lagen die freien Flächen von Moorfields, der Artillerieschießplatz und die Friedhöfe der Dissenter in Bunhill Fields. Im Nordwesten beherbergte Clerkenwell die Kunsthandwerker und die Uhrmacherindustrie, während weiter östlich, von Spitalfields bis Whitechapel, die Weiler der Weber zusammenwuchsen und bereits eine eigene Vorstadt bildeten. Über die Felder hinweg, nördlich der Stadt, lag Islington Spa mit seinen Kuhweiden und dem Dorf Hackney mit seinen Vorstadtvillen.

Im Westen stellten zwei Hauptverkehrsadern, die von dicht stehenden Häusern gesäumt waren, die Verbindung Londons mit Westminster dar. Westminster wiederum grenzte im Norden an Smithfield Market und erstreckte sich über die gesamte Länge an Holborn entlang, vorbei an den verfallenen Gebäuden von St. Giles nach Tottenham Court und zur Oxford Road. Über freies Feld ging es von der Oxford Road zur New Road, die das Dorf Marylebone im Westen mit St. Pancras im Osten verband. Südlich der Oxford Road lag Soho mit seinem schmucken Platz und den zahllosen geschäftigen Straßen; hier wohnten vorwiegend hugenottische Handwerker und Händler, die mit Luxusgütern handelten. Zwischen Holborn und The Strand lag die Bedford Estate in Covent Garden mit ihrer anmutigen Architektur und ihrem zweifelhaften Ruf.

Die südlichere Route aus der Stadt hinaus führte die Fleet Street hinunter zu The Strand und an der Statue von Charles I. in Charing Cross vorbei nach Whitehall. Der ausgedehnte Palast war 1698 abgebrannt; nur noch das Banqueting House stand. Nach der Restaurierung veranlasste die Anwesenheit des Hofes in Whitehall und St. James den forschen Henry Jermyn, Earl of St. Albans, Wohnungen für die Reichen am St. James Square und Umgebung zu errichten. In der Nordwestecke von St. James endete Pickadilly (nach den Pickadillies benannt, Bordüren für Halskrausen, die ursprünglich hier verkauft wurden) in der Portugal Street (so benannt zu Ehren der Gemahlin Charles' II.), die wiederum zum Hyde Park führte.

An der Ecke St. James und Hyde Park liefen die Straßen auseinander, sodass Rotwild auf dem Gelände dazwischen umherstreifen konnte. Mayfair war zu dieser Zeit gerade erst im Entstehen begriffen; es war noch immer Heimat eines Jahrmarkts, der inzwischen jedoch derart anstößig geworden war, dass die Behörden eine Schließung erwogen. Besucher von Williams und Marys neuem Palast im Dorf Kensington konnten unbelästigt durch den Hyde Park über die Route du Roi gehen – die im Volksmund Rotten Row genannt wurde, »Verdorbene Zeile« –, denn der gepflasterte Weg war über seine gesamte Länge beleuchtet. Von Whitehall ging die Straße in westlicher Richtung nach Westminster Abbey und zur Horse Ferry – wo man eine Kutsche mitsamt Pferden über den Fluss transportieren konnte –; dahinter führte sie auf die offenen Felder, wo die Melkerinnen den 1. Mai zu feiern pflegten. Das Dorf Chelsea mit seinem Physick Garden und den Internaten für Höhere Töchter lag weiter westlich das Ufer hinunter.

Zu keiner anderen Zeit in der Geschichte Großbritanniens war ein so hoher Prozentsatz an Handel und Industrie in der Hauptstadt konzentriert. Daniel Defoe bezeichnete London als

»Herz der Nation«, das Waren aus sämtlichen Grafschaften und der ganzen Welt anzog, sie verarbeitete und sie entweder konsumierte oder weiterverteilte.

Londons Betriebsamkeit regte das Wachstum der anderen Städte an: Schiffe fuhren die Ostküste vom Tyne zur Themse hinunter, um Kohle aus Newcastle zu bringen; nach dem Großen Brand war der Wiederaufbau Londons durch eine Kohlesteuer finanziert worden. Doch im Laufe des 18. Jahrhunderts machten andere Städte Großbritanniens der Hauptstadt in bestimmten Bereichen des Handels und der Industrie zunehmend Konkurrenz.

In ihrem Werk *Through England on a Side Saddle in the Time of William and Mary* (Auf dem Damensattel durch England zur Zeit Williams und Marys) äußerte Celia Fiennes sich sehr schmeichelhaft über Liverpool, das »einst nur eine Ansammlung von Fischerhütten war und nun zu einer feinen Stadt angewachsen ist; es ist nicht mehr nur ein Sprengel mit einer einzigen Kirche … Seine Straßen sind schön und lang; es ist London en miniature.« Auch Leeds hat sie sehr beeindruckt: »Eine große Stadt mit mehreren großen und sauberen Straßen, die sich durch gut gefertigte Abwasserrinnen und schöne Häuser aus Stein auszeichnen (…) Sie [Leeds] wird als wohlhabendste Stadt ihrer Größe im ganzen Land betrachtet. Ihr Geschäft ist die Yorkshirewolle, die allen Arbeit gibt, was die Stadt reich und stolz macht.« Als Daniel Defoe im Jahre 1724 *A Tour through the Whole Island of Great Britain* (Eine Reise über die ganze Insel von Großbritannien) veröffentlichte, beschrieb er Manchester als »eines der größten, wenn nicht sogar *das* größte Dorf in England« und berichtete, das Bevölkerungswachstum habe in den vergangenen 30 Jahren zu einem wahren Boom in der Güterherstellung geführt. Natürlich war Bristol ein potenzieller Rivale Londons im atlantischen Sklavenhandel und sollte bald erheblich expandieren. Und hinter der Grenze erbte das hübsche Städtchen Glasgow am Clyde den Tabakhandel.

Eine bukolische Szene im St. James Park, wo sich Melkerinnen, Höflinge, die hier einen Spaziergang unternehmen, und Wild ein Stelldichein gaben. *(Guildhall Library, Corporation of London)*

Die Glorreiche Revolution von 1688, die mit dem Triumph der parlamentarischen Regierungsform endete, war ein Scheidepunkt der englischen Geschichte. Die Londoner waren Zeugen der Schlüsselereignisse des turbulenten 17. Jahrhunderts geworden. Sie hatten ehrfurchtsvoll zugeschaut, wie an einem eiskalten Januartag des Jahres 1649 vor dem Banqueting House von Whitehall bei der öffentlichen Hinrichtung Charles' I. die Axt auf den Hals des gesalbten Herrschers herabgesaust war. Im Mai 1660 hatten sie die Rückkehr ihres Monarchen Charles II. und seines Hofstaats aus dem Exil bejubelt. Im Dezember 1688 war der Katholik James II. verkleidet aus dem Whitehallpalast geschlichen und hatte ein Schiff nach Frankreich bestiegen. Das Große Staatssiegel hatte er in einem typischen Akt stuartscher Impulsivität in die Themse geworfen. Nach Flucht und Absetzung James' II. gelangten seine ältere Tochter Mary und sein protestantischer Neffe und Schwiegersohn Wilhelm, Prinz von Oranien, auf den Thron. Im Februar 1689 saßen sie im Banqueting House, wo 40 Jahre zuvor ihr Großvater Charles I. in den Tod gegangen war, um die königlichen Privilegien zu erhalten – und akzeptierten mit dem Einverständnis beider Häuser des Parlaments die vereinten Kronen unter den Bedingungen der *Declaration of Rights.*

Als William III. und Mary II. waren sie die ersten konstitutionellen Monarchen. Dies war der Preis, den William zu zahlen bereit war, um Englands Reichtum und militärische Stärke für seinen lebenslangen Kampf gegen den ehrgeizigen Ludwig XIV. von Frankreich einsetzen zu können. Zum ersten Mal seit dem Vorstoß Heinrichs VIII. nach Frankreich im frühen 16. Jahrhundert wurde England wieder in einen Landkrieg auf dem Kontinent verwickelt, der mit Unterbrechungen bis zur Schlacht von Waterloo dauern sollte.

Der Widerwille seiner neuen Untertanen, sich in die europäischen Angelegenheiten einzumischen, ärgerte William. Verzweifelt beschwerte er sich: »Die Menschen hier haben wenig Sinn für die Geschehnisse außerhalb ihrer Insel, obwohl es sich für uns schickt, dass wir uns solcher Dinge mit genauso viel Interesse und Sorge annehmen wie die Menschen auf dem Kontinent.«

Williams Krieg dauerte von 1690 bis 1697, als beide Kontrahenten eine Pause einlegten, um ihre Kräfte zu sammeln und 1702 von neuem zu beginnen. Der Krieg verschlang solche Unsummen, wie man es sich in vergangenen Zeiten nicht hätte vorstellen können. Natürlich konnte dieser Krieg nicht aus den königlichen Schatztruhen finanziert werden, und die Steuern waren schon hoch genug. So ließ man sich andere Mittel zur Geldbeschaffung einfallen, beispielsweise die Nationale Lotterie, mit der man sich die Spielleidenschaft der Engländer zunutze machte. Dank der Stabilität und Reife des neuen konstitutionellen Regimes konnten die Pläne des Schotten William

Paterson und prominenter Bürger der Stadt London endlich in die Tat umgesetzt werden: die Gründung einer Nationalbank. Während sich das königliche Ehrenwort in Bezug auf Geldfragen in der Vergangenheit als äußerst unzuverlässig erwiesen hatte – wie etwa im Fall Charles' I., der 1640 die Münze geplündert, oder wie Charles II., der 1672 den Staatsschatz eingefroren und damit einige von Londons größten Bankiers ruiniert hatte –, bedeutete das neue System, dass die Löhne dem Wohlstand der Nation angepasst und vom Parlament garantiert wurden.

Im Jahre 1694 lieh man sich binnen vierzehn Tagen die ersten 1 200 000 Pfund von den Bürgern zu einem Zinssatz von 8 Prozent, unter der Bedingung, dass die Unterzeichner sich in einer Aktiengesellschaft vereinigten, die man die »Bank von England« nannte, obwohl es in Wahrheit eine Londoner Bank war. Gleich zu Beginn wurde die Rückzahlung durch ein Dokument gesichert, das »Gesetz, um ihren Majestäten Zinsen und Zölle auf die Tonnage von Schiffen sowie auf Bier und andere alkoholische Getränke zu geben«. Eine besondere Neuerung bestand darin, dass der Kredit an sich keine feste Laufzeit besaß; nur die Zinsen sollten regelmäßig ausbezahlt werden. Das bedeutete den Beginn einer permanenten Staatsverschuldung, die im Jahre 1700 bereits eine Höhe von zwölf Millionen Pfund erreicht hatte.

Wenngleich William vonseiten der Großgrundbesitzer viel Kritik dafür einstecken musste, dass er den Staat bis über beide Ohren verschuldete, half ihm diese neue Form des Kredits, einen Krieg zu finanzieren, der schlussendlich darauf angelegt war, ein Imperium zu erobern – was dem Land noch ganz andere Vorteile einbringen sollte. Es war der Wunsch, an diesen neuen Errungenschaften teilzuhaben, der Schottland zur Union von 1707 veranlasste. Die Bank spielte zwar eine wichtige Rolle bei der Ausweitung der Kreditmöglichkeiten für große Handelsherren und ermöglichte dadurch wiederum die Aus-

William III. und Mary II. leisteten im Banqueting House ihren Eid als konstitutionelle Monarchen – am gleichen Ort, an dem man ihren Großvater Charles I. enthauptet hatte, der für das Gottesgnadentum der Könige eingetreten war. *(Guildhall Library, Corporation of London)*

beutung latenter Stärken der Wirtschaft, aber auf das Leben der einfachen Leute hatte sie zu diesem frühen Zeitpunkt wenig bis gar keinen Einfluss. Versuche, den damaligen Geldwert mit dem heutigen zu vergleichen, sind sinnlos; aber es ist bemerkenswert, dass der Wert der größten Banknote zehn Pfund betrug – und das in einer Zeit, da ein Ladenbesitzer in London 45 Pfund und ein Hausmädchen fünf Pfund im Jahr verdiente.

Dieses Buch soll das tägliche Leben in London um die Wende vom siebzehnten zum achtzehnten Jahrhundert herum und vor dem Hintergrund öffentlicher Ereignisse einfangen. Heiter, überschwänglich, optimistisch, kühn, gewalttätig, brutal und mutig kämpften sich die Menschen dieser Stadt voran, um sich Gehör zu verschaffen. Ihre Stimmen erklingen aus Briefen und Gerichtsdokumenten – zunächst nur als Flüstern, dann als beharrliches Rufen, als hätten sie seit drei Jahrhunderten darauf gewartet, gehört zu werden. Diese persönlichen Enthüllungen werden durch Kommentare ihrer Zeitgenossen gestützt, nicht zuletzt durch den Schriftsteller Daniel Defoe, der in der Gemeinde von St. Giles, Cripplegate, geboren wurde, und der Zeit seines Lebens ein aufmerksamer Beobachter Londons und seiner Einwohner gewesen ist.

Hinweise zur Datierung:
In Edward Chamberlaynes Ausgabe von *Angliae Notitia, or the Present State of England* (Angliae Notitia, oder: Vom gegenwärtigen Zustande Englands) für das Jahr 1700 heißt es: »In England beginnt das Jahr gemäß den Mond- und Sonnenzyklen sowie des Almanachs am ersten Tag des Januar; doch der englische Staat beginnt das Jahr am Tag der Fleischwerdung Christi, dem 25. März.«
Dieses Buch folgt dem modernen Kalender.

Hinweis zur deutschen Übersetzung:
Die weitaus meisten von Maureen Waller zitierten Werke sind nicht in deutscher Sprache erhältlich. Im Rahmen dieses Sachbuches wurden sämtliche zitierten Titel und Texte so behutsam wie möglich und die Authentizität wahrend ins Deutsche übertragen. Bei ihrer ersten Erwähnung wird auch stets der Originaltitel angegeben.

1. KAPITEL

Eheglück

*Tausende Londoner wussten nicht, ob sie
rechtskräftig verheiratet waren; sie wussten nicht einmal,
was eine legale Ehe überhaupt ausmachte.*

34 Jahre nach dem Großen Feuer blicken die Betenden in St. Paul's noch immer zum freien Himmel hinauf. Doch binnen eines Jahrzehnts wird Wrens vollendete Kuppel ihren Schatten über das düstere Fleet-Gefängnis werfen, jenes unheimliche Gebäude, in dem Schuldner ihre Tage zählen. Am Fuß von Ludgate Hill liegt der Fleet-Graben, breit genug für eine Kohlenbarke, um nach Holborn zu segeln – sofern ein Schiffer bereit ist, sich seinen Weg durch stinkende Abwässer, dahintreibende Abfälle, ertränkte Welpen und tote Katzen zu bahnen, die den verschlammten Kanal zur Themse hinunter treiben. Vorbei am lärmenden Konzert der Fischweiber und Markthändler, die sich um die Fleet Bridge versammelt haben, gelangt man in ein Labyrinth aus Gassen, das als »Rules of The Fleet« bekannt ist und wo in 40 Hochzeitshäusern rege Betriebsamkeit herrscht.

Dann und wann späht das besorgte Gesicht eines Geistlichen aus einem verdreckten, mit Rissen überzogenen Fenster, über dem ein Schild das Bild zweier sich umklammernder Hände zeigt – einer männlichen und einer weiblichen –; darunter steht: »Hier Hochzeitsfeiern.« Als Geschäftspartner schicken Geistliche und Wirtsleute gemeinsam *plyers* aus, »Werber«, die sie unter den Straßenbewohnern rekrutieren, um Kunden für ihr seltsames Gewerbe heranzuschaffen. Die Frauen sind besonders hartnäckig. Sie zerren an den Ärmeln eines jeden, der zufällig vorüberkommt. »Sir, würdet Ihr Euch gerne verheiraten lassen?«

Kann man sich eine schönere Aufforderung denken? Ein Paar, das die Ehe einzugehen wünscht, wird mit aller gebührenden Höflichkeit aufgefordert einzutreten. Vielleicht werden sie im berühmtesten aller Hochzeitshäuser getraut, dem »Hand and Pen« nahe der Fleet Bridge. Nachdem man sie durch den allgegenwärtigen Biergeruch und Tabakrauch gescheucht hat, werden sie von einer schlampigen Hauswirtin in ein Privatzimmer geführt, das als Kapelle dient, um dort auf den Pfarrer zu warten. Es ist spät am Nachmittag, und am von Rauch verhangenen Himmel breitet sich bereits die Dunkelheit aus. Ein Blick auf die Zeiger der Uhr in der Kapelle lässt die zukünftigen Ehepartner erkennen, dass diese für alle Zeiten auf neun Uhr stehen, denn Eheschließungen sind nur rechtens, wenn sie in den kanonischen Stunden zwischen acht Uhr morgens und Mittag vorgenommen werden.

Geduldig wartet das Paar auf das Erscheinen des Pfarrers. Vielleicht wird es James Colton sein, den der Bischof von London ob seiner üblen Methoden zwar des Amtes enthoben hat, der aber ungeachtet dessen und ungestraft sein illegales Hochzeitsgewerbe weiterführt. Oder es könnte Nehemiah Rogers sein, ein Gefangener aus dem Fleet-Gefängnis, »der Freigang hat ... ein durch und durch verdorbener Mann, der für das Trinken, Huren und Fluchen lebt. Er prügelt den Bräutigam in die Kapelle und flucht dabei wie ein gemeiner Soldat.«

Doch welcher Pfarrer es auch sein mag, eines ist sicher: Er wird mit gefälschten Urkunden daherkommen, die zwar das königliche Wappen tragen, denen es aber an den notwendigen Stempeln mangelt – und dort, wo eigentlich schon die Namen stehen sollten, sind die Blätter leer. Die Urkunden werden freundlicherweise von Bartholomew Bassett zur Verfügung gestellt, dem Kirchendiener des ältlichen Pfarrers der Gefängniskapelle; tatsächlich wird Bassett die Eheschließung – gegen ein gewisses Entgelt – auch ins Kirchenregister eintragen, um ihr gänzlich einen offiziellen Anschein zu verleihen.

Und Bassetts Geschäftssinn könnte nicht besser platziert sein. Schließlich ist The Fleet ein Gewerbegebiet und ideal gelegen, um das günstige und praktische Gesetz aus den Jahren 1694–96 zu nutzen, das Eheschließungen besteuert und sämtliche Urkunden mit einer Gebühr belegt. In den Jahren zuvor hat The Fleet sich den Löwenanteil des heimlichen Hochzeitshandels gesichert und damit die Konkurrenz nahezu ausgeschaltet, die traditionell eine Befreiung von der kirchlichen Jurisdiktion für sich beanspruchte: die so genannten *peculiars* vom Duke's Place in St. James, St. Pancras und den Holy Trinity Minories. Bassett streicht mehr als 200 Pfund pro Jahr ein, indem er den Gefängniskeller an Geistliche ohne Pfründe vermietet, die dort Trauungen ohne kirchlichen Segen oder Lizenz vornehmen – und dies ungeachtet des Gesetzes von 1696, das solche Taten mit einer Strafe von 100 Pfund belegt. Da einige dieser Geistlichen ohnehin als Schuldner im Fleet-Gefängnis einsitzen, haben sie nichts zu verlieren. Auf jeden Fall verschafft ihnen Bassett nur allzu gern alles, was sie wollen.

Die heimlichen Eheschließungen stellen einen Verstoß gegen die Gesetze der Kirche von England dar, wie sie im Kanon von 1604 festgelegt sind. Dort kann man nachlesen, dass eine Hochzeit öffentlich in der Gemeinde einer der beteiligten Parteien stattzufinden hat, nachdem das Aufgebot – ebenfalls öffentlich – an drei aufeinander folgenden Sonntagen verlesen wurde. Wahlweise kann das Paar auch von einer kirchlichen Behörde eine Lizenz erwerben, die mit einem vollständig bezahlten, offiziellen Stempel versehen ist. Doch die heimlichen Hochzeiten, wenngleich sie etwas Anrüchiges haben, werden von Tausenden Londonern der offiziellen Variante vorgezogen.

Allein im Jahr 1700 werden 2251 Ehen – gut ein Drittel – in den schmutzigen Gassen um die Fleet Bridge herum geschlossen. Die Paare strömen aus den an Bevölkerung reichen und an Geld armen Gemeinden von Stepney, Whitechapel, Cripplegate Without, Aldgate und St. Giles in the Field herbei. Manche kommen sogar von so weit her wie Hertfordshire oder Essex. Einige der Möchtegerngatten bezeichnen sich als Gentlemen, Akademiker oder gar Geistliche; doch bei den meisten handelt es sich um Handwerker, Arbeiter, Kutscher, Flussschiffer, Händler, Wirtsleute und Vagabunden, die von der Aussicht angezogen werden, in The Fleet billig zu heiraten.

Bei einigen Heiratswilligen jedoch sind die Motive mehr als anrüchig: Ein Onkel will seine Nichte heiraten; also geht er nach The Fleet. Eine Frau ist dem Charme ihres Schwagers erlegen; also gehen sie nach The Fleet. Zu ihnen gesellen sich Diener und Lehrlinge, denen ihre Arbeitsverträge eine Heirat verbieten, Witwen, die ihr Erbe oder ihre Handelsprivilegien nicht durch eine erneute Heirat gefährden wollen, Paare, die in ihren Gemeinden als zu arm zum Heiraten gelten, sowie Seeleute, die noch rasch vor dem Auslaufen in den Stand der Ehe treten wollen – unter Umständen auch mehrmals. Die unterschiedlichsten Leute kommen nach The Fleet, um sich heimlich trauen zu lassen.

Ist der Pfarrer endlich erschienen, verbringt man die nächsten Minuten mit Feilschen, bis schließlich ein paar Münzen ins offene Gebetbuch gelegt werden: Zwei Schilling und vier Pence sind üblich, wovon der Pfarrer sechs Pence dem Werber gibt und dem Wirt eine Gebühr für die Benutzung des Hinterzimmers zahlt. Urkunde und Eintrag ins Kirchenregister heben die Kosten auf sieben Schilling und sechs Pence, was in etwa dem Wochenlohn eines Arbeiters entspricht, doch selbst das ist kaum ein Drittel der Kosten, die eine reguläre Hochzeit verursacht, mithin ein gutes Geschäft. Was die Zimmermiete betrifft, ist es mit der Großzügigkeit des Wirts nicht weit her; er profitiert von dem rauschenden Fest und dem Trinkgelage, das für gewöhnlich der Hochzeit folgt. Der Hochzeitskuchen wird für sechs Pence das Stück verkauft, und sollte das Paar es nicht abwarten können, die Ehe zu vollziehen, kostet das Brautgemach einen ganzen Schilling.

Bei einer so engen Zusammenarbeit zwischen Geistlichkeit und Wirtsleuten gehen diese oft eine Partnerschaft ein. Während der Pfarrer sich mit 20–30 Pfund pro Jahr bezahlen lässt, streicht der Wirt die Gebühren ein, die dem Bräutigam abverlangt werden. Bisweilen werden sich Hochzeitsgesellschaft, Pfarrer und Wirt über den Preis nicht einig, und es kommt zum Streit, bei dem irgendwann die Fäuste fliegen. Manch unglückliches Paar unterschätzt die Kosten und muss unverheiratet wieder von dannen ziehen. Meist aber findet sich ein Kompromiss. Entweder wird der Hochzeitsring versetzt oder das Paar verzichtet auf die Urkunde und bleibt »halb verheiratet«. Bei einer Fleet-Hochzeit ist ein niedriger Preis ebenso wichtig wie Schnelligkeit und Geheimhaltung – »ohne Zeitverlust, Geschäftshindernis oder Wissen der Freunde«.

Mit Bierfahne, verdrecktem Chorhemd und dem Gebetbuch in der Hand hält der Pfarrer eine Hochzeitszeremonie in Kurzform ab. Das Kirchenrecht verlangt zwar eine vollständige Zeremonie, doch dafür ist hier keine Zeit. Auf Formalitäten wird verzichtet. Stattdessen macht der Pfarrer sich ein paar Notizen, die er später ins Kirchenregister übertragen wird – es sei denn natürlich, man bezahlt ihn dafür, die Hochzeit geheim und die Familiennamen aus dem Register herauszuhalten. Die Skrupellosen fügen Einträge ins Kirchenregister hinzu, entfernen sie wieder oder fälschen sie gar; beispielsweise geben sie ein früheres Datum an, um eine Schwangerschaft im Nachhinein zu legitimieren. Es gibt viele Auslassungen im Kirchenregister, und das Notizbuch eines Pfarrers ist eine Fundgrube an Enthüllungen: »Seit vier Jahren leben sie als Mann und Frau zusammen; sie waren so sündig, dass sie darum baten, die Urkunde zurück-

zudatieren«, oder: »Der Bauch der Frau war kugelrund; sie verlangten, die Urkunde zurückzudatieren, und weil dem nicht
entsprochen wurde, haben sie einen Zeugen misshandelt.«

Einträge ins Kirchenregister zu fälschen, die mit Geburt, Eheschließung und Tod zu tun haben, kostet nach einem Gesetz
von 1689 100 Pfund, doch zu einer Bestrafung kommt es so gut
wie nie – besonders nicht, wenn man sich mit Bassett gutstellt,
der »zurückdatiert, wie es ihm beliebt«. Unter dem Vorwand
der Legalität gibt es auch Register in den Hochzeitshäusern, die
einem Missbrauch noch weiter Tür und Tor öffnen. Diese Register besitzen keinerlei juristischen Wert, können aber großen
Schaden anrichten. So bot eine Wirtin »einer jungen Frau, die
ein Kind unter dem Herzen trug und von ihrer Gemeinde gejagt wurde, eine Heiratsurkunde an, und sie (die Wirtin) sagte,
für eine halbe Guinea könne der Eintrag zurückdatiert werden,
was die junge Frau vor dem Zorn ihrer Freunde schützen würde«. Jeder, so scheint es, konnte bei dieser Frau für eine halbe
Krone eine Urkunde erwerben und seinen Namen in ihr Buch
eintragen lassen, wobei das Datum der Eheschließung beliebig
lange zurückliegen konnte. Für den Fall, dass eine solche Eheschließung aufflog, würden der Mangel an Beweisen und die
Bereitschaft der Zeugen, für ein paar Pence einen Meineid zu
schwören, den Gerichten großes Kopfzerbrechen bereiten.

Im Jahr 1700 waren die Gesetze und Sitten, die mit einer
Hochzeit zu tun hatten, derart verworren, dass Tausende von
Londonern nicht wussten, ob sie legal verheiratet waren; ebenso wenig wussten sie, was eine legale Hochzeit eigentlich ausmachte. Es gab die etwas unklare Vorschrift, dass das Ehegelübde vor Zeugen abgelegt werden musste – »Ich, John, nehme
dich, Hannah, zu meiner Frau«, und dergleichen –, gefolgt vom
Vollzug der Ehe, was bedeutete, dass das Paar »in den Augen
Gottes verheiratet ist«. In Verbindung mit der Zustimmung
ihrer Nachbarn reichte das für viele Paare aus. In kirchlichem
Sinne galten diese Ehegelübde als bindend und unauflöslich.

Im bürgerlichen Recht wurden Eigentumsrechte jedoch nur an jene übertragen, die öffentlich getraut worden waren. In der Praxis bedeutete dies, dass im Fall einer heimlichen Hochzeit der Ehemann nicht das Eigentum seiner Frau beanspruchen beziehungsweise dass die Frau nicht ihr Recht als Witwe geltend machen konnte; auch konnten die Kinder aus dieser Verbindung nicht legal als Erben auftreten.

Kirchliches und weltliches Recht wankten also eher nebeneinander her, als im Gleichschritt zu marschieren. Doch damit nicht genug: Das Urteil eines weltlichen Gerichts konnte sogar von einem kirchlichen Berufungsgericht aufgehoben werden. Für das gemeine Volk war das eine unverständliche, juristische Haarspalterei – und für die Besitzlosen ohnehin bar jeder Bedeutung. So stellte ein Versprechen unter Vorbehalt, *»per verba in futuro«*, – zum Beispiel: »Ich, Hannah, nehme dich, John, zum Mann, sofern mein Vater uns seine Zustimmung erteilt« – keinen bindenden Vertrag dar, es sei denn, den Worten folgte der sofortige Vollzug, was man – zumindest für diesen einen Augenblick – als Zustimmung wertete.

Für die Menschen waren jedoch andere Dinge entscheidend. So betrachtete man die Ehe formell als geschlossen, wenn die Ehepartner ein Symbol gegenseitiger Zuneigung austauschten, vorwiegend einen Ring oder eine zweigeteilte Münze. »Wir sind verheiratet«, ruft einer der Protagonisten in Farquhars *The Inconstant* (Der Wankelmütige). »Verheiratet! Ach und weh, du armes Ding. Was habt ihr einen Ring oder ein altes Stück Geld ausgetauscht!«

Doch die Kirche erachtete derlei Geschenke als irrelevant, und auf ein mündliches Gelübde ohne Zeugen konnte man sich kaum berufen, wie ein enttäuschter junger Mann feststellen musste, als seine Liebste einen anderen heiratete:

Besagter Stephen erzählte über besagte Mary Russell, sie sei die erste Frau gewesen, der er je den Hof gemacht hatte, dass er ihr seine Zuneigung geschenkt und gehofft habe, sie würde ihn nicht betrügen. Sie erwiderte darauf, sie würde nichts dergleichen tun. Dann steckte besagter Stephen der besagten Mary Russell einen Ring an den Finger (...) und erklärte: »Ich gebe dir diesen Ring zum Zeichen des Ehebundes zwischen dir und mir, auf dass du keinen anderen Mann haben sollst.« Und besagte Mary Russell antwortete darauf: »Ich verspreche Euch zu heiraten, Mr Wilson, und keinen anderen Mann.«

Ein Teil der wirren Regelungen lässt sich bis ins Mittelalter zurückverfolgen. Die Vorstellung, dass man in der Kirche heiraten musste, um das Sakrament der Ehe zu empfangen, stammte aus dem 15. Jahrhundert. Im Zuge der Reformation verlor die Ehe den Status eines Sakraments, blieb jedoch ein spiritueller Akt und somit unauflöslich. Man ging gemeinhin davon aus, dass die Anwesenheit eines Priesters eine Ehe offiziell machte. Allerdings hatte die anglikanische Kirche es versäumt, die mittelalterlichen, englischen Ehegesetze zu modernisieren, während das katholische Europa genau dies auf dem Konzil von Trient im Jahre 1563 getan hatte. Die Republik hatte die Angelegenheit noch verwirrender gemacht, indem sie im Jahre 1650 das Konzept der Zivilehe eingeführt hatte, wodurch die Kirche in der öffentlichen Meinung überflüssig geworden war. Die Restauration hatte diesem Experiment rasch ein Ende bereitet, weshalb die anglikanische Kirche viel von ihrem Einfluss zurückgewonnen hatte; dennoch waren noch genügend Dissenter übrig geblieben, die ihre eigenen Arrangements denen der Kirche vorzogen. Sie heirateten in ihren eigenen Kapellen oder Versammlungshäusern. Die Ehegesetze von 1694–96 verliehen dem Ganzen eine zusätzliche Dimension. Nun zeigte zum ersten Mal der Staat reges Interesse an der formal korrekten Durchführung einer Eheschließung, schließlich brachte sie jetzt ja Steuern ein. Vorbehalte gegen die Einmischung des Staates, ein natürliches Misstrauen gegen jede Form von Autorität und die Möglichkeit, fünf Schilling Steuer auf Lizenzen und Urkunden zu sparen, bewogen eine ständig wachsende Zahl von Londonern, hinter dem Rücken des Staates zu heiraten.

Trotz der offiziellen Missbilligung seitens des Staates wurde eine heimlich geschlossene Ehe von der Kirche als gültig und unauflöslich betrachtet, solange bestimmte Grundvoraussetzungen erfüllt waren. Das Paar durfte weder durch Bluts- noch Heiratsbande vorher zu eng miteinander verwandt sein. Der Bräutigam musste älter als 14 sein, die Braut älter als zwölf; lag keine Zustimmung der Eltern beziehungsweise des Vormunds vor, mussten beide älter als 21 sein. Angesichts der Problemlosigkeit, mit der die heimlichen Trauungen vollzogen wurden, und des dubiosen Charakters der Formalitäten, standen dem Missbrauch unweigerlich Tür und Tor offen. Es war nicht ungewöhnlich, wenn eine Frau versuchte, ihren Bastard zu legitimieren und so der Schande einer öffentlichen Auspeitschung zu entgehen, indem sie rasch irgendeinen x-beliebigen Fremden in The Fleet heiratete.

Oft tauschte man sogar die Partner, bisweilen auf recht dreiste Art:

Am vergangenen Dienstag tauschten zwei Personen, einer aus der Skinner Street, der andere vom Webb's Square, Spittle Fields, ihre Frauen, mit denen sie bis zu zwölf Jahre verheiratet gewesen waren; noch am selbem Tag wurden zur Freude aller Parteien die Ehen in The Fleet geschlossen. Jeder der beteiligten Ehemänner gab sein Weib dem andern, und am Abend vergnügten sie sich miteinander.

Ein Geistlicher vertraute seinem Notizbuch den Verdacht an, dass ein Paar, das er gerade getraut hatte, beides Frauen waren – und tatsächlich gibt es Beweise für solche Verbindungen.

Diese Szenen aus dem Eheleben illustrieren perfekt die Mode der Zeit, auch wenn das sich streitende Paar auf dem zweiten Bild sich gegenseitig Kopf-

THE UNHAPPY MARRIAGE

If once the Husband fails the Wife's desire;
Some Jealous Devil straight blows up the Fire.

Wise prithee w.t does cause this Passion
That thou doest strike me on this Fashi.

My Husband has Raffled the Old Man.
But let him lay him, if he can.

schmuck und Perücke vom Kopf gerissen zu haben scheint. *(Witt Library, Courtauld Institute, London)*

Ein ausländischer Besucher der Stadt, César de Saussure, bemerkte erstaunt eine weitere Form des Ehemissbrauchs:

> Wenn eine Frau heiratet, ist sie von ihren Schulden befreit. Es soll bis über beide Ohren verschuldete Frauen geben, die The Fleet aufsuchen, kurz bevor man sie ins Gefängnis wirft, um von diesem Gesetz zu profitieren, indem sie sich einen dort einsitzenden Junggesellen suchen, der sie für drei Guinea heiraten will, das heißt, der mit ihr die Hochzeitszeremonie durchsteht. Ein Priester wird gerufen, der das Paar unverzüglich traut, da für Eheschließungen in The Fleet weder eine Lizenz noch ein öffentliches Aufgebot vonnöten sind. Eine Flasche Bier oder Wein wird getrunken; der Priester stellt die Heiratsurkunde aus, und die frisch vermählte Braut geht davon und sieht ihren Ehemann nie wieder. Wenn dann die Gläubiger auftauchen, um die Schulden einzutreiben, holt die Frau die Heiratsurkunde hervor, und so kann sie nicht verhaftet werden, denn sie hat ja einen Ehemann. Im Gegenzug kann natürlich auch dieser nicht für die Schulden seiner Frau zur Verantwortung gezogen werden, da er ja ohnehin schon im Gefängnis sitzt. Dieser außerordentliche Missbrauch ist per Gesetz erlaubt.

Viele glaubten überdies noch immer, dass an den Ehemann einer solchen Frau deren Schulden nicht übergehen würden; unglücklicherweise entsprach das jedoch nicht dem Gesetz. Die Gerichte wurden mit Klagen überhäuft, die mit heimlichen Hochzeiten zu tun hatten; doch die Tatsache, dass diese Eheschließungen eben heimlich waren, machte es schwer zu beweisen, dass eine solche überhaupt stattgefunden hatte, wenn eine der Parteien versuchte, die Anschuldigung zurückzuweisen. Bigamie stellte ein besonderes Problem dar. »Daher gibt es auch Fälle von Polygamie, denn sie ist leicht zu verbergen und wird nur allzu oft praktiziert«, schrieb der Franzose Henri Misson, ein scharfer Beobachter der englischen Sitten.

In einem Fall stellte das Gesetz solch eine Übeltäterin und bestrafte sie aufs Schwerste:

Mary Stokes, alias Edwards, wurde angeklagt, zwei Männer geheiratet zu haben: Dem einen mit Namen Thomas Adams wurde sie am 15. Juli vor fünf Jahren am St. James' Dukes Place angetraut. Der andere war Sebastian Judges, den sie am 5. November dieses Jahres am selben Ort heiratete. Beide Ehen sind bezeugt, und die Betroffenen schwören offen gegen Mary Stokes, dass sie außerdem einen William Brown geheiratet und dass sie mit Judges nur eine Nacht verbracht habe und am Morgen fortgerannt sei. Bei Adams blieb sie acht Tage. Hinterher wurde sie mit einem William Carter verheiratet, was insgesamt vier ergibt. Dann wurde sie im Red Lyon in der Bishopsgate Street gefasst. Sie erklärte, man hätte ihr gesagt, sie könne ohne weiteres noch einen Mann ehelichen, da sie bereits vor einem halben Jahr dafür verurteilt worden sei, zwei Männer geheiratet zu haben. Insgesamt erwies sie sich als faule Schlampe, die so viel Geld wie möglich aus ihren Männern herausholte und dann davonlief. Sie wurde eines Kapitalverbrechens für schuldig befunden.

Mary Stokes wurde zum Tode verurteilt.

Doch trotz der Komplikationen und Fallstricke blieben die heimlichen Hochzeiten überaus beliebt. Eine der dunkleren Seiten dieses Geschäfts waren die Ver- oder sogar Entführungen reicher Erbinnen. »So kommt es zu Verbindungen zwischen Lakaien und jungen Damen aus gutem Hause, die – so seid versichert – anschließend kein einfaches gemeinsames Leben führen«, bemerkt Misson. Alkohol und Drogen waren nützliche Hilfsmittel bei Entführungen, und mehrere junge Erbinnen und wohlhabende Witwen wachten plötzlich im Bett mit einem Fremden auf, nachdem man sie zwangsweise getraut und im bewusstlosen Zustand vergewaltigt hatte.

Daniel Defoe beklagte sich über die »schockierende Tatsache, dass junge Frauen entführt und in die Hände von Schlägern und Betrügern gegeben werden. So ist es geradezu gefährlich, einer Dame ein Vermögen zu hinterlassen, auf dass sie sich daran erfreuen möge; tatsächlich droht diesen Frauen sogar Gefahr für Leib und Leben.« Obwohl junge Frauen in London sehr viele Freiheiten genossen und gehen konnten, wohin sie wollten, galt für eine reiche Erbin in der Praxis doch etwas anderes. Defoe schrieb: »[Eine Erbin] wurde ständig beobachtet und von einer ganzen Bande von Gaunern, Betrügern, Spielern und ähnlich gierigem Gesindel belagert, sodass ihr nichts anderes übrig blieb, als wie eine Gefangene in ihrer Kammer zu leben.« Ging sie hinaus, lief sie Gefahr, »geschnappt und in eine Kutsche gestopft zu werden; dann führt ein als Geistlicher verkleideter Kerl die Trauung durch, während der Frau eine Pistole auf die Brust gedrückt wird, um ihr das Jawort abzupressen«.

Eine solch unglückliche Erbin, die 200 Pfund im Jahr und 600 Pfund in bar wert war, wurde »von ihren Freunden fortgelockt (...) und in einer Fleet-Kapelle gegen ihren Willen getraut«. Anschließend jagte man die Übeltäter, »die die junge Dame auf so barbarische Weise missbraucht haben, dass sie die Sprache verloren hat«. So lange Bassett und seine Freunde im Geschäft waren, war die Durchführung solcher Hochzeiten ein Leichtes. Erst die Ehegesetze von 1753 setzten diesem hinterhältigen Treiben ein Ende.

Selbst bei den »regulären Hochzeiten« (sofern man sie als solche bezeichnen kann) wurde oft versucht, die Gesetze zu umgehen. Beispielsweise betrachtete man die mehrmalige öffentliche Bekanntmachung des Aufgebots der bevorstehenden Eheschließung in sämtlichen Gesellschaftsschichten als ungerechtfertigte Einmischung in Privatangelegenheiten. »Die Verkündung des Aufgebots schätzt heutzutage niemand. Nur wenige sind bereit, ihre Angelegenheiten an einem öffentlichen Ort und vor aller

Welt offen legen zu lassen, wo man es doch auch für eine Guinea gemütlich und ohne viel Lärm haben kann«, schrieb Misson. »Und meine guten Freunde, die Geistlichen (...), sind nicht sehr eifrig, das zu verhindern. So kaufen sich die Paare dann das, was sie eine Lizenz nennen, und lassen sich in ihren Kabinetten trauen. Nur ein paar Freunde, die als Zeugen dienen, sind bei einer solchen Hochzeit zugegen. Dies bindet die Eheleute dann auf ewig.«

Eine wachsende Zahl von Londonern entwickelte eine Abneigung gegen die öffentliche Natur der Aufgebote. Solche Hochzeiten mussten im vollen Licht der Öffentlichkeit gefeiert werden, im Rahmen eines Gottesdienstes zwischen acht Uhr morgens und zwölf Uhr mittags an einem Sonntag – der Tag, an dem man davon ausging, dass sich die gesamte Bevölkerung in der Kirche versammelte. Oft war allgemein bekannt, dass sowohl Braut als auch Bräutigam bereits vor der Ehe sexuelle Erfahrungen gesammelt hatten – Petting, oder in der Sprache der Zeit, das »bundling« (»Bündeln«), war weit verbreitet. Diese Paare wollten die verschmitzten Blicke und das Augenzwinkern jener Gemeindemitglieder vermeiden, die von diesen Indiskretionen wussten, und die Paare, die aus rein materiellen Gründen heirateten, wollten peinlichen öffentlichen Kommentaren aus dem Weg gehen.

Pfarrgebühren wurden auf Tafeln in den Kirchen ausgehängt, und die Hochzeitsgebühren mussten während der Zeremonie gemeinsam mit dem Ring auf das Messbuch gelegt werden. Eine Lizenz – von den unter 21-Jährigen wurde hierzu der Eid verlangt, dass ihre Eltern oder Vormünder der Eheschließung zugestimmt hatten –, war noch wesentlich teurer. In der Erzdiözese Canterbury, zu der die meisten Londoner Gemeinden gehörten, kostete eine Lizenz, um ohne öffentliches Aufgebot zu heiraten, zehn Schilling und noch einmal 20, wollte man die Hochzeit außerhalb der kanonischen Stunden feiern. Der Dekan Humphrey Prideaux beklagte die Geldgier der Diözesanbeamten, die die Paare ermunterten, außerhalb der kanonischen Stunden zu heiraten, um die entsprechenden Gebühren zu kassieren. Allerdings war es auch eine Frage der Mode für »Leute von Rang und Namen und jene, die es ihnen nachtun (…), in der Nacht und in ihrem eigenen Gemach vermählt zu werden«. Natürlich gab es auch jene, die sich am Prunk einer großen, öffentlichen Hochzeit erfreuten, bemerkte Misson:

Haben es sich mittelmäßige Leute in den Kopf gesetzt, extravagant in der Öffentlichkeit zu heiraten (was nur selten vorkommt), laden sie eine große Zahl von Freunden und Verwandten ein. Jeder lässt sich neue Kleider schneidern und kleidet sich feiner als üblich. Die Männer führen die Frauen, sie steigen in die Kutschen, und so geht es in einer Prozession zur Kirche, wo sie am helllichten Tage vermählt werden. Nach zweitägigem Fest und Tanz geht es dann aufs Land, wo man sich auf das Angenehmste unterhält.

Die Braut von 1700 trug niemals Weiß. Konnte sie es sich leisten, bevorzugte sie bunte Seide. Ihre Strumpfbänder, die auf dem Weg ins Hochzeitsbett eine wichtige Rolle spielten, bestanden aus eleganten Seidentüchern, die unmittelbar unter die Knie gebunden wurden. Blau war sehr beliebt, vielleicht wegen seiner ungeklärten Beziehung zur Jungfrau Maria, doch rote und weiße Strumpfbänder waren ebenso verbreitet. Brautjungfern und Gäste trugen Rosmarin- und Lorbeerzweige. Der Rosmarin, der sowohl bei Hochzeiten als auch bei Beerdigungen Verwendung fand, wurde in Duftwasser getaucht. Den Brautweg streute man mit Binsen aus.

In *The Ten Pleasures of Marriage* (Die Zehn Freuden der Ehe) macht Aphra Behn sich über ein besonders modebewusstes Paar und dessen schier unglaublich teure Hochzeit lustig. Die Frau verfällt in einen solchen Kaufrausch, dass »es nicht verwundert, dass das gesamte weibliche Geschlecht so begierig ist zu heiraten, und kaum haben sie den ersten Mann verloren, suchen sie sich auch schon einen zweiten«.

Sie fährt fort:

… weil es unmöglich war, jeden zu der Hochzeit einzuladen, muss diese süße Venus herumgeführt und zu allen Freunden und Verwandten ihres Gemahls gescheucht werden. Ja, alle Welt muss sehen, was für ein schönes Paar sie sind, und wie gut sie doch zusammenpassen. Zu diesem Zweck putzen sie sich jeden Tag aufs Schönste heraus. Eine wahre Zierde für jede Straße, starren sie in die Häuser ihrer Bekannten, um sich zu vergewissern, dass man sie auch ja bewundert.

Der Begriff »Flitterwochen« – der Monat, den das frisch vermählte Paar allein mit sich selbst verbringen darf – etabliert sich allmählich.

Die Mehrheit der »mittelmäßigen« Londoner, wie Misson sie nannte, bevorzugte jedoch eine unauffälligere Art des Heiratens. So vermied man hohe Kosten und viel Ärger:

Der Bräutigam, also der zukünftige Ehemann, und die Braut, also das zukünftige Eheweib, gehen geführt von ihren Eltern oder jenen, die an ihre Stelle treten, und begleitet von zwei Brautmännern und zwei Brautjungfern früh am Morgen mit der Lizenz in der Tasche zum Herrn Kurat und seinem Schreiber und tragen ihm ihr Anliegen vor. Sie werden im Flüsterton und hinter verschlossenen Türen vermählt, geben dem Geistlichen eine Guinea Trinkgeld und stehlen sich hinaus. Die einen huschen in diese, die anderen in jene Richtung. Zu Fuß oder in einer Kutsche begeben sie sich auf verschiedenen Wegen zu einer Taverne weit weg von ihrem Heim oder zum Haus eines vertrauenswürdigen Freundes. Dort nimmt man dann ein gutes Mahl zu sich und kehrt des Abends still wie Lämmer wieder nach Hause zurück.

Einer der Gründe für all diese Geheimniskrämerei war die Absicht, ein »Charivari« zu vermeiden, den wilden, obszönen Lärm, den »vulgäre« Leute auf der Straße unter dem Brautgemach zu veranstalten pflegten. Nur mit Bestechungsgeldern und ausreichend Alkohol wurde man diese Demonstranten wieder los. »Wenn die Musikanten mit ihren Trommeln und Fideln davon erfahren, sind sie spätestens bei Tagesanbruch dabei«, bemerkt Misson ironisch, »und veranstalten einen Höllenlärm, bis sie ihre Pence bekommen haben.«

Im Privaten wurde jedoch viel gefeiert:

... und wenn die Zeit gekommen ist, zu Bett zu gehen, ziehen die Brautmänner der Braut die Strumpfbänder aus, die sie zuvor gelöst hat, sodass sie herunterhängen, denn keine neugierige Hand soll ihrem Knie zu nahe kommen. Ist dies getan und sind die Strumpfbänder an die Hüte der Kavaliere gebunden, führen die Brautjungfern die Braut ins Schlafgemach, entkleiden sie und legen sie ins Bett. Der Bräutigam, der sich mithilfe seiner Freunde in einem anderen Raum entkleidet, geht sobald als möglich im Nachtgewand zu seiner Angetrauten, die von Mutter, Tanten, Schwestern und Freunden umringt wird, und steigt ohne weitere Zeremonie ins Bett. [...] Die Brautmänner nehmen die Strümpfe der Braut und die Brautjungfern die des Bräutigams. Dann setzen sie sich damit vor den Fuß des Bettes und werfen sie über den Kopf nach hinten auf das frisch vermählte Paar. Fallen die Strümpfe des Mannes, welche die Brautjungfern werfen, auf den Kopf des Bräutigams, ist dies ein Zeichen, dass die entsprechende Jungfer ebenfalls bald heiraten wird; gleiches gilt im Falle der Brautstrümpfe, welche die Männer werfen.

Beim Entkleiden der Braut mussten die Brautjungfern sorgfältig darauf achten, sämtliche Nadeln zu entfernen. Eine zu vergessen, bedeutete Unglück und verhieß, dass die Schuldige nicht so bald heiraten würde. Die Spitzenschleifen der Braut wurden als Gunstbeweise unter den Gästen verteilt und von diesen für mehrere Wochen an den Hüten getragen. Handschuhe und Schal wurden ebenfalls verteilt. Einige Bräute gingen mit Handschuhen ins Bett; sie auszuziehen symbolisierte den Verlust der Jungfräulichkeit. Schließlich wurde dem Brautpaar ein Trank aus Milch, Wein, Eigelb, Zucker, Zimt und Muskatnuss gereicht. Die Brautleute versuchten dann, das Gemisch möglichst rasch hinunterzuschlucken, »um die lästige Gesellschaft loszuwerden«.

Um 1700 etablierte London sich als Heiratsmarkt für sämtliche Gesellschaftsschichten. Im Frühling strömte die Elite in die Stadt, um dort die nächsten paar Monate zu verbringen, eine hervorragende Gelegenheit für begehrte Junggesellen, potenzielle Lebenspartner von außerhalb ihrer begrenzten ländlichen Umgebung kennen zu lernen. Auf weltlicherer Ebene war London ein Magnet für Tausende von Migranten, jene jungen Leute, die ihr Heim im Alter zwischen zehn und 17 verließen, um in der Stadt in die Lehre zu gehen, sich als Hausdiener oder als Arbeiter zu verdingen – auch sie würden zu gegebener Zeit in der Hauptstadt geeignete Ehepartner finden.

Und das Wort Ehe*markt* war durchaus wörtlich zu verstehen. Politica in Daniel Defoes *The Levellers* (Die Gleichmacher) nannte das Ganze ein »Smithfield-Geschäft«, wobei sie sich auf den berühmten Treffpunkt der Londoner Pferdehändler bezog: »Die Ehe ist in der Tat zu einem reinen Geschäft verkommen. Man bringt seine Töchter ebenso nach Smithfield wie die Pferde, um sie dort an den Meistbietenden zu verkaufen.«

Angetrieben von ihren ehrgeizigen Müttern hatte sich unter den jungen Frauen ein wilder Konkurrenzkampf um potenzielle Ehemänner entwickelt, und das aus gutem Grund: Bei einem Verhältnis von dreizehn Frauen zu zehn Männern waren die Frauen deutlich in der Überzahl und damit im Nachteil. Erfolglos drängte Defoe sie, sich nicht den Männern an den Hals zu werfen; dass Geld die treibende Kraft bei alldem war, bemerkte er nicht. Seine Heldin Moll Flanders betrachtete die Dinge realistischer: »Im Augenblick ist der Markt gegen unser Geschlecht. Selbst wenn eine Frau Schönheit, gute Herkunft, Bildung, Anstand und Bescheidenheit besitzt, und das alles in höchstem Maße, so wird sie ohne Geld doch unverheiratet bleiben. Ohne Geld ist sie ein Niemand, denn nur durch Geld empfiehlt sich eine Frau.«

Defoe verurteilte die Heirat aus finanziellen Gründen, analog einer Vergewaltigung; Geld, so sagte er, sei keine Grundlage fürs Glücklichsein. »Fragt die Damen, warum sie heiraten; sie werden Euch antworten, dass sie es um des Unterhalts willen tun. (…) Fragt die Männer, warum sie heiraten; sie werden Euch antworten, wegen des Geldes. (…) Wie wenig wird doch auf den essenziellen, unabdingbaren Bestandteil der Übereinkunft geachtet, den man Liebe nennt, und ohne den die Ehe (…) niemals glücklich sein kann.«

Wieder und wieder lässt Defoe seine Charaktere die wirtschaftliche Natur der Eheschließungen in der Hauptstadt beschreiben. Moll Flanders fand, »dass die Dinge sich geändert haben, was die Ehe betrifft. Eigentlich hatte ich nicht erwartet, in London zu finden, was ich vom Land her kannte, nämlich dass eine Ehe das Ergebnis politischer Intrigen ist, eine Geschäftsangelegenheit; Liebe hat nur wenig oder gar nichts damit zu tun.«

Zu heiraten war eine teure Angelegenheit; wann ein Mann heiratete, hing entscheidend von den wirtschaftlichen Umständen ab. In der Aristokratie und der Gentry galt das Erstgeburtsrecht, sodass ein jüngerer Sohn nur wenig oder gar nichts erbte. Ihm blieb nichts anderes übrig, als einen Beruf zu ergreifen oder sich anderweitig eine Existenz aufzubauen, wenn er auch nur an Heirat denken wollte. War es dann so weit, pflegten diese Männer eine Frau mit angemessen hoher Mitgift zu heiraten, die es ihnen ermöglichte, das Leben weiterzuführen, das sie von klein auf gewohnt waren. Für gewöhnlich heirateten sie kurz vor ihrem 30. Geburtstag eine gut zehn Jahre jüngere Frau.

Für einen Kaufmann war es ebenso wichtig, eine »Grundlage« zu schaffen, bevor er sich eine Frau nahm. Defoe legte in *The Complete Tradesman* (Der perfekte Kaufmann) den Leichtsinn einer voreiligen Heirat dar. Er bemerkte, »dass es mittlerweile schon Sitte ist, dass Geschäft und Frau gleichzeitig im Leben eines Mannes erscheinen; doch nur wenige dieser frühen Ehen verlaufen glücklich«. Er warnte, eine allzu frühzeitige Eheschließung könne in den Ruin führen, »denn sie verursacht große Kosten und beraubt das Geschäft oft seiner Grundlagen«. Klugerweise hielt sich demgemäß der Buchhändler John Dunton mit dem Heiraten zurück, bis er sicher war, »dass mein Geschäft auch zwei ernähren kann«.

Der Altersunterschied zwischen Mann und Frau stand in direkter Beziehung zum Wohlstand der Beteiligten. Je höher der soziale Status, desto jünger die Braut, da ein Mädchen aus wohlhabender Familie eine derart hohe Mitgift erwarten durfte, dass es keinen Sinn für sie ergab, die Heirat hinauszuzögern. Die Angehörigen des Mittelstandes und der niederen Schichten mussten für eine Hochzeit sparen und heirateten dementsprechend später. Die meisten Londoner Männer der Mittelschicht heirateten Mitte/Ende 20, und in London geborene Frauen traten zumeist mit 21 oder jünger in den Stand der Ehe, während Zugereiste meist bis Mitte 20 warteten. Bei den Armen konnte eine Frau wenig mehr in die Ehe einbringen als ihre Arbeitskraft, und da das Paar ohnehin stets mittellos bleiben würde, war es sinnlos, die Eheschließung hinauszuzögern.

Da Romantik als Ideal durchaus bekannt war und die Mehrheit der Londoner bis Mitte 20 mit dem Heiraten wartete, kam dem Valentinstag eine besondere Bedeutung zu. César de Saussure war dieser Festtag offenbar neu: »Der 14. Februar oder der Tag des heiligen Valentin ist ein Fest für die jungen Leute. Bisweilen bestimmen die jungen Männer per Los, wer ihre Liebste sein soll. Besonders erheitert mich, dass ein junger Mann jede Maid, die er zufällig auf der Straße trifft, auffordern kann, ihm die Liebste zu sein, und die Maid kann sich dem nicht widersetzen, es sei denn, sie hat schon jemanden. Tatsächlich ist diese Sitte schon der Ausgangspunkt für viele Ehen gewesen.«

In den gehobenen Schichten, bei denen Ehen von den Eltern und ihren Anwälten arrangiert wurden, gab es so gut wie kein Werben. In Henry Fieldings Satire *Love in Several Masques* (Liebe in unterschiedlichen Masken) sieht Sir Positive Trap keinen Grund, seiner Zukünftigen den Hof zu machen: »Ich habe meine Lady nie gesehen (…) bis eine Stunde vor der Hochzeit. Ich habe ihrem Vater den Hof gemacht, ihr Vater hat bei seinem Anwalt geworben und der Anwalt kam auf mein Gut (…). Der Handel war abgeschlossen. Warum sollten junge Leute einander umwerben, wenn sie sich auch so entkleiden werden?«

Wo Eigentum eine Rolle spielte, war die Jungfräulichkeit der zukünftigen Braut von essenzieller Bedeutung. Ein Mann musste wissen, ob der Erbe seines Besitzes legitim war. So wurde vorehelicher Sex mitunter als das schändlichste aller Verbrechen betrachtet. »Denn ein Mann, der ausgerechnet jene Frau zur Hure macht, die er zu ehelichen gedenkt«, schrieb Defoe in *Conjugal Lewdness: Or, Matrimonial Whoredom* (Die Eheliche Lüsternheit, oder: Hurerei mit der Ehefrau), »befleckt sein eigenes Bett, beschmutzt seine eigene Saat, leistet der Unehelichkeit Vorschub und zeigt einen verdorbenen Appetit.« Nichtsdestotrotz räumte man den jungen Leuten einen bemerkenswerten Freiraum ein, um mit vorehelichem Sex zu experimentieren. Schlüpfer waren noch nicht erfunden, und da die Frauen somit unter den Röcken nackt waren, stand der Lust der Männer nichts im Wege.

Für gewöhnlich machten die Paare mit ihren sexuellen Spielchen, dem »Bündeln«, erst kurz vor dem eigentlichen Geschlechtsverkehr Halt. Zur Empfängnisverhütung diente meist die Gegenwart anderer Frauen, der Mutter, Schwestern oder

Freundinnen. In einigen Fällen stellte man ein Brett mitten ins Bett zwischen das Paar, obwohl es niemanden störte, dass sie beieinander lagen und ihrer Lust frönten, so gut es möglich war. Derartige Spiele mündeten nicht notwendigerweise in einer Ehe, und tatsächlich konnte ein Mädchen durchaus mit mehreren Männern »bündeln«, bevor sie sich an einen band.

Doch das »Bündeln« war ein gefährliches Spiel; Missverständnissen und Missbrauch öffnete es Tür und Tor. Ein Fall vor dem Kirchengericht dokumentiert die verheerenden Konsequenzen, die solche Spielereien für eine Londoner Familie »der mittelmäßigen Sorte« hatten. Vorgeblich hatten die Schwestern Abigail und Clarissa Harris ein Bett geteilt, um sich gegenseitig zu beschützen und zu wärmen, wie es bei unverheirateten Leuten durchaus üblich war. Im Laufe der Nacht stieg Abigail jedoch oft in das Bett eines männlichen Gastes – was ihrer Mutter durchaus bekannt war. Mrs Harris hoffte offenbar, irgendeinen unglücklichen jungen Mann durch die sexuellen Gefälligkeiten ihrer Tochter zur Ehe zu verlocken. Sie scheiterte, und Abigail wurde schwanger und sitzen gelassen.

Der 24-jährige William Barlow sagte vor Gericht aus:

Ich habe Abigail Harris zum ersten Mal gesehen, als ihr Vater mich und einen Freund im Juni 1699 eingeladen hat, mit ihm zu Abend zu essen. Anschließend habe ich sie, ihre Mutter und ihre Schwester oft besucht (…). Ich konnte mich Abigail im Haus ihres Vaters nähern, wie ich wollte. Oft war ihre Schwester oder ein anderes Familienmitglied anwesend, wenn ich sie küsste und umarmte, ihr die Hand drückte, sie auf meinen Schoß setzte, ihre nackten Brüste betastete oder ihre Röcke anhob, um ihre Beine zu sehen. Sie gestattete mir, ihren Bauch und ihre Schenkel zu befühlen, und ich habe versucht, mich an intimere Stellen vorzutasten, was sie mir jedoch verwehrte, weshalb sie es auch nicht ertragen musste.

Der Harris-Fall deutet darauf hin, dass die Mütter der gesellschaftlichen Mittelschicht eine weit aktivere Rolle spielten als die Väter, wenn es darum ging, eine Ehe zu arrangieren. Moll Flanders fasst die typische Situation zusammen: »Und was den Vater betrifft, so war dieser meist in Geschäften unterwegs und nur selten daheim. Gewiss, auch er dachte über die Aussichten seiner Tochter nach, doch überließ er all diese Dinge seiner Frau.« Am Ende aber hatte natürlich der Vater das letzte Wort; schließlich gebot er über das Familienvermögen.

Zu Beginn des neuen Jahrhunderts nahm eine bestimmte Entwicklung alarmierende Ausmaße an: voreheliche Schwangerschaften und demzufolge auch uneheliche Kinder. Wollte ein Paar ohnehin heiraten, wurde die Ehe meist geschlossen, wenn die Frau schwanger wurde. Ein Mann, der seine Pflichten in dieser Hinsicht missachtete, musste damit rechnen, von den kirchlichen Behörden angeklagt und zum Unterhalt verurteilt zu werden. Etwa jede zehnte englische Braut nahm eine Leibesfrucht mit zum Altar. Die Furcht vor Schwangerschaft, Schande und Ruin, vor der Missbilligung von Freunden und Nachbarn setzte der Promiskuität enge Grenzen. Empfängnisverhütung beschränkte sich auf Kondome aus Schafsdärmen, die fast 25 cm lang und knapp 8 cm breit waren und die man mit einer Schleife zusammenband. Doch sie wurden aus Frankreich importiert und waren so teuer, dass die meisten Leute sie sich nicht leisten konnten. Aber diese Kondome fanden ohnehin fast ausschließlich als Schutz vor Geschlechtskrankheiten Verwendung, nicht als Verhütungsmittel. Verheiratete Frauen griffen manchmal auf das Mittel der Abtreibung zurück, wenn sie das Gefühl hatten, ihre Familie sei komplett. Um ein ungewolltes Kind abzutreiben, konnte die Frau auf vielerlei Rezepte zurückgreifen, »um die Regel herbeizuführen«; diese Rezepte waren mehr oder weniger öffentlich in Haushalts- und medizinischen Büchern verzeichnet. Savin, ein Gebräu aus Weinraute, war beispielsweise bekannt dafür, Gebärmutterkrämpfe auszulösen.

Wie rasch und bereitwillig die Eltern der Wahl eines Ehegatten zustimmten, hing davon ab, wie viel Besitz vom zukünftigen Partner oder der Partnerin mit in die Ehe gebracht wurde; daher waren die Aristokraten in der Wahl ihrer Ehepartner am stärksten eingeschränkt. Die Chancen standen gut, dass ein Londoner mit Mitte 20 bereits ein Elternteil oder gar beide Eltern verloren hatte; von Frauen, auf die das zutraf, sagte man, »sie können über sich selbst verfügen«. Wenn Zugewanderte als Mittzwanziger heirateten, lebten sie meist schon mehrere Jahre von zu Hause weg; entsprechend wenig hatten ihre Eltern zu sagen, was die Wahl des Ehepartners betraf – falls die Eltern ihn oder sie überhaupt zu Gesicht bekamen. Aber selbst bei Ehen von Männern und Frauen über 21, für die es der Einwilligung der Eltern nicht mehr bedurfte, wurden diese für gewöhnlich doch zurate gezogen. Die vier Töchter des Geistlichen Ralph Josselin aus Essex brachten ihre Freier vor der Hochzeit zur »Inspektion« nach Hause, obwohl sie alle schon seit Jahren ihr eigenes Geld in London verdienten. Ohne die Zustimmung der Eltern zu heiraten, war nicht üblich. In ihrem Tagebuch bezieht Elizabeth Freke sich häufig auf ihre Schuldgefühle, insgeheim und ohne Wissen oder Zustimmung ihres Vaters geheiratet zu haben.

Sie gibt sich und ihrem Ungestüm die Schuld für das Pech in ihrer Ehe:

Das waren drei der unglücklichen Jahre, die ich in London verbracht habe. Ich hatte zwei Fehlgeburten und verlor 2 560 Pfund von meinen insgesamt 6 764. Und wenn ich mich recht entsinne, hatte ich keine fünf Pfund davon für mich selbst und auch nur sehr wenig von meinem Gemahl, der mir viel Kummer bereitet hat, denn ich habe mich ausschließlich von meinen Gefühlen zu dieser Ehe hinreißen lassen, ohne Zustimmung oder Kenntnis irgendeines meiner Freunde.

Zu dieser Zeit bezeichnete das Wort »Freund« Leute mit Einfluss – Arbeitgeber und andere, die einem Unterstützung geben konnten –, Menschen, deren Zustimmung man bei der Wahl eines Ehepartners als ebenso wichtig erachtete wie bei der Karriereplanung. Auch baten die jungen Leute Freunde, sich bei ihren Eltern für sie einzusetzen.

Wie viele Freiheiten man jungen Erwachsenen bei der Wahl ihrer Ehepartner einräumen sollte, darüber gingen die Meinungen weit auseinander. Dissenter wie Defoe waren Verfechter der Freiheit. Sie glaubten, dass Kameradschaft, Zuneigung und Freundschaft das beste Rezept für ehelichen Erfolg seien. John Dunton, der dem »freundschaftlichen Individualismus« gewogen war, und der eifrigen öffentlichen Diskussion als Erster mit seinem Kummerkasten im *Athenian Mercury* zuarbeitete, riet den Kindern »zu versuchen, sich so oft als möglich den Wünschen der Eltern zu beugen – es sei denn, es ist offensichtlich, dass sie sich dann unglücklich fühlen würden«.

Aber auch wenn man ihnen eine gewisse Freiheit gewährte, durften Mädchen im hart umkämpften Heiratsmarkt des Jahres 1700 nicht allzu wählerisch sein. Sie gingen ein großes Risiko ein, wenn sie mehr als einen oder zwei Freier abwiesen. Die frühe Feministin Mary Astell, die selbst nicht verheiratet war, erkannte das Dilemma: »Von einer Frau kann man in Wahrheit nicht behaupten, dass sie wählen könnte. Man gestattet ihr nur, ein Angebot anzunehmen oder zurückzuweisen.« Mädchen wurden als dumme Kreaturen betrachtet, die der Führung bedurften. Es war kein Zufall, dass Lord Halifax' *Advice to a Daughter* (Rat an eine Tochter), in dem die Wichtigkeit der Ratschläge von Freunden und Verwandten bei der Wahl eines Ehemannes betont wird, bei den Angehörigen der Oberschicht zu einem Bestseller wurde – über deren herablassende Meinung in Bezug auf Frauen haben wir ja schon gesprochen.

Doch wie groß der Druck der Eltern auch sein mochte, eine Ehe konnte nicht ohne die »vollständige, freie und beiderseitige Zustimmung« der beteiligten Parteien geschlossen werden. *The New Whole Duty of Man* (Die neue Pflicht des Menschen) äußerte sich sehr deutlich, was die Rechte und Pflichten der Kinder betraf. Wenn ein Elternteil »einem Kind aus schierem Eigennutz die Pflicht auferlegt zu heiraten, obwohl weder Liebe im Spiel ist noch Zufriedenheit in Aussicht steht, ist ja wohl kaum davon auszugehen, dass einem solchen Ersuchen Folge geleistet werden muss (...). Wenn die Eltern also den Kindern ein Ansinnen unterbreiten, das diesen nicht gefallen *kann* und dem jeder rücksichtsvolle Mensch widersprechen muss, dürfen die Kinder sich verweigern; und wenn sie ihre Weigerung ordentlich und mit Demut vorbringen, wird dies nicht als sündiger Ungehorsam betrachtet werden.«

Als letztes Mittel konnten Eltern Geld einsetzen, um fehlgeleitete Kinder dazu zu bewegen, ihren Wünschen Folge zu leisten. Sollte »die Tochter eines Londoner Bürgers zu seinen Lebzeiten und gegen dessen Willen heiraten und sich nicht mit ihrem Vater vor dessen Tod versöhnen, so verwirkt sie ihren Erbanspruch« – so war es Sitte. Kam es wirklich so weit, schlossen viele Londoner ihre Kinder aus den Testamenten aus; allerdings ließen die Magistrate in solchen Fällen oft Gnade walten.

Die Geldheirat war symptomatisch für die Zeit. Fremden wie César de Saussure entging die englische Besessenheit, das Geld betreffend, nicht. »Ein sicheres Zeichen dafür, wie versessen sie auf Geld sind, ist die Tatsache, dass sie als Erstes fragen: ›Ist er reich?‹, wenn man ihnen gegenüber jemanden erwähnt, den sie nicht kennen.« Heirat war ein wichtiges Mittel, um Besitz zu mehren, und eine der sichersten Methoden, an Geld heranzukommen. Demzufolge war die Versuchung groß, nur zu heiraten, wenn man sich dadurch einen finanziellen Vorteil versprach. Je höher der soziale Status des Paares, desto geldorientierter die Ehe. In *Some Reflections upon Marriage* (Gedanken zur Ehe) beschreibt Mary Astell das Vorspiel zu einer Aristokratenhochzeit.

»»Was bringt sie in die Ehe ein?‹, lautet seine erste Frage. ›Wie viele Morgen Land? Oder wie viel bares Geld?‹.«

Es war schwer, dem Druck zu widerstehen, aus pekuniären Beweggründen zu heiraten. Verzweifelt schrieb ein junger Mann an den *Athenian Mercury:*

F. Gentlemen, ich bedarf Ihrer Hilfe, wenn Ihr denn Mitleid mit mir haben wollt. Es gibt da eine sehr, sehr alte Frau, die sagt, sie sei überaus in mich verliebt. Sie besitzt ein Gut, das ihr 100 Pfund im Jahr einbringt, doch ist sie eine verdammte Zecherin; sie trinkt Brandy ohne Unterlass. Mein Vater besteht darauf, dass ich sie nehmen soll, doch ich kann ihren Anblick nicht ertragen. Ich bin noch sehr jung, und ich liebe eine junge Frau ungefähr meines Alters. Sie verfügt zwar über keinerlei Geldmittel, ist aber eine besonders tüchtige Hausfrau. Auch kann sie sich selbst ihren Lebensunterhalt verdienen und ist nur allzu bereit, mich zum Manne zu nehmen, doch mein Vater stemmt sich mit aller Macht gegen diese Verbindung, weil jene alte Schnapsdrossel so viel Geld besitzt. Ich bitte Euch, gebt mir einen Rat, was ein armer junger Kerl in dieser Lage tun soll ...

Dem Rat Suchenden wird empfohlen, die Angelegenheit hinauszuzögern, bis er älter ist. Der Kolumnist sinniert, der Vater solle die Frau doch selbst heiraten, doch leider »weiß sie, dass ein junger Bettgefährte weit besser ist, und daher wird sie zehn zu eins Euch dem anderen vorziehen«. Aber »es ist Eure Pflicht, Euch Eurem Vater so anständig und pflichtbewusst zu verweigern, wie Ihr könnt« und »Eure Freunde zu ersuchen, sich für Euch einzusetzen«.

Doch trotz all der finanziellen Manöver war die Romantik nicht gänzlich verloren gegangen. Sie wurde noch immer als Ideal betrachtet, und Briefe, Tagebücher und Grabinschriften beweisen, dass viele Paare – selbst wenn ihre Ehen arrangiert waren – einander lieben lernten. Sexuelle Leidenschaft hatte in diesem Ideal jedoch keinen Platz. Defoe betrachtete jene als »schlechte Ehemänner, die ihre Frauen benutzen, wie ein Mann eine Hure benutzt«, und er erklärte: »Lust bringt Wahnsinn und Verzweiflung. Sie führt zum Ruin der Familie, zu Schande, Selbstmord und der Tötung von Bastarden.« Leidenschaft erachtete man als eine Laune, welche die Menschen in die Irre führte. Die Leute neigten dazu, innerhalb ihrer eigenen Klasse zu heiraten, um so den Ansprüchen ihrer Eltern zu genügen. Es reichte aus, wenn die Partner einander »freundlich« gesonnen waren. Liebe war ja schön und gut, aber charaktermäßige und religiöse Kompatibilität sowie finanzielle Interessen waren weit wichtiger, wenn es ans Heiraten ging.

Die Londoner hatten schon immer den Ruf, pragmatisch zu sein; daher ist es keine Überraschung, dass das Finanzielle oft Vorrang vor dem Romantischen hatte. Defoe schildert Männer, die im wörtlichen Sinne auf »Brauteinkaufstour« gehen; sie geben sich den Anschein, einer wohlhabenden Braut »wert« zu sein, obwohl sie in Wahrheit kein Eigentum besitzen.

Männer können auch zu einem Notar oder einem Heiratsvermittler gehen, um in deren Büchern nach einer wohlhabenden Frau zu suchen:

Elizabeth Wildley besitzt als Heiratsvermittlerin einen guten Ruf bei ihren Freunden und Bekannten. Sie verdient ihren Lebensunterhalt mit Ehevermittlung, und sie gibt vor, anderen damit zu Geld und Besitz zu verhelfen (…). Während sie in meinem Haus wohnte, hat sie mir erzählt, dass Mr Spencer ihr 1 000 Pfund geboten habe, um eine Ehe zwischen ihm und Sir John Albans Witwe zu arrangieren.

Männer der Mittelschicht brauchtes das Geld, das ihre Frauen als Mitgift in die Ehe brachten (welche bisweilen in Raten gezahlt wurde), um ein Geschäft gründen oder ein bestehendes sichern zu können. Defoe selbst erhielt eine Mitgift von 3 700 Pfund, als er im Jahre 1684 Mary Tuffley heiratete, doch zu seiner großen Verzweiflung verlor er dieses Geld bei mehreren gescheiterten Geschäften.

Die Kosten einer Heirat stiegen dramatisch. Das enorme Wachstum der Mitgift stand in direktem Zusammenhang zu dem umgekehrt proportionalen Zahlenverhältnis von Mann und Frau. Es war notwendig, sich in eine Ehe »einzukaufen«, und die Bedingungen wurden festgeschrieben wie in einem Geschäftsvertrag. Zunächst einmal überprüfte jede der Parteien die Referenzen der anderen. Die Behauptungen eines Mannes, was seinen Charakter, sein Vermögen und seine Aussichten betraf, bedurften genauester Untersuchung. Dann kam das Feilschen. Die beiden Hauptelemente eines Ehevertrags waren die Mitgift der Frau und die Versorgungsregelungen, sollte der Mann vor der Frau sterben. Die Mitgift einer Frau betrug für gewöhnlich das Dreifache des Jahreseinkommens ihres zukünftigen Ehemanns. Ebenso gab es einen Zusammenhang zwischen der Höhe der Mitgift einer Frau und den Unterhaltszahlungen, die sie im Falle der Witwenschaft bekommen würde. Der Scheidungsfall eines wohlhabenden Londoner Ehepaars, Ann und Charles Norvos, verdeutlicht eine typische Übereinkunft dieser Art: Ann Norvos brachte eine Mitgift von 7 000 Pfund in die Ehe ein, wodurch sie Anspruch auf eine Ausgleichszahlung von 700 Pfund hatte. In einem derart aufgeheizten Markt wurden die Ausgleichs- beziehungsweise Unterhaltszahlungen jedoch immer kleiner.

War der Vertrag beschlossene Sache, wurde die Mitgift der Braut an den Vater des Bräutigams gezahlt. »Bin nach London gefahren, um 3 000 Pfund der Mitgift meiner Schwiegertochter zu holen, die in Gold gezahlt wurden«, schrieb John Evelyn in sein Tagebuch. Die Töchter von Ralph Josselin erhielten je eine Mitgift in Höhe von 240 bis 500 Pfund; als die jüngste Tochter heiratete, waren Josselin und seine Frau bereits besser gestellt.

Natürlich waren einige Mädchen von der Mitgift enttäuscht, die ihnen zur Verfügung stand, mit der Folge, dass sie keinen geeigneten Ehemann finden konnten.

Politica in *The Levellers* ist ein beredtes Beispiel dafür:

Ihr wisst, dass mein Vater ein Kaufmann war, der sehr gut von seinem Geschäft gelebt hat; und da ich schön war, glaubte er, dass die Natur mir bereits einen Teil meiner Mitgift ausgezahlt hätte, und daher wollte er mir eine weitreichende Erziehung angedeihen lassen, damit ich eine echte Dame werde. Er schickte mich in ein Internat. Dort lernte ich zu singen, zu tanzen und das Spiel auf der Violine, dem Spinett und der Gitarre. Ich lernte mit Wachs und Porzellan zu arbeiten, auf Glas zu malen, Teig anzurühren, Süßigkeiten und Soßen zu machen und alles andere, was als vornehm und modern gilt. Als Vater starb, ließ er mich als gebildete Dame und mit 300 Pfund Mitgift zurück – und trotz alledem vermag ich keinen Ehemann zu finden. Ein Mann mit einem Besitz, der meiner Erziehung angemessen ist, verlangt auch eine Mitgift, die wiederum seinem Status angemessen ist. Und ein ehrlicher Kaufmann, der sich mit einer Aussteuer von 300 Pfund zufrieden gibt, hat mehr Bedarf an einer Frau, die etwas vom Haushalt und vom Kochen versteht, als an einer Dame, die singen, tanzen und Süßigkeiten backen kann. Die Mitgift, welche die Natur mir mitgegeben hat, erweist sich nun als mein größter Nachteil. Meine Schönheit ist ein weiteres Hindernis, denn ein ehrlicher Ladenbesitzer kann sich keine Frau zum Anschauen leisten.

Ebenso komplex wie die Aussteuerregelung war die des Unterhalts der Frau. Während die Land besitzenden Klassen dies regelten, indem Ländereien von gewissem Wert den jährlichen Unterhalt der Witwe bestimmten, spielte Landbesitz in der Kaufmannsgesellschaft Londons eine untergeordnete Rolle. Man konnte es kaum als verlockend bezeichnen, Geld in Land zu investieren, das höchstens vier bis fünf Prozent Gewinn erwirtschaftete, wenn man es in weitaus einträglichere, wenn auch riskantere Geschäfte stecken konnte. Ein Londoner Kaufmann konnte seiner Witwe beispielsweise im Ehevertrag eine bestimmte Summe hinterlassen, die zwecks Zinserwirtschaftung bei Treuhändern hinterlegt wurde. Allerdings war es in London Brauch, dass eine Frau ohnehin ein Drittel vom Besitz ihres Mannes erbte – die Hälfte, wenn sie keine Kinder hatte –, was natürlich mehr oder weniger als eine vorab bestimmte Summe sein konnte.

Bisweilen wurden auch Regelungen für den eigenen Besitz der Frau vereinbart, welchen sie vor der Hochzeit an Treuhänder übergeben hatte. Man konnte ihr sogar gestatten, eine festgelegte Summe ihrer Mitgift zu vererben – Ann Norvos beispielsweise durfte in ihrem Testament über 500 Pfund verfügen. Wie viele Bessergestellte erhielt auch sie ein Nadelgeld von 100 Pfund, eine jährliche Summe, die ihr Mann seiner Frau zum Ausgeben zur Verfügung stellen musste. Das Nadelgeld war Anlass für viel Gezänk und Hader; es wurde als Besorgnis erregende Entwicklung in Richtung Unabhängigkeit der Frau betrachtet. »Getrennte Börsen von Mann und Frau«, wetterte der *Spectator*, »sind meiner Meinung nach ebenso unnatürlich wie getrennte Betten.«

Der erhebliche Einfluss des Geldes auf die Ehe ist symptomatisch für das Ausmaß, in dem Handel und Finanzen das Leben in London zu Beginn des 18. Jahrhunderts bestimmten. Erst wenn der Ehevertrag nach langen Diskussionen beschlossen war, kam ein Hauch von romantischer Liebe zum Tragen. Nun war die Zeit der Verlobung gekommen, da die zukünftigen Eheleute sich einander versprachen und die Braut einen Ring mit einem Vers bekam. Dank vieler Beschreibungen vermisster Ringe oder Zeitungsartikel über Diebstähle derselben ist eine große Zahl dieser Verse erhalten geblieben: »Zwei zu Eins geworden durch Gott allein«, und »Rechtschaffene Liebe wird niemals weichen«. Der eigentliche Trauring, der auch juwelenbesetzt sein konnte, wurde während der Hochzeitszeremonie an den dritten Finger der linken Hand gesteckt. Erst dann galt die spirituelle, romantische und finanzielle Verbindung als besiegelt.

Es mag ja von alters her in England Sitte gewesen sein, sich mit einem Kuss auf den Mund zu begrüßen, doch verheiratete Paare widerstanden der neuen Mode, sich mit Vornamen anzureden. In einer hierarchisch strukturierten Gesellschaft, in der man von der Frau erwartete, ihrem Mann mit Ehrerbietung zu begegnen, war diese auf den ersten Blick harmlos anmutende Modeerescheinung Gegenstand hitziger Diskussionen. Vom juristischen Standpunkt aus betrachtet war die Beziehung zwischen Mann und Frau nicht die zweier Gleichgestellter. Wenn ein Mann seine Frau ermordete, wurde er eines Kapitalverbrechens angeklagt und gehenkt. Erschlug eine Frau jedoch ihren Mann, beging sie Hochverrat und wurde bei lebendigem Leibe verbrannt.

Am Hochzeitstag gab die Frau ihre Rechte als *feme sole*, als allein stehende Frau, auf, Rechte, die denen der Männer gleichkamen. Bis zu diesem Zeitpunkt war ihr zum Beispiel gestattet, Eigentum zu besitzen und es nach freiem Willen zu vererben. Sie konnte Verträge abschließen, Klage gegen jemanden erheben oder selbst angezeigt werden. Doch eine verheiratete Frau war eine *feme covert*, welche eine Reihe juristischer Nachteile in Kauf nehmen musste; eine verheiratete Frau fiel in dieselbe Kategorie wie Mündel, Geisteskranke und Geächtete. Auch wenn sie ihren unverheirateten Schwestern gegenüber eine gehobene Stellung einnehmen konnte, so war sie ihrem Mann doch eindeutig unterstellt. Der Jurist Blackstone fasste ihre rechtliche Stellung wie folgt zusammen: »Durch die Heirat werden Mann und Frau vor dem Gesetz zu einer Person. Das heißt, dass die Frau während der Ehe juristisch nicht mehr existent ist, oder zumindest vereint sie sich mit der juristischen Person ihres Gemahls. Alles, was sie tut, tut sie unter dessen Schutz und dessen Mantel.«

Ein Mann *besaß* seine Frau. Hatte sie eine Affäre mit irgendjemandem, so vergriff dieser sich technisch gesehen am Eigentum ihres Mannes: »Das Verderben des Eheweibs eines Mannes, vulgo sie in ein fremdes Bett zu locken, wird allgemein als schlimmste Form des Diebstahls betrachtet, weit schlimmer als das Entwenden von beweglichen Gütern.« Doch angesichts der geldorientierten Natur der Zeit pflegte der gehörnte Mann meist auf ein Duell zu verzichten; stattdessen bevorzugte er es, vor Gericht eine angemessen hohe Entschädigung zu erstreiten. Diese Entschädigungen konnten derart hoch ausfallen, dass der Liebhaber sofort in den Schuldturm geworfen wurde und dort den Rest seines Lebens verbringen musste. Und verletzte jemand die Frau, verletzte er damit auch ihren Mann, wofür dieser den Übeltäter anzeigen konnte.

Die juristische Machtlosigkeit verheirateter Frauen trieb die Reformer der Zeit zur Weißglut. Defoes Heroine Roxana betrachtete das Ganze mit ausgesprochenem Zynismus: »Um es kurz zu fassen (...): Der Kern des Ehevertrages war, dass die Frau ihre Freiheit, ihren Besitz, einfach alles an den Mann übertragen musste; anschließend war die Frau in der Tat nur noch eine Frau, was heißt, eine Sklavin.«

Nach der Glorreichen Revolution von 1688 war allgemein anerkannt, dass der König einen zerbrechlichen, jederzeit kündbaren Vertrag mit dem Volk geschlossen hatte, wie er in Lockes revolutionärem Werk *Two Treaties on Government (Zwei Abhandlungen über die Regierung)* umrissen ist. Also schien es einigen Menschen logisch zu fragen, ob der Mann nicht einen ähnlichen Vertrag mit seiner Frau habe. Wie Lady Brute in Vanbrughs *The Provoked Wife* (Herausforderungen der Ehefrau) witzelt: »Wenn alle Männer frei geboren sind, wie kommt es dann, dass alle Frauen als Sklavinnen geboren werden?«

Trotzdem riet sie verheirateten Frauen zur Resignation:

> Sie, die heiratet, sollte es zum unbestreitbaren Prinzip erheben, dass ihr Mann absolut und vollkommen herrschen muss, und dass sie nichts anderes zu tun hat, als ihm Freude zu bereiten und ihm zu gehorchen. Sie darf nicht versuchen, seine Autorität zu teilen, oder gar so weit gehen, sie infrage zu stellen. Sich dem Joch zu widersetzen, wird es nur noch übler machen. Die Frau muss ihren Mann allezeit als weise und gut betrachten; sie muss glauben, dass er nur das Beste für sie will, und das zumindest sollte er auch für sie tun. Eine Frau, die das nicht tun kann, eignet sich in keinster Weise zur Ehefrau.

Das Ärgerlichste an der ganzen Angelegenheit war vielleicht die Tatsache, dass die Frau ihren gesamten Besitz, den sie mit in die Ehe einbrachte, an ihren Mann übergeben musste. Er konnte ihr Vermögen auflösen, seine Spielschulden damit begleichen oder es bei riskanten Geschäften aufs Spiel setzen; ja, er konnte seiner Frau und den Kindern sogar den Lebensunterhalt verweigern. Obwohl Elizabeth Freke ohne Einwilligung ihres Vaters heiratete, war dieser doch freundlich genug, ihr eine Mitgift mitzugeben, eine Hypothek auf ein Gut in den Außenbezirken der Stadt. Ihr Mann verkaufte es sofort an Sir Josiah Child. »Das war nicht wohl getan«, beschwerte sich Elizabeth. »denn so verlor ich das Dach über dem Kopf und hatte kein Bett mehr, wo ich Unglückliche mich zur Ruhe legen konnte.« Ein Mann konnte seine Frau aus dem Haus und auf die Straße werfen – aus einem Haus, das er womöglich mit ihrem Geld gekauft hatte.

Alles am Heiratssystem der Zeit schien sich gegen die Frauen verschworen zu haben; doch es gab auch einige Silberstreifen am Horizont. Im Jahre 1700 wurde bereits daran gearbeitet, der Frau eine gewisse finanzielle Unabhängigkeit zu verschaffen. Das Nadelgeld zum Beispiel stellte schon einen kleinen Fortschritt dar. Im Ehevertrag konnten der Frau bestimmte Güter und Land zu ihrer eigenen Verfügung zugesprochen werden. Oder sie konnte vor der Ehe einen Teil ihres Vermögens an Treuhänder übergeben, die ihr ein separates Einkommen zahlten.

Jene Ehestreitigkeiten, die vor Gericht landeten, liefen meist auf einen harten Kampf um Geld hinaus, besonders wenn die Frau ihrem Gemahl den Zugriff auf ihr Vermögen verweigerte. Den Ehemännern gefiel diese Entwicklung ganz und gar nicht. Elizabeth Frekes Mann überschüttete sie mit Drohungen und misshandelte sie. Er verweigerte ihr und ihrem gemeinsamen Kind über Jahre hinweg den Lebensunterhalt, und das nur, weil sie ihm nicht die Kontrolle über ein Treuhändervermögen übertragen wollte, das sie für ihren Sohn angelegt hatte. Tatsächlich konnte die Situation für die Frau sogar lebensgefährlich werden, wenn sie ihrem Mann nicht zu Willen war. Er konnte ihr drohen, sie in Bridewell, einem Zuchthaus, einzuliefern oder sie in einer Irrenanstalt wegsperren zu lassen – und dass so etwas in der Tat immer häufiger geschah, empfand Defoe als skandalös. Der Barbier und Perückenmacher Thomas Hall schlug seine Frau so lange, bis sie eine Fehlgeburt erlitt; dann warf er ihre Kleider ins Feuer und versuchte auch noch, sie selbst zu verbrennen. Anschließend ermunterte er seine Kinder aus einer früheren Ehe, sie zu missbrauchen, und er hätte sie auch in ein Irrenhaus einweisen lassen, hätte sie ihm nicht doch noch die Urkunden für ihren persönlichen Besitz übergeben.

Aber auch wenn eine Frau diese Form der Ausbeutung klaglos über sich ergehen ließ, so konnte sie doch weder Dankbarkeit noch Treue von ihrem Mann erwarten. Ann Ferres beschwerte sich, dass ihr Mann William mehrere hundert Pfund genommen und ihre Juwelen verpfändet hatte, während sie »die ganze Familie von ihrem eigenen Besitz ernährte, und er hat noch nicht einmal zwei Schilling dazu beigetragen (...). Und abgesehen davon hat der besagte William Ferres sie noch auf andere skandalöse Art missbraucht, und nachdem er sie zu einer armen Frau gemacht hatte, verließ er sie und vergnügte sich mit lüsternen Weibern und Huren.«

Gewalt gegen Frauen wurde auch eingesetzt, um deren Familien dazu zu zwingen, die Mitgift auszuzahlen oder für einen Kredit zu bürgen. Der Scheidungsfall Chambers gegen Chambers, eine Ehe, die wegen Grausamkeit geschieden wurde, illustriert noch eine weitere Dimension dieses Übels. Offenbar hasste John Chambers die Kinder aus der ersten Ehe seiner Frau Elizabeth. Sie konnten ihre Mutter nicht besuchen, da er ihnen den Zutritt zu seinem Haus in der Lombard Street verbot. Als er herausfand, dass Elizabeths Tochter Ann doch heimlich kam, wurde Chambers »von Leidenschaft übermannt (...) und auf brutale und grausame Art warf er seine Frau, die hochschwanger war, gegen das Bett und trat sie mehrere Male (...), und ließ sie auf dem Boden liegen und schlug auf die besagte Ann ein (...), die fluchtartig das Haus verließ«. Der Kern des Problems war die Tatsache, dass Elizabeth »ihm keine Aufstellung der Besitztümer ihres ehemaligen Mannes geben wollte«, welche Teil der Erbschaft ihrer Kinder waren.

Die Bevölkerung von London war den Anblick von Gewalt gewöhnt. Die Behörden stellten Übeltäter an den Pranger oder ließen sie mit einer neunschwänzigen Katze durch die Straßen peitschen. Kapitalverbrecher wurden gehenkt und ihre Leichen vom Staat beschlagnahmt. Eltern schlugen ihre Kinder, Meister ihre Lehrlinge und Herrinnen ihre Diener. In einem solchen Umfeld hielt man es auch nicht für ungewöhnlich, wenn ein Mann seine Frau misshandelte. Da er über ihr stand, wurde es als sein Recht betrachtet, sie zu züchtigen. Doch im Zuge der Aufklärung änderte sich die Einstellung der Menschen allmählich. Ähnlich wie im Falle der Beziehung zwischen Volk und

König wurde auch die Ehe als Vertrag betrachtet, der beiden Seiten Rechte gewährte, ihnen aber auch Pflichten auferlegte. Obwohl der Ehemann der höherrangige Partner war, durfte er seine Macht doch nicht missbrauchen. Zu seinen Pflichten gehörten Zuneigung und eheliche Treue und Sorge, während es die Pflicht der Frau war, sich ihm zu unterwerfen und ihm zu gehorchen. Übermäßige Gewalt oder Untreue des Ehemannes wurden nicht (mehr) toleriert.

Häuslicher Streit war an der Tagesordnung. Defoe bemerkte, dass Londons Straßen immer mehr vom Keifen der Eheleute widerhallten. Aber zumindest hatten die Nachbarn keine Angst, dem unglücklichen Opfer zu Hilfe zu eilen, und die Frauen wandten sich oft an weibliche Nachbarn, Freunde und Verwandte als Gegengewicht zur männlichen Vorherrschaft. Als letztes Mittel konnten sie auch das Gesetz einschalten, wie Elizabeth Powell, nachdem sie derart von ihrem Mann verprügelt worden war, dass sie eine Fehlgeburt erlitt. Sie floh aus dem Haus in Aldgate und bat einen Freund, »einen Constabler zu holen, damit dieser ihm [ihrem Mann] eine Verwarnung erteilen möge«.

Obwohl sie formell unter den Männern gestanden haben mögen, waren die Londoner Frauen im Allgemeinen genauso gut im Geben wie im Nehmen; sie waren durchaus in der Lage, sich um sich selbst zu kümmern. Wie immer, so hing es auch in jener Zeit vom Charakter der Beteiligten ab, wer in einer Ehe wirklich das Sagen hatte. In seinem Stück *The London Cuckolds* (Die Londoner Hahnreis) schildert Ravenscroft auf sehr komische Weise, wie die Stadtfrauen ihre Ehemänner an der Nase herumführen. Der Trick sei, die Männer in dem Glauben zu lassen, sie hätten die Kontrolle. Edward Chamberlayne ging in seinem *Angliae Notitia* sogar so weit zu erklären, den englischen Frauen gehe es »*de facto* sogar am Besten auf der Welt, denn die englischen Männer sind ihren Frauen von Natur aus wohlgesonnen. Sie treten ihnen mit Zärtlichkeit und Respekt gegenüber, überlassen ihnen den Platz am Kopf des Tisches und anderswo und achten darauf, dass sie sich nicht übermäßig plagen müssen. Deshalb sind die englischen Frauen, allgemein gesprochen, die glücklichsten der Welt.«

Auf jeden Fall erkannten die modebewussten Leserinnen des *The English Lady's Catechism* (Katechismus für die englischen Damen), dass ihre Situation doch recht gut war. So gestand eine der Figuren: »Ich hasse alles, was mit dem alten England zu tun hat – außer dem Naturell des englischen Ehemannes und der Freiheit der Frau.«

Wie viele ausländische Besucher, so staunte auch César de Saussure über den Chauvinismus, den die Engländer in jeder Hinsicht an den Tag legten. Zufrieden stellte er allerdings fest, dass die englischen Frauen die Verachtung nicht teilten, welche die Männer für Ausländer empfanden; tatsächlich zogen sie diese sogar ihren eigenen Männern vor. Das sei auch kaum verwunderlich, spekulierte er, da »die englischen Männer ihre Frauen nicht gerade umschmeicheln. Trinken und Spielen ziehen sie weiblicher Gesellschaft vor.« Er war fasziniert von der lockeren Haltung, mit der die kultivierten Schichten die Frage von Treue und Untreue betrachteten. »Wenn die englischen Männer ihre Frauen nicht mit Eifersucht verfolgen, so plagt die englischen Frauen auch kein derartiges Gefühl, was ihre Männer betrifft. Im Allgemeinen empfindet eine Frau es nicht als großes Unglück, sollte sie herausfinden, dass ihr Mann eine Geliebte hat, im Gegenteil: Wenn ihr Mann es verlangt, wird sie der Geliebten auch mit Freundlichkeit begegnen, doch gleichzeitig wird auch sie sich mit einem Geliebten trösten, und auf diese Art sind Frau und Mann gleichermaßen glücklich.«

Ein weiterer ausländischer Besucher, Beat Louis de Muralt, ging noch weiter: »Die meisten Ehemänner unterhalten eine Geliebte. Einige bringen sie sogar mit nach Hause, wo sie mit der Ehefrau an einem Tisch sitzt, ohne dass ein Unglück geschehen würde. Ich glaube, wenn sie wollten, könnte man die

Frauen sogar im selben Bett liegen lassen, und ich weiß nicht, ob einige nicht schon darüber nachgedacht haben. In Anbetracht dessen haben die Engländer zweifelsohne das Recht zu behaupten, sie hätten die besten Frauen der Welt.«

Ein frisch verheiratetes Paar im Jahre 1700 besaß ohne Zweifel ein Exemplar von *Aristotle's Masterpiece* (Aristoteles' Meisterwerk), einem der meistverkauften Bücher über Sex. Der Zeit entsprechend wurde Sex hier weder als Sünde beschrieben noch vom psychologischen Ballast späterer Zeiten bedeckt. Aber aus Furcht vor übermäßigem Genuss – vor dem das Buch eindeutig warnt – wird darauf verzichtet, verschiedene Positionen zu illustrieren, um den Leser nicht über Gebühr zu erregen. Zudem war das in Aretinos *Postures* (Stellungen) bereits gemacht worden. *Aristotle's Masterpiece* geht davon aus, dass jedes Ehepaar Kinder haben will und dass Kinderlosigkeit etwas Furchtbares ist (woran ausschließlich die Frau die Schuld trägt).

Es präsentiert sich als freimütiger Führer zum ›Geschäft der Zeugung‹:

Wenn ein Ehepaar vom Kinderwunsch beseelt von jenen Mitteln Gebrauch macht, die die Natur dafür vorgesehen hat, wäre es angebracht, den Körper vorher mit entsprechenden Mitteln zu stärken, auf dass er kräftig und lebhaft sein möge. Auch kann allein die Fantasie, vielleicht verbunden mit einem Gläschen süßen Weins, Leidenschaft und Vergnügen erheblich steigern, was ebenfalls nicht unangebracht wäre; wohingegen Traurigkeit, Sorge und Kummer die erklärten Feinde der Freuden der Venus sind. Sollte es unter letzteren Bedingungen gar zur Empfängnis kommen, hätte das unweigerlich schlechte Auswirkungen auf das Kind.

Das Werk führt weiter aus, dass die männlichen und weiblichen Genitalien sich eigentlich gar nicht voneinander unterscheiden.

»Sonderlich groß sind die Unterschiede zwischen den Geschlechtern nicht«, denn »die Funktion der Klitoris der Frau gleicht der des Penis beim Manne, als da beide eine Erektion haben müssen«. Wie viele andere entsprechende Bücher der Zeit, so erkannte auch *Aristotle's Masterpiece* die Fähigkeit der Frau an, mehrere Orgasmen zu haben, eine Freudenquelle, die es auszuschöpfen galt. In ihrem Handbuch für Hebammen ging Mrs Jane Sharp sogar so weit zu behaupten, dass »die Klitoris steht und fällt wie die Stange des Mannes. Das verschafft den Frauen Lust und lässt sie Freude in der Vereinigung finden. Ist weder das eine noch das andere vorhanden, wird sie auch nicht empfangen.«

In keinem dieser Bücher findet sich jedoch ein Ratschlag, wie man sexuell anziehender werden kann. Tatsächlich waren Mundgeruch dank fauler Zähne oder stinkende, ungewaschene Körper und Kleider durchaus die Norm. Allerdings finden sich in den entsprechenden Werken Hinweise darauf, dass selbst Engländerinnen der höheren Schichten, denen durchaus die entsprechenden hygienischen Möglichkeiten zur Verfügung standen, »die Sauberkeit ihrer Person vernachlässigen«. Das Sexualleben neigte dazu, durch chronische gynäkologische Probleme, Infektionen und Geschlechtskrankheiten unterbrochen zu werden. Paare wurden davor gewarnt, es zu übertreiben. Der 80-jährige Evelyn schrieb, dass »allzu häufiges Beieinanderliegen den Blick trübt, das Gedächtnis schädigt, Gicht und Venenleiden fördert und das Leben verkürzt«; Defoe vervollständigte diese furchtbare Liste mit »Fäulnis und anderen üblen Abscheulichkeiten«.

Die hohe Sterberate in Verbindung mit den späten Eheschließungen und der vergleichsweise kurzen Lebenserwartung bedeutete, dass eine Ehe meist nicht allzu lange dauerte. Viele Beziehungen waren nur von kurzer Dauer. Sollten jedoch beide Ehepartner die durchschnittliche Lebenserwartung überschreiten, konnten Mann und Frau durchaus 17 bis 20 Jahre glücklich miteinander leben, bis der Tod sie schied. Allerdings war dies nur bei 50 Prozent aller Ehen der Fall. Nur wenige Eltern lebten als Paar lange genug, um ihre Kinder aufwachsen, heiraten und sich eine eigene Existenz gründen zu sehen. Ein Viertel aller Ehen war bereits die zweite Verbindung für einen oder für beide Partner. Wie die Witwen von London und Westminster in einer Petition ans Unterhaus schrieben: »Wir, die wir gute Ehemänner gehabt haben, werden ermutigt, es ein weiteres Mal zu versuchen, in der Hoffnung, erneut so viel Glück zu haben; und wir, die wir schlechte Männer gehabt haben, sind dennoch nicht gegen die Ehe, sondern hoffen, uns in einer neuerlichen Verbindung nicht mehr die Finger zu verbrennen.«

Offiziell konnte eine Ehe nur durch den Tod beendet werden. Die Reformation in England mag zwar durch die Scheidung eines Königs ausgelöst worden sein, doch sie scheiterte damit, die Möglichkeit zur Scheidung für alle durchzusetzen. Das neue Maß an Freiheit bei der Wahl des Ehepartners bedeutete, dass größere emotionale Erwartungen in die Verbindung gesetzt wurden; dementsprechend wuchsen auch die Enttäuschungen und zwangsläufig gab es auch mehr Trennungen. Frauen machten ihren Gefühlen immer öfter Luft, wenn ihnen ein Unrecht angetan wurde.

Nichtsdestotrotz war es schwierig für eine Frau, eine gesetzliche Trennung durchzusetzen, egal wie verabscheuungswürdig ihr Ehemann sich auch verhalten mochte. Die Zeitgenossen nannten es Scheidung; aber *divortium a mensa et thoro* bedeutete schlicht ›getrennt von Tisch und Bett‹, und dies schloss die Erlaubnis zur Wiederheirat aus. Viele Fälle, die vor den Kirchengerichten zur Verhandlung kamen, hatten mit Ehebruch oder mit Ehebruch in Verbindung mit Grausamkeit zu tun. Wenn eine Frau derart öffentlich gegen ihren Mann vorging, war sie nicht nur der Verzweiflung nahe, sie musste sich auch wirklich *bewusst* sein, dass man ihr ein Unrecht angetan hatte. In einer

Gesellschaft, in der man Frauen dazu erzog, sich ihren Männern bedingungslos zu unterwerfen, war das nicht immer der Fall. Vor Gericht wurden alle schmutzigen Einzelheiten einer Ehe enthüllt und der Öffentlichkeit preisgegeben. Jede Seite zog den Fall wie einen Kampf Gut gegen Böse auf – aber die Beweislast lag bei der Frau; schließlich musste sie ein ausschließlich männliches Gericht überzeugen. Hier, wie auch überall sonst, musste sie sich als passives Opfer verhalten, denn jeglicher Anschein von Rechthaberei konnte das Gericht zu dem Schluss veranlassen, sie hätte das Verhalten ihres Mannes provoziert und es nicht anders verdient.

Zeugen waren in solchen Fällen von essenzieller Bedeutung, besonders Hausdiener, die schier unglaublich viel Zeit damit zu verbringen schienen, durch Schlüssellöcher zu spähen und an Türen zu lauschen. Dank der Struktur eines Londoner Haushalts konnte kein Mann sich eine Geliebte halten oder seine Frau schlagen, ohne dass die Dienerschaft davon erfuhr. Selbst die Bettwäsche, die die Diener zu waschen hatten (egal wie selten das auch der Fall sein mochte), konnte ein ausreichender Beweis für Ehebruch sein. Bisweilen wurden Diener auch zu Hilfe gerufen, wenn die körperlichen Misshandlungen außer Kontrolle gerieten. Im Summers-Haushalt, wo Elizabeth oft von ihrem Mann John geschlagen und getreten wurde, war Samuel Pickard »im Bett und schlief, als William Winter, der Lehrjunge des besagten John, zu ihm hinaufkam, ihn weckte und von (ihm) verlangte, rasch mit ihm hinunterzulaufen, da der Herr die Herrin ermorde«.

War ein Fall erst einmal vor Gericht, versuchten Ehemänner wie John Chambers oftmals die Diener zu bestechen; Chambers befahl ihnen »zu schweigen und nicht über die Misshandlungen der besagten Ehefrau zu sprechen«. Unglücklicherweise waren die Zeugen für gewöhnlich nur allzu bereit, für ein entsprechendes Entgeld einen Meineid zu leisten: »Die besagte Margaret führt ein schockierendes Leben; sie ist eine schlechte

Person, und schon mehrmals saß sie wegen Diebstahls, Hurerei und Betrugs im Zuchthaus ein (…). Für eine kleine Zuwendung wird sie jederzeit die Unwahrheit beschwören.« Offenbar sollte sie »drei Guinea, ein neues Kleid und Röcke bekommen, wenn sie schwor, dass eine Mrs Smith mit einem Mr Smith verheiratet war«.

Abgesehen davon, dass die Gerichte Männer deutlich besser behandelten als Frauen, machten noch andere Dinge eine Scheidung für die Frau zur Qual. Frauen besaßen nur wenig oder gar kein eigenes Geld, und ein Rechtsstreit war extrem teuer. Bei Kosten von mindestens 20 Pfund – was bis zu zwei Jahreseinkommen eines Londoner Arbeiters (oder deren zehn einer arbeitenden Frau) entsprach – war diese Form der Auseinandersetzung auf die Oberschicht und das wohlhabende Bürgertum beschränkt. War die Frau jedoch in der Lage, die notwendigen Kosten aufzubringen, konnte sie ihren Mann auf Unterhalt verklagen – den sie jedoch nur bekam, wenn sie ihre Unschuld bewies. Alternativ dazu konnte man die Unterhaltszahlungen mit Zustimmung beider Parteien und unter Mitwirkung eines Notars in einem privaten Trennungsvertrag aushandeln.

Oft lief die Unterhaltspflicht jedoch irgendwann aus, und die Höhe der Zahlungen war häufig ungenügend.

Gleichwohl (…) der besagte Christian bestätigte, dass besagte Elizabeth sich in seinem Geschäft einen Lebensunterhalt verdienen könne, sind die Gliedmaßen der besagten Elizabeth sowie ihr Augenlicht durch die Schläge und Tritte, die der besagte Christian ihr verabreicht hat, derart geschädigt, dass sie (…) zu keiner körperlichen Arbeit mehr in der Lage ist, auch nicht zum Nähen, denn durch wiederholte Schläge zum Kopfe hat ihre Sehkraft stark nachgelassen. Daher steht zu befürchten, dass sie ohne guten Unterhalt nicht lange überleben wird.

Die Gesetze den Ehebruch betreffend waren ebenfalls eindeutig zuungunsten der Frau. Beging ein Mann Ehebruch, wurde er nie bestraft; doch einer Frau drohten ernste Konsequenzen, suchte sie sich während ihrer Ehe oder auch nach der Trennung einen Geliebten. Bestand auch nur der Hauch eines Verdachts, dass die Frau eine neue Beziehung haben könnte, wurden die Unterhaltszahlungen sofort eingestellt. Eine von ihrem Mann getrennt lebende Frau war zu einem Leben in Einsamkeit und Isolation verdammt. Doch am schlimmsten von allem war, dass sie ihre Kinder verlor. In einer Ehe besaß ausschließlich der Mann die Kontrolle über die Kinder. Sie gehörten ihm ebenso wie seine Frau, zumindest bis sie mündig waren. Im Falle einer Scheidung behielt er das Sorgerecht, auch wenn das Gericht ihn zum Schuldigen erklärte. Es war durchaus möglich, dass die Frau ihre Kinder niemals wiedersah. Ohne Zweifel musste eine Frau schon wirklich aufs Übelste misshandelt werden, wenn sie sich dazu entschloss, so etwas durchzustehen; doch es war auch ein Zeichen wachsender weiblicher Unabhängigkeitsbestrebungen, dass viele nicht vor diesem Schritt zurückschreckten.

Einige Frauen verließen ihre Männer auch einfach. Die Zeitungen waren voll von Anzeigen, dass diese oder jene Frau verschwunden sei, woraufhin deren Ehemänner sich beeilten, die Verantwortung für die Schulden ihrer abtrünnigen Gattinnen abzustreiten.

Elizabeth Stephenson, Frau von George Stephenson, ansässig zuletzt Falken Court, nahe King's Bench, Southwark, ist ihrem Ehemann davongelaufen und hat seitdem mehrere Schuldverträge geschlossen, um ihren Ehemann zu ruinieren. Daher sei hiermit öffentlich kundgetan, dass besagter George Stephenson keine Schuldverschreibung oder Wechsel anerkennen wird, die besagte Elizabeth Stephenson unterzeichnet hat, sei es nun vor oder nachdem sie ihrem Gatten davongelaufen ist.

Nach der Eheschließung gingen sogar die beweglichen Güter einer Frau, ihre Haushaltswaren, in den Besitz des Ehemanns über. Sie durfte nur ihre ›Paraphernalien‹, ihre Kleider, behalten.

So kann man es schon als kühn bezeichnen, dass Isabella Goodyear mit dem Eigentum ihres Mannes geflohen ist:

Isabella Goodyear, Tochter von Richard Cliffe aus Brixholme, Grafschaft Devon, und Eheweib von Aaron Goodyear, Kaufmann zu London, hat vor 18 Monaten Heim und Bett des besagten Aaron verlassen sowie ihres Gemahls Waren und Gegenstände im Wert von 200 Pfund und mehr mitgenommen. Und obwohl besagte Isabella sowohl von besagtem Aaron, ihrem Mann, als auch von mehreren seiner Bekannten dazu aufgefordert worden ist, wieder bei ihm zu wohnen, hat besagte Isabella sich starrsinnig geweigert, obwohl ihr trotz der Umstände ein ziviler Empfang zugesichert worden ist. Daher sei nunmehr allen Kaufleuten kundgetan, dass sie besagter Isabella gegen die entwendeten Güter weder Waren verkaufen noch Geld leihen sollen. Andernfalls droht ihnen Strafe und der Verlust ihres Kredits, sollte ein solcher besagter Isabella vom heutigen Tag an gegeben werden.

Der selbstgerecht klingende Aaron war doppelt verletzt, weil seine Frau ebenfalls zu seinem Besitz zählte. Eine Frau, die davonlief, war praktisch vogelfrei. Ihr Mann konnte sie zwingen zurückzukehren oder gegen jeden vorgehen, der sie beherbergte. Er konnte sie entführen, sie in ein Irrenhaus werfen lassen oder sie zu Hause einsperren. Sie stand noch immer unter dem ›Schutz‹ ihres Ehemannes, und es galten nach wie vor dieselben juristischen Einschränkungen – sie konnte weder einen Vertrag abschließen, einen Kredit aufnehmen noch Eigentum kaufen oder verkaufen. Sollte es ihr gelingen, sich einen eigenen Lebensunterhalt zu verdienen, durfte ihr Ehemann dieses Einkommen ebenfalls rechtskräftig für sich beanspruchen. Durch die Heirat war ihr Besitz bereits an ihren Mann übergegangen, doch da sie davongelaufen war, verlor sie auch ihre Rechte, die sie als Witwe besessen hätte.

Für die Armen, die ohnehin nichts besaßen, war es ein Leichtes, einfach wegzugehen und mit jemand anderem eine neue Familie zu gründen. »Der besagte John Combs lebte schon seit ein paar Jahren nicht mehr mit seiner Frau zusammen, sondern hatte sich mit einer gewissen Elizabeth Gwyn als seiner Frau in der Nähe von Spittlefields Market niedergelassen.« Die beiden lebten so selbstverständlich zusammen, dass ein paar von Johns Kumpanen im Two Brewers glaubten, sie seien verheiratet: »Sie tranken bis zwei Uhr in der Früh; dann ging der besagte John ins Bett zu einer Frau, die auf den Namen Elizabeth getauft war, und von der alle glaubten, sie sei sein Eheweib.«

Es war leicht, zu verschwinden und nie wieder etwas von sich hören zu lassen. Presserbanden konnten sich einen Ehemann freiwillig oder unfreiwillig schnappen, doch dass viele Männer sich in der Tat freiwillig für den neuerlichen Krieg mit Frankreich meldeten, zeugt davon, dass viele das Soldatenleben der Ehe vorzogen. War ein Mann nach sieben Jahren nicht wieder zurückgekehrt, durfte seine Frau erneut heiraten. Aber diese leichte Fluchtmöglichkeit hatte auch finanzielle Folgen. Da überdies Bigamie an der Tagesordnung war, gab es viele Frauen, die Unterstützung von ihren Gemeinden verlangten. Die überbevölkerten Londoner Gemeinden spürten den finanziellen Druck, und alles Mögliche wurde unternommen, um verschwundene Ehemänner wiederaufzutreiben, damit sie ihren Verpflichtungen nachkamen. Frauen, die heimlich geheiratet hatten und denen es dementsprechend schwer fiel, das zu beweisen, hatten große Schwierigkeiten, den Unterhalt einzuklagen. Phyllis Chamblott beschwerte sich über die »Unfreundlichkeit ihres Mannes, dass er sie und ihr Kind einfach so verlassen hatte, ohne für ihren Unterhalt zu sorgen«. Als sie sich um Hilfe an ihre Schwiegermutter wandte, schickte diese sie fort.

Als letzte Möglichkeit konnten die Armen auch noch ihre Frauen verkaufen, was einer Art öffentlicher ›Selbstscheidung‹ gleichkam, die für gewöhnlich in beiderseitigem Einverständnis stattfand: Wie beim Vieh in Smithfield, legt der Mann seiner Frau »einen Halfter um den Hals und führt sie zum nächsten Markt. Dort wird sie wie eine Zuchtstute oder eine Milchkuh versteigert.« Praktisch wurde der Handel vorher zwischen dem Ehemann, der von allen seinen Pflichten der Frau gegenüber befreit sein wollte, und dem Käufer abgesprochen. Sie konnte nur ein paar Pence oder mehrere Guineas kosten. Wie bei jedem Geschäft musste eine Gebühr an die Marktaufsicht abgeführt werden. Der öffentlichen Meinung zufolge war es beiden Seiten auf diese Art erlaubt, erneut zu heiraten. Unnötig zu erwähnen, dass diese Praxis sowohl vor den weltlichen als auch den geistlichen Gerichten keine Gültigkeit besaß und zunehmend in der Presse verdammt wurde.

Es gab jedoch noch eine interessante Alternative zur *divortium a mensa et thoro*. Durch eine Anomalie in einem Staat, wo Scheidung an sich verboten war, konnte eine *divortium a vincula* durch ein ›Privatgesetz‹ erwirkt werden. Das bedeutete eine volle juristische Scheidung mit dem Recht, erneut zu heiraten. Diese Möglichkeit war allerdings nur den wirklich Wohlhabenden und Einflussreichen vorbehalten, deren Frauen Ehebruch begangen hatten, bevor ein Erbe für die meist riesigen Besitzungen geboren war. Nachdem Charles II. den Anhörungen zur Roos-Scheidung im Oberhaus beigewohnt hatte, erklärte er, das sei genauso gut gewesen wie jedes Theaterstück. Solche Fälle waren jedoch selten, und auch der Erfolg war nicht vorprogrammiert.

Im Jahre 1700 arrangierten die Vormünder des 14-jährigen Sir George Downing dessen Hochzeit mit einer Zwölfjährigen.

Als diese im nächsten Jahr stattfand, wurde das Paar »zu Bett gebracht (…), wo sie eine Weile beieinander lagen; doch dem Zeugnis aller Anwesenden nach berührten sie einander nicht, und hinterher kamen sie nie wieder zusammen. Der junge Gentleman ging sofort ins Ausland, und die junge Frau zog zu ihren Eltern.« Die Downings vollzogen ihre Ehe nie, und nach einer angemessenen Zeit hatten »beide Seiten eine derartige Abneigung gegeneinander entwickelt, dass es wünschenswert erscheint, ihnen die Freiheit wiederzugeben«. Das Gericht entschied gegen sie mit der Begründung, dass sie »sowohl nach Gottes als auch nach des Königs Gesetz Mann und Frau sind, und da außer Ehebruch nichts zur Auflösung einer Ehe führen kann – was hier nicht vorliegt –, bleibt diese Verbindung unauflöslich«.

Selbst für die Privilegierteren war eine Ehe ein Bund, den man nur schwer brechen konnte. Und so entschieden sich viele junge Männer für eine Alternative: das Junggesellenleben.

Junge Männer waren nicht nur rar, sie zeigten auch einen wachsenden Widerwillen zu heiraten. Während der Politökonom William Petty deutlich vor einem Bevölkerungsrückgang warnte, sorgten sich junge Frauen darüber, was für sie übrig blieb. Die Altjüngferlichkeit war ein ungewolltes neues soziales Phänomen, das große Schmach bedeutete. Von Frauen erwartete man, dass sie sich der männlichen Autorität unterwarfen. Die Ehe war ein Geschäft, Jungfernschaft ein wertvolles Gut, und alte Jungfern hielten diese Werte unter Verschluss.

Die Lage wurde derart verzweifelt, dass man eine Petition aufsetzte: *The Ladies of London and Westminster to the Honourable House of Husbands* (Die Damen von London und Westminster an das Ehrenwerte Haus der Ehemänner). Diese wurde von »Tausenden unterzeichnet, und es war nicht eine darunter, die keine Jungfer mehr war«.

»Ihr müsst nicht daran erinnert werden, auf welch verächtliche Art der heilige Stand der Ehe in den letzten Jahren behandelt worden ist«, begann der Text. »Jeder böswillige Schreiberling hat seinen Spott darüber ergossen. Man hat höhnische Sonette darüber geschrieben, sie vor Gericht der Lächerlichkeit preisgegeben und sie im Theater vorgeführt, und das so oft, dass die ganze Angelegenheit nun totgeredet und leer ist.«

Jüngere Söhne der Ober- und Mittelschicht scheuten vor den Kosten einer Hochzeit und der nachfolgenden Ehe zurück. Sie zeigten »eine Abneigung gegen Kindergeschrei und das Schaukeln von Wiegen, obwohl dieselben Kerle den ganzen Tag lang bei Wills sitzen können [einem Kaffeehaus], inmitten der ewigen Streitereien der Schwachsinnigen und den endlosen Debatten der Nicht-Politiker«. Die Petition fährt fort: »Die schlimmeren Fälle beschweren sich laut über die Hebammen, die Kinderschwestern und andere Beteiligte einer Ehe. Sie denken nur wenig darüber nach, dass sie mehr für ihre Eitelkeiten ausgeben, als für den Unterhalt einer Frau und eines Dutzend Kinder vonnöten wäre.«

Der Hochzeitsmarkt war derart aufgeheizt, dass einige Väter ihre Töchter bewusst daraus heraushielten, da sie die überzogenen Mitgiften entweder nicht zahlen konnten oder wollten. Andererseits stellte ein unverheiratetes Mädchen eine Last für ihre Familie dar. Sie konnte durchaus als hochrangige Dienerin im Haushalt eines Verwandten enden – wie zum Beispiel Samuel Pepys recht schlichte Schwester Pauline. Die zunehmend oberflächliche Erziehung einer Frau war mehr dazu gedacht, ihr einen Ehemann zu besorgen als ihr den Lebensunterhalt zu sichern.

Doch schlussendlich konnte nur Geld einem Mädchen einen Mann verschaffen. Das galt im Jahre 1700 mehr denn je, besonders, da die Londoner Frauen erkannt hatten, dass ihnen das Feld nicht allein gehörte.

Sie hatten zwei große Rivalen im Heiratsgeschäft: Alkohol und lockere Weiber:

Es ist eine Schande ... dass die jungen Kerle der Stadt sich auf so skandalöse Weise dem Wein ergeben. Sie gebrauchen ihre Gläser zu eifrig, als dass sie noch an etwas anderes denken könnten; und sollte der Alkohol doch in gewissem Sinne inspirieren, müssen sie nur um die nächste Straßenecke gehen, um ihren Appetit stillen zu können. Und das führt uns zu dem zweiten Hindernis, der nicht zu tolerierenden Vielzahl an Geliebten, die (...) jene Ströme umleiten, die ansonsten in den Kanal der Ehe fließen würden. Solange diese Art von Konterbande gefördert oder auch nur über sie hinweggesehen wird, darf man nicht erwarten, dass tugendhafte Frauen einen guten Marktpreis erzielen oder das Hochzeitsgeschäft blüht.

Die Regierung ergriff die Gelegenheit und führte eine Steuer von einem Schilling pro Jahr für Junggesellen und Witwer über 25 ein. Recht schnell entstanden daraufhin Gesellschaften und Versicherungen, die ihren Einzahlern Geld für eine Hochzeit zur Verfügung stellten. Und es gab auch einige interessante Nebeneffekte in der englischen Sprache und den Sexualpraktiken: Der Begriff ›alte Jungfer‹ wurde Allgemeingut, und Selbstbefriedigung wurde als gefährliche neue Mode betrachtet, der im Jahre 1710 sogar ein eigenes Buch gewidmet wurde: *Onanie, oder: Die ruchlose Sünde der Selbstbeschmutzung (Onania; or, The Heinous Sin of Self-Pollution)*.

Angesichts des wachsenden Freiheitsdrangs der Frauen, der steigenden Hochzeitskosten und einer neuen Blüte der Prostitution war eine Heirat nicht mehr so attraktiv – es sei denn natürlich, es vollzog sich als heimliche Angelegenheit im Schatten von St. Paul's.

2. KAPITEL

Mutterfreuden

*Eine Frau, die irgendwann mit 20 heiratete,
musste fast 20 Jahre wiederholter Schwangerschaft
und Stillzeit ertragen.*

Die Stille der Nacht wurde vom einmaligen Schlagen der Kirchenglocke zerrissen. »Ein Uhr nachts und alles in Ordnung!«, rief der Nachtwächter. Im Haus über ihm ertönte ein Husten, und irgendjemand murmelte und rollte sich im Schlaf herum. Dicht an die Wand gedrückt huschten zwei vermummte Gestalten die Straße hinunter, wobei sie auf dem nassen Pflaster immer wieder auszurutschen drohten, während sie mit dem Botenjungen vor ihnen Schritt zu halten versuchten. Plötzlich blieb der Junge stehen und warnte sie im rauchigen Licht der Fackel vor einem Abfallhaufen, den irgendjemand hier aufgeschüttet hatte. Sie schirmten ihre Gesichter vor dem Gestank aus dem Rinnstein ab und drückten sich dicht an den Jungen, als sie die beunruhigende Dunkelheit des Lincoln's Inn Fields betraten. Sie mussten noch zwei Straßen weiter, am Globe & Sun links abbiegen, dann auf die Südseite der Kirche gegenüber und drei Häuser weiter die Straße hinunter, geleitet von einem tanzenden Licht. Es war das Licht einer Laterne, die ein Mann nervös schwenkte, um ihnen schließlich eine Tür zu öffnen und sie willkommen zu heißen.

Die respektable Hebamme Madame X – die wegen des anonymen Rechnungsbuchs so genannt wird, das sie hinterlassen hat – und ihr Lehrmädchen sind im Haus einer Frau eingetroffen, die in den Wehen liegt. Der zukünftige Vater eilt ihnen voraus die Treppe hinauf, obwohl seine Dienste nun nicht mehr vonnöten sind. Die ersten Wehen seiner Frau hatten ihn schon einmal heute Nacht aus dem Haus getrieben, um die Klatschweiber – die »Gossips« – hereinzuholen, die die Geburt bezeugen sollen. Madame X muss nur deren Geschnatter folgen, um das Geburtszimmer zu finden. Die Fensterläden sind geschlossen, um die Außenwelt auszusperren, und im Licht des Kaminfeuers und der Kerzen tanzen die Schatten der Frauen über die Wände.

Diese Klatschweiber sind Freundinnen, Verwandte und Nachbarinnen. Durch ihre Lieblingsbeschäftigung, das Tratschen, Klatschen und Gerüchte austauschen, schmolz die Bedeutung des mittelenglischen Wortes *god-sibb* (»Verwandter«, »Familienmitglied«), das auch die Taufpaten bezeichnete, zum heute noch gebrauchten Inbegriff des Tratschens, dem *gossip*. Eine damals populäre Redensart besagte: »Wollt Ihr die Klatschweiber bei einer Geburt vom Tratschen abhalten, seid versichert, dass es leichter ist, die Bögen der London Bridge zu verstopfen als ihnen das Maul zu solch einer Zeit.« Das Zeugnis der Frauen wird die Mutter vor Anschuldigungen bewahren, sollte das Baby sterben; aber natürlich freut sich in erster Linie jeder darauf, eine glückliche Geburt zu feiern. Die Frau, die jetzt vor Schmerzen stöhnt, wird selbst schon oftmals Zeugin einer Geburt gewesen sein, sodass das Geschehen für sie nichts Neues ist.

Aphra Behn fing die aufgeregte Atmosphäre in ihrem Buch ein, *The Ten Pleasures of Marriage* (Die zehn Freuden der Ehe):

Denn die Hebamme ist nicht in der Lage, sich um alles zu kümmern. Sie kann nicht alles holen oder wegbringen, was geholt oder weggebracht werden muss. Deshalb ist es notwendig, die Freundinnen der Frau so rasch wie möglich her-

Die Frauen, die man eingeladen hat, um die Geburt zu bezeugen, vertreiben sich die Zeit mit Geplapper, wodurch das Wort *gossip* eine ganz neue Bedeutung bekommt. *(British Library)*

beizurufen. Schwestern, Tanten, Cousinen und mehrere gute Bekannte müssen umgehend benachrichtigt werden, und sie müssen (…) rasch, rasch, rasch und ohne Verzögerung erscheinen. Und wenn Ihr sie nicht alle feierlich und ihrem Rang und ihren Fähigkeiten entsprechend einladet, gilt das als Beleidigung.

Eine Geburt war eine von Aberglauben geprägte Angelegenheit. Die Klatschweiber sorgten dafür, dass die Frau in den Wehen ein Kleidungsstück ihres Mannes trug, damit ein Teil ihres Leidens auf ihn übertragen würde. Ihre Mutter, ob nun eine Londonerin oder vom Land stammend, hat wahrscheinlich auch einen Glücksbringer dabei. Es gab keine Betäubungsmittel, die die Schmerzen hätten lindern können. Eine Frau in den Wehen nippte nur immer wieder an einer Schüssel warmen, gewürzten und gezuckerten Weins, um während der langen Qualen den Mut zu behalten. Aus dem gleichen Grund war sie von dem Augenblick an, da sie ihre Schwangerschaft bemerkt hatte, dem Rat gefolgt, den die berühmte Londoner Hebamme Mrs Jane Sharp in ihrem Geburtshandbuch gegeben hatte, und hatte jeden Morgen einen Becher mit Salbei gewürzten Ales getrunken, um ihren Leib zu stärken.

Selbst eine unerfahrene Frau wusste, was vor ihr lag. Eine Unmenge populärer Handbücher vermittelte ihr eine willkürliche Mischung von Weisheit und Unsinn und gab ihr ein paar Tipps, was die Schwangerschaft und die Wehen betraf. Zur einschlägigen Literatur zählten so bekannte Werke wie Jane Sharps *The Midwives Book, or, the Whole Art of Midwifery Discovered* (Der Hebammen-Ratgeber. Oder: Von sämtlichen Geheimnissen der Hebammen), John Pecheys *A General Treatise of the Diseases of Maids, Big-Bellied Women, Child-bed Women, and Widows, Together with the Best Methods of Preventing and Curing the Same* (Über die allgemeine Behandlung der Krankheiten von Jungfrauen, Schwangeren, Kindbett-Frauen und Witwen, ergänzt durch die besten

Verfahrensweisen zur Vorbeugung und Behandlung derselben) und *The Compleat Midwife's Practice Enlarged* (Das große Handbuch für Hebammen, erweiterte Ausgabe) sowie Dr. Hugh Chamberlens Übersetzung von *Des Maladies des Femmes Grosses et Accouchées* (Von den Krankheiten der schwangeren Frauen und Wöchnerinnen) des berühmten französischen Geburtshelfers François Mauriceau.

John Pecheys Beschreibung klang allerdings wenig ermutigend:

> Die ganze Schwangerschaft über, die eine neunmonatige Krankheit ist, plagen die Frau Übelkeit, Erbrechen, Schmerzen im Rücken, den Bändern und Hüften, Hustenanfälle, sie hat geschwollene Beine und viele andere Krankheiten, und einige dieser Unpässlichkeiten können zur Fehlgeburt führen, welche das schlimmste Übel von allen ist. Setzen dann die Wehen ein, und die Geburt steht kurz bevor, sieht sich die Frau vielen Schwierigkeiten und Gefahren gegenüber (...).

Man glaubte, dass alles, was die Frau im Augenblick der Empfängnis fühlte und dachte, nachhaltige Auswirkungen auf das Kind haben würde. Geburtsfehler wurden auf Dinge zurückgeführt, die der Frau während der Schwangerschaft widerfuhren: Hatte das Kind beispielsweise eine Hasenscharte, sagte man, der Frau sei irgendwann ein Hase über den Weg gelaufen. Während der Menstruation galt Geschlechtsverkehr als Tabu, um zu vermeiden, dass das Kind missgestaltet zur Welt kommt. Während der Schwangerschaft konnte die Frau dem Sex ganz aus dem Weg zu gehen. In den ersten vier Monaten wurde er sogar als gefährlich erachtet, da ansonsten ein frühzeitiger Abgang des Kindes drohte. Gleiches galt für den sechsten und achten Monat, doch im neunten glaubte man, dass der Beischlaf die Entbindung erleichterte.

Auch durfte die Schwangere sich außerhalb ihres Hauses nur noch eingeschränkt bewegen:

> Während der Schwangerschaft, besonders unmittelbar vor der Geburt, darf sie weder reiten noch in einer Kutsche oder auf dem Wagen fahren (…). Aber man darf sie auf einem Stuhl oder in einer Sänfte tragen, und auch langsame Spaziergänge sind ihr gestattet (…). Großem Lärm wie Kanonendonner oder Glockengeläut sollte sie aus dem Weg gehen (…). Und man muss sorgfältig darauf achten, dass sie nur in Schuhen mit niedrigen Absätzen geht, denn hochschwangere Frauen neigen dank ihres Bauches zum Stolpern, da sie ihre Füße nicht sehen können.

Jede Frau fürchtete sich vor der Entbindung und betete leidenschaftlich für deren glücklichen Verlauf. Die Totenscheine der Londoner Gemeinden zeigen deutlich, wie viele Frauen im Kindbett starben oder Infektionen zum Opfer fielen, die sie sich während der Geburt zugezogen hatten. Die Sterblichkeitsrate unterschied sich jedoch von Gemeinde zu Gemeinde. Es waren nicht notwendigerweise die Reichen, die überlebten. Vielen armen Frauen erging es schlicht deswegen besser, weil sie aus Kostengründen auf die bisweilen katastrophale Einmischung einer Hebamme verzichteten. Doch im Schnitt kamen 23,5 Todesfälle auf 1000 Taufen. Solange sie im gebärfähigen Alter war, bestand für die Frau eine 6- bis 7-prozentige Wahrscheinlichkeit, bei der Geburt zu sterben. Da war es wohl durchaus angebracht, sich angesichts einer Geburt auf den Tod vorzubereiten. Elizabeth Jocelin, die eine Ansammlung von Ratschlägen hinterlassen hat, wie ihre mutterlose Tochter zu erziehen sei, kann man allerdings als ungewöhnlich morbid bezeichnen, als sie sich heimlich ein Leichentuch bestellte, nachdem offensichtlich geworden war, dass sie ein Kind unter dem Herzen trug.

Eine Londoner Hebamme wie Madame X musste sich eine Lizenz kaufen, nachdem sie vom Diözesanamt auf ihre Eignung hin überprüft worden war. Sechs ehrenwerte Frauen mussten dafür Zeugnis ablegen. Der Bischof war allerdings mehr an der Moral einer Hebamme interessiert als an ihren medizinischen Fähigkeiten. Immerhin war man bei weiblichen Heilerinnen noch immer rasch mit dem Verdacht auf Hexerei bei der Hand, zumal angeblich Nabelschnur, Nachgeburt und tote Föten eine wichtige Rolle in unterschiedlichen Hexenriten spielten. Die Kirche verbot den Lizenzinhabern, das Kind zu töten oder eine Geburt zu verheimlichen. Während der Entbindung musste eine Hebamme ihr Bestes tun, die Mutter eines Bastards dazu zu überreden, den Namen des Vaters preiszugeben, damit man diesen zum Unterhalt verpflichten oder wegen Unzucht sogar öffentlich auspeitschen konnte. Auch wenn einige Pfarrer es den Hebammen neideten, waren diese verpflichtet, jedes sterbende Kind zu taufen, falls zu befürchten stand, dass ein Geistlicher nicht rechtzeitig eintreffen würde. Ihr Amtseid verpflichtete sie, nicht zwischen Reich und Arm zu unterscheiden, wenn es um ihre Dienste ging. Da sich ihre Entlohnung nach den Möglichkeiten ihrer Kunden richtete, durfte sie von den Reichen ein dementsprechendes Entgelt erwarten, während sie sich bei den Armen mit einem symbolischen Lohn zufrieden geben musste, und jene, die auf der Straße lebten, musste sie gar ohne Bezahlung entbinden.

Obwohl die männlichen Mitglieder der Heilberufe über wenig bis gar keine praktische Erfahrung in der Geburtshilfe verfügten, fühlten sie sich doch angesichts ihrer Universitätsausbildung auch dazu befähigt, eine Liste jener Qualitäten aufzustellen, über die eine Hebamme verfügen musste; Qualitäten, die nach Dr. William Sermon wie folgt lauteten:

Was ihre Person betrifft, so dürfen sie weder zu jung noch zu alt sein, sondern mittleren Alters. Sie müssen bei guter Gesundheit sein und dürfen keinerlei körperliche Missbildungen aufweisen. Ihr Erscheinungsbild muss ansehnlich sein, ihre Hände klein und die Finger lang, nicht zu dick, aber sauber, die Nägel kurz geschnitten. Sie sollten ein fröhliches, freundliches Naturell besitzen, stark, nicht faul und sollten körperliche Arbeit gewöhnt sein (...). Und was ihr Benehmen betrifft: Sie müssen sanft, höflich, nüchtern, gesittet und geduldig sein, nicht streitsüchtig oder aufbrausend. Auch sollen sie nicht habgierig sein, und niemals dürfen sie etwas von dem verlauten lassen, was sie im Haus der Gebärenden sehen oder hören – denn wie man sagt, ist es nicht recht, die Frau in die Hände ungestümer und trunkener Weiber zu geben, wenn sie das erste Kind gebiert. Was ihren Verstand betrifft, so müssen sie weise und diskret sein. Sie müssen schmeicheln können und viele schöne Worte kennen, wenn auch nur, um die besorgte Frau zu täuschen. Dies ist ein lobenswerter Betrug und somit gestattet, ist er doch zum Besten eines Menschen in Not.

Im Geburtszimmer ließ man der Natur keine Zeit. Selbst eine so erfolgreiche Hebamme wie Madame X hat sich wohl schon einmal der übermäßigen Einmischung in den Geburtsvorgang schuldig gemacht. Jane Sharp berichtet, nachdem sie ihre Hände mit Gänsefett als Gleitmittel eingerieben hatte, sei es die erste Tat einer Hebamme, diese »der Frau tief in den Leib zu stoßen, um zu fühlen, wie das Kind liegt.« Es war allgemein üblich, die Scheidenöffnung im wörtlichen Sinne auseinander zu reißen, um dem Baby den Weg freizumachen. Wurde dabei die Fruchtblase beschädigt, konnte die Entbindung schwieriger werden und länger dauern. Leicht konnten Infektionen von den Fingern der Hebamme auf die Wunden übertragen werden, die sie mit ihren Fingernägeln ins zarte Fleisch riss. Als Folge davon konnte die Patientin durchaus an Kindbettfieber sterben, obwohl diese Fälle im Jahre 1700 bei weitem noch nicht so zahlreich waren wie nach der Einführung der Geburtskliniken Ende des 18. Jahrhunderts.

Einige Londoner Hebammen waren in der Lage, ein Kind in ungünstiger Lage per Hand zu drehen. Die Skrupelloseren wickelten die leidende Patientin in solch einem Fall oft in eine Decke ein, schüttelten sie und rollten sie herum, wodurch die Unglückliche unter Umständen für den Rest ihres Lebens unter Inkontinenz, Schmerzen beim Geschlechtsverkehr oder anderen peinlichen Gebrechen litt. Für einen Gebärmuttervorfall gab es kein Heilmittel. Kam es zu Komplikationen, waren viele Hebammen hilflos. Das war nun der Augenblick, einen männlichen Geburtshelfer zu rufen, der das Problem dann vielleicht mithilfe seiner chirurgischen Instrumente beseitigen konnte; doch manche Hebammen warteten zu lange damit und verloren so Mutter und Kind. Der berühmte männliche Geburtshelfer Hugh Chamberlen bemerkte ein wenig selbstgefällig, dass es bei weitem besser für eine Hebamme sei, Frau und Kind »mithilfe eines Mannes zu retten, als beide unter den eigenen Händen wegsterben zu lassen«. Es fällt allerdings schwer zu glauben, dass ein Mann so hilfreich sein konnte, wie Chamberlen behauptet, denn mit Rücksicht auf ihre Patientin arbeiteten Männer mit den Händen unter einer Decke, ohne die Geschlechtsteile der Frau auch nur zu sehen.

Nach mehreren gescheiterten Versuchen von Elizabeth Cellier, der Hebamme von Königin Mary, und anderen Londoner Hebammen, eine eigene Organisation zu gründen, um Ausbildung, Berufsausübung und die Gründung von Geburtskliniken zu überwachen, waren die Hebammen als Beruf im Rückzug begriffen. Weil sie keiner beruflichen Organisation angehörten, war es ihnen nicht gestattet, chirurgische Instrumente zu benutzen. Das Ärztekollegium war viel zu hochnäsig, als dass es die ›Mösenärzte‹ anerkannt hätte; allerdings konnte eine Hebamme durchaus der ehrenwerten Gesellschaft der Barbier-Chirurgen angehören. Die Familie Chamberlen hatte bereits die Geburtszange erfunden, aber aus irgendeinem unerfindlichen Grund behielten sie das Geheimnis für sich. Es sollte noch 20 Jahre dauern, bis der Letzte der Familie die Erfindung zum Patent anmeldete. Doch auch andere führten Geburtszangen der unterschiedlichsten Art ein, und mehr und mehr Frauen wandten sich an männliche Geburtshelfer in dem Glauben, dass diese ihnen das Leben retten könnten. Das Auftauchen gebildeter Männer im Geburtshilfegeschäft trieb die Kosten einer Geburt in die Höhe, schmälerte das Ansehen der Hebammen und drängte sie an den Rand des Marktes. Die Geburtshilfe war nicht mehr länger eine lohnenswerte Karriere für Witwen sowie Schwestern und Töchter von Apothekern oder Ärzten.

Aber egal wie gut sie mit ihren Instrumenten auch umzugehen vermochten, selbst männliche Geburtshelfer lehnten Kaiserschnitte bei lebenden Frauen als viel zu gefährlich ab. Neben der Geburtszange, die dazu diente, das Kind lebend zur Welt zu bringen, gab es auch noch den Haken, um ein totes Baby Stück für Stück herauszuholen.

Jane Sharp erklärt:

Wenn der Kopf herauskommt, befestigt den Haken an einem Auge (…) oder unter dem Kinn, am Gaumen oder an einer der Schultern, was auch immer Euch am Besten erscheinen mag; dann zieht das Kind sanft heraus, sodass Ihr die Frau nicht verletzt (…). Kommt nur ein Arm heraus, so könnt Ihr ihn schlecht wieder zurückschieben; dafür ist der Durchgang zu eng (…). Schneidet ihn deshalb mit einem scharfem Messer vom Leib. Macht es genauso, wenn beide Hände zugleich erscheinen, oder ein Bein oder beides, falls Ihr sie nicht zurückstecken oder zusammen mit dem Leibe herausholen könnt. So wie Ihr die Arme von den Schultern schneiden müsst, so müsst Ihr auch die Beine von den Hüften schneiden. Sämtliche Instrumente sollen scharf sein, damit es schnell geht. Sind einige Teile vom Leib geschnitten, dreht den Rest, damit er umso besser herauskommt.

Es war nahezu unvermeidlich, dass die Mutter bei dieser Prozedur verletzt wurde und in einigen Fällen auch starb. Jane Sharps eigenes Rezept, »ein totes Kind herauszubringen«, klingt wesentlich angenehmer, auch wenn man an der Wirksamkeit zweifeln muss:

Je ein halbes Dram[2] von diesen Kräutern (...) in Weißwein wird viel bewirken, und schon bald wird das tote Kind herauskommen. Da die Nachgeburt in solchen Fällen verdorben ist und in Stücken abgeht, ist es angebracht, noch mehr desselbigen zu trinken, bis alles heraus ist. Auch zerstampfte und erwärmte Wurzeln, die man ihr zu Füßen legt, zeigen hier Wirkung.

Hatte die Patientin der Madame X die Geburt gut überstanden, durchtrennte die Hebamme die Nabelschnur mit ihrem traditionellen Amtsmesser. Unter Umständen griff sie auch noch einmal ein, um die Plazenta herauszuholen, bevor die Natur das erledigte. Der abgedunkelte Raum war voll mit den Gerüchen der Geburt. Die Hitze, die von dem geschürten Feuer ausging, und der schlechte Geruch dicht aneinander gedrängter, verschwitzter Leiber machte einem das Atmen schwer. Nichtsdestotrotz riet *Aristotle's Masterpiece*: »Wenn eine Frau eine schwere Geburt hinter sich hat, ist es günstig, sie nach der Entbindung in eine frische, noch nicht erkaltete Schafshaut einzuwickeln, die fleischige Seite nach innen zu Bauch und Unterleib (...), und auf diese Art wird die Dehnung wieder zurückgehen und das dunkle Blut zurückgedrängt.« War alles vorbei, empfahl Jane Sharp eine nahrhafte Brühe, doch auf gar keinen Fall durfte man der Patientin in den ersten vier Stunden nach der Geburt erlauben zu schlafen.

---

[2] dram = alte englische Maßeinheit, entspricht ungefähr 3,5 cm³. (Anm. des Übersetzers)

Für den Monat nach der Geburt war die Geburtskammer das Heiligtum der Frau. Die Klatschweiber blieben, um darüber zu wachen und zudringliche Ehemänner abzuwehren, die sich um ihre Rechte betrogen fühlten. Selbst in ärmeren Haushalten bemühte man sich, diese Regel einzuhalten. Da man glaubte, die Frau würde durch die Geburt befleckt, war jeglicher Geschlechtsverkehr mit ihr verboten, bis sie in der Kirche geläutert worden war. Diese Regelung wurde derart strikt eingehalten, dass manche Männer die Wiederaufnahme sexueller Beziehungen in ihren Tagebüchern vermerkten: »Nun, da der Monat meiner Frau vorüber ist, liegen wir wieder beieinander.«

Für einen Monat wurde eine Säuglingsschwester angestellt, die sich um die Bedürfnisse der Frau zu kümmern hatte, die man wie eine Invalide behandelte: Die ersten 14 Tage lang musste sie im Bett bleiben, während man ihre Geschlechtsteile immer wieder mit Kräutertinkturen reinigte und mit Umschlägen zu heilen suchte. Nach 14 Tagen gestattete man ihr, sich aufzusetzen. Das Aufsetzen muss besonders angenehm gewesen sein, denn nun konnte endlich das verschmutzte Bettzeug gewechselt werden, auf dem die Frau seit der Geburt gelegen hatte. Die Fensterläden wurden geöffnet und die Vorhänge beiseite gezogen, und die Frau erblickte zum ersten Mal wieder Tageslicht, seitdem die Wehen eingesetzt hatten. Von nun an durfte sie einen Strom von Besuchern beiderlei Geschlechts empfangen.

Ihr Ehemann war gut beraten, »den Keller aufzustocken«. Sir Thomas Cave befand sich in dieser Hinsicht in einer glücklichen Position, wie er Lord Fermanagh in einem Brief anvertraute: »Ich bin besser vorbereitet, als ich erwartet habe, denn Seine Gnaden der Herzog von Montague hat mir mit seinen Glückwünschen neun Dutzend Flaschen französischen Weißweins zukommen lassen als Geschenk zur Geburt meines Kindes.« Vor allem musste ein Fest für die Klatschweiber abgehalten werden, ein feuchtfröhliches Gelage, bei dem unweigerlich auch unzählige Geschichten zum Thema Kindsgeburt ausgetauscht wurden.

Während sie in der Geburtskammer eingesperrt war, konnte eine Frau nicht die Kirche besuchen, zumal sie ja auch noch nicht geläutert war, und so verpasste sie die Taufe ihres Kindes. Diese fand für gewöhnlich drei bis fünf Tage nach der Geburt statt. In der anglikanischen Kirche hatte ein Junge einen weiblichen und zwei männliche Paten, während ein Mädchen einen männlichen und zwei weibliche hatte. Als ein Verwandter von Ned Ward, dem Autor des *London Spy*, diesen fragte, ob er Pate für sein Kind werden wolle, zögerte dieser. »Die ersten Früchte ihrer Ehe sind vor kurzem in diese Welt der Leiden gekrochen, und der hocherfreute Vater hat mich eindringlich darum gebeten, als Pate Buße zu tun, auf dass sein Abbild, dieses kleine Wesen, vom Makel der Geburt befreit werde. Ich habe diesem Ansinnen nachgegeben und mich bereit erklärt, einmal für ein, zwei Stunden den Tom Doodle zu spielen und mich von den Klatschweibern verspotten zu lassen.«

Er fürchtete sich davor, durch die Reihen der Klatschweiber zu gehen, die er zur Begrüßung küssen musste. »Schließlich kam ich zur Tür, auf die ich drei- oder viermal zutrat wie ein schüchterner Liebhaber auf die Tür seiner Geliebten, bevor ich den Mut fand einzutreten. Jedes Mal, wenn ich die Hand an die Klinke hob, glaubte ich, ein Gewirr weiblicher Stimmen durch das Schlüsselloch dringen zu hören.«

Kaum war der religiöse Teil der Zeremonie vorbei, sprach der Pfarrer »mit einem Kelch Kanarienwein« einen Toast auf die junge Mutter aus und »kehrte mit einem Teller Süßigkeiten für seine Frau und die Kinder« wieder nach Hause zurück. Dann setzte sich die Gesellschaft zu einem üppigen Mahl zusammen, bei dem auch Unmengen von Wein und Bier flossen. Die betrunkenen Frauen tratschten über die neuesten Skandale, bemitleideten sich gegenseitig ob ihrer unzulänglichen Diener und tauschten Indiskretionen über ihre Ehemänner aus.

Es war ratsam, den Keller für die Feier der Klatschweiber aufzufüllen, bei der das eng in Windeln gewickelte Baby selbstverständlich im Mittelpunkt stand. *(British Library)*

Es war Brauch, dass die Gäste der Hebamme ein Trinkgeld gaben, die bei dieser Gelegenheit der Ehrengast war. Auch das Baby erhielt Taufgeschenke. Tafelsilber wie Löffel, Teller und Becher sollten ihm Glück bringen. Von Korallen glaubte man, sie besäßen magische Kräfte: »Manche Kinder werden immer dünner und verkümmern schließlich«, schrieb Jane Sharp, »doch einige glauben, dass Bernstein und Korallen ein hervorragendes Heilmittel dafür sind.« Ned Ward hat nicht niedergeschrieben, was er seinem Patensohn geschenkt hat, doch man merkte ihm die Erleichterung an, als die ganze Angelegenheit sich ihrem Ende näherte: »Was mir nun noch zu tun blieb, war, nach oben zu gehen, meiner Verwandten viel Glück mit ihrem neuen Christen zu wünschen und ihren Dank entgegenzunehmen für all den Ärger, den ich für sie auf mich genommen habe.«

Der Ruhemonat der neuen Mutter endete mit dem Kirchgang. Obwohl die Puritaner sie als katholischen Aberglauben verspotteten, blieb die Reinigungszeremonie ungeachtet ihres an die verpönte Beichte erinnernden Charakters im Volk populär. Als Symbol ihrer einmonatigen Klausur trug die Frau einen Schleier, wenn sie begleitet von Hebamme und Klatschweibern zum ersten Mal seit der Geburt ihres Kindes ihr Haus verließ. In der Kirche kniete sie in einem eigens für diese Zwecke vorgesehenen Bereich nieder und dankte Gott dafür, dass er sie »von den Gefahren der Kindsgeburt errettet hat«. Anspielungen wie »die Fänge des Todes« und »Höllenschmerzen« waren auch in der Tat angebracht, doch zum Glück hatte sie das nun hinter sich – bis zum nächsten Mal.

In *The Ten Pleasures of Marriage* beschreibt Aphra Behn eine modebewusste junge Frau, die das Beste aus dem Monat nach der Geburt gemacht hat. Ihren nachsichtigen Mann hat das ein kleines Vermögen an Bettzeug und alkoholischen Erfrischungen für Klatschweiber und Besucher gekostet. Vor allem sagte er ihr:

»Du sollst dir keine Sorgen um schmerzhaftes Stillen machen oder dich sonstwie in der natürlichen Ruhe stören lassen. Lass die Amme sich um alles kümmern; du musst dir um nichts Gedanken machen.« Es war allgemein üblich, dass jemand, der es sich leisten konnte, eine Amme einstellte, um das Kind zu stillen, auch wenn die meisten Mediziner diese Praxis verurteilten. François Mauriceau erklärte, es sei »die wichtigste Eigenschaft einer guten Amme, dass es sich um die Mutter handelt«. Auch Jane Sharp sprach sich für ein Stillen durch die Mutter aus, »weil dies eher den natürlichen Bedürfnissen des Kindes entspricht, denn die Milch der Mutter gleicht der Nahrung, die das Kind im Mutterleib zu sich genommen hat«.

Der Geistliche Henry Newcome war besonders kritisch, was verwöhnte Frauen betraf, die ihre eigene Schönheit und Bequemlichkeit über die Gesundheit ihres Kindes stellten, indem sie ihm die Brust verweigerten. »Eine Dame, die sich dazu herablässt, Amme zu sein«, beschwerte er sich, »auch für ihr eigenes Kind, wird ebenso als unmodern und wenig vornehm betrachtet wie ein Gentleman, der nicht trinkt und flucht, sondern entgegen aller Mode ein tugendhaftes und nüchternes Leben führt.« Newcome bemerkte, dass die Bindung zwischen einer stillenden Mutter und ihrem Kind weitaus stärker sei, als wenn sie darauf verzichtete. Tatsächlich sei es in einer modebewussten Gesellschaft »nur allzu üblich, dass einige Damen eine größere Zuneigung zu ihren Hunden denn zu ihren Kindern entwickeln«. Natürlich war eine Amme schon länger in der Stillzeit, wenn sie das Kind einer anderen annahm, das ansonsten die Immunfaktoren in der Muttermilch hätte entbehren müssen – was unmittelbar nach der Entbindung besonders schlimme Folgen haben kann.

Es gab eine Theorie, der zufolge ein Kind mit der Milch einer Fremden auch deren Temperament in sich aufnahm. Folglich bedurfte es einer besonders sorgfältigen Auswahl der Amme. François Mauriceau beschrieb einige der gewünschten Qualitäten: »Im Allgemeinen muss sie von ausgezeichneter Gesundheit sein, gute Gewohnheiten haben und nicht zur Unpässlichkeit neigen. Ihre Eltern dürfen niemals Steine in Magen oder Blase gehabt oder unter Gicht, Fallsucht oder einer anderen erblichen Erkrankung gelitten haben. Sie darf weder unnatürliche Flecken noch geschwollene Venen haben, ebenso wenig wie Schorf, Juckreiz, Blasen oder andere Unnatürlichkeiten aufweisen. Sie muss gesund und kräftig sein (…).«

Einer der Hauptgründe, aus denen betuchte Eltern ihr Kind einer Amme gaben, war vielleicht die Tatsache, dass Sex während der Stillzeit als verpönt galt. Man glaubte, Sex ließe die Muttermilch gerinnen. Ehemänner, die man während der Schwangerschaft lange ihrer Rechte beraubt hatte, machten diese nun mit aller Vehemenz wieder geltend. Schreiende Babys hatten außer Sicht- und Hörweite zu verschwinden. Auf jeden Fall hatten sie nichts im Ehebett verloren. Babys wurden nach Bedarf gefüttert, bis man sie mit ungefähr zwei Jahren entwöhnte. Stillte eine Mutter ihr Kind, entband sie das von allen anderen Pflichten. Vor allem für die Londoner Kaufleute waren damit auch finanzielle Fragen verbunden: Es war weitaus günstiger, eine Amme einzustellen, als über zwei Jahre hinweg auf die Mitarbeit der Frau in Haushalt und Geschäft zu verzichten. Man neigte dazu, das Kind zu lange bei der Amme zu lassen, und da es der menschlichen Milch an Eisen mangelt, litten diese Kinder oft unter Anämie.

Die erste Sorge einer Mutter war die Frage, wie sie den Milchfluss stoppen konnte. *The Queen's Closet Open'd* (Aus dem Nähkästchen der Königin) enthält folgendes Rezept, »um die Milch in der Brust der Frauen auszutrocken«: »Man nehme etwas Aquavit, etwas gesüßte Butter, mische sie untereinander und reibe die Brüste damit ein. Dann lege man Packpapier dazwischen und lasse es dort, bis es trocken ist und der Milchfluss aufhört. Auf diese Weise hält man auch das Fieber aus den Brüsten.«

Von der ersten Regel im relativ späten Alter von 16 oder 17 Jahren bis zur Menopause Anfang 40 musste eine Frau, die in den Zwanzigern heiratete, fast 20 Jahre wiederholter Schwangerschaft und Stillzeit ertragen. Ihre Periode kam nicht so oft wie bei heutigen Frauen. Die Stillzeit war als verhütend bekannt, aber wenn eine Frau unter Druck stand, einem Erben das Leben zu schenken, war sie gezwungen, kurz hintereinander schwanger zu werden. Aus den vielen Schwangerschaften einer Frau der Ober- und Mittelschicht gingen im Schnitt nur vier lebende Kinder hervor, von denen nur ein oder zwei das Erwachsenenalter erreichten. So viel Mühe – und das Ergebnis war doch kaum der Rede wert. Bei den Armen war der Sexualtrieb aufgrund der widrigen Umstände weit weniger ausgeprägt und somit auch die Fruchtbarkeit niedriger. Dass eine arme Frau ihr Kind überdies zwei Jahre lang selbst stillte, bedeutete außerdem, dass sie in weit vernünftigeren Abständen schwanger wurde.

Zwischen den Lebendgeburten gab es eine große Zahl an Fehlgeburten und Abtreibungen. Totgeburten bezeichnete man als ›Maulwürfe‹, Klumpen von totem Fleisch, die – so glaubte man – entweder von einer Schwäche im Leib der Frau oder im Samen des Mannes herrührten. Frauen aller Klassen schienen mehr zu Fehlgeburten zu neigen, wenn sie unter Nährstoffmangel, Muskelschwäche oder Verformungen im Beckenbereich litten. Das mag auch der Grund dafür gewesen sein, warum verheiratete Frauen so rasch mit einer Abtreibung zur Hand waren, wenn sie das Gefühl hatten, ihre Familien seien komplett. Die medizinischen Haushaltsbücher waren voller Rezepte, wie man den Anschein erwecken konnte, eine Fehlgeburt vermeiden zu wollen oder »die Blumen sprießen« zu lassen, was netterweise auch noch einem anderen Zweck dienlich war. Elizabeth Freke schwor auf Muskatnuss, Zimt, Knoblauch, Mazis, Ingwer, Anis und Süßholz, die in Wasser gemischt, mit Zucker gesüßt und oft getrunken wurden: »Dieser Sud wird – richtig zubereitet –

den Leib stärken, und das Kind im Leib gedeihen lassen; falls nicht, wird es die Frucht sicher und leicht entfernen. Meines Wissen nach hat er vielen Frauen gut getan. Er ist eine gute Medizin.«

Ganze Ladungen Neugeborener wurden mit Wagen oder zu Pferd über die geschäftigen Straßen zu den Landgemeinden hinausgefahren, die London mit Nahrungsmitteln versorgten. Hier wurden die Londoner Babys an Ammen verteilt. Aber während die hohe Nachfrage nach Ammen für viele respektable, aber arme Frauen Lohn und Brot bedeutete, empfand Henry Newcome dieses Tun als zynisch; für ihn ging es hier nur um Geld. Er vermutete sogar, dass die Ammen nicht davor zurückschreckten, ein totes Kind durch ein anderes zu ersetzen, um sich die Einnahmequelle zu bewahren.

Dies eingedenk, kann man sich des Eindrucks von Ignoranz und Vernachlässigung nicht erwehren, man sieht förmlich die kleinen Babys in straff gewickelten Windeln stundenlang in einer Ecke des Raums am Haken hängen. Das straffe Wickeln verlangsamte nämlich den Herzschlag und ließ das Kind seltener schreien. Auch steht zu bezweifeln, dass das Baby so oft gewaschen und die Wickeltücher so oft gewechselt wurden, wie eigentlich nötig gewesen wäre. »Die Ammen sind im Allgemeinen so nachlässig, dass häufig Krankheiten die Folge sind. Ein Kind fortwährend in Schmutz und Dreck zu halten, ist ein Vorspiel zu seinem sicheren Tod«, warnte Newcome.

Er erinnert sich an die Erfahrung eines anderen Pfarrers in einer Landgemeinde:

Wie ein Bruder in Christi, der Pfarrer von Hayes, ungefähr zwölf Meilen von London entfernt, ihm bekümmert berichtete, ist seine Gemeinde – welche groß, reich an Menschen und mit gesunder Luft gesegnet ist – bei seiner Ankunft mit Kindern aufgefüllt worden, die man aus der Stadt hinausgeschickt hat, um auf dem Land gesäugt zu werden. Doch im

Laufe eines Jahres hat er sie alle bis auf zwei zu Grabe getragen. Und dieselbe Zahl an Ammen, geldgierige Weiber, wurde anschließend gleich mit der doppelten Zahl an Kindern versorgt, die der Pfarrer diesmal allesamt vor der Zeit dem Herrn empfehlen musste. Diesem Bericht zufolge schicken die Bürger ihre Kinder weniger aufs Land hinaus, damit sie dort gesäugt, sondern vielmehr, damit sie dort ermordet werden.

Für die Kinder der Armen, die in der von Krankheiten heimgesuchten Hauptstadt mit ihrem rauchverhangenen Himmel und dem verseuchten Wasser bleiben mussten, war das Leben nicht minder gefährlich. Viele starben durch Vernachlässigung, als Folge der schlechten hygienischen Bedingungen oder weil ihre Mütter sie im Bett erstickten – ob es sich dabei um einen Unfall oder um Absicht handelte, war fast nie festzustellen.

Einige Babys waren ungewollt. Ihre Mütter waren unverheiratet und wollten ihre Schande verbergen. Diese Geburten fanden im Geheimen statt. Die betreffenden Frauen versuchten, allein zurechtzukommen und nicht zu schreien, um andere nicht auf ihre Not aufmerksam zu machen. Ohne Zeugen bestand stets der Verdacht, dass eine allein gebärende Mutter ihr Kind ermordet hatte.

In den Gerichtsprotokollen von Old Bailey sind Hunderte solcher Fälle verzeichnet.

Jane Watson, ehemals wohnhaft in London, Junggesellin, wurde angeklagt, ihren weiblichen Bastard ermordet zu haben, indem sie das Kind auf verbrecherische Art zu Tode würgte. Als Zeugen stehen ihr Wirt und ihre Wirtin zur Verfügung, die aussagen, gewusst zu haben, dass die Gefangene schwanger war. Als sie einen Tropfen Blut auf der Treppe bemerkten, betraten sie das Zimmer der Beschuldigten. Als sie sie fragten, was sie mit ihrem Kind gemacht habe, antwor-

tete sie, es sei vor zwei Tagen tot geboren worden. Anschließend durchsuchten Wirt und Wirtin das Zimmer und fanden schließlich das Kind in einer Kiste am Fußende des Bettes, und die Gefangene erklärte ihnen, sie schreibe den Tod
des Kindes einem großen Schrecken zu, den ihr ein Pferd
eingejagt hätte. Weiter sagten die Wirtsleute aus, dass sie
keinerlei Spuren von Gewalt bei dem Kind hätten finden
können. Die Gefangene wiederum sagte zu ihrer Verteidigung, sie hätte für das Kind vorgesorgt und nach Hilfe gerufen. Doch die Hilferufe verhallten ungehört wegen des großen Lärms unten, denn ihr Wirt ist Zinnschmied. Es dauerte
mehrere Tage, bevor die Gefangene eine Hebamme zu sich
rufen konnte. Als man die Hebamme ins Gericht bestellte,
erklärte sie, in der Tat von der Gefangenen bestellt worden
zu sein, und sie glaube wahrhaftig, dass die Gefangene nichts
Übles im Schilde führe; sie habe sich nur nicht dem Skandal
aussetzen wollen.

Jane Watson hatte großes Glück, dass die Hebamme ihr zu Hilfe kam, sodass sie für unschuldig befunden wurde. Das Gesetz
ging naiverweise davon aus, dass keine Absicht zum Kinds-
mord vorliegen könne, wenn die Frau Vorbereitungen für die
Entbindung getroffen hatte. Defoe war äußerst skeptisch, was
das betraf: »Es ist nur allzu üblich, feines Leinen für ein Kind
auszulegen, das man zu ermorden gedenkt.«

Dienerinnen, die schwanger wurden, verloren aller Wahrscheinlichkeit nach ihre Stellung. Die Herrin von Phoebe Ward,
einer 25 Jahre alten Zuwanderin aus Yorkshire, war allerdings
sehr besorgt um ihre Dienerin.

Wie es scheint, war Phoebe bereits von Gott weiß wem
schwanger, als sie in London eintraf:

… und sie bekam eine gute Stellung bei einer ehrenwerten
Familie, wo man vermutete, dass sie ein Kind unter dem

Herzen trüge. Mehrmals fragte man sie danach, und sie leugnete es jedes Mal. Nachdem sie knapp einen Monat in diesem Hause lebte, bot ihr ihre freundliche und mildtätige Herrin an, sich um sie zu kümmern, für sie zu sorgen und die Entbindung zu regeln, sollte sich doch herausstellen, dass sie schwanger war (wie es, wie gesagt, den Anschein hatte). Doch diese elende Schlampe protestierte laut, sie habe nie bei einem Manne gelegen und könne deshalb kein Kind im Leibe tragen (…). Sie gestand (…), dass das Kind (soweit sie das beurteilen konnte) lebend geboren worden sei und dass sie es erstickt und in den Graben geworfen habe, wo man es schließlich gefunden hat.

War ein Kind erst einmal im Geheimen geboren, stellte sich die Frage, wie man das Baby wieder loswerden konnte. Einige Kinder erstickte oder erwürgte man unmittelbar nach der Geburt. Andere, wie im Falle des Bastards der Witwe Mary Goodenough, »verloren das Leben, weil man ihnen die notwendige Fürsorge verweigerte«. »Aus großer Armut und Hunger heraus« hatte sie ihre sexuellen Dienste an einen verheirateten Mann verkauft. Nachbarn entdeckten sie im Bett mit dem in eine Decke gewickelten, toten Kind zu ihren Füßen. Sie wurde der Kindstötung für schuldig befunden und hingerichtet; sie hinterließ einen siebenjährigen Sohn und eine elfjährige Tochter.

Die Behörden versuchten, mit ausgesprochen schweren Strafen des Problems Herr zu werden:

Viele verruchte Frauen, die Bastarden das Leben geschenkt haben, versuchen, der Schande und der Bestrafung zu entgehen, indem sie ihre toten Kinder heimlich verschwinden lassen. Sollte das Kind dennoch gefunden werden, beteuern die besagten Frauen, es sei tot geboren worden. Trotzdem stellt sich manchmal heraus (…), dass das besagte Kind oder die besagten Kinder von den besagten Frauen, ihren verruchten Müttern, ermordet wurden (…). Hiermit sei verfügt, dass jede Frau (…), die von einem lebenden Kinde entbunden wird, sei es nun männlich oder weiblich, und das gemäß den Gesetzen dieses Reiches als Bastard gilt, ein totes Kind nicht heimlich begraben darf. In solch einem Fall soll die schuldige Frau wegen Mordes verurteilt und dem Scharfrichter vorgeführt werden, es sei denn, sie kann mindestens einen Zeugen benennen, der glaubwürdig versichert, dass das Kind tot zur Welt gekommen ist.

Doch trotz aller Gesetze griffen verzweifelte Mütter immer wieder zu verzweifelten Mitteln, um ihre Schande zu verbergen. In den Aufzeichnungen von Old Bailey steht zu lesen:

Christine Russell aus der Gemeinde St. Paul's Covent Garden wurde des Mordes an ihrem männlichen Bastard angeklagt (…), indem sie ihn in den Keller des Hauses ihrer Herrschaft geworfen hat. Die erste Zeugin war ihre Herrin, die aussagte, dass die Gefangene ihre Dienerin sei. Eines Morgens sei sie heruntergekommen, hätte sich ans Herdfeuer gesetzt und ihrer Herrin erzählt, sie fühle sich nicht wohl, worauf diese ihr riet, nach oben zu gehen, was sie auch tat (…). Sie bat sie, für diesen Tag eine Putzfrau einzustellen (…). Sie hoffe, so erklärte sie, sich am nächsten Tag wieder besser zu fühlen, um die Arbeit selbst erledigen zu können. Nach einer Weile vermutete die Herrin, dass die Gefangene ein Kind gehabt habe, und sie fragte sie, ob sie verheiratet sei. Als diese darauf mit Nein antwortete, fragte die Herrin, was sie mit dem Kind gemacht habe, und die Angeklagte gestand, dass es im Keller sei (…). Die nächste Zeugin war die Putzfrau, die aussagte, das Kind aus dem Keller geholt zu haben. Als sie es fand, lagen zwei Eisenstangen auf seiner Brust. Die Hebamme sagte aus, es sei sehr wahrscheinlich, dass das

Kind lebend zur Welt gekommen sei, denn es sei ein sehr großes Kind gewesen. Sie fand nichts Ungewöhnliches an dem armen Balg; nur beide Arme waren gebrochen (…). Die Gefangene erklärte, dass sie 14 Tage zuvor einen schweren Sturz erlitten habe, der ihr große Schmerzen bereitete. Seitdem habe sie das Kind nicht mehr in ihrem Leib gespürt, doch sie konnte das nicht beweisen, da niemand von ihrem Zustand gewusst hat. Die Geschworenen befanden sie für schuldig.

Sie wurde zum Tode verurteilt.

In *The Fable of the Bees* (Die Bienenfabel) setzt sich Bernard de Mandeville für diese verzweifelten Frauen ein:

Im Allgemeinen glaubt man, dass jene, die ihr eigenes Kind vernichten können, ihr eigen Fleisch und Blut, Barbaren seien, wilde Monster, die sich von allen anderen Frauen unterscheiden; aber das ist nur ein weiterer Fehler, den wir begehen, weil wir weder die Natur noch die Kraft der Leidenschaft verstehen. Dieselbe Frau, die ihren Bastard auf abscheulichste Art ermordet, zeigt häufig später, wenn sie verheiratet ist, die allergrößte Zärtlichkeit ihren Kindern gegenüber, derer eine Mutter fähig ist.

Die Zahl der Findelkinder stieg besorgniserregend; die Mehrheit der Kinder war erst einen oder zwei Monate alt. Ihre Zahl schwankte je nach Saison. In den harten Wintermonaten waren die meisten Opfer zu beklagen. Jene Mütter, die ihre Säuglinge vor Kirchen, Hospitälern oder vor der Tür des neu gegründeten Arbeitshauses in Bishopsgate ablegten, wollten offensichtlich, dass diese gerettet wurden. Viele hatten Zettel an ihren Kleidern, auf denen ihr Name und ihr Alter verzeichnet waren und ob sie getauft waren oder nicht. Unehelichkeit, plötzliche Witwenschaft während der Schwangerschaft oder kurz danach, weggelaufene Ehemänner und die daraus resultierende Verarmung und Unfähigkeit, für ein Kind zu sorgen, waren die Hauptgründe, aus denen Frauen ihre Babys aussetzten. »Ich bin nicht in der Lage, so weiterzuleben, da mein Mann gestorben ist, die Zeiten hart sind und mich das letzte halbe Jahr eine Krankheit geplagt hat«, schrieb eine verzweifelte Mutter.

Viele Mütter betrachteten das Aussetzen nur als vorübergehende Maßnahme, bis sich das Schicksal wieder zu ihren Gunsten gewendet hatte.

Dieses Kind ist unglücklichen Eltern geboren worden, die nicht für es aufkommen können. Daher bitte ich Euch, in wessen Hände dieses unglückliche Kind auch immer fallen mag, ehrerbietig darum, es aufzunehmen, auf dass es eine gute Kreatur werden möge, und sollte Gott sich meiner annehmen, werde ich Euch die Kosten erstatten und das Kind mit Dank wieder von Euch holen. Ihr Name ist Jahn Benett; sie ist getauft (...). Bitte glaubt mir, dass mich höchste Not zu diesem Schritt getrieben hat. Demütig schulde ich Euch Dank bis an mein Lebensende.

Defoe kritisierte diese Frauen. In *Augusta Triumphans* schrieb er: »Jene, die nicht so hartherzig sein können, ihre eigenen Nachkommen selbst zu ermorden, wählen einen langsameren, aber ebenso sicheren Weg, indem sie es andere tun lassen. Sie setzen sie aus und überlassen es den Gemeindeammen, sie verhungern zu lassen.« Um eine Mutter zu finden, die ihr Kind ausgesetzt hatte, wurden alle Hebel in Bewegung gesetzt. Fasste man sie, drohten ihr Pranger oder Zuchthaus. Die Gemeindebeamten gingen sogar so weit, in Zeitungsanzeigen nach der Frau zu fahnden. Zumindest wollte man Namen und Heimatgemeinde der Betreffenden herausfinden. Die Beamten hatten auch allen Grund dazu, denn fand man die Mutter nicht, musste die Findergemeinde für das Kind aufkommen.

Arme, im Stich gelassene Kinder teilten dasselbe Schicksal wie ihre wohlhabenderen Zeitgenossen. Sie wurden zu Ammen aufs Land geschickt, wobei die Gemeinde, die sie aufgenommen hatte, widerwillig die Kosten übernahm. ›Pfarrkinder‹ wurden einmal im Jahr inspiziert. Ihre Überlebenschancen in Obhut der ›Söldnerammen‹ müssen allerdings klein gewesen sein. Defoe machte sich für ein Kinderhospital stark, das solche Kinder aufnehmen sollte, doch erst in den 40er-Jahren des 18. Jahrhunderts verwirklichte Sir Thomas Coram diesen Traum.

3. KAPITEL

Kindheit

»Kleine Kinder mussten ihre Eltern als ihre Gebieter betrachten, ihre absoluten Herren, und ihnen mit Respekt und Ehrfurcht begegnen.«

In London starben zwischen einem Viertel und einem Drittel aller Babys im ersten Lebensjahr. Nur die Hälfte aller Kinder wurde älter als 15. Neugeborene erbten unter Umständen den Namen eines toten Bruders oder einer Schwester. Manchmal gab man auch zwei Kindern den gleichen Namen in der Gewissheit, dass eines von beiden nicht überleben würde. Das zeugte jedoch nicht von der Herzlosigkeit der Eltern. Auch liebten Eltern ihre Kinder nicht weniger, nur weil diese eine kurze Lebenserwartung hatten. Im Angesicht des Todes resignierte man, denn man betrachtete ihn als den Willen Gottes. Als John Evelyns nur wenige Wochen alter Sohn das häufige Schicksal erlitt, von seiner Amme ›bedeckt‹ zu werden – er war erstickt, als sie sich im Schlaf auf ihn gerollt hatte –, »verursachte uns das großen Kummer, da wir nun wieder einer weniger waren; aber Gottes Wille geschehe«.

Eltern trauerten um ihre toten Kinder, und zwar umso mehr, je länger sie bei ihnen gelebt hatten. Als Ralph Josselins Baby starb, »war es das Jüngste, und somit war unsere Zuneigung noch nicht so weit gereift«. Als jedoch sein fünfjähriger Sohn starb, schrieb John Evelyn von »unserer unaussprechlichen Trauer und Leiden«.

Während nur ihre Brüder und Schwestern lange genug lebten, um sich als Migranten in London Arbeit zu suchen, erhielt Mary Josselin im Tagebuch ihres Vaters einen der gefühlvollsten Nachrufe auf ein totes Kind:

An diesem Tag um Viertel nach zwei nachmittags ist meine Mary in Gott entschlafen. Ihre Seele legte sich dort zur Ruhe, wo der Leib Christi und die Seelen der Heiligen bereits auf sie warteten. Als sie starb, war sie acht Jahre und 45 Tage alt. Meine Seele hatte überreichlich Grund, Gott für sie zu danken, die sie unsere erste Frucht war (…). Sie war ein liebenswertes Kind, ein Myrrhebündel, so süß. Sie war ein Kind, wie man nur eines unter 10 000 findet, weise, von weiblicher Leichtigkeit, klug, ein süßes Ebenbild Gottes, begabt, von sanftem Gemüt und liebevoll. Sie war ein gehorsames Kind, bei weitem nicht so rau wie andere kleine Kinder. Sie war ein Krug voll süßen Balsams, der nun, da er zerbrochen ist, noch lieblicher riecht denn zuvor. Oh Herr, ich freue mich, dass ich dir dieses Geschenk habe machen dürfen. In der Krankheit war sie geduldig und dankbar für jedes liebe Wort. Ihr Leben war die Erfüllung eines lange gehegten Wunsches, und ihr Tod ist viel betrauert. Nie werde ich dich vergessen, meine süße Mary.

Als Hauptzweck der Ehe galt die Fortpflanzung. Der Statistiker Gregory King berichtet, dass Londoner Ehen weniger Kinder produzierten als jene auf dem Land. Als Gründe dafür führt er »die häufigeren Fälle von Hurerei und Ehebruch« an sowie »mehr Luxus und Maßlosigkeit«, »die ungesunde Wirkung des Kohlerauchs« und »den größeren Altersunterschied zwischen Mann und Frau«. Kinderlosigkeit war wahrlich ein Grund zur Verzweiflung.

Kinder waren gewollt und wurden geschätzt. Dass das Leben so gefährlich war, verleitete Eltern vielleicht dazu, ihre Kinder noch mehr zu lieben, als wenn sie in einer sichereren Umgebung gelebt hätten. Im Gegensatz zu der Meinung, dass die Engländer ihre Kinder nicht lieben und ihnen strenge Disziplin abverlangen würden, hatte Henri Misson den Eindruck, dass »die Engländer ausgesprochen viel Zuneigung für kleine Kinder empfinden. Sie schmeicheln ihnen, streicheln sie und applaudieren allem, was sie tun; zumindest gewinnen wir Franzosen diesen Eindruck, die wir unsere Kinder immer wieder korrigieren, sobald sie ihren Verstand gebrauchen können. Wir sind der Meinung, dass es nur zu ihrem Besten ist, sie in Respekt und Ehrfurcht zu erziehen.«

John Locke bemerkte eine gewisse Tendenz bei den Engländern, ihre Kinder zu verwöhnen: »… und nachdem wir sie zu kranken Kindern gemacht haben, erwarten wir törichterweise, dass sie gute Menschen werden. Wenn man einem Kind Süßigkeiten gibt, wann immer es danach verlangt, anstatt auch einmal zuzulassen, dass es schreit und übellaunig ist, muss es dann nicht auch zufrieden gestellt werden, wenn es erwachsen ist und nach Wein und Weibern verlangt?« Er befürwortete »Einschränkungen und Disziplin«, die dem Alter des Kindes anzupassen seien. »Tatsächlich darf man von jungen Kindern nicht die gleiche Haltung und Ernsthaftigkeit verlangen wie von reiferen. Man muss ihnen die kindlichen Torheiten gestatten, die ihrem Alter angemessen sind, ohne von ihnen Notiz zu nehmen. Sorglosigkeit und Vergnügen bestimmen den Charakter dieses Alters.«

Londoner Mütter der Ober- und Mittelschicht sind dafür kritisiert worden, medizinischen Rat ignoriert und ihre Kinder zu Ammen geschickt zu haben, unter deren ›Fürsorge‹ Tausende gestorben oder in ernste gesundheitliche Gefahr geraten sind. Diese Sorglosigkeit ist womöglich eher dem Unwissen denn der Gleichgültigkeit zuzuschreiben. Man glaubte ehrlich, es sei besser für die Kinder, wenn sie in der reinen Landluft aufwüchsen. Die Mütter wussten nicht, dass mangelhafte Ernährung zu Rachitis führt; bei Kindern, die man Ammen überlassen hatte, war das nur allzu üblich.

Besorgte Mütter setzten ihre Hoffnungen vielleicht auf Hannah Wooleys Rezept »für junge Kinder, die aufgrund einer Schwäche der Glieder weder stehen noch laufen können«:

Man nehme Majoran und Salbei, von jedem aber nur ein wenig, mische sie untereinander, zerstampfe sie und siebe den Saft heraus. Mit diesem fülle man dann eine Glasflasche, so hoch es geht, welche man anschließend mit Teig verschließt. So verpackt kommt das Ganze dann in den Ofen, wo es so lange bleibt wie ein Laib Brot. Wieder draußen lässt man es abkühlen. Dann bricht man den Teig weg und schaut nach, ob der Saft dick geworden ist. Ist dies der Fall, gebe man das Ganze in einen Topf und lasse es dort. Wenn Ihr ihn benutzt, nehmt nicht mehr als zwei Löffel zur gleichen Zeit, die man mit Mark vom Ochsenbein vermischt. Die so entstandene Mischung muss man morgens und abends so heiß wie möglich auftragen und Beine und Hüften des Kindes damit einreiben. Innerhalb kürzester Zeit *(Deo volente)* wird das Kind wieder stehen und laufen können. Dieses Rezept war stets erfolgreich.

Es verwundert, dass die Eltern jene kaum überwachten, die sich vorgeblich um ihre Kinder kümmerten. Tatsächlich ließen Eltern ihre Kinder bisweilen Wochen oder gar Monate in der Obhut von Dienern oder Ammen zurück. Elizabeth Freke ließ ihren zehn Wochen alten Sohn bei der Amme, während sie selbst nach Irland reiste. Schließlich erreichte sie die Besorgnis erregende Nachricht des Vaters, dass »mein Sohn durch die Sorglosigkeit der Amme verkrüppelt worden ist. Ungefähr am 14. Dezember hat er sich das Bein unmittelbar unter der Hüfte gebrochen, was sie für fast ein Vierteljahr geheim gehalten hat, bis Eiter das Glied hat anschwellen lassen. Sie ließ ihn in der

Wiege liegen, und jeder glaubte, sein Schreien sei auf die ersten Zähne zurückzuführen.« Die Amme wurde entlassen, der Knochen wieder gerichtet und das Kind erholte sich auf wundersame Weise. Das Geschehen kann nicht so ungewöhnlich gewesen sein, denn wie Dekan Jonathan Swift in seinen *Directions to Servants (Anweisungen für Dienstboten)* dem Kindermädchen erklärt: »Falls Ihr das Kind fallen lasst, sodass es lahm geht, gesteht es sofort ein; wenn es dann stirbt, hat alles seine Ordnung.«

Hannah Wooley beschreibt das ideale Kindermädchen: »Ihr sollt sanft und gut veranlagt sein, von nüchterner Haltung und ordentlichem Äußeren, nicht schwerfällig an Körper und Geist, sondern wachsam und vorsichtig, besonders des Nachts aus Furcht, das Kind könne erkranken.«

Vor allem musste sie bei ihren Schützlingen auf Würmer achten. »Achtet besonders darauf, dass sie nichts essen, was ihre Mägen überfordern könnte. Solltet Ihr bemerken, dass ihre Gesichter blasser sind als für gewöhnlich oder dass sie über Magenschmerzen klagen, schließt daraus, dass Würmer sie plagen. Gebt ihnen dann Mittel, die bei dieser Krankheit angebracht sind. Und tut das oft, ob Ihr nun Symptome bemerkt oder nicht, denn Nachlässigkeit ist der Tod schon vieler hoffnungsvoller Kinder gewesen.«

Der Philosoph John Locke ist in seiner Jugend bei dem führenden Arzt Sir Thomas Sydenham in die Lehre gegangen, sodass er in seinem zukunftsträchtigen Werk *How to Bring Up Your Children, Being Some Thoughts on Education (Gedanken über die Erziehung)* besonderen Wert auf die Gesundheitsfürsorge legt. Er rät zu viel Schlaf, frischer Luft und warmer Kleidung. Die einengende Kinderkleidung hingegen gefiel ihm ganz und gar nicht. »Kaum hat das Kind den Mutterleib verlassen und begonnen, die Glieder zu strecken, wird es auch schon wieder seiner Freiheit beraubt«, beschwerte er sich. »Man wickelt es in Windeln, legt es mit fixiertem Kopf ab, die Beine ausgestreckt und die Arme an den Seiten. Es wird rundherum mit Leinen eingewickelt, bis es sich nicht mehr bewegen kann.«

Nach dem Entfernen der Babywickel im Alter von drei Monaten erging es Jungen besser als Mädchen. Von Anfang an wurden die Mädchen mit Walbeinkorsetts buchstäblich in die für Eheschließungen gewünschte Form gepresst. Als ein vierjähriges Mädchen aus John Evelyns Familie starb, stellte sich bei der Autopsie heraus, dass das Korsett ihm die Rippen gebrochen hatte, welche sich wiederum durch seine Lungen gebohrt und es dadurch getötet hatten. Locke warnte vor den Gesundheitsgefahren einer zu engen Schnürung. »Kleine Brüste, kurzer, stinkender Atem, schlechte Lungen und Verkrümmungen sind die natürlichen und fast immer anzutreffenden Folgen zu enger Korsetts und Kleider. Diese Art, schmale Hüften und schlanke, gerade Gestalten zu erzeugen, verhindert meist genau das.«

So wie die Erwachsenen feine Kleider liebten, erzog man die Kinder dazu, dies ebenso zu tun. Eitel ahmten die Kinder die Kleidung der Erwachsenen nach.

Abermals warnte Locke vor den Konsequenzen:

Ein Kind wird dazu erzogen, sich einen neuen Anzug zu wünschen, nur weil dieser besonders fein ist. Und wenn ein kleines Mädchen sich dann mit dem neuen Kleidchen herausputzt, kann eine Mutter dann anders handeln, als sie die eigene Eitelkeit zu lehren und sie ihre kleine Königin, ihre Prinzessin zu nennen? Auf diese Art lehrt man die Kleinen, schon stolz auf ihre Kleidung zu sein, bevor sie sich überhaupt selbst anziehen können. Und warum sollten sie nicht fortfahren, sich nur um ihres Äußeren willen selbst zu bewundern, wenn ihre Eltern sie schon so früh dazu erzogen haben?«

Ebenso beklagten sich fortschrittliche Denker darüber, dass die Erziehung bereits früh ausgesprochen geschlechtsspezifisch war:

»Die kleine Miss ist kaum drei Jahre alt, doch täglich wird sie ermahnt, ihre Beine zu verhüllen, und getadelt, wenn sie sie zeigt, während kleine Gentlemen des gleichen Alters angehalten werden, den Mantel zu heben und im Stehen zu pissen wie ein Mann.«

Hannah Wooley ermahnte das Kindermädchen, ihre Kinder »süß und sauber« zu halten. In keinem Ratgeber wurde jedoch beschrieben, wie man ein Kind dazu brachte, aufs Töpfchen zu gehen. Das kam allerdings auch nicht von ungefähr in einer Zeit, in der Erwachsene sich im Kamin oder einfach in der Zimmerecke erleichtern durften. Auch war es nicht ungewöhnlich, den Nachttopf im Speisezimmer und in Gesellschaft anderer zu benutzen. Öffentliche Toiletten gab es nicht. Man überließ es den Kindern, den Topf zu benutzen, wann immer sie dazu Lust verspürten.

Lockes Ratschläge in Bezug auf die beste Ernährung der Kinder verweisen auf das Unwissen und die schlechten Angewohnheiten der Erwachsenen. Kinder bekamen viel zu früh feste Nahrung, und einige starben sogar daran. Locke beharrte darauf, dass ein Kind kein Fleisch essen sollte, »bis es nicht den Windeln entwachsen oder zumindest zwei, drei Jahre alt ist (…). Aber egal wie gut dieser Rat für die zukünftige Gesundheit des Nachwuchses auch sein mag, ich bezweifle, dass die Eltern ihn befolgen werden, essen sie doch selbst viel zu viel Fleisch. Tatsächlich fürchten sie sogar, die Kinder könnten verhungern, falls sie nicht mindestens zweimal am Tag Fleisch zu sich nehmen.« Die Kinder könnten »viel gefahrloser zahnen, würden von vielen Krankheiten verschont bleiben und eine gesunde Konstitution entwickeln«, wenn sie nicht »von ihren Müttern und törichten Dienern voll gestopft werden würden und man sie die ersten drei, vier Jahre ihres Lebens von Fleisch fern hielte«. Die Eltern wurden ermahnt, die Kinder dazu anzuhalten, das Essen gut zu kauen. »Wir Engländer sind oft recht nachlässig in diesem Punkt; deshalb leiden wir auch an Verdauungsstörungen und anderen derartigen Unpässlichkeiten.«

Frühstück und Abendessen sollten laut Locke aus Milch, Milchbrei, mit Wasser angerührtem Haferschleim oder Hafermehl bestehen. Zucker und Salz sollte man sparsam verwenden. »Ich glaube, ein gutes Stück durchgebackenes Vollkornbrot, manchmal mit, manchmal ohne Butter und Käse, wäre oft das beste Frühstück für meinen kleinen Herrn.« Zwischenmahlzeiten gab es nicht. In einem London, wo niemand Wasser trank, riet Hannah Wooley, dass man Kindern nicht zu viel »Wein und Stärkeres« geben solle. Locke beharrte darauf, dass Kinder nur »verdünntes Bier trinken sollen, und das auch nur während der Mahlzeiten und nachdem sie ein gutes Stück Brot gegessen haben«. Um nicht wie die Erwachsenen der Trunksucht zu verfallen, sollte ein Kind nie trinken, ohne zu essen, um »den Becher unter der Nase nicht zur Gewohnheit werden zu lassen; das wäre ein gefährlicher Anfang«.

Obst war mit Vorsicht zu genießen. »Doch Erdbeeren, Kirschen, Stachel- oder Johannisbeeren sind, glaube ich, im reifen Zustand sicher.« Kinder sollten kein Obst »nach den Mahlzeiten essen, wie wir es normalerweise tun, wenn der Bauch ohnehin schon mit Essen voll gestopft ist«. Wenn schon Obst, dann zwischen den Mahlzeiten oder zum Frühstück. »Auch reife Äpfel und Birnen (…) kann man, glaube ich, guten Gewissens zu jeder Zeit verzehren und sogar in großen Mengen; besonders Äpfel, die nach Oktober meines Wissens nach noch niemandem geschadet haben.« Süßigkeiten aller Art sollte man meiden, und Kinder sollte man nicht fragen: »Was will mein Liebling essen?« oder »Was soll ich dir holen?«

Als Spiegelbild der streng hierarchisch organisierten Gesellschaft, in der sie lebten, wurden Kinder dazu erzogen, ihre Eltern zu respektieren und ihnen Ehrfurcht, Liebe und Gehorsam entgegenzubringen. César de Saussure bemerkte, »dass wohlerzogene Kinder ihrem Vater und ihrer Mutter beim Aufstehen und Zu-Bett-Gehen ›Guten Morgen‹ beziehungsweise ›Gute Nacht‹ wünschen, wobei sie sich vor sie knien und sie um ihren Segen bitten. Die Eltern legen den Kindern daraufhin die Hand auf den Kopf und sagen: ›Gott segne dich‹ oder etwas Ähnliches. Dann küssen die Kinder ihren Eltern die Hand. Waise machen es genauso mit ihren Großeltern oder nächsten Verwandten.«

Hannah Wooley riet in ihrem *The Gentlewoman's Companion* (Ratgeber für Frauen von Stande) Müttern, den Kindern besonderen Respekt vor dem Vater einzuflößen: »Zieht eure Kinder zu größerem Gehorsam ihm gegenüber heran als gegenüber euch selbst. Ermahnt sie zur Ehrfurcht, damit sie in seiner Gegenwart nicht rüde werden oder ihn durch Lärm stören. Heißt sie, ihm gegenüber uneingeschränkten Respekt zu zeigen, und haltet sie sauber und ordentlich, damit er seine Freude an ihnen habe.«

Locke beschrieb die idealen Beziehungen zwischen Eltern und ihren Kindern: »Ich nehme an, jeder wird es für vernünftig erachten, dass kleine Kinder zu ihren Eltern wie zu ihren Fürsten aufblicken sollen, als ihren absoluten Herrschern, denen sie mit Ehrfurcht begegnen müssen. Werden sie dann reifer, sollen sie sie als überlegen betrachten, als ihre einzigen wahren Freunde, und sie sollen sie lieben und ehren.«

Natürlich verloren viele Kinder in dieser Zeit der hohen Sterblichkeit ein oder beide Elternteile bereits in jungen Jahren und wurden von Stiefeltern großgezogen. Viele Londoner Familien besaßen diesen Mischcharakter. Allerdings waren es nicht immer glückliche Arrangements. Die Männer fürchteten, dass ihre neuen Ehefrauen die Kinder der ersten nicht mit der gleichen Zuneigung behandelten, die sie ihren eigenen gegenüber zeigten. Ungerechtfertigt oder nicht, der Begriff der bösen Stiefmutter war auch damals schon bekannt.

Eltern der aufstrebenden Mittelschicht waren sehr an ihren Kindern interessiert, nicht zuletzt, weil sie sie als Investition in die Zukunft betrachteten. Kindererziehung war teuer – was ein Anreiz war, die Familiengröße klein zu halten –, aber die Eltern waren bereit, Unsummen für Erziehung, Lehrgeld und Mitgift auszugeben, wenn das Vorankommen der Kinder die Erfüllung ihres eigenen gesellschaftlichen und wirtschaftlichen Ehrgeizes mit sich brachte.

Obwohl nur 48 Prozent der Londoner Frauen im Jahre 1700 lesen und schreiben konnten, übernahmen die Mütter die Früherziehung ihres Nachwuchses, bis es für die Kinder aller Klassen mit sieben an der Zeit war, die Schule zu besuchen. Lesen und Schreiben wurde den Kindern mit einem so genannten ›Hornbuch‹ beigebracht. Die Seiten waren etwa elf mal siebeneinhalb Zentimeter groß; darauf befanden sich das Alphabet in Großbuchstaben sowie ein paar einfache Buchstabenkombinationen und das Vaterunser; sie wurden auf ein flaches Brett mit einem groben Griff gelegt und darauf eine dünne Hornplatte, die man mit Kupfernägeln festgeklopfte. Dieses ›Lehrbuch‹ war äußerst robust. Im Jahre 1694 hatte ›J.G.‹ ein »Spielbuch für Kinder« veröffentlicht, »um sie so früh als möglich zum Lesen zu verlocken. Bestehend aus kleinen Seiten, um die Kinder nicht zu ermüden und mit schön anzuschauenden Buchstaben bedruckt. Dies ist eine leichtere Methode als alle bisher da gewesenen.« Es besaß einen breiten Rand, große Schrift und war in einfacher Sprache gehalten. Der Inhalt entsprach dem Erfahrungshorizont eines Kindes. Im Jahre 1700 kamen die ersten erzieherischen Spielkarten aus Frankreich herüber. Mit ihnen lernten die Kinder Tischmanieren: Herz stand für Fleisch, Karo für Geflügel, Kreuz für Fisch und Pik für gefüllte Pasteten.

Das 18. Jahrhundert war eine brutale Zeit und Prügel an der Tagesordnung. Ein Handwerksmeister durfte seine Diener und Lehrlinge halb tot schlagen. Vor den Zuchthäusern wurde öffentlich die Prügelstrafe vollzogen, von der vor allem unverheiratete Mütter und ›die unwürdigen Armen‹ betroffen waren. Selbst der geliebte einzige Sohn der Schwägerin des Königs, William, welcher infolge einer Hirnhautentzündung nur schwer sein Gleichgewicht halten konnte, wurde von seinem Vater so lange geprügelt, bis er die Treppen allein hinaufgehen konnte. Trotz seiner körperlichen Schwäche liebte es dieser kleine Junge, mit seiner Kompanie von Spielzeugsoldaten zu exerzieren. Seine Eltern waren am Boden zerstört, als er im Jahre 1700 mit nur elf Jahren starb, denn mit ihm starb die Hoffnung auf einen Thronfolger aus der protestantischen Linie der Stuarts.

Aufgeklärtere Geister versuchten jedoch, Eltern und Lehrer davon abzubringen, Kinder zu schlagen. Locke bemerkte, dass »jene Kinder, die am häufigsten geschlagen werden, selten zu den besten Menschen heranreifen«, dass »der kindliche Geist zu sehr an die Kandare genommen und gedemütigt wird. Werden Kinder durch eine zu strenge Hand allzu oft erniedrigt oder gar gebrochen, verlieren sie alle Kraft und Eifer.« Hannah Wooley ermahnte ihr Kindermädchen, »liebevoll und freundlich zu ihnen [den Kindern] zu sein und sie nicht zu schlagen, wie es viele tun, und sei es auch ohne Wissen der Eltern. Eine Mutter, die ihren Dienern erlaubt, die Kinder zu schlagen, ist nicht sehr weise.«

Prügeln war ausgesprochen kontraproduktiv. »Der übliche, kurze und einfache Weg über den Rohrstock, der oft das einzige Instrument ihrer Autorität ist, das Erzieher kennen«, schrieb Locke, »ist das ungeeignetste für eine gute Erziehung.« Würden sie ständig bestraft, lernten Kinder zu hassen, was sie zunächst akzeptiert hätten. John Evelyn erprobte viele seiner Ideen bei seinem eigenen Sohn. Er zog ein System von Belohnungen, Anreizen, Nachahmung und Selbstdisziplin der körperlichen und verbalen Bestrafung vor. Schläge sollten seiner Meinung nach den ruchlosesten Verbrechen vorbehalten bleiben, wie zum Beispiel Lügen. Die Kinder sollten die Schande der Prügel mehr fürchten als den Schmerz. Tatsächlich fanden diese aufgeklärten

Theorien allmählich Anklang bei der Mittelschicht, die sehr um das Wohlergehen und die Zukunftsaussichten ihres Nachwuchses besorgt war.

Nichtsdestotrotz werden die Jungen häufig Opfer brutaler Erziehungsmethoden, wenn sie aus ihrem geschützten Heim in die Schule wechselten. Robert Campbell, der Autor des Karriereführers *The London Tradesman* (Der Londoner Kaufmann), war geradezu angewidert, als er von einem »grundlegenden Brauch in der Westminster School« erfuhr, von der »tyrannischen Unterdrückung der jüngeren Schüler durch die älteren. Die Jüngeren sind nicht mehr als Sklaven. Wie ein Hund müssen sie apportieren und alle Arbeiten eines niederen Dieners tun. Weigern sie sich, drohen ihnen schwere Prügel.«

Kinder sollten von der willkürlichen Grausamkeit der Erwachsenenwelt fern gehalten werden. Sie sollten dazu erzogen werden, »Töten oder Quälen einer jedweden lebenden Kreatur zu verabscheuen«. Ein Haustier sollte Kinder lehren, sich um Unterlegene zu kümmern. Locke führt das Beispiel einer Mutter an, die »dazu neigte, ihren Töchtern stets nachzugeben, wenn diese Hunde, Eichhörnchen, Vögel oder anderes Getier haben wollten«. Sie mussten sich allerdings »um das Wohlergehen der Tiere kümmern, sie anständig versorgen und vor allem Übel schützen. Denn waren sie nachlässig, wurde das als schwerer Fehler betrachtet, der oft den Verlust ihres Besitzes zur Folge hatte, oder zumindest mussten sie einen Tadel ertragen. So lehrte die Mutter sie schon früh Fleiß und Gutmütigkeit.«

Locke riet den Eltern, die Kinder von den Dienern fern zu halten, welche »durch ihre Schmeicheleien (…) dem Tadel der Eltern die Schärfe nehmen und so deren Autorität untergraben«. Von »unerzogenen und verderbten Dienern« könnten sie überdies schlechte Gewohnheiten übernehmen »wie Sprache und ungehörige Laster, von denen sie sonst womöglich ihr ganzes Leben lang nie etwas erfahren würden«. Kinder mussten lernen, anderen mit Freundlichkeit und Höflichkeit zu begegnen. Die Eltern sollten sie »an eine zivile Sprache und Benehmen Untergebenen und niederen Menschen gegenüber gewöhnen, besonders Dienern«.

Auf Märkten oder bei Straßenhändlern konnte man Spielzeug kaufen. Kleine Mädchen spielten mit Puppen, die man im Allgemeinen auf dem Bartholomew Fair kaufte. Steckenpferde und Kreisel waren äußerst populär. Locke schlug vor, dass Kinder nur jeweils ein ›Spielding‹ haben sollten. »Das lehrt sie beizeiten, Dinge, die sie haben, nicht zu verlieren oder kaputtzumachen. Überfluss macht sie hingegen sorglos und lehrt sie von Beginn an Verschwendung.« Kleine Kinder brauchten kein gekauftes Spielzeug. »Ein Kiesel, ein Stück Papier, der Schlüsselbund der Mutter, alles, womit sie sich nicht verletzen können, lenkt kleine Kinder genauso gut ab wie seltsame, teure Spielzeuge aus den Läden, die überdies rasch zerbrochen sind.« Ältere Kinder sollte man ermutigen, sich ihre eigenen Spielzeuge zu basteln. »Haben sie eine Spitze, einen Peitschenstock und einen Lederriemen, soll man sie selbst etwas machen lassen.«

Doch trotz Lockes Ermahnungen nahm sich das Kind der Zukunft ganz anders aus: »Ich habe ein junges Kind gekannt, dass viele verschiedene Spiele besaß, die durchzusehen sein Kindermädchen jeden Tag ermüdete. Es war so sehr an diesen Überfluss gewöhnt, dass es niemals glaubte, genug zu haben, und ständig fragte es: Was jetzt? Was mehr? Welch neues Ding soll ich bekommen?«

Die neue, verbesserte Kinderwelt der Erziehungsbücher erstreckte sich nicht auf alle Kinder. Wie in Defoes *Moll Flanders* wurden einige das Opfer von Verbrechen: »Edward Tinker aus Stepney wurde angeklagt, am 10. Juni John Wheatly, einem Kind von zwei Jahren, ein Korallenhalsband mit Goldanhänger im Wert von 50 Schilling geraubt zu haben.«

Kleine Mädchen spielten mit Puppen. Die hier abgebildete (um 1700) trägt ein äußerst modisches Seidenkleid und Gängelbänder wie ihre Besitzerin. *(Museum of London)*

Andere wurden Opfer von Misshandlungen und Ausbeutung. Fälle von Kindesmissbrauch kamen oft vor Gericht:

Robert Ingrum aus der Gemeinde St. Gregory wurde angeklagt, Elizabeth Raden gegen ihren Willen geschändet zu haben, ein Mädchen von elf Jahren. Sie erklärte, sie sei auf dem Weg nach Hause gewesen, als der Gefangene sie vor dem Geschäft seines Meisters in die Höhe gehoben und in den Laden getragen hat. Dort band er sie an einen Stuhl, schloss Türen und Fenster und hielt ihre Beine mit den seinen umklammert, bis er ihre Geschlechtsteile freigelegt hatte. Dann warf er sie auf den Boden, legte sich auf ihren Leib, holte etwas aus seiner Hose und steckte es in sie hinein, was ihr zusammen mit den vorangegangenen Misshandlungen große Schmerzen bereitete. Sie sagte, sie hätte mehrere Male laut geschrien, woraufhin er sie gehen ließ; doch er folgte ihr bis kurz vor ihrem Haus. Dort packte er sie am Arm und drohte ihr großes Leid an, wenn sie ihm nicht verspräche, niemandem zu sagen, was er getan hatte. Aus Furcht hielt sie sich auch daran, bis ihre Mutter eine Veränderung am Körper ihrer Tochter bemerkte, und nach kurzer Untersuchung war die Sache entdeckt.

Der Übeltäter wurde für schuldig befunden und zum Tode verurteilt, wie auch:

Henry Simpkins aus der Gemeinde St. Giles in the Fields (...) wurde angeklagt, Grace Price gegen ihren Willen geschändet zu haben, ein Mädchen von zehn Jahren. Es scheint, als habe der Gefangene das Mädchen aufgegriffen und in ein Bierhaus geführt, wo er es betrunken machte. Anschließend trug er es zu einem leeren Haus in New Buildings (...) und er setzte sich auf die Treppe und das Mädchen auf seinen Schoß und beging die Untat und steckte es mit den Pocken an. Der Chirurg, welcher das Kind behandelt, erklärte, es sei an ihren Geschlechtsteilen besudelt und könne nicht anders infiziert worden sein als von einem Mann.

In der zweiten Hälfte des 16. Jahrhunderts waren die Dissenter die Vorreiter für einen liebevolleren Umgang mit Kindern. Der Quäker William Penn riet Eltern, »sie mit Weisheit zu lieben, sie mit Zuneigung zu bestrafen, nie in Erregung zuzuschlagen und die Bestrafung sowohl dem Alter als auch der Verfehlung anzupassen«. Anstatt als von der Erbsünde befleckt, die durch brutale Disziplin ausgetrieben werden musste, betrachteten die fortschrittlicheren Denker Kinder als ein leeres Stück Papier, auf das man sowohl Gut als auch Böse drucken konnte. Locke schrieb seine Abhandlung für Eltern, die willens waren, »ihren eigenen Verstand bei der Erziehung ihrer Kinder zu benutzen, anstatt sich vollends auf alte Sitten zu verlassen«. In der Mittelklasse fand er ein aufgeschlossenes Publikum, welches sowohl das Geld als auch den Ehrgeiz besaß, in seine Kinder zu investieren.

Kinder waren nun als eine besondere Gruppe identifiziert worden, die sich deutlich von der der Erwachsenen unterschied. Für einen Unternehmer stellten Kinder einen neuen Markt dar. Im Laufe des Jahrhunderts konnten ihre besorgten Eltern immer leichter davon überzeugt werden, ihnen neue Spielsachen, Bücher und Kleider zu kaufen. Kinderporträts zeigten allmählich weichere Züge. Man kam ab von den strengen Posen kleiner Erwachsener, wie sie im 17. Jahrhundert üblich waren, und hin zu den informellen Porträts spielender Kinder des 18. Jahrhunderts. Aber obwohl die Eltern ihre Zuneigung und Liebe nun weit offener zur Schau stellten, änderte sich nichts an dem Brauch, die Kinder in die Obhut anderer zu geben. Die Kinder verbrachten die meisten entscheidenden Jahre weit weg von zu Hause bei Verwandten und anderen. Sie arbeiteten als Diener und Lehrlinge und besuchten natürlich auch eine Vielzahl unterschiedlicher Schulen.

Als Samuel Pepys noch ein aufstrebender junger Beamter im Marineamt war, beschloss er, Arithmetikstunden zu nehmen. Mr Cooper, der Maat der *Royal Charles*, wurde angeheuert, um ihm die Grundlagen beizubringen, und offensichtlich verliefen die ersten Stunden ausgesprochen gut: »Nach einer Stunde in Arithmetik hatte ich ihm die Multiplikationstabelle beigebracht, und wir verabschiedeten uns voneinander bis zum nächsten Tag.« Pepys war auf eine der prestigeträchtigsten Schulen Londons gegangen, St. Paul's, und doch mangelte es ihm an diesen fundamentalen Kenntnissen. Gegen Ende des Jahrhunderts waren sich Londons viele Stiftsschulen noch immer im Unklaren darüber, ob sie nun eine klassische Ausbildung verfolgen oder sich einen moderneren Lehrplan zulegen sollten.

Die neue Betonung der berufsbezogenen Ausbildung wurde besonders in Christ's Hospital umgesetzt. Hier war eine mathematische Schule eröffnet worden, die sich auf Navigation spezialisiert hatte – was in einer Stadt im Herzen eines Reiches, das wie keines je zuvor expandierte, nur angemessen war.

Nachdem er die Schüler in ihren unverwechselbaren Uniformen beobachtet hatte, hielt Zacharias Conrad von Uffenbach an, um sich die neue Mathematikschule einmal genauer anzusehen:

Im Inneren standen mehrere Schränke mit Glastüren, in denen sich unterschiedliche Globen sowie eine gewisse Zahl an mathematischen Instumenten befanden, allerdings meist geometrische. Auch standen dort ein paar recht große, hölzerne Modellschiffe, welche auf elegante, doch seltsame Art gebaut waren. Sie lassen sich auseinander nehmen, sodass man den Kindern, welche eine besondere Ausbildung in Schiffsbaukunst machen, jedes einzelne Teil eines Schiffes vor Augen führen kann. In einem großen Schrank nahe der Tür befanden sich annähernd 400 mathematische Bücher.

Obwohl die Hauptstadt so gute, freie, ›öffentliche‹ Schulen besaß wie Westminster, Charterhouse, St. Paul's und Merchant
Taylor's, wurde es Mode, die Jungen der Ober- und Mittelschicht auf die Privatakademien in und um London zu schicken,
wo man sie individueller betreute. Als der zwölf Jahre alte
Ralph Verney Mrs Moreland's Internat besuchte, erwies er sich
als sehr begabt.

Sein Onkel schickte ihm ein Päckchen mit folgendem Be-
gleitschreiben:

Lieber Neffe,
du lässt deine Freunde hoffen, dass ein feiner Gentleman
aus dir wird, sowohl was deinen guten Willen als auch was
deinen Fleiß und deinen Fortschritt beim Lernen betrifft.
Daher verdienst du die allergrößte Ermutigung. Die Bücher,
die ich dir hier schicke, bitte ich, als Zeichen meiner Zuneigung zu betrachten. Es sind die Werke des Autors von *Die
Heilige Pflicht des Menschen*. Ich muss dich nicht ersuchen, sie
zu lesen, denn ich weiß, dass du sie zum Besten einsetzen
wirst, und wenn ich dich das nächste Mal sehe, werde ich deinen Schrank mit einer anderen Art von Büchern füllen, die
dir bei deinen Studien helfen können. Ich bezweifele nicht,
dass du zu gegebener Zeit eine Zierde für deine Familie und
von großem Nutzen für dich selbst und dein Land sein wirst.

Mit den herzlichsten Grüßen von deinem zuneigungs-
vollsten Onkel

R. Palmer

Während Jungen zumindest die Chance auf eine gute Ausbildung hatten und dann die Universität von Oxford, Cambridge
oder die Schulen des englischen Anwaltsverbandes Inns of
Court besuchen konnten, wurde das bei Mädchen als Verschwendung betrachtet. Hannah Wooley ärgerte sich vehement
darüber. »Ich kann nicht anders, als mich zu beschweren, und

Edmund Varney nahm seine acht Jahre alte Tochter auf den Bartholomew Fair mit, damit sie sich dort amüsieren konnte, bevor er sie in ein Internat in Chelsea brachte. *(British Museum)*

ich muss die große Nachlässigkeit der Eltern verdammen, die den fruchtbaren Boden ihrer Töchter verdorren lassen«, schäumte sie. »Doch die öden Felder, was ihre Söhne sind, schicken sie auf die Universität, wo sie nichts anderes zu tun haben, als ihre leeren Köpfe mit Unsinn zu füllen und Lärm im Land zu machen.«

In ihrem *The Gentlewoman's Companion* beschreibt sie das angemessene Benehmen eines Schulmädchens:

Eile zur Schule, nachdem du dich von deinen Eltern respektvoll verabschiedet hast. Trödele nicht auf dem Weg oder spiele den Schwänzer (...). Lasse nichts zurück, was du mitnehmen sollst, nicht nur Dinge zum Lernen, sondern auch Handschuhe und Taschentücher (...). Vernachlässige nicht, was du tun sollst, weil du in der Schule schwätzt. Mach keinen Lärm, damit du weder deine Lehrerin noch deine Mitschülerinnen störst (...). Wenn du schreibst, dann passe auf, dass du keine Kleckse machst. Bemühe dich, möglichst schön und genau zu schreiben. Schone deine Federn und verschütte nicht deine Tinte, sei es nun auf dein Kleid oder das einer anderen, und beschmutze auch deine Finger nicht damit.

Die zeitgenössische Erziehung war dazu gedacht, Mädchen einen Mann zu verschaffen, nicht sie in tintenärmelige alte Jungfern zu verwandeln, die ihrer Familie ein Leben lang zur Last fielen. In den dörflichen Internaten wie zum Beispiel in Hackney oder Chelsea lernten die Töchter der Gentry und Mittelklasse Dinge wie Kalligraphie, Buchführung, Kochen, Haushaltsführung, Zeichnen, Malen, Musik, Tanzen und Nähen. Als Edmund Verneys Tochter acht Jahre alt war, brachte er sie nach London, um Mrs Priests Schule in Chelsea zu besuchen. Aber zuerst sollte sie sich vergnügen: »Morgen beabsichtige ich, mein Mädchen zur Schule zu bringen, nachdem ich ihr Bartholomew Fair und die Gräber [in Westminster] gezeigt habe, und nachdem ich sie ein wenig an den Ort gewöhnt habe, werde ich wieder nach Hause zurückkehren«, schrieb er.

Über kurz oder lang wollte Molly die neue Kunst der Japanmalerei erlernen, Kästchen im japanischen Stil mit Lacken zu bemalen, und ihr Vater willigte ein, für dieses Extra zu bezahlen: »… eine Guinea Eintrittsgebühr und noch einmal gut 40 Schilling mehr für die Arbeitsmaterialien.«

Er schrieb Molly:

Ich habe erfahren, dass du ›Japanern‹ lernen willst, und ich willige darin ein, und das werde ich bei allen guten und tugendhaften Dingen tun. Lerne deshalb um Gottes willen alles Gute, und ich werde bereitwillig dafür aufkommen, wenn ich kann – mögen sie nun aus Japan oder auch von nicht ganz so weit her kommen und eine indische Farbe und Geruch besitzen, ich bewundere all deine Leistungen, die dich in den Augen Gottes und der Menschen ansehnlich und liebreizend machen. Deshalb hoffe ich, dass du das Deine dazu beitragen wirst, wie du mir versprochen hast. Nutze deine Zeit gut, und möge Gott dich segnen.

Privilegierte Mädchen erhielten manchmal Extraunterricht in Französisch, das sehr modern geworden war, aber niemals in Griechisch oder Latein. Man verwandelte sie in Schmuckstücke. Das ging so weit, dass die Feministin Mary Astell sich genötigt sah zu fragen: »Wie könnt ihr damit zufrieden sein, wie Tulpen in der Welt zu blühen, eine Schau aus euch zu machen und zu nichts nütze zu sein?«

Die Kinder der ›unwürdigen Armen‹ speiste man mit einem Almosen in Form der Wohlfahrtsschulen ab, die sie zwischen sieben und vierzehn besuchen durften. Man sorgte sich ernsthaft wegen der wachsenden Armut und der unüberschaubaren Masse armer Menschen in London, denn diese stellten eine Bedrohung der sozialen Ordnung dar. Die Jungen und Mädchen in den Wohlfahrtsschulen indoktrinierte man schon früh, nicht den Lastern »der Faulheit, der Ausschweifung und der Bettelei« zu verfallen, die für ihre Klasse typisch waren. Die Wohltäter konnten sicher sein, dass diese Kinder von Handwerkern, kleinen Ladenbesitzern und Arbeitern sich in fügsame Diener verwandelten. Ständig erinnerte man sie an ihre untergeordnete Stellung in der Gesellschaft.

Soziale und moralische Reformen wurden von einer Wiederbelebung der Religion angetrieben. Die anglikanische Kirche wollte der Entwicklung hin zum Atheismus Einhalt gebieten und die Seelen der Armen zurückgewinnen. Im Jahre 1699 wurde die *Gesellschaft zur Förderung Christlichen Wissens* ins Leben gerufen mit der Absicht, in jeder Gemeinde in und um London Wohlfahrtsschulen zu gründen. Es gab keinen besseren Ort, um damit anzufangen, als die weit außerhalb gelegenen Gemeinden, wo die anglikanische Kirche aus Mangel an Gotteshäusern am schwächsten vertreten war, und im Jahre 1704 wurden 1386 Jungen und 745 Mädchen in Wohlfahrtsschulen unterrichtet.

Schüler von Wohlfahrtsschulen bekamen ihre Kleidung gestellt. Liest man *An Account of the Methods Whereby the Charity Schools Have Been Erected and Managed, and of the Encouragement*

Kinder aus Wohlfahrtsschulen – hier bei einer Parade auf The Strand – ließ man keinen Augenblick im Zweifel über ihre Zukunft als Dienstboten. *(Guildhall Library, Corporation of London)*

Given to Them (Eine Darstellung der Vorgehensweisen mittels derer die Wohlfahrtsschulen errichtet und betrieben werden sowie deren Förderung) wird offensichtlich, dass man die Kinder Uniformen tragen ließ, um sie leichter identifizieren zu können, sollten sie sich in der Öffentlichkeit danebenbenehmen. »Die Kinder sollen jeden Tag Mützen, Bänder und andere unverwechselbare Kleidungsstücke tragen«, hieß es in dem Bericht, »auf dass die Treuhänder und Wohltäter sie erkennen und sehen mögen, wie sie sich außerhalb verhalten.« Eltern wurden gedrängt, ihre Kinder »gewaschen und gekämmt in die Schule zu schicken, sodass sie dort keinen Anstoß erregen; und sie [die Eltern] sollen häufig ermahnt werden, ihren Kinder ein gutes Vorbild zu sein und sie auch daheim in Ordnung zu halten.«

Im Sommer fand der Unterricht in den Wohlfahrtsschulen von sieben bis elf Uhr morgens statt und von ein Uhr mittags bis fünf Uhr nachmittags, im Winter von acht bis elf und nachmittags von eins bis vier. Die Kinder unterwies man im »Wissen und den Praktiken der christlichen Religion, wie sie die Kirche von England lehrt«. Sie lernten »das korrekte Buchstabieren von Worten und die Unterscheidung der Silben mit Punkt und Komma« sowie lesbar zu schreiben. Zum Lehrplan gehörte

119

auch eine Grundausbildung in Arithmetik, »damit sie als Diener und Lehrlinge taugen«. Auf Letzteres mussten Mädchen jedoch verzichten; statt des Umgangs mit Zahlen lernten sie Nähen. Während der Schulstunden trug man den Kindern auch Arbeit auf – »manche schickte man zum Spinnen, andere zum Stopfen oder Schuhe machen, und wieder andere zum Nähen und Sticken und so weiter« –, um keine Zweifel darüber aufkommen zu lassen, welches Schicksal sie in Zukunft erwartete. Im Jahr gab es dreimal Schulferien, aber »auf keinen Fall während des Bartholomew Fair aus Furcht vor schlechten Beispielen, welche [die Kinder] verderben könnten«. Es kommt nicht überraschend, dass viele angesichts dieser Gönnerhaftigkeit und der häufigen körperlichen Bestrafung die Schule schwänzten; dagegen kannte man nur ein Mittel: den Schulverweis.

Viele Londoner Kinder fielen ganz durch das pädagogische Netz. John Hall, der in der Grays Inn Lane in Holborn geboren war, stammte »von sehr schlechten Eltern ab. Da seine Mutter zu jener Zeit mit einem Korb auf dem Brook's Market stand und von den Almosen der Gemeinde lebte, blieben ihm die Vorteile jeglicher Erziehung verwehrt, wodurch er weder lesen noch schreiben lernte. Anstatt also zur Schule zu gehen und sich dort schon in jungen Jahren gute Prinzipien anzueignen, begann er zu stehlen, kaum dass er auf der Straße spielen konnte.« Richard Low wurde »nahe der Pferdefähre in Westerminster« geboren. »Seine Eltern waren recht wohl gelitten.« Offensichtlich hätten sie ihm »eine gewisse Ausbildung angedeihen lassen wie Lesen und Schreiben, doch da er ein ungezogenes Kind war, fand er nie Gefallen am Lernen und spielte stets den Schulschwänzer«.

Eine wirklich gute Ausbildung – wenn man denn überhaupt so etwas finden konnte – erhielt man nur in den Akademien der Dissenter, weil hier nicht nur Abweichler unterrichteten, sondern den Kindern in der Tat abweichlerischen Stoff vermittelten. Hier war der Lehrstoff viel breiter gefächert als in den staatlichen und kirchlichen Schulen. Der junge Daniel Defoe besuchte zuerst eine Internatsschule in Dorking. Im Alter von 16 Jahren wechselte er dann auf die Charles Morton Academy in Newington Green, ein paar Meilen nordöstlich der City von London. Hier lernte Defoe fünf Sprachen, studierte Arithmetik, Geometrie und Astronomie, Naturphilosophie, Rhetorik und Logik, Geografie und Geschichte und hörte auch »Politik als Wissenschaft«.

Als Dissenter waren Defoe die Universitäten von Oxford und Cambridge versperrt, wo man noch immer sehr viel Wert auf die klassische Ausbildung legte. Kein Wunder also, dass er die Gründung einer Universität von London basierend auf dem Kollegialsystem befürwortete: »Warum sollte solch eine Metropole wie London ohne Universität sein? (…) Wird London nicht zu einem Mittelpunkt der Wissenschaften werden? (…) Wissen wird uns nie schaden, und wer auch immer die Errichtung einer Universität an diesem Ort erleben wird, wird sie als großen Gewinn für das Genie unserer Jugend im Allgemeinen erkennen.« Seine Idee musste jedoch noch bis zum 19. Jahrhundert warten, als das University College London als erste Universität Katholiken, Juden und Dissenter zulassen sollte. In der Zwischenzeit wurde Henry Morton zum ersten Vizepräsidenten des Harvard College in Neu-England ernannt, und wie viele seiner Mitbürger, deren Kindheit zu Ende war, trat der 19 Jahre alte Daniel Defoe ins Arbeitsleben ein, genauer gesagt in den Strumpfwarengroßhandel der City of London.

4. KAPITEL

Krankheit

*»Diese Gentlemen der Ärzteschaft sind Pensionäre des Todes (…).
Es ist der Arzt, dem die Ehre zukommt zu töten und dann noch
zu erwarten, gut dafür bezahlt zu werden.«*

Im Zwielicht des Apothekerladens fühlte John Seal sich zunehmend unwohl, während er den ausgestopften Alligator betrachtete, der über der Theke hing. William Roses Lehrling schien es nicht sonderlich eilig zu haben, die Medizin zuzubereiten. Mit der einstudierten Konzentration von jemandem, der weit älter war als seine 16 Jahre, öffnete er Krüge, schnüffelte daran, schüttelte den Inhalt durch und bereitete eine weitere seiner Mischungen zu. Ohne Zweifel würde Seal nach der Einnahme furchtbar übel werden, aber das war doch beabsichtigt, oder? Schließlich sollte das System gereinigt werden. Seal war begierig darauf, wieder nach Hause zurückzukehren. Er fühlte sich nun schon fast das ganze Jahr lang krank. Zu Beginn seiner Krankheit war ihm noch nicht einmal der Gedanke gekommen, nach einem Arzt zu schicken. Schließlich war er nur ein armer Metzger. Wie sollte er es sich da leisten können, einen Arzt zu bezahlen? Ärzte: hochmütige Kreaturen mit dicken, übertrieben weiß gepuderten Perücken, Samtanzügen und ihrer Universitätsausbildung. Seal hatte noch nie einen Vierspänner vor seiner Tür gesehen. Trotzdem musste er jetzt fast 50 Pfund für die Medizin des Apothekers ausgeben, obwohl er sich hinterher ohne Zweifel schlechter fühlen würde als zuvor. Half die nicht, sinnierte er, würde er die neue Hospitalapotheke ausprobieren, die die Ärzteschaft, das College of Physicians, in der St. Martin's Lane eröffnet hatte.

Am Ende war es genau das, was Seal tat. Da die Medizin ein offener Markt war, wo die Patienten selbst die Verantwortung für ihre Gesundheit übernahmen und mit den Börsen über die Qualität der Versorgung abstimmten, suchte er anderswo nach Heilung.

Zu guter Letzt verklagte er den unglücklichen Apotheker:

Hiermit soll festgehalten werden, dass ich, John Seal, mich als kranker Mann an den Apotheker Mr Rose gewandt habe, der mich mit Anweisungen und Medizin versorgen sollte zum Zwecke meiner Heilung. Ein Jahr lang bin ich seinem Rat gefolgt und habe seine Medizin genommen; aber anstatt dass es mir besser ging, verschlimmerte sich mein Zustand noch, und nachdem ich gezwungen war, eine Rechnung von fast 50 Pfund zu begleichen, wandte ich mich an die Heilmittelausgabe der Ärzteschaft, wo man mich in weniger als sechs Wochen heilte und das für unter 40 Schilling für die Medizin.

Die plötzliche Heilung war schlicht Glück – die Natur hatte schlussendlich ihre Arbeit getan –, denn zu jener Zeit konnte man kaum eine Medizin als effektiv bezeichnen, egal woher. Wie hätte das auch möglich sein sollen, wenn man die Krankheitsursachen nicht kannte? Die Patienten rechneten nicht damit, dass Ärzte oder Medizin sie heilen konnten. Egal ob man nun an einer Krankheit oder einer Verletzung litt, es dauerte eine schier unglaublich lange Zeit, bis man sich besser fühlte. Hippokrates lehrte, dass die Natur der beste Heiler sei. Die Pflicht des Arztes war es nur, ihr dabei zu helfen. Die Natur heilte auch tatsächlich viele Krankheiten, und Glück und Zufall noch viel mehr.

Viele Besucher einer Apotheke fühlten sich allein beim Anblick des ausgestopften Alligators und einiger Tränke vermutlich noch viel schlechter als zuvor. *(Wellcome Institute Library, London)*

Da die Londoner chronisch unter Krankheit litten, waren sie eine leichte Beute für jeden, der ihnen Heilung versprach. Aus den Verzweifelten und Leichtgläubigen konnte man eine Menge Geld herausholen. Der geistreiche Tom Brown schlug in *Amusements Serious and Comical* (Ernsthaftes und Komisches zur Unterhaltung) vor, ein weiser Mann möge sich vom gierigen Stand der Ärzte fern halten, da jene ein persönliches Interesse daran hätten, bei weitem mehr zu verschreiben, als eigentlich vonnöten wäre: »Wenn ein kranker Mensch alle Arbeit der Natur überlässt, geht er ein großes Risiko ein; doch wenn er alle Arbeit den Ärzten überlässt, riskiert er mehr. Da also beides ein Risiko darstellt, ziehe ich die Natur den Ärzten vor. Bei dieser kann man wenigstens sicher sein, dass sie ehrlich ist und dass sie die Krankheit um des Geldes willen nicht unnötig verlängert.«

Das College of Physicians, die Ärztevereinigung, die eifersüchtig über ihre Privilegien wachte, stürzte sich wie die Geier auf den Fall William Rose. Hier bot sich endlich die Gelegenheit, ihre medizinische Vorherrschaft zu festigen und dem Ehrgeiz der lizenzierten oder unlizenzierten Konkurrenz in diesem boomenden Geschäft einen schweren Dämpfer zu verpassen:

Seit nunmehr fast 200 Jahren obliegt die Ausübung der Heilkunst in London und sieben Meilen Umkreis laut Gesetz ausschließlich dem College of Physicians zu London, welches entsprechende Lizenzen nur nach sorgfältiger Überprüfung erteilt. Daher ist es der Mühe wert zu untersuchen, warum sie tatsächlich nur einen Bruchteil dieses Geschäftes kontrolliert. Alchemisten, Destillateure, Astrologen und Scharlatane, Hebammen und Krankenschwestern und all die anderen heruntergekommenen Hinterhofdoktoren, alle haben sie ihren Anteil daran. Überdies sind viele auch noch ihr eigener Arzt und praktizieren an sich selbst; und es gibt niemanden, der so unfreundlich wäre, einem Freund nicht das zu empfehlen, was ihm selbst geholfen hat. Nur Letzteren kann das College Indiskretion vorwerfen, während Erstere kaum die Kosten einer Anklage wert sind; dennoch statuiert das College immer wieder ein Exempel, um den Rest in Angst und Schrecken zu versetzen.

Der Rose-Fall verschaffte den Ärzten die Gelegenheit, die Apotheker in die Schranken zu weisen. Die Ärzteschaft erkannte, dass die Apotheker die Nachsicht der Ärzte, was die Ausübung der Heilkunst betraf, derart ausgiebig missbraucht hatten, dass sie inzwischen tatsächlich glaubten, sie hätten das Recht dazu. Und da mittlerweile jeder Apotheker in der Stadt der Überzeugung war, die Behandlung selbst der gefährlichsten Krankheiten übernehmen zu können, hielten es die Ärzte für ihre Pflicht, »diesem wachsenden Übel Einhalt zu gebieten«.

Wie konnten sich diese den Ärzten so eindeutig unterlegenen Leute, diese ungebildeten Krämer, die nicht einmal Latein und Griechisch beherrschten, das Recht anmaßen, wissenschaftliche Diagnosen zu stellen und Medizin zu verschreiben? Nur die Ärzte, welche bis zu 14 Jahre auf den Universitäten von Oxford und Cambridge verbracht hatten, besaßen die notwendige klassische Ausbildung, um Hippokrates und Galen zu studieren, auf deren Theorien die Medizin noch immer basierte. Einige hatten sogar eher wissenschaftlich orientierte Kurse an den Universitäten von Padua, Montpellier und Edinburgh besucht und die dort erworbenen Grade gegen Gebühr in den Oxbridge-Abschluss einbinden lassen. Die meisten Londoner Ärzte waren Mitglieder oder Diplomanden des College of Physicians, das seinen Sitz in einem schönen neuen Wren-Gebäude in der Warwick Lane hatte.

Die Mitglieder der Ehrenwerten Gesellschaft der Kunst und der Mysterien des Apothekerhandwerks der Stadt London mussten hingegen nur eine siebenjährige Lehrzeit absolvieren. Ein Lehrling begleitete seinen Meister zu den Patienten und beobachtete ihn bei der Arbeit; er mischte Arzneien an, und gelegentlich nahm er an einer ›Kräuterexkursion‹ aufs Land teil.

Auch konnte er Botanik im Physick Garden der Apotheker-schaft am Fluss bei Chelsea studieren. Erwies er sich als unge-wöhnlich begabt und hatte er Zeit übrig, durfte er auch Anato-mievorlesungen in der Surgeon's Hall besuchen.

Ursprünglich hatten die Apotheker der Gilde der Lebens-mittelhändler angehört und Kräuter und Gewürze verkauft, und schließlich hatten sie sich das alleinige Recht in London sowie sieben Meilen Radius erworben, Medizin verkaufen zu dürfen. In ihrem neu gebauten Haupthaus in der Black Friars Lane be-fand sich ein Laboratorium zur Medikamentenherstellung. Ihre Geschäfte wickelten sie ab in einem Eingangsraum, welchen oft ein ausgestopfter Alligator oder Krokodil sowie eine verwirrende Vielzahl an beschrifteten Flaschen und Fläschchen zierte, und die Medikamente rührten sie in einem Hinterzimmer an. Zusam-men mit dem College of Physicians besaß die Apothekergesell-schaft das Recht, die Vorräte eines Apothekers zu inspizieren und mangelhafte Materialien vor dessen Tür zu verbrennen.

Obwohl sie sich nach Kräften bemühten, ihr medizinisches Monopol aufrechtzuhalten, waren die Ärzte den Apothekern und Barbier-Chirurgen zahlenmäßig weit unterlegen und konn-ten nicht hoffen, die halbe Million echter und eingebildeter Kranker Londons allein zu versorgen. Im Jahre 1700 gab es ungefähr 1 000 Apotheker in London und etwa 60 bis 80 Ärz-te. Da die Apotheker viel Zeit damit verbrachten, Kunden in den Kaffeehäusern zu werben, neigten sie dazu, ihr Geschäft der Führung von zwei oder drei Lehrlingen zu überlassen und mehr Kunden heranzubringen, als das Geschäft eigentlich ver-kraften konnte. Laut dem Autor von *The Present Ill State of Phy-sick in this Nation* (Zum gegenwärtigen Krankheitszustand der Medizin in unserer Nation), einem Mitglied des College of Phy-sicians, stellte sich die Lage wie folgt dar: »Wenn irgendein Geschäft überquillt, werden jene, die davon leben, natürlicher-weise in das Geschäft anderer eindringen oder versuchen, die Preise ihrer eigenen Arbeit zu erhöhen.«

Die Ärzte beharrten hartnäckig darauf, dass die Apotheker als Mediziner nicht qualifiziert seien, dass mehr zur Medizin gehöre, als nur einem Arzt bei der Arbeit zuzusehen und seine Methoden zu kopieren. Als der Fall William Rose im Jahre 1701 zur Verhandlung kam, zögerten die Geschworenen, bevor sie sich auf die Seite der Ärzte schlugen. Allerdings war klar, dass es in der Stadt nicht genügend Ärzte gab; überdies waren sie teuer und weigerten sich zumeist, mitten in der Nacht das Bett zu verlassen, um nach einem Kranken zu sehen. Zumindest war dies die Meinung des House of Lords, und als der Rose-Fall in die Berufung ging, entschieden die Lords, es verstoße »gegen das öffentliche Interesse, Mitglieder der Apothekergesellschaft von Behandlungen und Medikamentenverschreibung abzuhalten«. Das ursprüngliche Urteil wurde revidiert.

Die Ansprüche der Ärzteschaft riefen sowohl Verachtung als auch Belustigung hervor. Man hatte ihnen nicht vergessen, dass viele von ihnen die Londoner während der Pest von 1665 im Stich gelassen hatten; anstatt sich um die Leidenden zu kümmern, waren sie ihren reichen Patienten nach Oxford und aufs Land gefolgt. Sie waren kaum erfolgreicher als andere, wenn es um die Heilung von Krankheiten ging.

Tom Brown hatte für den Ärztestand nur Spott übrig:

Die ehrenwerten Mitglieder der Ärzteschaft sind Pensionäre des Todes, und Tag und Nacht reisen sie umher, um das Reich ihres Herrn zu vergrößern. Denn Ihr müsst verstehen, dass es ungeachtet der bösen Säfte, welche einen Menschen krank machen, der Arzt ist, dem die Ehre zukommt zu töten und dann noch zu erwarten, gut dafür bezahlt zu werden. (…) Wenn ein Mann also gefragt wird, wie ein Mensch gestorben ist, dann soll er nicht der verdorbenen Sitte nach antworten an Fieber oder Pleuritis, sondern dass der Arzt ihn getötet hat.

Die Ärzte hatten ein Problem: Sie konnten ihre Gebühren nicht einfach so senken, ohne gleichzeitig ihr Ansehen in der Bevölkerung zu gefährden. Aber in dem Versuch zu beweisen, dass ihnen das Wohlergehen der Armen am Herzen lag und um die Apotheker zu unterbieten, richtete eine Gruppe von Ärzten öffentliche Heilmittelausgaben ein, wo man sich für einen Bruchteil der normalen Kosten behandeln lassen konnte.

Der Autor von *The Necessity and Usefulness of the Dispensaries Lately Set Up by the College of Physicians in London for the Use of the Sick Poor* (Die Notwendigkeit und Nützlichkeit der Heilmittelausgabe zum Wohle der Armen und Kranken, unlängst eingerichtet durch die Ärzteschaft Londons) drückte es so aus:

> Um sich von dieser falschen Anschuldigung reinzuwaschen, sahen die Ärzte sich gezwungen, in den Augen der Welt mehr für die Armen zu tun als bisher. Sie beraten die Armen nicht nur bei sich und im Heim des Patienten umsonst, sondern haben auch öffentliche Arzneimittelausgaben eingerichtet, welche die Armen jeden Tag aufsuchen können (außer sonntags) und wo man ihnen umsonst den besten Rat erteilt und ihnen die für ihren Fall geeignete Medizin zum niedrigsten Preis verkauft. Dadurch werden die Armen nicht nur vor den Gefahren einer Behandlung durch die unwissenden Apotheker bewahrt, sondern auch vor den erdrückenden Preisen ihrer Medizin.

Die Arzneimittelausgaben wurden weithin beworben, und es war vermutlich jene in St. Martin's Lane, wo man John Seal heilte, nachdem es sich für ihn als Fehler erwiesen hatte, zu einem Apotheker zu gehen.

Jene Ärzte, die sich nicht an der Armenfürsorge beteiligten, machten Profit, indem sie sich mit den Apothekern zusammentaten. Der eine konnte die ärztliche Hilfe in Rechnung stellen, der andere die Medizin, was zusammen meist eine beachtliche

Summe ergab: »Erbrechen kostet ein Schilling und sechs Pence, obwohl es eigentlich nicht mehr als ein, zwei Pence wert ist«, beschwerte sich der Autor von *The Necessety and Usefulness of Dispensaries* … Er fuhr fort, schlimmer noch sei die Tatsache, »dass sie dreimal mehr Medikamente über den Patienten ergießen, als in den öffentlichen Arzneimittelausgaben für solche Fälle verschrieben wird, und der größte Teil dieser Medikamente (…) dient nicht der Heilung, sondern dem Pomp und um die Rechnung des Apothekers anwachsen zu lassen; unter Umständen schaden sie dem Patienten sogar«.

Tom Brown beschreibt eine solch unheilige Allianz:

Seht den Trupp von ihnen in all seiner Pracht zu einem Patienten marschieren, begleitet von einem winzigen Apotheker, kaum arschhoch, die ideale Größe, um eine Klistierspritze zu setzen. Wie gebieterisch sie ausschauen und wie sie über die Genesung des Patienten diskutieren, wo sie doch eigentlich nur der Tod in Verkleidung sind und das letzte Stündlein des Patienten einläuten. Solange der Patient noch atmet und das Geld fließt, verschreiben sie fleißig weiter; doch wenn der Patient das Zeitliche segnet (…), sagen sie, sein Leib sei wie eine verfaulte Birne gewesen, und sie hätten nichts zu seiner Rettung tun können.

Als Folge ihrer Einbindung in die medizinische Praxis vernachlässigten die Apotheker die Alchemie. Wie der Autor von *The Present Ill State of Physick* … schrieb: »Und so haben sie keinerlei Skrupel, ihre Jungen die Medizin für alle Arten von Patienten anmischen zu lassen, während sie selbst Hausbesuche machen. Gläser oder Brenner überlassen sie jedoch nicht der Obhut ihrer Lehrlinge aus Furcht, sie könnten einen Verlust erleiden. So kommt es, dass nur einer von 20 sein Handwerk versteht.« Genau zu jener Zeit, da in der Medizin neben der Kräuterkunde die Chemie Einzug hielt, spalten sich die Alchemisten und Drogisten von den Apothekern ab und machten ihre eigenen Geschäfte auf.

Auch die Barbier-Chirurgen blieben nicht vom Tadel der Mediziner verschont, obwohl sie dank ihrer anatomischen Studien weit mehr praktisches Wissen besaßen, als die Ärzte aus ihren antiken Texten zu ziehen vermochten. In London durfte nur als Chirurg arbeiten, wer eine siebenjährige Lehrzeit im Ehrenwerten Verband der Barbier-Chirurgen absolviert hatte, obwohl der Bischof von London oder der Dekan von St. Paul's bisweilen auch Chirurgen eine Lizenz erteilten, die nicht vom Verband abgesegnet waren. Barbiere und Chirurgen hatten sich zwar in einem Verband zusammengeschlossen, doch jeder hatte sich auf seinen Teil des Geschäfts zu konzentrieren.

Die Ärzte verboten den Chirurgen, sich mit innerer Medizin zu beschäftigen, aber das war ausgesprochen unpraktisch. Ein angesehener Londoner Chirurg wie Joseph Binns begann die Behandlung einer Verletzung stets mit der Verabreichung eines Brechmittels, eines Abführmittels oder eines Einlaufs, um die Eingeweide zu reinigen und den Körper so auf den Pfad der Selbstheilung zu führen. Den Grundsätzen der galenischen Medizin folgend, die nach wie vor anerkannt war, glaubte man, dass der geistige und körperliche Zustand eines Menschen vom Gleichgewicht seiner Körpersäfte abhing. Die vier Körpersäfte – Blut, Schleim, gelbe und schwarze Gallenflüssigkeit – korrespondierten mit den vier Elementen Erde, Feuer, Luft und Wasser, denen die Eigenschaften Trockenheit, Hitze, Kälte und Nässe zugeordnet waren. Waren diese Säfte im Ungleichgewicht, war Krankheit die Folge. Da überschüssige Säfte aus dem Körper entfernt werden mussten, waren die Chirurgen hauptsächlich mit traditionellen Methoden beschäftigt; sie ließen ihre Patienten zur Ader oder schröpften sie. Blieb bei einer Frau zum Beispiel auf einmal die Regel aus, ging man davon aus, dass ihr Körper voll böser Säfte sei, die das Gehirn angriffen und Melancholie verursachten. Als Heilmittel ließ man sie an den Fußsohlen bluten.

Ned Ward, den Autor von *The London Spy*, überredete man, sich zur Behandlung einer Schulterverletzung schröpfen zu lassen:

Daraufhin holte der Arzt seine Instrumente und befestigte drei Gläser auf meinem Rücken, die, nachdem die Luft herausgesaugt war, an mir klebten wie ein Pflaster am Kopf eines Schwachsinnigen, bis ich glaubte, sie würden in mich dringen und auf der anderen Seite wieder herauskommen. Nachdem er dann mit dieser List alles böse Blut aus meinem Körper unter die Gläser beschworen hatte, begann er, mir die Haut mit einem unschön anzuschauenden Instrument anzuritzen wie ein Koch eine zum Rösten bestimmte Schweinelende. Doch er ging dabei so geschickt zu Werke, dass ich ihn meinen ganzen Leib mit Löchern hätte übersäen lassen, hätte meine Krankheit es erfordert. Schließlich hatte er so viel Blut herausgelassen, wie er für die Beseitigung meiner Schmerzen für notwendig erachtete, und sofort verschloss er die Anritzungen mit einer neuen Haut.

Nur wenige Ärzte und Chirurgen waren sich bewusst, dass es die Kranken nur noch kranker machte, wenn man sie zur Ader ließ. Tatsächlich riefen manche Leute einmal im Jahr einen Arzt, damit dieser sie zur Ader lassen konnte, ob sie nun krank waren oder nicht – nur so zur Vorsicht als eine Art Frühjahrsputz. Neben anderen Dingen riskierten sie damit auch Infektionen durch die schmutzigen Hände oder Instrumente des Chirurgen, denn von Sterilisation wusste man damals noch nichts.

Verletzungen durch Verkehrsunfälle auf den verstopften Straßen Londons waren an der Tagesordnung. Immer wieder wurden Fußgänger von den schmalen Bürgersteigen auf die Straße gedrängt und gerieten unter eisenbeschlagene Wagenräder. Auch Verbrennungen durch Kochfeuer oder umgestürzte Kerzen waren ein häufiges Übel, wobei den schweren Perücken, die damals Mode waren, eine besondere Bedeutung zukam. Ein Freund von Sir John Verney berichtete: »Ich habe gerade die traurige Geschichte deiner Tante gehört, die im Gebet versunken war, als ihr Kopfschmuck plötzlich Feuer fing. Nur knapp ist sie dem Flammentod entronnen, denn zunächst kam ihr niemand zu Hilfe. Als man ihr dann schließlich zur Hand ging, hatte sie Gesicht und Hände bereits verbrannt.«

Die Sterbeurkunden von 1700 berichten: »Verbrannt und verbrüht ... 8« und »bei unterschiedlichen Unfällen getötet ... 28.«

Schwer beschädigte Gliedmaßen mussten sofort amputiert werden, bevor der Wundbrand einsetzen konnte. »Wundbrand, Fisteln und Nekrose ... 36.« Die Engländer waren für ihre Kampflust berüchtigt. Kam es zu einer Schlägerei, waren rasch die Schwerter und Pistolen gezogen. Ned Ward bemerkte: »Nur selten sind sie von Beulen, Schnitten oder blauen Flecken frei, und sie geben den Chirurgen ihr Geld so freimütig wie die Narren es beim Glücksrad verwetten.« Tiefere Kopf-, Brust- oder Bauchwunden hatten meist den Tod zur Folge.

Die Chirurgie war auf die einfachsten Operationen beschränkt. Nierensteine waren allerdings etwas, an das man sich aufgrund ihrer Verbreitung heranwagte, obwohl fast so viele an den Operationen starben wie an dem Stein: »Stein entfernen und Stein selbst ... 43.« John Evelyns Bruder starb »an einem Stein in der Blase«, nachdem ihn über ein Jahr lang immer größere Schmerzen geplagt hatten. Evelyn beschrieb den Schmerz als »derart außerordentliche Qual (...), dass er schließlich von Krämpfen geschüttelt wurde«. Evelyns Bruder weigerte sich, sich einer Operation zu unterziehen, obwohl ihn Samuel Pepys besuchte, der die Erfahrung überlebt hatte »und einen Stein so groß wie einen Tennisball bei sich trug«, um es zu beweisen. Die Entfernung von Blinddarm oder Gallenblase überstieg die Fähigkeiten der Chirurgen. Die auf diese Organe bezogenen Entzündungen bezeichnete man in den Sterbelisten als ›Magenstillstand‹. Der Tod war unvermeidlich.

Außen liegende Tumore konnte man entfernen. Eine Brustamputation war möglich. Pepys erfuhr von seiner Frau, dass »meiner armen Tante James in der Stadt die Brust abgeschnitten werden musste – sie war schon lange nicht mehr in Ordnung«. Die Kunst der plastischen Chirurgie, deren Pionier ein Italiener im 16. Jahrhundert gewesen war, wendete man an, um beispielsweise eine von den Pocken weggefressene Nase zu verbergen. Operationen wurden auf einem Tisch im Heim des Patienten vorgenommen. Nachdem der Kranke mit Alkohol betäubt worden war, ging der Chirurg rasch zu Werke.

Die Läden der Barbiere waren den Männern vorbehalten. Aderlass, das Säubern und Polieren von Zähnen, Nägel schneiden, Ohren reinigen, Bart- und Kopfhaar scheren und Perückenmachen waren die ursprünglichen Aufgaben der Barbiere. Sie boten ihren Kunden aber auch Musik und Spielgelegenheiten, verbreiteten Neuigkeiten und stellten einen Raum zur Verfügung, wo man sich ungestört unterhalten konnte. Und natürlich handelten sie auch mit Tabak, von dem man glaubte, er helfe gegen Zahnschmerzen. Des Weiteren boten sie ihren männlichen Kunden sexuellen Rat an und handelten mit Kondomen, sodass eher die Chirurgen als die Ärzte ein Monopol auf die Behandlung von Geschlechtskrankheiten hatten.

Dass lizenzierte Heiler die einzige Autorität in medizinischen Fragen waren, war keineswegs allgemein anerkannt, während diese sich natürlich mit aller Vehemenz gegen die wachsende Tendenz zur Selbstbehandlung stemmten. »Die Menschen sind nicht sachkundig genug, um zu beurteilen, was ihnen fehlt und was ihnen helfen kann«, verkündete der Autor von *The Necessity and Usefulness of Dispensaries* … Angesichts ihrer chronisch schlechten Gesundheit nimmt es nicht wunder, dass die Menschen besessen davon waren. Ausführlich studierten sie jedes Symptom und hielten es in Tagebüchern und Briefen fest.

In jedem Haushalt gab es ein Buch mit medizinischen Rezepten, das von der Mutter an die Tochter vererbt wurde. Dieses häusliche Wissen wurde nun von einer wahren Flut medizinischer Bücher in der Landessprache noch vergrößert.

Gideon Harvey publizierte *The Family Physician and the House Apothecary* (Hausarzt und Hausapotheke) eindeutig aus dem Grund, es dem Laien zu ermöglichen, sich seine eigene Behandlung zusammenzustellen und »19 Schilling zu sparen im Vergleich zu den exorbitanten Preisen einiger Apotheken«. William Salmons *English Physician: Or, The Druggist Shop Open'd* (Die englische Heilkunst, oder: die Apotheke im eigenen Heim) ist ein Medikamentenlexikon, das den Laien darüber informiert, woraus ein Medikament besteht und woher die einzelnen Bestandteile stammen. Cannabis zum Beispiel, welches frei verkäuflich war, sollte man allerdings mit Vorsicht genießen: »Das Kraut, welches erhitzt und austrocknet und bei allzu häufiger Anwendung sich im Leib eines Menschen einnistet, heilt Husten, Asthma, Gelbsucht und andere derartige Krankheiten.«

Auch Opium stand zum Verkauf und wurde sogar beworben: »Vor kurzem veröffentlicht: *The Mysteries of Opium Reveal'd* (Die Mysterien des Opiums) von Dr. John Jones, Mitglied der Ärztevereinigung Londons und ehemaliger Dozent am Jesus College zu Oxford. Es zeigt die giftigen Nebenwirkungen und wie man sie vermeidet, sodass ein wahres Allheilmittel daraus wird.« Weniger tödliche, aber sehr beliebte Mittel waren das ›Wasser der Königin von Ungarn‹, mit Rosmarin versetzter Brandy, und Daffys Elixier, welches aus Kanarienwein, Orangen, Limonen, Rhabarber und Borax bestand.

Das College of Physicians versprühte jedoch das meiste Gift gegen die Theorien des verstorbenen ›Arzt und Astrologen‹ Nicholas Culpeper aus Shoreditch, den es einen Quacksalber nannte. Auch wenn medizinische Durchbrüche sich noch nicht in der Praxis niedergeschlagen hatten, so griffen die meisten Ärzte bei ihren Diagnosen doch nicht mehr auf die Astrologie zurück. Mehr und mehr verließ man sich auf die genaue Untersuchung und Beobachtung der Symptome und die exakte Niederschrift des Krankheitsverlaufs.

Die Mehrheit der praktizierenden Heiler griff nach wie vor häufiger auf Kräuter- als auf chemische Medizin zurück. Trotzdem enthält Culpepers *The English Physician Enlarged* (Ausführliches Handbuch der englischen Medizin) eine Übersetzung von *Pharmacopoea Londinensis*, wo er die Präparate beschrieb, wie sie das College of Physicians empfahl – sie reichten von einheimischen Wildblumen über Spatzenhirn und Froschleber bis hin zu Perlen und dem wertvollsten von allem, Gold. Zu jedem gibt er einen Kommentar ab, ergänzt von denen anderer Autoren. Culpeper war ein glühender Verfechter der so genannten Signaturdoktrin. Er glaubte, dass Gott allen Pflanzen eine bestimmte Form gegeben habe, um ihre Heilwirkung daran ablesen zu können, zum Beispiel: Veilchen gegen Ohrenleiden, Leberblümchen gegen Leberkrankheiten, Augentrost für Augenbeschwerden und so weiter … Und egal wie schrullig seine ›alternativen‹ Theorien auf manche auch wirken mochten, seine Bücher waren Bestseller.

In diesem unbeständigen und leicht zu beeinflussenden Markt blühten die Geschäfte der Quacksalber wie zum Beispiel die des berüchtigten Dr. John Case. »Auf einem kleinen Regal zwischen Phiolen und Töpfen stand ein halbes Dutzend Flaschen Rosa Solis mit schönfärberischen Sprüchen daneben und einem kurzen Bericht über die hervorragenden Eigenschaften von Doktor John Cases Pillen, welche selbst die größten Schmerzen augenblicklich zu heilen versprechen, ohne dass Geschäft oder anderes darunter leiden müssten«, berichtete Ned Ward in *The London Spy*. Über Cases Tür verkündete ein Schild: »An diesem Ort / Lebt Doktor Case«, ein Werbespruch, von dem Addison bemerkte, er hätte dem ›Doktor‹ weit mehr Geld eingebracht als Dryden seine Poesie. Im Gegensatz zu den lizenzierten Medizinern hatten die Quacksalber keine Skrupel, was Werbung betraf. Zeitungen, die Wände von Kaffeehäusern, ja, selbst die Königliche Börse waren voll von ihren Werbetafeln: »Die Täfelung war mit den Anzeigen von Quacksalbern verziert anstelle von Bildern. Es gab nicht einen Kurpfuscher in der Stadt, der seinen Namen nicht in einen lackierten Rahmen gepresst hatte und die Narren mit schönen Worten einlud, ihr Geld bei ihm zu lassen.«

Bei der Beschreibung hinsichtlich der Wirksamkeit ihrer Medikamente schreckten die Quacksalber vor keiner Übertreibung zurück:

Sofortige Hilfe nach einem Missgeschick: Oder sofortige Heilung von der Franzosenkrankheit und Tripper und all den anderen zahlreichen Begleitumständen, die oft auf eine schmerzliche, lange Krankheit zurückgehen und vielen den Ruin bringen. Häufig führen Torheit und Ungeschick der Betrüger mit ihren irregulären Methoden und ihrer nutzlosen, ja, schadhaften Medizin zum frühzeitigen Tod. Gute Medizin und guten Rat findet man hingegen bei einem Arzt mit 40 Jahren praktischer Erfahrung, wie er im Blueball, Whalebone Court lebt, am unteren Ende der Bartholomew Lane, hinter der Königlichen Börse.

Den schlechtesten Ruf unter allen Quacksalbern hatten die umherreisenden Scharlatane, die ihre Medizin an tragbaren Ständen auf der Straße verkauften und für gewöhnlich von einem Clown oder manchmal von einem Affen begleitet wurden. Diese Clowns nannte man *Merry Andrew*, Fröhlicher Andrew, nach Dr. Andrew Boorde, der als Leibarzt Heinrichs VIII. eine Menge Humor hatte aufbringen müssen. Ihre Aufgabe bestand darin, das Publikum zu unterhalten und so in Kaufstimmung zu versetzen. Vor allem die Armen waren das Ziel dieser fahrenden Scharlatane. Ned Ward hielt es für skandalös, dass solche Verbrecher »das gemeine Volk nicht bloß um ihr Geld betrügen dürfen, sondern auch um ihre Gesundheit, die viel wertvoller ist«.

Er beschreibt eine Szene auf der Fleet Bridge, wo sich eine lärmende Menschenmenge versammelt hatte, um dem Streit zweier Frauen zuzusehen, die sich aufs Heftigste beschimpften:

Kaum hatte der Streit geendet und noch bevor der Mob sich aufgelöst hatte, erkannte ein Scharlatan zu Pferd diese seltene Gelegenheit, sich vor einer bereits bestehenden Versammlung zu präsentieren, also spornte er seinen lahmen Pegasus an und trieb ihn mitten in die Menge hinein. Dort zog er dann seine Universalmittelchen aus der Tasche und hielt der aufmerksam lauschenden Herde eine Predigt.

Der Scharlatan verkaufte ein Päckchen für sechs Pence, und es enthielt angeblich alles, um sämtliche typischen Gebrechen des durchschnittlichen Londoners zu heilen. Eine kleine Pille garantierte »20 Stuhlgänge, wenn 20 Leiden einen quälen, und mit jedem Stuhlgang verschwindet ein Gebrechen«. Dann war da noch »eine hervorragende äußere Anwendung, die man ein Pflaster nennt, gut für alle grünen Wunden, gegen alte Fisteln und Geschwüre, Schmerzen in Kopf, Gliedern und Gedärmen, gegen Prellungen, Verstauchungen, Brüche oder ausgekugelte Gelenke und jedwede Verletzung, rühre sie nun her von Schwert, Stock oder Pistole, von Messer, Beil, Hammer, Nagel oder Haken, Feuer, Explosion oder Schwarzpulver und so weiter«.

Die nächste »Medizin ohne gleichen (…) ist ein bewundernswertes Pulver, hervorragend, um den Bauch vor allen Infektionen zu schützen. Es beugt ungesunden Dämpfen vor, bösen Gasen, die dem faulenden Körper entweichen, und dergleichen.« Nach der Einnahme sind alle Probleme, welche sich auf Völlerei und ungesunde Ernährung zurückführen lassen, gelöst: Ein Mann könne nun »ein Pfund Suffolk-Käse« in sich hineinstop-

Jeder Quacksalber, der ein Heilmittel anbot, fand unter den chronisch kranken Londonern eine aufmerksame Zuhörerschaft. *(British Library)*

fen, »und zweimal so viel Roggenbrot, und noch immer hat er genügend Appetit für ein Stück Roastbeef, als hätte er seit 14 Tagen nichts mehr gegessen«. Auch war es »die wirksamste Medizin gegen alles Ungeziefer«, und »wenn entweder ihr oder eure Kinder von diesem epidemischen Übel geplagt werden, den Würmern, die mehr Körper vernichten als Pestilenz und Hunger, dann nehmt dies mit warmem Ale statt Wermut und Sirup. Dies treibt des Todes Diener, die sich durch eure Leiber graben, zu beiden Enden hinaus.«

Er offeriert den Staunenden ein Gegengift für die neue ›paracelsische‹ Chemie, die mit Quecksilber, Arsen und Opium arbeitet. Sein Mittel heilt Erkältungen und Fieber durch sanftes Aussschwitzen. Für jene in der Menge, die unter verfaulten Zähnen und Zahnfleischentzündungen leiden, bietet er »das fantastischste Zahnheilmittel, das auf wundersame Art alle faulen Zähne reinigt und die losen wieder festigt«.

Ward fährt fort:

Diese Unverschämtheit schmeichelte den Ohren der hirnlosen Masse so sehr, dass sie eifrig ihre Börsen öffneten, um ihre Pennys loszuwerden, wie sie es sonst nur tun, um ein Pfund Äpfel zu kaufen oder einen Blick auf eine Puppenschau zu werfen; sie waren derart erregt, dass der Doktor seine Medizin kaum schnell genug verteilen konnte. So fuhren sie fort, ihr Geld wegzuwerfen und allen zu beweisen, was für Narren allen Alters sie doch waren, von 16 bis 60. In der Tat sahen viele von ihnen so aus, als könnten sie den nächsten Samstagabend kaum erwarten, da sie ihren Lohn und somit neues Geld zum Wegwerfen bekommen würden. Schließlich fand das Gerangel dann ein Ende – aber sei es, weil der Doktor dem Mob all sein Geld oder der Mob dem Doktor all seine Medizin abgenommen hatte, das vermochte ich nicht zu sagen. So trottete er dann zu Pferd mit ihrem Geld davon und sie zu Fuß mit seinen Päckchen.

Die Londoner akzeptierten, dass sie für medizinische Behandlung zahlen mussten. Es auch anders zu regeln, daran dachten sie noch nicht einmal. Waren sie krank, blieben sie zu Hause – was auch notwendig war, da die Reinigung des Körpers von bösen Säften mit ständigem Erbrechen und Durchfall einherging. Entweder kümmerten sich die Frauen der Familie oder eine Krankenschwester um den Kranken, während dieser Freunde und Nachbarn empfing, die ihn pflichtbewusst besuchen kamen. »Ist ein Mensch krank und liegt im Bett, soll euer Besuch nicht lange dauern«, mahnte Hannah Wooley, »denn kranke Menschen sind leicht reizbar, und da sie unter dem Einfluss der Medizin stehen, könnt ihr sie leicht beleidigen. Auch dürft ihr nicht vergessen, leise zu sprechen.« Überdies erinnerte sie ihre Leser mit allem Nachdruck daran, »dass es einen kranken Menschen zutiefst entmutigt, lässt man ihn in faulem Leinen liegen. In Gestank und Dreck verabscheuen sie sich selbst nur immer mehr.« Krankenzimmer wurden mit Pech, Weihrauch oder manchmal auch mit Schwefel ausgeräuchert.

Freie Heilfürsorge beschränkte sich auf alte, arme Menschen. Die Hospitäler, welche die Auflösung der Klöster im 16. Jahrhundert überlebt hatten – St. Bartholomew und St. Thomas –, versorgten ausschließlich diese Personengruppe. Die Krankenpflege war mittelmäßig. In St. Bartholomew stand eine Oberin einem Dutzend Pflegerinnen vor, die man der klösterlichen Tradition folgend als Schwestern bezeichnete. Die Ernährung in den Hospitälern umfasste auch Fleisch, Brot, Butter, Milch, Käse und Bier. Menschen, Betten, Bettzeug und Decken waren ungezieferverseucht und Infektionen weit verbreitet.

Der dritte Überlebende der Klosterauflösungen war das Bethlehem-Hospital, das man gemeinhin unter dem Namen *Bedlam*[3] kannte, ein Haus »für die geistig Verwirrten und

---

[3] bedlam = ursprünglich: Chaos, Tumult; im modernen Englisch im übertragenen Sinne auch: Tollhaus, Irrenhaus. (Anm. des Übersetzers)

Schwachsinnigen«. Weil Bedlam die einzige öffentliche Irrenanstalt des Landes war, entstand durch die hohe Nachfrage eine ganze Reihe privater Anstalten – sowohl für die tatsächlich geistig Kranken als auch für Ehefrauen, die von ihren unzufriedenen Männern dorthin abgeschoben wurden.

Jenen, denen man in solchen Anstalten nicht zu helfen vermochte, galt womöglich die folgende Zeitungsanzeige:

> In Clerkenwell-Close, wo die Zahl der Verrückten über dem Tor zu lesen steht. Hier lebt jemand, der mit Gottes Segen alle Schwach- und Wahnsinnigen heilt. Selten braucht er länger als drei Monate, um selbst den Verrücktesten zu heilen, der sein Haus betritt. Mehrere sind innerhalb von 14 Tagen geheilt worden und manche sogar in noch kürzerer Zeit. Er hat mehrere aus Bedlam und anderen Irrenhäusern in und um diese Stadt kuriert und kommt Menschen jedweder Art entgegen. *Keine Heilung, kein Geld!*

In Bedlam konnte man ein Jahr bleiben. Zeigten die Behörden Wohlwollen – was recht selten war –, kümmerte man sich um den Besitz eines Kranken bis zu dessen Entlassung. Die Öffentlichkeit konnte das neue Gebäude in Moorfields besuchen, dessen Tor die Statuen von drei Wahnsinnigen in Ketten zierten und das von einem besonders habgierigen Pförtner bewacht wurde. Die Pracht des Gebäudes, dessen Architektur tatsächlich am Louvre in Paris orientiert war, veranlasste Tom Brown zu dem Kommentar: »Das Äußere spottet dem Inneren perfekt, was eine amüsante Frage aufwirft: Wer ist verrückter? Jene, die dieses Haus in Auftrag gegeben haben, oder jene, die es bewohnen?«

Für die Londoner stellte ein Besuch in Bedlam einen schönen Ausflug dar. Es bereitete ihnen große Freude, den »wilden Launen und wahnsinnigen Ausbrüchen des verrückten Volkes« zuzusehen.

Auch César de Saussure unternahm einen solchen Besuch:

In der großen Galerie wandern viele harmlose Verrückte umher. Im zweiten Stock befindet sich ein Gang und Zellen, die jenen im ersten gleichen. Dieser Teil ist jedoch für die gefährlichen Wahnsinnigen reserviert, von denen die meisten in Ketten liegen und einen wahrhaft furchtbaren Anblick bieten. An Feiertagen besuchen zahlreiche Personen beiderlei Geschlechts, welche im Allgemeinen den niederen Schichten angehören, dieses Hospital und amüsieren sich über die unglücklichen Gestalten, die ihnen oft Grund zum Lachen geben.

Ein überwältigender Gestank verriet Reisenden, dass sie bald in London eintreffen würden. Neben den Straßen, die in die Hauptstadt führten, lagen Berge von Müll, welche die *night-soil men,* die nachts arbeitenden Müllmänner, dort aufgeschichtet hatten, sodass der Reisende sich ein Tuch vor Nase und Mund halten musste. In der Stadt selbst waren Straßen und Rinnsteine voll mit menschlichen Exkrementen und Urin, welche unglückliche Passanten auch auf den Kopf bekommen konnten, wenn jemand seinen Nachttopf zum Fenster hinaus auf die Straße entleerte. Schafe, Rinder, Schweine und Geflügel wurden durch die verdreckten Straßen zum Schlachter getrieben, und ihre Ausscheidungen vermischten sich mit denen der Pferde. Tote Tiere ließ man einfach so verrotten, und in der Nähe von Märkten und Schlachtereien faulten Fleischreste vor sich hin. Abwässer quollen aus den Kanälen in die Keller, und überfüllte Abfallgruben verseuchten das Trinkwasser.

John Evelyn warnte auch vor der Gesundheitsbedrohung, die von den überfüllten Friedhöfen ausging: »Ich bin überzeugt, dass die vielen Friedhöfe und Leichenhallen in vielen Teilen der Stadt die Luft verpesten; Gleiches gilt für Pumpen und Wasserreservoirs in deren Nähe. Leitungen, die durch sie hindurchführen, sollten entweder verlegt oder ständig überprüft werden, ob sie nicht leckgeschlagen sind.«

Neben dem Gestank gab es auch noch den alles durchdringenden, erstickenden, schwefelhaltigen Kohlerauch, der aus Tausenden von häuslichen und industriellen Kaminen quoll. Die Feuer von »Brauern, Färbern, Leim-, Salz- und Seifenkochern« brannten ohne Unterlass. Der Rauch machte König Williams Asthma unerträglich, sodass er bereits vor dem Brand von 1698, der den Palast von Whitehall vernichtete, ins Dorf Kensington mit seiner saubereren Luft umziehen musste. Von der Luftverschmutzung waren alle Londoner betroffen.

John Evelyn beschreibt mit verständlicher Abscheu:

Nirgends unter der Sonne ist mehr Husten und Keuchen zu hören als in den Kirchen und Versammlungshallen Londons. Das Bellen und Spucken hört niemals auf, und der Auswurf ist größtenteils von einer ungesunden schwarzen Farbe.

In dieser ungesunden Umgebung versuchte man, Todesursachen festzustellen und in den Sterbelisten festzuhalten. Diese elementaren Statistiken veranlassten die Weitsichtigeren wie William Petty zu der Forderung, sie als Index der Volksgesundheit zu verwenden, um die Bevölkerung in Zukunft besser schützen zu können. Zu diesem frühen Zeitpunkt fiel es allerdings sogar den Ärzten schwer, eine Krankheit genau zu identifizieren; nur Pest und Pocken erkannte man mit Sicherheit. Die Ärzte waren nicht verpflichtet, Totenscheine auszustellen. Da die Prüfer, welche im Auftrag der Gemeinden die Todesursachen herausfinden sollten, durchweg arm und ungebildet waren, beruhten die Ergebnisse ihrer ohnehin nur oberflächlichen Untersuchungen meist lediglich auf Vermutungen, und dementsprechend unzuverlässig waren die Sterbelisten. Wie dort Krankheiten definiert wurden, hat nur wenig mit dem zu tun, was wir heute darunter verstehen.

Es gab Krankheiten, mit denen die Londoner lebten – chronische, schwächende und entstellende –, und es gab Krankheiten, die töteten. Der unterentwickelte Sinn für Hygiene hatte zur Folge, dass Flöhe und Läuse weit verbreitet waren, auch auf den Körpern und in den Perücken und Kleidern der Reichen. Die Verbindung zwischen Pest, Ratten und Flöhen kannte man nicht. Nach der Pest von 1665 schienen die Londoner Ratten gegen den Erreger immun geworden zu sein. Zufälligerweise wurde die Pest übertragende schwarze Ratte zur gleichen Zeit von einer neuen braunen Art verdrängt; fortan mussten die Pestflöhe nicht mehr von einer sterbenden Ratte auf einen menschlichen Wirt wechseln. Tatsächlich sollte die Pest nie wieder nach London zurückkehren, auch wenn das lange Zeit niemandem bewusst wurde. Als beispielsweise in Marseille im Jahre 1720 die Pest ausbrach, fürchteten die Londoner, sie könne auch zu ihnen kommen. Daniel Defoes *A Journal of the Plague Year* (Tagebuch des Pestjahres), das 1722 veröffentlicht wurde, fand eine breite Leserschaft.

Verseuchte Nahrung und Trinkwasser verursachten häufige Ausbrüche bakterieller Mageninfektionen. Fliegen machten nach einem ausgedehnten Fäkalienbesuch als Nächstes auf Nahrungsmitteln Halt. Jenen, die für die Essenszubereitung zuständig waren, kam noch nicht einmal der Gedanke, sich die Hände zu waschen, nachdem sie sich erleichtert hatten. In den Sterbelisten von 1700 wurden natürlich nur jene Fälle aufgezeichnet, die tödlich endeten; ihren Höhepunkt erreichten sie in der Hitze des Augusts: »Schmerzen in den Eingeweiden … 1 004«, »Sich drehende Eingeweide … 2«, »Bluten und Ausfluss … 13«, »Durchfall … 1.« Das folgende Rezept, »um großen Ausfluss und Durchfall zu heilen«, aus *The Queen's Closet Open'd* hat das Phänomen wohl kaum gemildert: »Nehmet ein hart gekocht Ei, befreiet es von der Schale, und stecket das spitze Ende ins Arschloch. Sobald dieses kalt ist, nehmet ein heißes, frisches, hartes und geschältes Ei, und wendet es erneut wie oben beschrieben an.«

A General BILL of all the *Christnings* and *Burials*, from the 19. of *December*, 1699. to the 17. of *December*, 1700.

According to the Report made to the KING His Most Excellent MAJESTY:

By the Company of Parish-Clerks of London, &c.

Parish	Bur.	Parish	Bur.	Parish	Bur.	Parish	Bur.
St Alban in Woodstr	19	St Clement near Eastcheap	12	St Margaret in Newfishstr.		St Michael in Crookedlane	27
Alhallows Barkin	33	St Dionis Backchurch	28	St Margaret Pattons	22	St Michael at Queenhith	36
Alhallows in Breadstreet	17	St Dunstan in the East	82	St Martin inIronmongerla.		St Michael at Quern	16
Alhallows the Great	63	St Edmund the King	15	St Martin at Ludgate	49	St Michael Royal	27
Alhallows in Hony-lane	4	St Ethelburga's Parish	28	St Martin Orgars	18	St Michael in Woodstreet	38
Alhallows the Less	14	St Faith under St Paul's	37	St Martin Outwich	9	St Mildred in Breadstreet	22
Alhallows in Lombardstr.	33	St Gabriel in Fenchurchstr.		St Marti. Vintrey	33	St Mildred in the Poultry	18
Alhallows Staining	27	St George in Botolph-lane	13	St Mary Abchurch	34	St Nicolas Acons	2
Alhallows on LondonWall	60	St Gregory by St Paul	77	St Mary in Aldermanbury	26	St Nicolas Coleabby	12
St Alphage near Sion-Coll.	37	St Helen near Bishopsgate	30	St Mary Aldermary	22	St Nicolas Olive	
St Andrew Hubbard	14	St James in Dukes-place	14	St Mary le-Bew in Cheapsi.	18	St Olave in Hartstreet	45
St Andrew Undershaft	19	St James at Garlickhith	41	St Mary Bothaw at Dowg.	2	St Olave in the Old Jury	5
St Andrew Wardrobe	53	St John Baptist by Dowg	49	St Mary Col. church		St Olave in Silverstreet	28
St Ann within Aldersgate	30	St John the Evangelist	4	St Mary F.l near Billinsg.	28	St Pancras in Pancras-lane	6
St Ann in Blackfriars	125	St John Zachary	26	St Mary Mag. in Milkstreet		St Peter in Cheapside	9
St Anthony vulg. Antholin	12	St Katharine Coleman	52	St Mary Mag in Oldfishstr.	34	St Peter in Cornhil	25
St Augustin vulg. Austin	16	St Katharine Creedchurch	61	St Mary Mounthaw	7	St Peter near Paulswharf	13
St Bartholom. Exchange	15	St Laurence Jewry	53	St Mary Somerset	29	St Peter Poor in Broadstr.	13
St Benedict vl. Bennet Fink	13	St Laurence Pountney	17	St Mary Staining	14	St Stephen in Colemanstr.	147
St Bennet Gracechurch	16	St Leonard in Eastcheap	5	St Mary Woolchurch		St Stephen in Walbrook	16
St Bennet at Paulswharf	29	St Leonard in Folter-lane	28	St Mary Woolnoth	33	St Swithin at Lond. stone	27
St Bennet Sherehog	1	St Magnus by Lond. Bridg	49	St Matthew in Fridaystr.	13	St Thomas the Apostle	18
St Botolph at Billingsgate	10	St Margaret in Lothbury	18	St Maudlins Milkstreet	17	Trinity Parish	23
Christ's Church Parish	135	St Margaret Moses	5	St Michael Bassishaw	21	St Vedast alias Foster	29
Christophers Parish	21			St Michael in Cornhil		Buried—2656 Plague—0	

Christned in the 97 Parishes within the Walls—1790

	Bur.		Bur.		Bur.		Bur.
St Andrew in Holborn	906	St Botolph by Bishopsgate	465	St George in Southwark	342	St Sepulchres Parish	554
St Bartholomew the Great	41	Bridewel Precinct	23	St Giles by Cripplegate	1193	St Thomas in Southwark	55
St Bartholomew the Less	22	St Bridget vulg. St Brides	278	St Olave in Southwark	581	Trinity in the Minories	12
St Botolph by Aldersgate	188	St Dunstan in the West	171	St Saviour in Southwark	480	The Pesthouse	
St Botolph by Aldgate	508					Buried—5812 Plague—0	

Christned in the 16 Parishes without the Walls—4580

	Bur.		Bur.		Bur.		Bur.
Christ-Church in Surry	141	St John at Hackney	84	St Leonard in Shoreditch	447	St Mary at Rotherheth	211
St Dunstan at Stepney	1818	St John at Wapping	272	St Mary at Islington	99	St Mary in Whitechappel	715
St Giles in the Fields	1200	St Kathar. near the Tower	152	St Mary Mag.Bermondsey	276	St Paul at Shadwel	333
St James at Clerkenwel	394	Lambeth Parish	240	St Mary at Newington	167		

Christned in the 15 Out-Parishes in Middlesex and Surry—5053   Buried—6647   Plague—0

St Ann in Westminster	496	St Margaret in Westminster	794	St Mary Savoy in the Strand	124
St Clement Danes without Templebar	493	St Martin in the Fields	1424	St Paul in Covent-Garden	180
St James in Westminster	927				

Christned in the 7 Parishes in the City and Liberties of Westminster—3216 Bur.—4328 Pl.—

The Diseases and Casualties this Year.

Abortive and Stilborn	546	Grief	5	Stoppage in the Stomach	320
Aged and Bedridden	1242	Griping in the Guts	1004	Strangury	9
Ague and Fever	3676	Headach	1	Surfeit	70
Apoplexy and Suddenly	104	Head-mould shot	6	Swelling in the Neck	1
Bleeding, Bloody-flux, and Flux	13	Jaundies	73	Teeth	1159
Cancer, Canker, and Thrush	124	Imposthume	59	Twisting of the Guts	2
Chicken-Pox	1	Lethargy	5	Vapours and Water in the Head	7
Childbed	240	Livergrown	11	Vomiting	15
Chrisoms and Infants	78	Looseness	1	Worms	53
Colick	72	Overlaid	69		
Consumption and Tissick	2819	Palsie	31	**CASUALTIES.**	
Convulsion	4631	Plurisie	30		
Cough and Chincough	7	Quinsie	10	Bruised	1
Cut of the Stone and Stone	43	Rheumatism	16	Burnt and Scalded	8
Diabetes	1	Rickets	393	Deceased (so reported in the Coroners Warrant)	1
Distracted and Lunatick	35	Rising of the Lights	101		
Dropsie and Tympany	659	Rupture	18	Drowned	48
Evil	83	St Anthony's Fire	9	Found dead in the Streets, &c.	9
Executed	29	Scarlet-Fever	1	Hang'd and made away themselves	28
Falling-Sickness	1	Scurvy	5	Hang'd by Misfortune	1
Flox, Small Pox, and Measles	1031	Shingles	1	Kill'd by several Accidents	38
French Pox	69	Sores and Ulcers	62	Murdered	11
Gangrene,Fistula,& Mortification	36	Spleen	3	Smothered and Suffocated	3
Gout and Cramp	15	Spotted Fever and Purples	189	Stabbed	1

	Males — 7578		Males — 9653	
Christned	Females — 7061	Buried	Females — 9790	Plague — 0,
	In all — 14639		In all — 19443	

Decreased in the Burials this Year — 1352

Die Sterbelisten boten William Petty einen Ausgangspunkt für seine Arbeiten zum Thema Volksgesundheit. *(Guildhall Library, Corporation of London)*

Die Ruhr tötete innerhalb von Stunden oder Tagen. Kleinkinder unter zwei Jahren waren besonders anfällig dafür. Diarrhö wurde manchmal von hohem Fieber begleitet, das zu Schüttelkrämpfen führen konnte. Der angesehene Arzt Sir Thomas Sydenham verschrieb seine eigene, äußerst populäre Medizin: zwei Unzen gestreckten Opiums, eine Unze Safran, je eine Drachme[4] Zimt und Knoblauch in einem halben Liter Kanarienwein. Viele Menschen starben, weil man nicht wusste, dass man gegen schweren Durchfall, der oft von Blut im Stuhl begleitet wurde, dem Körper wieder ausreichend Flüssigkeit und Salz zuführen musste.

Bandwürmer, die man als »rund, flach oder fadenartig« beschrieb, fand man meist bei Kindern:

Oft werden Kinder von Würmern geplagt. Jene werden von dickflüssigen Säften verursacht. Manchmal sind sie rund, dann befällt Fieber die Kinder. Dadurch werden die Kinder schlank, verlieren ihren Appetit, zucken im Schlaf und bekommen einen trockenen Husten, verbunden mit stinkendem Atem und zunehmender Blässe des Gesichts. Die Augen ziehen sich tief in die Höhlen zurück und werden von einem unregelmäßigen Fieber dunkel, welches drei- bis viermal in der Nacht zum Ausbruch kommt, und oft reiben sie sich die Nasen. Sind es kleine Würmer, verspüren die Kinder unablässig das Bedürfnis, auf den Stuhl zu gehen, und ihre Exkremente sind fast flüssig.

Es ist unwahrscheinlich, dass die Menschen tatsächlich an Würmern starben, trotz der 53 derartigen Fälle, die in den Sterbelisten von 1700 verzeichnet sind. Aber da ihre Eier von ungewaschenen Händen immer wieder in den Mund verbracht

---

4 Drachme = anderes Wort für die altengl. Maßeinheit »dram«, welche ungefähr 3,5 cm³ entspricht. (Anm. des Übersetzers)

werden konnten, wuchs sich der Wurmbefall oft zu einer langen, schwächenden Krankheit aus. Bei den ›flachen‹ Würmern könnte es sich um Bandwürmer aus schlecht gekochtem oder gebratenem Rinder- oder Schweinefleisch gehandelt haben. Aus *Pepys' Diary (Tagebuch aus dem London des 17. Jahrhunderts)* wissen wir, dass Fleisch aus den Kochläden – den damaligen Imbissbuden – häufig viel zu kurz gebraten war. Schweinebandwürmer konnten ins Gehirn vordringen und zu epileptischen Anfällen führen, die in den Sterbelisten als ›Fallsucht‹ beschrieben werden.

Hannah Wooley riet in *The Queen-like Closet*:

Für die Fallsucht:
Nehmt einen lebenden Maulwurf, schneidet ihm die Kehle durch und lasst das Blut in ein Glas Weißwein fließen. Davon gebt ihr dem Patienten dann zu Neu- und Vollmond zu trinken, einen Tag vor Neumond, am Tag selbst, einen Tag danach und noch einmal zum vollen Mond. Das wird ihn völlig heilen, solange der Patient nicht über 40 ist.

Andere Magenkrankheiten waren vermutlich auf Völlerei zurückzuführen – »Übermaß … 70« – und auf eine einseitige Diät. Jene, die es sich leisten konnten, aßen große Portionen Fleisch, verachteten Gemüse und litten unter ständiger Verstopfung. Pepys sorgte sich ständig um Verstopfung und Blähungen. Gutes Leben und die Neigung, alles außer Wasser zu trinken, führten zu Gicht und dem damit verbundenen schmerzhaft geschwollenen großen Zeh. Sir Thomas Sydenham litt selber darunter; in seiner Abhandlung heißt es: »Die Gicht sucht zumeist jene alten Männer heim, die sich Zeit ihres Lebens so manches Bankett mit Wein und anderen Spirituosen gegönnt haben; irgendwann befällt sie jedoch die Trägheit des Alters, und sie stellen jene Übungen ein, die sie als junge Männer zu tun gewohnt waren.« Unter Wassersucht verstand man Schwellungen, die durch Flüssigkeitsablagerungen verursacht wurden.

Gideon Harvey glaubte irrigerweise, dass Skorbut mit seinen Schwellungen, nässenden Wunden und Geschwüren eine neue Krankheit sei, und er nannte sie »die Krankheit von London«. John Woodall, der erste Generalstabsarzt der Ostindiengesellschaft, empfahl scharfsinnig Zitronensaft zur Vorbeugung, doch dieser Empfehlung kam man erst Ende des 18. Jahrhunderts nach. Das St.-Bartholomew-Hospital braute aus dem Moos vom Themseufer das so genannte Skorbutgras-Ale.

Der Mangel an Vitamin D, das für die Kalziumaufnahme so wichtig ist, führte bei Kindern aller Klassen zu Rachitis; in Londons dunklen Zimmern und bei der verschmutzten Luft standen die Chancen schlecht, dass Vitamin D sich im Sonnenlicht selbst bildete. Der Mangel an Kalzium und anderen Mineralien wiederum verursachte Wachstumsstörungen der Knochen sowie Skelettdeformierungen. Mit Schienen versuchte man, krumme Beine zu korrigieren, doch für einen Buckel oder missgestaltete Köpfe gab es keine Heilung. Mädchen mit deformierten Becken hatten später bei der Geburt zu leiden.

Das Königsübel oder Skrofulose war eine tuberkulöse Erkrankung der Lymphknoten und nichts anderes als Rindertuberkulose, die durch die Milch übertragen wurde: »Schwellungen am Hals … 1«, »Königsübel … 83.« Alle Stuartkönige hatten an dem Aberglauben festgehalten, dass Berühren beziehungsweise Handauflegen diesen Zustand heilen könne. Wie bei so vielen anderen magischen Heilmethoden auch kam es hierbei auf die Macht der Suggestion an, wodurch die Krankheit tatsächlich zumindest zeitweilig außer Kraft gesetzt werden konnte. Nur der rationale und leidenschaftslose William III. weigerte sich zu berühren. Seinen enttäuschten Untertanen riet er: »Gott möge euch eine bessere Gesundheit und mehr Verstand verleihen.«

In den Sterbelisten findet man den Eintrag: »Schüttelfrost und Fieber … 3 676.« Das war eine der häufigsten Todesursachen. Die Malaria wurde von Mücken aus den Marschen, Gräben und stehenden Gewässern übertragen und verursachte in Abständen auftretendes Fieber von unterschiedlicher Schwere. Mit der Chinarinde, die Chinin enthielt, konnte man es heilen, allerdings war dieses Mittel selten und somit teuer. Jene, die es sich nicht leisten konnten, mussten sich auf weniger exotische Mittel verlassen: »Nehmt Fieberkraut, Salbei, Schrot und Pfeffer für einen halben Pence. Mischt einen Löffel Asche und Eiweiß, und legt es zusammen aufs Handgelenk.«

Unter Fieber und Schüttelkrämpfen verstand man eine ganze Reihe unterschiedlicher Infektionen, die mit erhöhter Temperatur einhergingen: »Schüttelkrämpfe ... 4 631.«

In einer Zeit, da auch nur das geringste Anzeichen von Fieber am Morgen auf einen Tod innerhalb von Stunden oder Tagen hindeuten konnte, wurde selbst eine einfache Erkältung ernst genommen. Pepys empfand ein Gebräu aus Honig und Muskatnuss als sehr angenehm. Der französische Besucher Henri Misson hielt fest: »Wenn sich in England eine Erkältung als unüberwindbar erweist, könnt ihr sie als Beginn einer tödlichen Krankheit ansehen, besonders für Fremde. Ihr dürft eine Erkältung also nicht auf die leichte Schulter nehmen.« Jene, die unter einem rauen Hals litten, lutschten die Pastillen Dr. Sydenhams.

Auch die Grippe gab es mit Sicherheit schon, doch wurde sie als solche erst Mitte des 18. Jahrhunderts identifiziert, als eine Grippewelle mit einer solchen Gewalt über Italien hinwegzog, dass man die Seuche dem Einfluss der Sterne zuschrieb – daher der Begriff ›Influenza‹.

Etwas früher, im London des 17. Jahrhunderts, gewann Thomas Willis einen ähnlichen Eindruck und beschrieb die Symptome einer Epidemie:

Gegen Ende April brach plötzlich eine Krankheit aus, als wäre sie von den Sternen herabgekommen, die viele zugleich niederstreckte. Innerhalb von nur einer Woche erkrankten in einigen Städten über 1 000 Menschen. Zu den

Symptomen dieser Krankheit gehörten ein lästiger Husten sowie ein Katarrh, der Gaumen, Hals und Nase befiel. Auch wurde sie von einem Fieber und Durst begleitet, mangelndem Appetit, einer spontanen Müdigkeit und Schmerzen in Rücken und Gliedern.

Meningokken-Meningitis, die als »Fleckfieber … 189« gelistet war, trat besonders in großer Enge auf wie zum Beispiel in Gefängnissen. Das Fieber, das man auch unter dem Begriff Gefängnisfieber kannte, da es besonders von den Läusen in Zuchthäusern übertragen wurde, war zuerst in Garnisonen während des Bürgerkriegs als solches erkannt und bezeichnet worden. Richter und Geschworene waren dem Erreger im Gerichtssaal ausgesetzt, und so nannte man einen besonders schweren Ausbruch »das Schwarze Schwurgericht«. Ein Gefangener auf der Anklagebank hatte oft das Pech, »unter der Gefängniskrankheit zu leiden, die ein heftiges Fieber ist, begleitet von Benommenheit, sodass [der Angeklagte] sich in keinster Weise selbst verteidigen kann«. Typhus, der durch verseuchtes Wasser übertragen wird, wurde manchmal mit Fleckfieber verwechselt, da beide Krankheiten ähnliche Symptome zeigen.

Es gab einen neuen, äußerst virulenten Pockenstamm – Blattern genannt, um ihn von den anderen Pocken oder der Syphilis zu unterscheiden –, der im dicht bevölkerten London rasch um sich griff. Der Virus übertrug sich über die Luft oder durch Kontakt mit den eitrigen Wunden eines daran Erkrankten. 1695 starb Königin Mary an den Blattern. Viele Zuwanderer, die auf dem Land nie Kontakt zu so etwas gehabt und somit auch keine Abwehrstoffe entwickelt hatten, starben oft schon daran, nachdem sie gerade erst in London eingetroffen waren. Die heranwachsenden Kinder des Tagebuchschreibers und Geistlichen aus Essex, Ralph Josselin – Ann und Elizabeth, die als Dienerinnen arbeiteten, und Thomas, der seine Lehre in der Stadt machte –, überlebten die Krankheit.

Traditionell wurde die Kammer, in der das Opfer lag, mit leuchtend rotem Stoff verkleidet, der den Krankheitsverlauf herauszögern sollte. Im frühen Stadium verursachten die Blattern hohes Fieber und starke Schmerzen in Kopf, Rücken und Muskeln. Einige starben an Blutungen in der Lunge und anderen Organen, bevor es überhaupt zur Bläschenbildung kommen konnte. Pickel verwandelten sich in Pusteln, die manchmal so dicht beieinander wuchsen, dass die Haut sich auflöste. In weniger schweren Fällen, wenn die Pusteln weiter auseinander lagen, gab es Hoffnung auf Besserung, nachdem das Fieber erst einmal zurückgegangen war. Nach ein paar Wochen löste sich dann der Schorf. Pockennarben entstellten Gesichter ein Leben lang, was zur Mode der Schönheitspflaster führte – eine Mode, welche die englischen Frauen auf geradezu lächerliche Weise übertrieben. Tom Brown spottete: »Jene mit vernarbten Gesichtern tragen Tausende von Pflastern, um sie zu verbergen, und jene, die keine Narben haben, verunstalten ihre Gesichter, um es ihnen nachzutun.«

Wegen der Blasenbildung wurden Blattern und Röteln in den Sterbelisten bisweilen vermischt. »Masern, Blattern, Röteln … 1 031.« Thomas Sydenham beschreibt die Röteln als Kinderkrankheit, die viele Todesopfer gefordert hat.

Jene Londoner, die Kindheit und Jugend überlebt und eine Immunität gegen ein ganzes Arsenal von Infektionskrankheiten entwickelt hatten, blieben jedoch anfällig für Tröpfcheninfektionen. Evelyn bemerkte die angewohnheit der Londoner, bei Versammlungen zu husten und zu spucken. Stand man in der Nähe eines Spuckenden, war man häufig dem Ansturm einer ganzen Armee von Bazillen ausgesetzt. Schwindsucht oder Tuberkulose war eine der häufigsten Todesursachen in London: »Schwindsucht … 2 819.« Enge, mangelnde Sauberkeit und abgestandene Luft in den Zimmern boten dem Erreger ideale Nährböden. Der Arzt Thomas Sydenham empfahl als Einziger frische Luft.

In *The Queen-like Closet* schreibt er:

Eine hervorragende Medizin gegen Schwindsucht: Nehmt eine Schnecke mit Schneckenhaus, streut Salz darauf, und wenn ihr glaubt, sie sei vom Schleim befreit, löst das Haus und wascht die Schnecke in destilliertem Wasser mit Ysop. Dann steckt sie mit zerstampftem Zucker in einen Leinensack und hängt ihn auf. Lasst ihn tropfen, so lange er will, was, wenn ihr die Schnecken quetscht, umso schneller geht. Ein Löffel dieses Tranks morgens und abends zu sich genommen ist eine selten gute Medizin.

In Tagebüchern ist oft von Augenproblemen die Rede. Das schwache Kerzenlicht hat sicher das Seine dazu beigetragen. Sein nachlassendes Augenlicht hielt Pepys davon ab, sein Tagebuch von 1669 bis zu seinem Tod 1703 weiterzuführen. In Haushaltsbüchern fanden sich Rezepte für »wunde Augen«, »trübe Augen«, »wässrige Augen« und »Schmerzen in den Augen«.

In den Sterbelisten findet sich auch Zähne als Todesursache. Die Sterberate bei zahnenden Kleinkindern war ungewöhnlich hoch. Oft versuchten Mütter und Ammen aus Mitleid die Schmerzen der Kleinen zu lindern, indem sie ihnen das Zahnfleisch mit einer Münze abrieben, was jedoch oft zu Infektionen, Fieber und schließlich zum Tod führte. Manchmal starben die Kinder auch an Vergiftung durch Zinngefäße oder Nippelschützer aus Blei. Erwachsene litten ebenfalls unter Zahnschmerzen und Zahnfleischentzündungen. Aber Blutvergiftung und Abszesse verliefen tödlich.

Von Tabak glaubte man, er könne Zahnschmerzen heilen. Als Alternative riet *The English Housewife* (Die englische Hausfrau):

Nehmt Salbei, Weinraute, Federkraut, Wermut und Minze, von jedem eine halbe Hand voll. Mischt sie gut miteinander, und gebt ein *dram* Essig hinzu sowie ein *dram* Lorbeersalz und Aquavit für gut einen Penny. All das sollt ihr gut zusammenrühren und es dann zwischen zwei Leinentücher legen, so groß wie eure Wange, Schläfe und Kiefer, und zusammennähen. Das legt ihr dann auf eine Kohleschale und erhitzt es so weit, wie ihr es ertragen könnt, bevor ihr es auf eure Wange presst. Ist es erkaltet, erhitzt es erneut, um wieder von vorne zu beginnen.

Die Zahnhygiene war furchtbar unzureichend. »Wenn ihr eure Zähne vor Fäulnis oder Schmerzen bewahren wollt, wascht euren Mund jeden Morgen mit Zitronensaft«, lautete der Ratschlag aus *The Queen's Closet Open'd.* »Reibt sie hinterher mit einem Salbeiblatt ein, und wascht eure Zähne nach jeder Mahlzeit mit frischem Wasser.« Als der Hof nach der Restauration wieder zurückkehrte, brachte er aus Paris Zahnbürsten mit, doch es gibt keine Belege dafür, dass sie weit verbreitet waren. Zahnstocher gehörten allerdings zur Toilette. Man konnte sich die Zähne abschaben lassen, doch das war schmerzhaft und teuer. Die Versuchung, einen schmerzenden Zahn schlicht zu ziehen, muss sehr groß gewesen sein. Falsche Zähne – seien sie nun menschlichen oder tierischen Ursprungs – waren durchaus erhältlich, doch saßen sie so schlecht, dass der Träger Schwierigkeiten mit dem Sprechen bekam, sodass man ihn kaum verstehen konnte.

Ärzte und Chirurgen wurden auch bei einer Reihe ›weiblicher Leiden‹ konsultiert. Obwohl man die Menstruation als Krankheit betrachtete, als ›monatliches Leiden‹ oder ›Gebrechen‹, sorgte man sich beim Ausbleiben derselben. Frauen, so glaubte man, bekamen ihre Regel, um den Körper von Unreinheiten zu befreien. Blieb die Regel aus, erachtete man einen Aderlass für erforderlich, um den gleichen Effekt zu erzielen. Es gab unzählige Rezepte, »um die Regel herbeizuführen«. »Nehmt je eine Hand voll Wermut und Weinraute sowie fünf oder sechs

Pfefferkörner«, riet Hannah Wooley. »Kocht sie in einem Viertel Weißwein, welchen ihr dann streckt und trinkt.« Verglichen mit der endlosen Diskussion darüber, wie die Menstruation zu stimulieren sei, wurde »dem Ende der Blüte« nur wenig Aufmerksamkeit geschenkt – und selbst das nur, wenn eine Frau überhaupt alt genug wurde, um das Ende des gebärfähigen Alters zu erreichen. Die Gesundheit von Frauen in den Wechseljahren galt als äußerst gefährdet, da ihnen der regelmäßige, notwendige Blutverlust fehlte.

Heranwachsende Mädchen, deren Regel gerade erst eingesetzt hatte, neigten zur Bleichsucht, auch ›grüne Krankheit‹ genannt wegen der grau-grünen Farbe der Haut. Sie litten unter Herzklopfen, Atemlosigkeit, Verdauungsstörungen, Verstopfung, unregelmäßiger Monatsblutung und seltsamen Essgewohnheiten; oft fiel ihnen auch das Schlucken schwer. Das Problem könnte auf einseitige Ernährung, Eisen- und Frischluftmangel sowie zu wenig körperliche Ertüchtigung zurückzuführen sein. Aber ihr allgemein schlechter Gesundheitszustand lag vermutlich auch an den viel zu engen Korsetts, die sie seit frühester Kindheit hatten tragen müssen. Für die grüne Krankheit gab es kein Heilmittel.

Infektionen im Vaginalbereich wie ›das Weiße‹, ein unangenehmer Ausfluss, wurden mit Pessaren aus Schafswolle bekämpft, die man vorher in Kräutersud getunkt hatte, oder mit ebenfalls kräutergetränkten Seidentüchern, welche man in die Vagina stopfte. Man riet den Frauen, eine Kordel an diesen Hilfsmitteln zu befestigen, um sie zu gegebener Zeit wieder herausziehen zu können. Es ist durchaus möglich, dass einige Frauen diese Hilfsmittel auch als eine Art Tampon benutzten.

Viele verheiratete Frauen mussten feststellen, dass sie durch ihre Ehemänner mit einer Geschlechtskrankheit infiziert worden waren, die dem Irrglauben erlegen waren, sie seien davon geheilt. Geschlechtskrankheiten bedeuteten Schande, und Verwandte unternahmen alles, um die Gemeindeprüfer dazu zu überreden, nicht ›Franzosenkrankheit‹ oder ›Syphilis‹ als Todesursache einzutragen. Der Statistiker John Graunt hegte den Verdacht, dass die Prüfer nach »ein paar Bier und einem kleinen Entgelt« nur allzu gern dieser Bitte nachkamen. Geschlechtskrankheiten waren viel weiter verbreitet, als die Sterbelisten vermuten lassen. Tod durch »schwärende Wunden und Geschwüre« könnte die Syphilis gewesen sein; oder man beschrieb die Opfer als »dürr und ausgemergelt«. Graunt, der die Sterbelisten aufmerksam studierte, glaubte, dass »nur *verhasste* Menschen und solche, deren Nasen weggefressen waren, von den Prüfern zu Opfern dieser allzu häufigen Krankheiten erklärt werden.«

Geschlechtserkrankungen nahmen drastisch zu, obwohl bekannt war, dass sie durch Geschlechtsverkehr übertragen wurden und auch über die Milch von der Mutter aufs Kind überspringen konnten. Allerdings unterlag man in Bezug auf diese Krankheiten auch vielen Missverständnissen aufgrund der langen Verzögerungszeit zwischen dem Auftauchen der ersten Symptome – Geschwulste im Genitalbereich – und den Folgesymptomen, die oft erst viele Jahre später auf der Haut, in den Gelenken oder im Nervensystem zu bemerken waren. Thomas Sydenham machte als Einziger einen Unterschied zwischen Syphilis und Tripper, die gleichzeitig übertragen werden konnten. Tripper wurde mit Darmentleerung behandelt. In Badehäusern ließ man die Kranken zur Behandlung von Geschlechtskrankheiten schwitzen – aus dieser Verbindung mit Geschlechtskrankheiten entstand den Badehäusern nach und nach ihr schlechter Ruf.

Sydenham beschrieb den Verlauf der Syphilis:

Der Patient wird von einem ungewöhnlichen Schmerz in den Genitalien befallen (…). Auf der Eichel erscheint ein Fleck von Farbe und Größe eines Pickels (…). Aus der Harnröhre ergießt sich eine Flüssigkeit (…). Aus dem zuvor erwähnten Pickel wird ein Geschwür (…). Große Schmerzen bei der Erektion (…), Brennen beim Wasserlassen (…), Schmerzen in Kopf, Armen und Gelenken (…). Wunden erscheinen auf der Haut, und Schorf bildet sich (…), [ebenso] Verdickungen an Schädel-, Schienbein- und Armknochen (…). Die Knochen werden kariös und faulig (…), Geschwüre zerstören die Nasenwurzel. Diese fressen sie dann weg, sodass das Nasenbein einsinkt und die Nase plättet (…). Mit der Zeit stirbt ein Glied nach dem anderen, bis der gequälte Leib nur noch im Grab Frieden findet.

Die Ärzte behandelten Syphilis durch die Verabreichung von Quecksilber, oral, in Salbenform oder durch Injektion in Nase und Genitalien. Da Quecksilber hoch giftig ist, wurde die Dosierung von den Nebenwirkungen bestimmt, zu denen unter anderem Übelkeit, Durchfall und erhöhter Speichelfluss gehörten. Die Krankheit und ihre Behandlung waren lang, teuer und schmerzhaft. Aber tatsächlich milderte Quecksilber die Symptome und bewahrte einige Leute vor der dritten Krankheitsstufe.

Im Jahre 1700 wusste die Medizinwissenschaft noch nicht, wie die verschiedenen Krankheiten zu heilen waren. Die Tatsache, dass man weder die Bedeutung der Hygiene noch den Organismus selbst verstand, bedeutete, dass die Mediziner selbst die grundlegendsten Probleme nicht lösen konnten. Tatsächlich vermochten sie nur wenig mehr zu bieten als die »weisen Männer und Frauen« der Vergangenheit. Ohne Hoffnung oder Vertrauen darauf, dass ihre Ärzte sie heilen konnten, blieben die Kranken aller Bildungsschichten im Aberglauben verhaftet.

Samuel Pepys zum Beispiel führte sein plötzliches Wohlbefinden auf »meine neue Hasenpfote« zurück, die er als Amulett um den Hals trug, und noch 1697 schrieb ein Freund an Sir John Verney:

Das Handauflegen war Teil der Heilkunst. *(British Library)*

Es tut mir Leid, aus dem Brief meiner Mutter erfahren zu müssen, dass es um deine Familie so schlecht bestellt ist, besonders um die Zähne deiner Dame (…). Und was den Schmerz in ihrer Brust betrifft, so fühlt sich meine Mutter verpflichtet, ihr etwas zu verschreiben, was eine Dame in diesem Haus schon mit großem Erfolg angewendet hat, als der Arzt bereits Krebs befürchtete: Es bedarf nur eines gegerbten Hasenfells, das man stets auf der Haut tragen muss.

Selbst nach all den großen Fortschritten in der Medizin und Technik, die in den vorangegangenen 100 Jahren gemacht worden waren, hing man noch den alten, ›alternativen‹ Theorien an. Das Handauflegen und das Streicheln über den Körper, um die Energie in die Extremitäten zu leiten und so das körperliche Gleichgewicht wiederherzustellen, waren erneut in Mode. Nicholas Culpepers Bücher und Kräutermittel fanden reißenden Absatz. Heilmittelgeschäfte an jeder Hauptstraße boten ein breites Spektrum nicht verschreibungspflichtiger Arzneimittel an, die man früher nur in den Apotheken hatte bekommen können. In dieser wissenschaftlichen Welt galten Magie, die Macht der Suggestion und Geistheilung noch immer als probate Mittel, um die empfindlichen Mechanismen von Geist und Körper zu heilen.

5. KAPITEL

Tod

»Die Prüfer begeben sich zu der Stelle, wo der tote Körper liegt (…).
Sie untersuchen, durch welche Krankheit oder Verletzung
der Unglückliche zu Tode kam.«

Die Glocke schlug neun Mal; es folgte eine kurze Pause, dann 36 Glockenschläge. Ein 36 Jahre alter Mann lag im Sterben. Hörte er das Signal seines unmittelbar bevorstehenden Ablebens? Sein Totengeläut diente weniger als Warnung für ihn als vielmehr für die Lebenden, die ihren Alltagsgeschäften in der Gemeinde nachgingen: »Der Schlag deines Herzens ist nur das Läuten der Totenglocke.« Die Glocke konnte durchaus mehrere Male am Tag läuten. Neunmal für einen Mann, sechsmal für eine Frau und dreimal für ein Kind, jeweils gefolgt von einem Schlag pro Lebensjahr.

Die Worte der anglikanischen Totenfeier – »mitten im Leben sind wir im Tod« – klangen nie so wahr wie in diesem Zeitalter der hohen Sterberate. Bei Menschen jeglichen Alters war die Sterberate höher als im Jahrhundert zuvor. Ohne die Zuwanderer hätte London seine Bevölkerungszahl nicht halten können. Ungefähr ein Drittel der Bevölkerung starb, lange bevor sie die 50 erreicht hatten. Ehemänner verloren junge Frauen, Kinder ihre Mütter, Mütter ihre Babys. Eine ansteckende Krankheit konnte innerhalb weniger Tage sämtliche Kinder einer Familie dahinraffen. Tausende von Kindern und Heranwachsenden erreichten nie das Erwachsenenalter. Erwachsene im Alter zwischen zwanzig und vierzig, oft die Brotverdiener ihrer Familien, waren erstaunlich anfällig. Der Tod war nie fern, und die Medizin vermochte ihn nicht aufzuhalten. Ein Fieber am Morgen konnte den Tod am Abend bedeuten. Eine simple Schnittwunde oder ein gebrochener Knochen waren oft die Vorboten von Infektion und Tod. Mit den Blattern breitete sich eine besonders virulente Seuche aus. Sie war derart ansteckend, dass es zeitweilig sogar schwierig war, einen Geistlichen zu finden, der das Blatternopfer beerdigte.

Das Leben war mehr oder weniger das Vorspiel zum Tod. Regelmäßige Besuche von Verwandten, Freunden und Nachbarn am Bett eines Sterbenden erinnerten alle daran, dass auch sie irgendwann an der Reihe waren und dass sie sich geistig darauf vorbereiten mussten. Selbst in dieser eher säkularen Zeit finden sich in den Tagebüchern oft Selbstbetrachtungen zur eigenen Seele und Bekundungen, die Beziehung zu Gott aufrechtzuerhalten. Die Menschen klammerten sich an die Vorstellung von einem Leben nach dem Tode.

»Unsere Leben sind sehr kurz. Sie fliegen hinfort wie Schatten und schwinden dahin wie die Blumen auf dem Felde; und es wäre ein unerträglicher Gedanke, sich vorzustellen, dass es kein Leben oder ein weniger glückliches nach diesem hier geben könnte«, erklärte eines der vielen Handbücher der Zeit, das den Menschen dabei helfen wollte, sich auf einen guten Tod vorzubereiten. »Nun nennen wir es Tod, wenn wir diese Welt verlassen; doch sind wir erst einmal aus ihr heraus und werden wir von der Glückseligkeit der nächsten umfangen, sollten wir es besser nicht mehr Sterben nennen, sondern einen neuen Anfang.«

Aber in dieser postreformatorischen Welt herrschte große Angst ob des Verlustes von Fegefeuer und Ablass. Die Lebenden konnten die Toten nicht länger von ihren Sünden befreien, indem sie Messen für ihre Seelen lesen ließen. Diese Machtlosigkeit schlug sich in den umständlichen Begräbnisritualen nieder, die den Kummer der Hinterbliebenen zu lindern suchten.

Ein geistiges Bedürfnis war untrennbar mit dem Materialismus der Zeit verbunden. Beerdigungen waren zu einem profitablen Geschäft geworden, das viele Unternehmer als verlockend empfanden. Londons erster professioneller Leichenbestatter, William Boyce, eröffnete sein Geschäft im Jahre 1675, ›*Ye White Hart & Coffin, in ye Grate Ould Bayley, Near Newgeat*‹. William Russell, Maler und Sargtischler, erwies sich als noch geschäftstüchtiger, indem er sich im Jahre 1689 mit dem *College of Arms* zusammentat. Bis zu diesem Zeitpunkt hatte das College die Begräbnisse der Adeligen nach den strikten Richtlinien der Krone ausgerichtet. Der Adel störte sich jedoch zunehmend an den immensen Kosten und sollte sich alsbald von diesem strengen Reglement befreien. William Russell bezahlte nun einige Mitglieder des College, um sich um bestimmte Beerdigungen zu kümmern, die er arrangiert hatte. Der meiste Profit aus diesem Luxusgeschäft floss in seine Taschen. Andere folgten seinem Beispiel.

Der durchschnittliche Leichenbestatter war jedoch nicht mehr als ein spekulationsfreudiger Möbeltischler, der alles Zubehör verkaufte, was man für eine Beerdigung benötigte. Und Sargtischler kauften sich fertige Särge, die sie dann nur noch verzieren mussten. Gegenstände wie Sargtücher und -kissen wurden von den Kunden eher geliehen als gekauft. Sowohl Leichenbestatter als auch Sargtischler arbeiteten im Geschäft der ›Leichenbestattung‹, und gemeinsam versorgten sie die Hinterbliebenen mit allem, was nötig war, zum Beispiel Karten mit aufwändig gestalteten grinsenden Schädeln und in Tücher gehüllten Leichen, Knochen, Pickelhauben und Leichenwagen. Werbung für solch ein Geschäft galt als unschicklich, doch eine schöne Beerdigung war ohnehin die beste Werbung. Kutscher und Diener erhielten ein kleines Trinkgeld, wenn sie den Leichenbestatter rechtzeitig von einem unmittelbar bevorstehenden Todesfall in Kenntnis setzten. Meist beschränkten Leichenbestatter ihre Aktivitäten auf ihre eigene Gemeinde wie zum

ELeazar Malory Joiner at the Coffin in White Chapel. near Red Lion Street end, maketh Coffins, Shrouds. letteth Palls, Cloaks and Furnisheth with all other things necessary for funerals, at Reasonable Rates, Also Appraiseth and Buyeth all sorts of Houshold Goods

Beerdigungen wurden zu einem großen Geschäft, und die ersten professionellen Leichenbestatter besorgten alles, was dafür vonnöten war von Konfektionsleichentüchern bis hin zu geliehenen Trauergewändern. *(British Museum)*

Beispiel »Eleazar Malory, Sargtischler in White Chapel, nahe Red Lion Street«, der sein Geschäft im Jahre 1700 eröffnete und »Särge, Leichentücher und alle anderen Dinge, die für eine Beerdigung vonnöten sind, zu vernünftigen Preisen« verkaufte.

Trost fand man eben auch in der Tatsache, dass der Tod ein gesellschaftliches Ereignis war. Die Pest war nicht zuletzt deshalb so furchtbar gewesen, weil man in Einsamkeit gestorben war; in der irrigen Annahme, auf diese Weise eine Infektion vermeiden zu können, hatten die Menschen sich in ihren Häusern eingeschlossen. Nun war es jedoch wieder die gesellschaftliche und religiöse Pflicht aller, die Kranken zu besuchen und mit den Sterbenden zu beten. Angehörige aller Klassen, selbst Kinder, wohnten einer ganzen Reihe von Sterbeszenen bei, bevor die Zeit auch für sie gekommen war. Der ständige Kontakt mit dem Tod führte zu Resignation. Weniger traurig war er deshalb aber keineswegs. In den Sterbelisten findet sich Trauer bisweilen sogar als Todesursache.

Frauen betrauerten ihre verstorbenen Ehemänner, weil sie sie so sehr geliebt hatten. Eltern betrauerten ihre Kinder, und das umso mehr, je länger die Kinder bei ihnen gelebt hatten. Kinderbeerdigungen waren fast ebenso aufwändig wie die der Erwachsenen. Kleinkinder, die starben, bevor ihre Mütter in der Kirche geläutert worden waren, wurden in ihren Taufwickeln beerdigt. Selbst tot geborene Kinder – die noch nicht getauft und somit weder Teil der Kirche noch der Gesellschaft waren – erhielten eine ordentliche Beerdigung, wenn auch auf der Nordseite der Kirche neben den Selbstmördern, den Exkommunizierten und Hingerichteten. Im Eid der Hebammen hieß es: »Ist ein Kind tot geboren, sollst du selbst es an einem solch geheimen Ort zu Grabe tragen, wo kein Schwein, kein Hund und kein anderes Getier es zu finden vermag (…). Du sollt nicht zulassen, dass solch ein Kind auf die Straße oder sonst einen unpassenden Ort geworfen wird.«

Das Erbe der Pest war die Einführung der so genannten Prüfer, unwissende alte Weiber, die von der Gemeinde bezahlt wurden, um die Sterbenden zu besuchen und die Todesursache festzustellen.

Der Londoner Kurzwarenhändler John Graunt, der Begründer der wissenschaftlichen Statistik, bemerkte:

> Wenn jemand stirbt, erfahren die Prüfer entweder durch das Läuten der Glocken oder das Wort des Küsters davon. Daraufhin begeben sich die Prüfer (welche uralte Weiber sind) zu dem Ort, wo der tote Körper liegt, und indem sie ihn unter Beschau nehmen und Erkundigungen einziehen, untersuchen sie, durch welche Krankheit oder Verletzung er gestorben ist. Anschließend erstatten sie den Gemeindebeamten Bericht.

Die Ergebnisse der Prüfer wurden pflichtbewusst in den wöchentlichen Sterbelisten festgehalten.

Der Franzose Henri Misson war ein passionierter Beobachter der englischen Bestattungsbräuche. Im Jahre 1678 hatte die Regierung ein höchst kontroverses Gesetz verabschiedet, das befahl, die Toten in Wolltücher einzuwickeln, um die heimische Industrie anzukurbeln; Zuwiderhandlungen wurden mit einer Strafe von fünf Pfund belegt. Da fünf Pfund jedoch nur einen Bruchteil der Kosten einer ordentlichen Beerdigung ausmachten, ignorierten die meisten Mitglieder der Ober- und Mittelschicht dieses Gesetz. Einige erregten sich so sehr darüber, dass sie in ihrem Testament festhielten, man solle sie nur in Leinen bestatten. Die fröhliche Witwe in Steeles *The Funeral* (Die Beerdingung) entlockt ihrem Gatten vor dessen Tod das Versprechen: »Solltest du, wie ich es nicht hoffe, mich überleben, dann sorg dafür, dass man mich nicht in Flanell begräbt, denn das würde mir nicht stehen.« Ungewollt hatte die Regierung allerdings einen ganz neuen Geschäftszweig in der Industrie für

Konfektionsleichenware geschaffen. Die Leichenbestatter wussten dies zu ihrem Vorteil zu nutzen.

Misson berichtet:

> Es gibt ein Parlamentsgesetz, das verordnet, die Toten nur in Wolle zu bestatten, in einer Art dünnem Stoff, den man hier Flanell nennt. Auch ist ungesetzlich, auch nur einen Faden Seide zu verwenden. Diese Totenkleider sind stets weiß, aber unterschiedlich fein und somit auch unterschiedlich teuer. Die Kleider zu machen, ist ein eigenes Geschäft; es gibt sie in allen Größen, für Menschen jeden Alters und beiderlei Geschlechts und zu den unterschiedlichsten Preisen.

Die Leichenkleidung änderte sich. Anstatt des Leichentuchs, das an Kopf- und Fußende zusammengebunden wurde, blieb der Rücken nun frei, und sie glich nun weniger einem Sack als vielmehr einem Gewand, das an Handgelenken und Hals zusammengezogen wurde. Manchmal hatte die Kleidung eine Kapuze, manchmal nicht. Der Knoten an den Füßen blieb.

Misson fährt fort:

> Nachdem sie den Leichnam gründlich gereinigt und, falls es sich um einen Mann handelt, rasiert haben, wenn der Bart während der Krankheit gewachsen ist, stecken sie ihn in ein Flanellhemd, dessen Ärmel an den Handgelenken zugezogen werden ebenso wie der Schlitz über der Brust. Wo dieser Zierrat nicht aus Wolle ist, finden sich schwarze Stickereien. Das Hemd sollte mindestens einen halben Fuß länger als der Leichnam sein, sodass man die Füße des Verstorbenen darin einwickeln kann wie in einen Sack. Das untere Ende binden sie dann mit einer Wollschnur zu wie wir unsere Strümpfe; auf diese Art bildet es ein Büschel. Auf den Kopf setzen sie eine Kappe, die sie mit einem breiten Kinn-

band befestigen. Handschuhe werden über die Hände gezogen und eine Krawatte um den Hals, alles aus Wolle (...). Anstatt der Kappe bekommen die Frauen eine Haube mit Stirnschleier.

War der Leichnam angekleidet, war es Zeit für einen neuerlichen Besuch der Behörden. »Ist der Leichnam derart ausstaffiert und in den Sarg gelegt, wird er ein zweites Mal begutachtet, um sicherzustellen, dass er in Flanell beerdigt wird und nicht mit Seidenfäden zugenäht ist.« Es musste bezeugt werden, dass der Tote den gesetzlichen Regelungen entsprechend gekleidet oder aber dass stattdessen ein Bußgeld gezahlt worden war; schließlich wurde dann alles ins Kirchenregister eingetragen. Die Hälfte des Bußgeldes kam der Armenfürsorge zugute.

Die Zeit zwischen Tod und Beerdigung war abhängig vom Geldbeutel des Verstorbenen. Eine aufwändige Beerdigung bedurfte einer langen Vorbereitungszeit. Todesanzeigen voller wissend grinsender Skelette mit Sensen und Ermahnungen wie »Vergiss nicht zu sterben« wurden in jenen Häusern abgegeben, deren Bewohner zur Beerdigung geladen waren. Diese im Holzschnittverfahren hergestellten Karten wurden en masse produziert mit Leerstellen für den Namen. Jene, die sich solche Karten nicht leisten konnten, verließen sich auf Mund-zu-Mund-Propaganda, um Verwandte, Freunde und Nachbarn von dem bevorstehenden Ereignis in Kenntnis zu setzen. Bis ein wohlhabender Bürger beerdigt wurde, konnten so zwei bis drei Wochen vergehen.

Glücklicherweise gab es Fortschritte in der Einbalsamierung, und auch das förderte das Geschäft der Leichenbestatter.

John Evelyn schrieb in sein Tagebuch:

Ich ging, um mir den Leichnam dieser starrsinnigen Kreatur anzusehen, Col Vrats, dem der König erlaubt hatte, dass man seinen Leib in sein Heimatland überführte (…). Er war einer der Ersten, den man auf eine neue Art einbalsamiert hatte, die ein gewisser William Russell erfunden hat, ein Sargmacher. Nun kann man den Körper erhalten, ohne die Eingeweide herauszunehmen und ihn mit Teer zu verschließen. Das Fleisch wirkt weich und voll; es sieht aus, als schliefe der Mensch nur. Er [Col Vrats] war zu diesem Zeitpunkt schon fast 15 Tage tot.

Bei der Mehrheit der Bevölkerung, die sich keine Einbalsamierung leisten konnte, war eine rasche Beerdigung wünschenswert, besonders während der Sommermonate. Beerdigungen konnten an jedem Tag stattfinden, sogar an Weihnachten oder zu Ostern. Sonntage waren besonders beliebt. Doch zunächst musste der Leichnam zu Hause aufgebahrt werden. Auf dem Sargboden befand sich eine fast zehn Zentimeter dicke Schicht aus Kleie, um eventuell austretende Leichenflüssigkeit aufzusaugen. Es gab aber auch andere Gründe, die Beerdigung zu verzögern, wie Misson erklärt: »Drei oder vier Tage lassen sie ihn [den Leichnam] so liegen, sowohl um dem Toten Gelegenheit zu geben, wieder ins Leben zurückzukehren, falls seine Seele den Leib doch noch nicht verlassen hat, als auch, um sich auf die Trauer und die Beerdigung vorzubereiten.«

Es galt als unerlässlich, sich den Leichnam anzusehen und der Familie sein Beileid auszusprechen. Die Witwe, welche ihr schwarzes Trauergewand und eine spitze Haube als Symbol ihres Rückzugs aus der Welt trug, empfing Besucher in ihrem Gemach, das mit schwarzen Tüchern verhangen war und von einer einzelnen Kerze erhellt wurde. Für die anderen Familienmitglieder und die Dienerschaft besorgte man ebenfalls schwarze Trauerkleidung. Selbst die Babys wickelte man in schwarze Windeln. Das ganze Haus war in Schwarz gehüllt. Schwarz war die Farbe des Vergessens. Alle spiegelnden Oberflächen mussten bedeckt oder zur Wand gedreht werden – dies war eine Zeit großer Verwundbarkeit für die Seele. Schimmernde Juwelen wurden gegen weniger auffällige Perlen getauscht.

In wohlhabenden Haushalten heuerte man Taubstumme an, die in Abständen von der Eingangshalle die Treppe hinauf ein feierliches Trauerspalier bildeten. Steele konnte nicht anders, als sich in *The Funeral* über diese Sitte lustig zu machen: »Kommt, ihr, die ihr die Trauernden in diesem Haus sein sollt. Setzt eure traurigsten Minen auf, und geht neben mir, damit ich euch zurechtstutzen kann. Ha, du! Ein wenig verzweifelter, wenn ich bitten darf! Dieser Kerl hat einen guten, sterblichen Gesichtsausdruck. Stellt ihn neben die Leiche (…). Habe ich euch nicht zehn, dann 15 und schließlich 20 Schilling die Woche gegeben, um trauernd dreinzublicken? Aber je mehr ich euch gebe, desto fröhlicher seid ihr!«

Misson beschreibt die Szene in einem Haushalt der Mittelschicht:

Kurz bevor sich die Trauergemeinde für den Marsch sammelt, legen sie den Leichnam in seinem Sarg auf zwei Stühle in einen Raum, wo alle hingehen und ihn sehen können; dann heben sie den Deckel herunter und schlagen über dem Gesicht ein nicht befestigtes Stück Flanell beiseite. Bei dieser Gelegenheit erweist die reiche Equipage der Toten den Lebenden die Ehre. Die Verwandten und die nächsten Familienangehörigen befinden sich mit ihren engsten Freunden in einem abseits gelegenen Raum, und der Rest der Gäste ist im ganzen Haus verstreut.

Nicht alle Trauergäste zeigten ein angemessenes Verhalten im Haus eines Toten, wie in einem Bericht aus Old Bailey zu lesen ist:

Elizabeth Bird und Rebeccah Dalton wurden angeklagt, einem William Milledge aus St. Giles Cripplegate eine Alamode-Haube im Wert von zwei Schilling geraubt zu haben [einen Teil der Leichenkleidung] sowie eine weitere Haube im Wert von sechs Pence und einen Kittel im Wert von vier Schilling. Den Aussagen nach kam Bird ins Haus, um ein totes Kind von Mrs Milledge zu sehen, und während diese ihr den Rücken zukehrte, winkte Bird Dalton, sich die Gegenstände anzueignen, welche sie anschließend in Whitecross Street verpfändeten.

Beerdigungen waren ein wichtiger Hinweis auf Wohlstand und Status des Verstorbenen und warfen ein entsprechendes Licht auf die Hinterbliebenen, sodass man weder Kosten noch Mühe scheute, um Trauergäste und Nachbarn zu beeindrucken. Totenschilder mit den Wappen des Verstorbenen wurden vors Haus gehängt, und selbst jene, die kein Recht hatten, Waffen zu führen, trugen solche, welche ihnen die Leichenbestatter für diese Gelegenheit zur Verfügung stellten – gegen Entgelt natürlich. Am Tag der Beerdigung verteilte man schwarze Halstücher, Handschuhe und Hutbänder unter den Trauergästen.

Passenderweise produzierten die hugenottischen Seidenweber in Spitalfields eine neue Art Seide, die als ›Trauerkrepp‹ bekannt wurde. Die Industrie erhielt einen enormen Schub, als »Seine Königliche Hoheit, der Prinz von Dänemark, der Adel und andere Personen von Rang mit Trauerbändern aus dieser Seide [erschienen], sodass diese anstelle des Krepp in Mode kamen, der in den papistischen Ländern gefertigt wird.«

Gold-schwarze Trauerringe aus Email mit Inschriften kosteten bis zu einem Pfund und wurden großzügig verteilt. Beim Tod seiner Tochter Mary hielt Evelyn fest, dass »unter ihren Freunden gut 60 Ringe verteilt worden sind«. Bei Pepys Beerdigung im Jahre 1703 wurden 123 Trauerringe von unterschiedlichem Wert ausgegeben. Diese Ringe sollten nicht nur an den Toten erinnern, sondern auch an das, was jeden früher oder später ereilen würde.

Die Sargträger bekamen eine komplette Trauerausstattung zur Verfügung gestellt. Als Samuel Pepys starb, klagte John Evelyn: »Mr Pepys war beinahe 40 Jahre lang mein enger Freund, sodass mir Mr Jackson eine vollständige Trauerstaffage sandte, denn ich sollte bei den Beerdigungsfeierlichkeiten als Sargträger dienen; doch leider hinderte mich meine Gesundheit daran, meinem Freund diesen letzten Dienst zu erweisen.« Offensichtlich galt es als Ehre, Sargträger zu sein. Das englische Wort dafür ist *pall-bearer,* wobei *pall* eigentlich nicht den Sarg bezeichnet, sondern das Leichentuch, in das die Toten früher eingewickelt worden waren. Da jetzt fast nur noch Särge verwendet wurden, bedeckte der *pall* nun den Sarg, wie er einst den Leichnam verhüllt hatte.

Misson kommentiert:

Diese Tücher, die sie *pall* nennen, sind aus schwarzem Samt; manche haben einen ein Fuß breiten Rand aus weißem Leinen oder Seide. Bei einem Junggesellen, einer Jungfer oder bei einer Frau, die im Kindbett gestorben ist, ist das Sargtuch weiß. Man legt es über den Sarg, und es ist so breit, dass es den sechs oder acht in Schwarz gekleideten Männern, die den Leichnam tragen, bis zur Hüfte reicht; und die Ecken hängen tief genug herab, um von jenen getragen zu werden, die man dem Brauch folgend dazu eingeladen hat.

Viele dieser Gegenstände, die mit einer Beerdigung zu tun hatten – das Sargtuch, die Trauergewänder, die silbernen Leuchter und die schwarzen Wandbehänge –, konnte man leihen. Das Sargtuch war besonders teuer. Einige Gilden besaßen ihre eigenen mit dem Gildenwappen verzierten Sargtücher, mit denen Mitglieder zu Grabe getragen wurden. Misson bemerkte, dass »die Gemeinde stets über drei oder vier Sargtücher zu verschiedenen Preisen verfügt – das beste leiht man sich für fünf oder sechs Kronen«. Eine notorische Diebin, die als die Deutsche Prinzessin bekannt war und die man schließlich fasste und für ihre Verbrechen henkte, überzeugte einmal ihre Wirtin, einen Freund in ihrem Gasthof aufzubahren. Die Wirtin wurde ausgeschickt, um ein Sargtuch für 20 Schilling zu leihen und die Kammer mit Silberleuchtern, einer Silberkanne, vergoldeten Schüsseln und anderen derart teuren Dingen auszustatten. In der Nacht vor der angesetzten Beerdigung verschwand die Deutsche Prinzessin mit all diesen Gegenständen durchs Fenster; der Wirtin blieb nur der Sarg mit einem falschen Leichnam. Ihr Verlust wurde noch um ein Vielfaches durch den Leichenbestatter vergrößert, der sie auf 40 Pfund für das Sargtuch verklagte; so viel hatte ihn das Tuch gekostet.

Die versammelten Trauergäste mussten auch mit Getränken versorgt werden. »Bevor sie aufbrechen und nachdem sie zurückgekehrt sind«, hielt Misson fest, »ist es üblich, den Gästen etwas zu trinken anzubieten, entweder Rot- oder Weißwein mit Zucker und Zimt gekocht oder andere Spirituosen. Jeder trinkt zwei oder drei Tassen davon.« Bevor sie das Haus verließen, gab ein Diener jedem einen Zweig Rosmarin. Rosmarin galt als Symbol der Erinnerung, doch sein Duft übertünchte auch den Gestank des Todes. »Jeder nimmt einen Zweig und trägt ihn in der Hand, bis der Leichnam ins Grab gelegt ist, woraufhin alle ihre Zweige hinterherwerfen.« Blumen und Girlanden, die man zunächst auf den Sarg und später aufs Grab legte, galten als Symbol der Wiedergeburt.

Es war Mode, Beerdigungen abends abzuhalten. Das bedeutete, dass die Leichenbestatter auch noch schwere, teure Wachsfackeln verkaufen konnten. Jene müssen in der Tat teuer gewesen sein, denn bei zumindest einer Beerdigung kam es ihretwegen zu einem Raubüberfall. »Tumult und Raub«, hieß es in der Presse, »begangen in und um den Friedhof von Stepney herum während einer Trauerfeierlichkeit am Mittwoch, dem 23. September. Mehrere Personen, welche dorthin geladen waren, um mit weißen Wachslichtern von beachtlichem Wert an

MEMENTO MORI

Tho: Seers

YOU are defired to meet at *Beechwood* on *Wednefday* Morning the 13th. of *January*, 1702. by Eight of the clock, to Accompany the Corps of Sir *Edward Sebright*, Baronet, deceafed, out of the Parifh of *Flamftead*, in the Way to his Interment at *Befsford*.

Pray bring this Ticket with you.

Bleffed are they that Dye in the Lord.

REMEMBER DEATH

Abendliche Beerdigungen waren groß in Mode. Dabei wurde manchmal die Trauergemeinde überfallen und ihrer teuren Wachsfackeln beraubt. *(British Museum)*

der Beerdigung teilzunehmen, sind auf brutalste Art attackiert und besagter Wachslichter beraubt worden.« Für die Ergreifung der Täter wurde eine Belohnung ausgesetzt. »Wer auch immer eine Person ausfindig machen sollte, die an besagtem Verbrechen schuldig ist, auf dass sie verurteilt werde, soll von Mr William Prince, Wachshändler in the Poultry, London, zehn Schilling pro Übeltäter bekommen.«

Die Prozession durch die Straßen in Richtung Kirche sollte eigentlich den kürzesten Weg einschlagen, aber die Versuchung war groß, die Nachbarn mit dem Prunk des Trauerzuges zu beeindrucken, sodass man häufig Umwege nahm. Die engsten Familienangehörigen fuhren in einer Kutsche, während sich die restliche Trauergemeinde zu Fuß dem Leichenwagen anschloss.

Misson beschreibt solch eine Prozession:

Ist alles zum Aufbruch bereit, gehen ein oder mehr Kirchendiener voran, jeder mit einem langen Stab, dessen Ende ein Silberknauf ziert. Als Nächstes kommen die Gemeindepfarrer mit einem Schreiber, dann der Leichnam. Die engsten Familienangehörigen und alle anderen Gäste bilden in Zweierreihen den Rest der Prozession. Es ist allgemein üblich, den Leichnam so in die Kirche zu tragen, wo man ihn auf zwei Böcke stellt, während die Grabpredigt gehalten wird, welche ein Elogium auf den Verstorbenen enthält. Auch werden Gebete gesprochen, wie sie dem Ereignis angemessen sind.

Nun war die Frage, ob die eigentliche Beisetzung in der Gruft oder der Kirche selbst stattfinden sollte, wie es bei den Wohlhabenden Mode war, oder aber draußen auf dem Kirchhof. Auf dem Kirchhof galten Süd- und Ostseite als die heiligsten und waren als Ruhestätte somit besonders begehrt. Neben den Gebühren für Pfarrer, Schreiber und Küster fiel auch eine Gebühr für die Grabstätte an, sei sie nun inner- oder außerhalb der Kirche. Zusätzlich war noch eine Beerdigungssteuer von vier Schilling fällig. »Durch eine besondere Klausel in seinem Testament«, schrieb Evelyn seinem Sohn, »befahl er, dass man seinen Leib auf dem Kirchhof beerdigen möge (…). Die neue Sitte, jedermann unter der Kanzel beizusetzen, war ihm zutiefst zuwider (…). Dass Kirchen so in Leichenhallen verwandelt wurden, hielt er für schlecht, respektlos und nachteilig für die Gesundheit der Lebenden, vom ständigen Aufreißen des Bodens und Ab- und Aufbau der Bestuhlung einmal ganz abgesehen.« Beisetzungen in der Kirche bedeuteten, dass die Gemeindemitglieder sich manchmal über

Wochen hinweg dem Gestank verrottender Leichen ausgesetzt sahen.

Draußen auf den überfüllten Friedhöfen vieler Londoner Gemeinden mussten die Totengräber einen grausigen Einfallsreichtum entwickeln, um noch Platz für weitere Leichen zu schaffen. Verrottende Leichen wurden ständig in ihrer Ruhe gestört; man brauchte Platz. Die Gemeinde von St. Martin-in-the-Fields beispielsweise hatte auf nur 26 Morgen innerhalb von elf Jahren 15 856 Beerdigungen – also im Schnitt 1 400 pro Jahr – zu bewältigen. Viele Gräber waren nicht tief genug, was manchmal die Aufmerksamkeit von Grabräubern erregte. Die Barbier-Chirurgen und Lehrhospitäler suchten ständig verzweifelt nach frischen Leichen. Die großen, tiefen Gruben wie jene nahe Tottenham Court, in die man die Armen reihenweise in offenen Särgen legte, wurden erst zugeschüttet, wenn sie bis zum Rand gefüllt waren. »Unangenehm ist der Gestank, der aus diesen mit Toten vollgestopften Löchern quillt, besonders bei Schwüle und nach einem Regenguss.« Die Luft in allen Vierteln um einen Bestattungsplatz herum war von Gestank verpestet.

In Anwesenheit der Trauergemeinde wurde der Leichnam ins Grab gelegt. Es war Sitte, den Toten mit dem Gesicht nach oben sowie in Ost-West-Richtung zu beerdigen, damit er bereit war, sich am Tag des Jüngsten Gerichts wieder zu erheben. Selbstmörder bildeten die Ausnahme. Falls überhaupt auf dem Kirchhof, bestattete man sie mit dem Gesicht nach unten und in Nord-Süd-Richtung auf der Nordseite des Friedhofs. Am Grab warteten die Trauernden, bis die Erde »auf ihn geworfen war«, bevor sie den Friedhof wieder verließen. Grabsteine verwendete man erst seit dem späten 17. Jahrhundert.

Die Trauergemeinde kehrte auf die gleiche Art zum Haus des Verstorbenen zurück, wie sie es verlassen hatte. Dort reichte man Getränke und Gebäck. Misson bemerkte, dass Männer und Frauen sich »zum Trinken«, das ein essenzieller Teil des Begräbnisrituals geworden war, in getrennte Gruppen aufteilten. Er war beeindruckt von der Alkoholmenge, die die Frauen vertragen konnten, besonders nachdem ein gewisser Butler, der Wirt des Crown and Sceptre in der St. Martin's Street, ihm erzählt hatte, dass die Frauen, welche an der Beerdigung seiner Ehefrau teilgenommen hatten, »neben dem gewürzten Weißwein ein ganzes Fass roten Port« bis auf den letzten Tropfen leerten. »Die englischen Frauen halten mit den Männern mit«, berichtete Misson bewundernd, »wenn sie eine Flasche vor sich stehen haben und auch bei anderen Gelegenheiten. Tratschen können sie allerdings noch viel besser.«

Das ›Trinken‹ war ebenfalls die geeignete Gelegenheit, um vor Freunden und Verwandten das Testament zu verlesen. Zuerst wurden die Schulden und Beerdigungskosten vom Besitz des Verstorbenen abgezogen.

Als John Dryden im Jahre 1700 starb, übernahm der Kit-Cat Club die Beerdigungskosten; die Rechnung überreichte der Leichenbestatter Jacob Tonson:

Jacob Tonsons Rechnung

Beerdigungsleistungen	£	s.
Doppelsarg	5	
die Halle mit Wandtüchern auskleiden	5	
6 Dutzend Papierschilder für die Halle	3	12
10 Seidenschilder für das Sargtuch	2	10
3 Trauerkutschen und 6 Pferde	2	5
Silbertisch und Rosmarin		5
8 Schärpen für die Musiker	2	
17 Yards Krepp, um die Instrumente zu bedecken	1	14
Leichenwagen	3	10
Gesamtsumme	45	10

Offensichtlich war Drydens Beerdigung ein großes Ereignis.

Die folgenden Angaben, die sich in den Gerichtsprotokollen der Kirchenakten finden, vermitteln einen guten Eindruck von den Ausgaben für ein Begräbnis der Mittelklasse:

> Fünf Pfund zwei Schilling für die Dienste der St. Andrews Kirche in Holborne bezahlt und für das Öffnen der Gruft. Für Mr Goods, der zur Beisetzung des Verstorbenen gepredigt hat, 20 Schilling. 15 Schilling für die Wandbehänge und fünf Schilling für zwei Trauergewänder (…). Für Handschuhe und Hutbänder wurden neun Pfund bezahlt und nicht mehr (…) und drei Pfund zehn Schilling für das Leichentuch und den Sarg (…). Mary Smith [erhielt] die Summe von zehn Pfund fürs Trauern.

Eine dem gesellschaftlichen Status des Verstorbenen angemessene Beerdigung wurde als so wichtig erachtet, dass Testamentsvollstrecker oft einen Teil der Erbmasse zur Verfügung stellten, nur um sie zu ermöglichen. Nach Londoner Sitte erhielt die Witwe ein Drittel des Vermögens ihres verstorbenen Ehemannes. Seine Kinder bekamen das zweite Drittel. Das dritte war der ›Totenteil‹, über den der Verstorbene frei hatte verfügen können. Starb ein Mann ohne Testament wurde seine Habe zu gleichen Teilen unter der Witwe und den Kindern aufgeteilt. Kleinere Dinge hinterließ man auch Freunden.

Bedienstete wurden selten bedacht, vielleicht aufgrund ihrer hohen Fluktuation. In diesem materialistischen Zeitalter, da man die mittelalterliche Armenhilfe abgeschafft hatte, war es von großer Bedeutung, dass einige, wenn auch nur wenige Londoner Geld der Wohlfahrt vererbten.

Die Armen, welche alles getan hätten, um der Schande zu entkommen, im ›Armenloch‹ beerdigt zu werden, zahlten in einen Beerdigungsklub oder eine -gesellschaft ein.

Deren Entwicklung verlief parallel zu der der Beerdigungs-
unternehmer.

Hiermit sei kund- und zu wissen getan, dass das Büro der
Gesellschaft für Beerdigungen, welches in Wapping Wall ein-
gerichtet wurde, nun in die Katherine Wheel Alley in White
Chapel verlegt worden ist, nahe Justice Smith, wo ab sofort
Subskriptionen entgegengenommen werden, um die Zahl zu
vervollständigen. Gleiches gilt für das Büro in der Crucifix
Lane, Barnaby Street, Southwark. An diesen Orten ist fortan
der Tod eines jeden Mitglieds zu melden, und dort kann sich
ein jeder ab nächsten Montag die Satzung abholen. Diesen
Donnerstag gegen sieben Uhr wird der Leib von J.S. Glover,
Golden Lane, beigesetzt sowie ein Kind aus der Acorn Alley,
Bishopsgate Street, und ein weiteres aus Great Maze Pond,
Southwark.

Die Beisetzungen der Armen bezahlte die Gemeinde, in der sie
gelebt hatten; das Geld dafür kam von einer Abgabe, welche
man den Besitzenden abverlangte. Die Gemeinde sorgte auch
für das ›Trinken‹ bei solchen Gelegenheiten.

Im Jahre 1700 schien die Selbstmordrate epidemische Ausmaße
angenommen zu haben. John Evelyn vermerkte gegen Ende
seines Lebens in seinem Tagebuch, dass es noch nie so viele
Selbstmorde quer durch alle Klassen gegeben habe. Ausländer
staunten über die Beiläufigkeit, mit der englische Frauen und
Männer sich das Leben nahmen. Wie Beat Louis de Muralt berichtete: »Ihr müsst wissen, dass die Engländer mit derselben
Gleichgültigkeit von eigener Hand sterben wie durch die eines
anderen. Nicht selten hört man Männer und Frauen darüber
reden, wie andere ›sich davonstehlen‹, wie sie es nennen, und
im Allgemeinen aus Gründen, die uns trivial erscheinen: die
Männer vielleicht wegen der Grausamkeit und Unbeständigkeit

ihrer Geliebten und die Frauen wegen der Gleichgültigkeit ihrer Männer.«

Ein anderer Ausländer, César de Saussure, schrieb, wie sehr ihn diese »Manie« verwirrte, bis er ein paar Monate in London verbracht und das Wetter und der Kohlerauch Depressionen in ihm geweckt hatten. »Wäre ich Engländer, ich hätte mich ohne Zweifel schon längst von diesem Elend befreit«, schrieb er. »Der Wunsch, meinem Leiden ein rasches Ende zu bereiten, war stets in meinen Gedanken, und es bedurfte all meiner Willenskraft, diesem tödlichen Verlangen zu widerstehen.« De Saussure wurde eingeladen, einige Zeit im nahe gelegenen Dorf Islington zu verbringen. Der Anblick der Kuhweiden erinnerte ihn an seine Heimat, und seine düstere Stimmung verflog.

Sowohl Fremde als auch Londoner könnten durchaus zu dem Eindruck gelangt sein, die Selbstmordrate wirke plötzlich nur so hoch, weil die einzelnen Fälle nun von der stetig wachsenden Presselandschaft aufgegriffen wurden.

Zeitungen beschrieben jede Einzelheit mit offensichtlichem Vergnügen:

Am letzten Donnerstag ist eine Dienerin, die in der Norfolk Street lebt, [unzufrieden] in die Küche gegangen, hat die Tür verriegelt und ein Stück Wäscheleine abgeschnitten. Dann ist sie geschickt auf einen Stuhl geklettert und hat die Arbeit eines Henkersknechts getan, indem sie sich an einem eisernen Haken aufgehängt hat, als wäre sie es gewöhnt. Doch wie das Schicksal es wollte, war der Haken verrostet und brach, bevor sie ihr Leben aushauchen konnte, und sie fiel zu Boden. In der Zwischenzeit hatte ihr Herr nach ihr geschickt (an solch einen Vorfall hatte er nicht einmal im Traum gedacht), doch der Diener, welchen er schickte, fand die Tür verschlossen. Der Mann hörte Stöhnen, woraufhin er sofort zu seinem Herrn eilte, welcher gleich herbeigerannt kam, und als sie die Tür aufbrachen, fanden sie die Dienerin halb tot, doch so schlecht ging es ihr nicht, und sie hatten sie bald wieder ins Leben zurückgeholt. Sie nehmen an, dass sie sich aus Liebe solche Gewalt angetan hat.

Am Montag wechselte ein walisischer Schneider, der in die Stadt gekommen war, um sich die neueste Mode anzusehen, ein paar Worte mit seinem Bruder, welche er sich so sehr zu Herzen nahm, dass er sich augenblicklich nahe Islington in den Fluss stürzte, wo er ertrank. Er wurde vermisst, und in der folgenden Nacht träumte seine Wirtin, dass er dort ertrunken sei und dass sein Hut über ihm schwimme, der auch alsbald gefunden wurde und kurz danach die Leiche.

Abschiedsbriefe von Selbstmördern, die vor 1700 nur selten bekannt geworden waren, wurden nun von Tausenden in den Zeitungen gelesen. Derartige Berichte erregten genauso viel Interesse wie solche über den Gang von Verurteilten zum Richtblock. Der Selbstmord hatte sein Mysterium verloren. Anstatt Opfer einer übernatürlichen, dämonischen Kraft zu sein, litten diese Männer und Frauen unter den gleichen Dingen wie alle anderen auch: Es waren Heranwachsende, die der Gnade grausamer Meister ausgeliefert waren; sie wollten nicht den Tod eines geliebten Menschen überleben; sie waren arm und verzweifelt; sie konnten die Schande eines unehelichen Kindes nicht ertragen; ihre Ehre war infrage gestellt worden, und sie hatten all ihren Besitz an den Spieltischen verloren. Mehr und mehr erkannten die Menschen das individuelle Recht an, glücklich oder traurig zu sein oder sich gar das eigene Leben zu nehmen.

Viele brachten sich um, um der Armut zu entgehen. Eine arme Frau in Clerkenwell, die von der Verzweiflung übermannt wurde, weil sie ihre Kinder nicht mehr ernähren konnte, tötete zuerst ihre Kinder und dann sich selbst, da die Gemeinde ihr nicht weiter zu helfen vermochte. Reichtum und Glück waren im Geist der Zeit so eng miteinander verbunden, dass es die Öffentlichkeit ehrlich überraschte, wenn ein Selbstmörder sich als wohlhabend erwies.«»In Greenwich wurde die Leiche eines Ertrunkenen heraufgeholt, der Geld in den Taschen hatte und einen Wechsel«, hieß es in einem Bericht. Und: »Gestern Morgen erhängte sich nahe Whitechapel eine Frau in ihrer Wohnung, die in dieser Gegend als Seidenzwirnerin arbeitete und acht Schilling die Woche verdiente; niemand vermochte den Grund für ihre Verzweiflung zu nennen.«

Verständnis rief Sympathie hervor. Die Todesfälle untersuchenden Beamten, die Coroner, und die Geschworenen sprachen immer häufiger ein Urteil *non compos mentis* aus. Die Verstorbenen wären nicht bei Sinnen gewesen und könnten daher für ihre Taten nicht zur Verantwortung gezogen werden. Selbstmord galt nun eher als Resultat einer Geisteskrankheit anstatt als Werk des Teufels. Einen Selbstmörder konnte man bemitleiden oder verachten. Ohne forensische Untersuchungen war es nicht immer leicht, die Todesursache zu bestimmen: Selbstmord, Mord oder Unfall. Die Reichen erschossen sich. Sich zu erhängen, war die bevorzugte Methode des einfachen Volkes. Tod durch Ertrinken konnte man genauso gut als Selbstmord interpretieren wie als Mord oder Unfall: »Am vergangenen Dienstag wurde in Black Friars ein Gentleman tot aus dem Wasser gezogen, doch in seinen Taschen wurden noch sein Geld und seine Uhr gefunden. Es ist unbekannt, durch welchen Unfall er ertrunken ist.« Wo Zweifel bestand, wurde dem mitfühlenderen Urteil der Vorzug gegeben. Der Kirche ließ man ein Schreiben zukommen, den Toten auf dem Kirchhof zu bestatten, damit er sich der Gemeinschaft der Toten anschließen könne.

Coroner und Geschworene neigten nur selten dazu, ein Urteil *felo de se* zu fällen, also geplanten Selbstmord festzustellen, der sowohl weltliche als auch theologische Strafen nach sich zog. Nach uraltem Brauch konfiszierte die Krone das Eigentum eines Selbstmörders, und die Familie blieb mittellos zurück. Infolge der Glorreichen Revolution wurden allerdings die Rechte eines Untertanen an seinem Besitz als unantastbar betrachtet. Defoe erkannte die allgemeine Stimmung, als er sagte, dass man »Kinder [nicht] verhungern lassen darf, nur weil der Vater sich selbst zerstört hat«. Freunde und Nachbarn nahmen große Mühen auf sich, um das Eigentum eines Selbstmörders zu verbergen, damit es nicht eingezogen werden konnte.

Im Falle eines *felo de se* beharrte die Kirche allerdings auf ihrem Recht, dem Betreffenden ein christliches Begräbnis zu verweigern. Selbst in dieser eher weltlichen Zeit hatten heidnische Rituale überlebt. Traditionell glaubte man, dass Selbstmord auf den Einfluss des Teufels zurückzuführen sei, was dem Ganzen eine übernatürliche Komponente verlieh. Den Leichnam vergrub man nackt an einer Kreuzung und trieb ihm einen Pflock durchs Herz, um den unruhigen, bösen Geist davon abzuhalten, die Lebenden heimzusuchen und am Tag des Jüngsten Gerichts wieder aufzuerstehen. So wie die Massen sich bei einer öffentlichen Hinrichtung versammelten, so taten sie es auch bei diesem Ritual – ein Hinweis, dass der Aberglaube noch lange nicht gestorben war.

6. KAPITEL

Heim und Herd

*»Die Engländer bauen ihre Häuser mit Geschmack;
man kann unmöglich bequemere Häuser haben.«*

Als Sir Thomas Grosvenor im Jahre 1700 starb, zeigte seine
35 Jahre alte Witwe Mary bereits erste Anzeichen geistiger Labilität, die sie zur leichten Beute für einen skrupellosen Glücksritter werden ließ; Grosvenor Estate geriet dadurch bereits in Gefahr, ehe es überhaupt gebaut war. Mary war beim Pesttod ihres Vaters Alexander Davies 1665 ein hilfloses, sieben Monate altes Baby gewesen, das nun in der Obhut seiner ehrgeizigen Mutter verblieb. Damals schien Marys Erbe nicht allzu vielversprechend zu sein; doch dank des unaufhaltsamen Wachstums Londons und seiner Ausdehnung nach Westen gehörte das Marschland, welches sich von der Oxford Road zwischen Westbourne und Tybourne am Fluss bei Millbank erstreckte, bald zu den wertvollsten Parzellen der Metropole. Es war ein Stück Land, für das es sich zu kämpfen lohnte, und bald war es Gegenstand eines langen und teuren Rechtsstreits zwischen Marys angeblichem zweiten Ehemann und den Grosvenor-Erben.

In seinem Werk *A Tour through the Whole Island of Great Britain* (Eine Reise über die ganze Insel Großbritannien) beschrieb Daniel Defoe atemlos Londons Expansion, den Moloch. »Neue Plätze und neue Straßen entstehen jeden Tag mit solch wunderbaren Gebäuden, dass es mit nichts auf der Welt zu vergleichen ist.« Dörfer, die einst weit draußen auf dem Land gelegen hatten, wurden »durch kontinuierliche Bebauung mit den Straßen der Stadt verknüpft«. Und: »Wie weit sie sich noch ausdehnen mag, wer weiß?«

Das Große Feuer von 1666 eröffnete die Gelegenheit, ein neues London zu errichten, mit einheitlichen Gebäuden, breiteren Straßen und schöneren Plätzen. Das Neubauprogramm fiel mit der Ausdehnung nach Westen zusammen. Nicht alle verließen jedoch die alte Quadratmeile des römischen Londinium, wo ungefähr 9 000 Häuser anstelle der 13 000 verlorenen errichtet wurden. Die großen Finanziers und Kaufleute und der erste Vorsitzende der Bank von England, Sir John Houblon, blieben zum Beispiel in ihren feinen Häusern in der neu gebauten Stadt, wo sie den wirtschaftlichen und politischen Zentren möglichst nahe waren. Obwohl die meisten Menschen in der Nähe ihrer Arbeitsstätten lebten, weil es nicht gerade einfach war, sich in der Stadt zu bewegen, schickten jene, die es sich leisten konnten, ihre Familien während des Sommers in die gesünderen Vorstädte Hampstead, Highgate und Hackney oder flohen auf ihre Landsitze. Daniel Defoe bemerkte den wachsenden Trend »der mittleren Klasse von Menschen, die durch Handel reich geworden sind und doch noch immer Londons Stallgeruch an sich haben, gleichzeitig in der Stadt und auf dem Land zu leben«.

Bereits in den 30er-Jahren des 16. Jahrhunderts war der vierte Earl von Bedford im Westen der Stadt als Vorreiter tätig gewesen. Er war es gewesen, der Inigo Jones angeheuert hatte, um Covent (ursprünglich Convent) Garden mit seiner eleganten Palladium-Architektur zu errichten. Wie Lincoln's Inn Fields mit seinen imposanten Häusern und dem ersten Gartenplatz war Covent Garden zu einem äußerst modischen Wohnort geworden. Ende des Jahrhunderts grenzte das Viertel jedoch an Long Acre, St. Martin's Lane, Drury Lane und The Strand, wo Spielhallen, Bordelle und Schauspielhäuser das Bild beherrsch-

Covent Garden war von Inigo Jones als ruhiger, freundlicher Ort entworfen worden; der Markt und später noch die Bordelle und Spielhallen machten jene Atmosphäre allerdings zunichte. *(Guildhall Library, Corporation of London)*

ten. Auf den Straßen gingen männliche und weibliche Prostituierte ihren Geschäften nach. Ein Obst- und Gemüsemarkt hatte die königliche Erlaubnis erhalten, sich dort einzurichten, was französische Besucher dazu veranlasste, den Ort in *Common Garden* umzutaufen, »Gewöhnlicher Garten«. Die Reichen mochten es amüsant finden, Covent Garden zu besuchen, aber sie wollten nicht länger hier leben. Unmittelbar südlich von Covent Garden hatte die Aristokratie zwischen 1660 und 1670 ihre großartigen, aber unpraktischen Paläste in The Strand aufgegeben und war nach Westen gezogen. Das Gebiet um St. James, das der Höfling Henry Jermyn, Earl of St. Albans, entwickelt hatte, war als Wohnort sehr begehrt.

Der Autor von *A New View of London* (Eine neue Ansicht Londons) beschrieb es so:

In St. James in Westminster lebt vorwiegend der Adel und die Gentry, doch auch eine Person von mittelmäßigem Rang kann sonntags durchaus noch einen freien Platz in der Kirche finden. Die Leute, die hier mit ihrem luxuriösen Gefolge entlangstolzieren, glauben, dass jedermann sie bewundern müsse, doch genau das Gegenteil ist der Fall. Sie geben sich der Lächerlichkeit preis, besonders, da ihre privaten Angelegenheiten meist weidlich bekannt sind.

Gleichzeitig verfielen die Siedlungen in den Industriebezirken außerhalb der Stadtmauern. In solchen Enklaven wie St. Giles in the Fields (was unmittelbar östlich von Tottenham Court und der Oxford Street lag) wurden sie zu schäbigen, übervölkerten Kolonien oder wuchsen zu dreckigen, chaotischen Haufen heran, die sich im Westen an die akkurat geplanten Plätze und breiten Straßen der neuen Stadt anschlossen. Angesichts der bunten Mischung von Spekulanten, die nach dem Großen Feuer bereit waren, in die Stadtentwicklung zu investieren, und der unsicheren Natur dieser Geschäfte, kann man es schon als Wunder bezeichnen, dass alles doch noch relativ gut verlief. Von jenen Spekulanten ist vor allem Nicolas Barbon zu nennen, der Sohn des puritanischen Eiferers Praise God Barebone, der seinen Namen einem von Cromwells schlanken Parlamentsgebäuden lieh. Nicolas Barbon war Doktor der Medizin und war in die Anfänge des Versicherungswesens involviert gewesen. In *An Apology for the Builder* (Eine Entschuldigung für den Erbauer) machte er sich für die weitere Expansion Londons stark: »Die Bürger, nein, die ganze Nation staunt über die Blüte dieser Metropole. Jedes Jahr sehen sie, wie eine neue Stadt der alten hinzugefügt wird. Furchtsame Männer erliegen Missverständnissen und lassen sich leicht von falschen Anschuldigen jener beeinflussen, die der Stadt ihre Größe neiden und wütend auf die Bauherrn sind, welche diese Größe fördern.«

Barbon argumentierte, »dass jedes Jahr nicht mehr Häuser gebaut werden, als man braucht, denn jedes Haus benötigt Mieter, deren Zahl stetig ansteigen muss, wenn man weitere errichten will.«

Neue Häuser bedeuteten mehr Steuern und höhere Mieteinnahmen:

Neue Häuser sind für die Stadt von Vorteil, denn so steigen die Mieten der alten Häuser. Denn je größer eine Stadt ist, desto wertvoller sind die Häuser in ihr (...). In Cheapside und Cornhill sind Häuser wertvoller als in Shoreditch, White-Chapel, Old Street oder anderen Außenbezirken; und die Mieten in einigen dieser Außenbezirke sind in den vergangenen Jahren beachtlich gestiegen, nachdem neue Häuser jenseits davon errichtet worden sind. Die Mieten in Bishopsgate Street und den Minories zum Beispiel sind von 15 auf 16 Pfund im Jahr gestiegen, wodurch sie nun insgesamt 30 Pfund wert sind, was auf neue Gebäude in Spittle-Fields, Shadwell und Ratcliffe zurückzuführen ist. Und am anderen Ende der Stadt sind die Häuser in The Strand und Charing Cross mittlerweile 50 bis 60 Pfund pro Jahr wert, während sie in den vergangenen 30 Jahren nicht mehr als 20 Pfund pro Jahr gebracht haben. Auch das ist auf die Errichtung neuer Gebäude zurückzuführen, nämlich in St. James, Leicester Fields und anderen angrenzenden Stadtbezirken.

Barbon glaubte, dass »Häuser von Wert sind, wenn sie an einem Handelsplatz stehen«. Natürlich schufen neue Häuser auch Arbeitsplätze, und das nicht nur für jene, die mit ihrer Wartung beauftragt waren, sondern auch für die ganze Bandbreite an Kaufleuten und Handwerkern, die die neuen Bewohner versorgten. Im Gegensatz zu den Verhältnissen vor dem Großen Brand wollten die Reichen nicht länger neben jenen leben, die ihnen dienten. Die niederen Schichten sollten zwar existent, aber außer Sichtweite sein. Nicht alles verlief nach Plan. In dem von Barbon großartig angelegten Soho zum Beispiel blieben die Reichen nicht lange, denn dort gab es für ihren Geschmack zu viele Ladenbesitzer und Handwerker – besonders hugenottische Emigranten –, die vor den Handelsrestriktionen der Innenstadt geflohen waren und nun das ganze Gebiet bis nach Leicester Fields dominierten.

Das Neubaugesetz von 1667, welches strikte Vorschriften für den Hausbau enthielt, um die Ausbreitung von Bränden zu vermeiden, galt nur für die Innenstadt, nicht für das West End. Nichtsdestotrotz wollten Hauswirte, Finanziers und Bauherrn rasch Profit aus ihren Investitionen ziehen, und so spezialisierten sie sich auf eine Ware, die gut zu verkaufen war: das Reihenhaus, das Barbons Konzept recht genau entsprach. Laut Roger North war Barbon »der Erfinder dieser neuen Baumethode, welche die Häuser möglichst schmal und die Front somit klein hält, was mehr Häuser an einer Straße ermöglicht. Derart parzellierte Grundstücke werden an Arbeiter verkauft, wobei der Preis sich nach der Länge der Front richtet, und wenn er ein Grundstück nicht verkaufen kann, baut er selbst die Häuser und vermietet sie.«

Dem Gesetz nach hatten an den Hauptstraßen vierstöckige Häuser zu stehen, während zwei- und dreistöckige in die Nebenstraßen verbannt wurden. An keiner Straße besaßen die Häuser Nummern. Bis weit ins 18. Jahrhundert hinein verließ man sich in London auf verwirrende Wegweiser und Schilder über den Türen, um sich zurechtzufinden. Als der junge Ralph Verney nach London kam, um Jura zu studieren, hatte er eine Adresse von imposanter Länge, wie sie nicht unüblich war: »In Barbons Haus, eine Treppe hinauf, Nummer 8 über der Tür, nahe Water Gate in Middle Temple, London. Unter der Tür hindurchschieben, falls verschlossen.«

Unabhängig von der Zahl der Stockwerke eines solchen Reihenhauses gab es zumeist nicht mehr als zwei, drei Räume pro Stock, und die Londoner mussten sich daran gewöhnen, in der Vertikalen zu leben, das heißt, ständig Treppen zu klettern.

Die Reihenhäuser verliehen London einen einheitlichen Charakter, der ausländische Besucher wie César de Saussure tief beeindruckte:

Ich muss zugeben, dass die Engländer ihre Häuser mit Geschmack bauen; man kann den Grund unmöglich besser ausnutzen oder bequemere Häuser haben. Es erstaunt zu sehen, auf wie wenig Platz sie bauen und in welch kurzer Zeit. Die Häuser bestehen aus Ziegelsteinen; die Wände sind dünn, meist nur anderthalb Fuß dick. Die schönsten Häuser haben bisweilen Simse, um die einzelnen Stockwerke voneinander zu trennen, und um Türen und Fenster sieht man gelegentlich polierten Marmor. In allen neu gebauten Vierteln liegt ein Stock der Häuser unter der Erde; dort befinden sich Küche, Lagerkammern und Dienstbotenräume. Dieser Stock ist gut beleuchtet und bekommt genauso viel Luft wie die anderen. Um das zu erreichen, wird vor den Häusern eine Art Graben ausgehoben, fünf oder sechs Fuß breit und neun tief. Dieser Graben wird durch ein eisernes Geländer von der Straße getrennt. Die Keller, wo man die Kohle lagert, sind stabil unter der Straße gebaut, und um sie zu erreichen, muss man durch den Graben hindurch. Fast alle Häuser haben auf der Rückseite einen kleinen Garten oder Hof.

In den meisten Häusern war aller Platz für die essenziellen häuslichen Funktionen wie Kochen, Essen, Arbeiten und Schlafen reserviert. Daheim gingen die Londoner nur selten ihrem Vergnügen nach. Ein Reihenhaus konnte wie folgt unterteilt sein: Im Keller lagen Küche, Lagerräume und die Dienstbotenquartiere. Draußen hatte man vielleicht noch ein Waschhaus angebaut. Das Erdgeschoss beherbergte in den besseren Häusern einen Salon und im Haus eines Handwerkers Laden, Arbeitsraum und die Schlafräume der Lehrlinge. Der erste Stock setzte sich zusammen aus Speisezimmer, Wohnzimmer und vielleicht auch einem Bad. Wie man sieht, befand sich das Speisezimmer ein gutes Stück von der Küche entfernt, wodurch die Diener gezwungen waren, während der Mahlzeiten ständig Treppen auf und ab zu laufen. Im zweiten Stock lagen die Schlafzimmer der Familie und ein Kabinett. In einer Zeit, da Privatleben nahezu unbekannt war, war das Kabinett klein, gemütlich und eben privat. Hier durfte man seinem eigenen Geschmack frönen – selbst wenn er ein wenig verwegen war – und allerhand Kurioses sammeln. Die Dachkammern waren wieder den Dienern vorbehalten. Bei den Seidenwebern in Spitalfields waren die Dachkammern allerdings oft in Werkstätten verwandelt worden; dort standen die Webstühle. Oberlichter sorgten für Beleuchtung.

Nur wenige Londoner waren auch die Besitzer der Häuser, in denen sie wohnten. Normalerweise verpachtete der Grundbesitzer das Grundstück an einen Bauherrn, der dann die Entwicklungskosten übernahm. Barbon spezialisierte sich auf Bau und Entwicklung, und meist gelang es ihm, schon vor Baubeginn aus dem Pachtvertrag wieder auszusteigen. Oft verkaufte der Bauherr den Pachtvertrag an den zukünftigen Bewohner, noch bevor der Bau abgeschlossen war. Auf diese Art und Weise musste keine der Parteien auf ihren Profit warten, was auch ganz gut war, da viele sich das Geld dafür mit hohen Zinsen geliehen hatten. Allerdings konnte dieses System ein paar spektakuläre Pleiten nicht verhindern, nicht zuletzt die von Barbon selbst. In seinem Testament verlangte er, keinen seiner Gläubiger auszuzahlen. Hypotheken ließen die Mieten ansteigen. Das Pachtsystem führte zu der Tendenz, billige Häuser aus minderwertigen Ziegeln zu bauen, sodass das Haus höchstwahrscheinlich zusammenbrechen würde, bevor der Pachtvertrag ausgelaufen war.

De Saussure erklärt:

Ich glaube, ich habe Euch bereits erzählt, dass Häuser für einen gewissen Zeitraum an Jahren gebaut werden, und nun muss ich Euch auch den Grund dafür nennen: Es ist nur selten der Fall, dass dem Hausbauer auch das Grundstück gehört. Normalerweise wird der Grund für 99 Jahre verpachtet, manchmal aber auch nur für 66 oder weniger. Der Pächter baut der Laufzeit entsprechend. Sollte der Grund für 60 Jahre gepachtet sein, wird er nicht so sorgfältig bauen, als würde er ihm 99 Jahre gehören, und er weiß genau, was vonnöten ist, damit Häuser kurz vor dem Zusammenbruch stehen, wenn es auf das Ende des Vertrags zugeht. Am Ende der Laufzeit erhält der Grundstückseigentümer die Rechte an seinem Grundstück und dem Haus darauf zurück, egal in welchem Zustand es sich befindet.

Aristokratische Grundbesitzer wie die Russells und – nach einiger Zeit – auch die Grosvenors konnten es sich leisten, langfristig zu planen. Jede Generation hatte die Pflicht, den Familienbesitz zu wahren und an die nächste weiterzugeben. Der praktische Wert von Grund und Boden bestand im Pachtzins. Aber man konnte den Wert des Besitzes auf unterschiedliche Art vergrößern. So konnte der Grundeigentümer sicherstellen, dass die auf seinem Grund gebauten Häuser mehrere Pachtzyklen überstanden, oder er konnte selbst Häuser bauen und »die besten Elemente der Gesellschaft« ermutigen, seinem Beispiel zu folgen. Stows Werk *Survey* (Untersuchung) beschreibt »die Smith Street, eine neue Straße mit guten Gebäuden, die nach Sir John Smith benannt ist, dem Grundbesitzer, der dort ein schönes Haus besitzt«. Es brachte Prestige, in der Nähe eines respektablen Grundherrn zu wohnen, während dieser durch entsprechenden Zuzug seine Mieteinnahmen und den Wert seines Grund und Bodens erhöhen konnte.

Grundbesitzer und Spekulanten mussten zwischen dem Bau vieler Häuser mit schmaler Front und niedrigeren Mieten und dem breiter Häuser mit entsprechend höherer Miete wählen. Die meisten Entwicklungsgebiete lagen an einem Platz wie zum

Beispiel Lincoln's Inn, Red-Lyon, Southhampton, St. James, Leicester Fields oder King's und Soho Square. Ursprünglich waren diese Plätze offene Flächen, wo Landstreicher kampierten und Müll abgeladen wurde. Die Bewohner machten sich für Gartenplätze mit umzäunten Grünflächen stark und hatten schließlich Erfolg. Thomas Neals Entwicklungsgebiet in Seven Dials wich von der Norm ab. Er verpachtete Land an Bauherren, die sieben Straßen bauen sollten, welche sternförmig auf eine zentrale dorische Säule zuliefen. Dadurch besaß jedes Haus eine größere Front, als es auf einem Platz möglich gewesen wäre, auch wenn es in den Eckhäusern ein paar sehr beengte Räume gab. Seven Dials ging den Weg aller gescheiterten Projekte. Nur durch Überbelegung und Untervermietung konnten die Pächter den horrenden Pachtzins bezahlen, den Neal festgelegt hatte, welcher im Übrigen auch noch die Rechte an der Staatlichen Lotterie besaß.

Die Aristokraten, denen Grund und Boden in London gehörte, benannten die einzelnen Viertel gern nach ihren Landsitzen oder dem Titel, den sie führten; das sollte wertsteigernd wirken. Ihnen selbst wie auch der Gentry reichte es zumeist, sich ein Stadthaus für die Saison zu mieten. Der Umzug in die Stadt war mit großem organisatorischen Aufwand verbunden. Im Mai 1700 schrieb Lady Verney an ihren Mann, dass »ich mich bei Mrs Gatesheads einquartiert habe. Ich habe wieder all dieselben Zimmer wie auch die Jahre zuvor und noch zwei Dachkammern mehr, wo die beiden Zofen unterkommen sollen, die Mittwoch Abend hier eintreffen werden. Auch für die Kinder, die Freitag folgen, ist genügend Platz vorhanden. Lass uns nur hoffen, dass die Transporteure auch Decken, Handtücher, Tischdecken und alles andere mitbringen, denn was mir hier geboten wird, lässt doch sehr zu wünschen übrig. Pass auf dich auf, mein Lieber, und vergiss nicht, genügend Wein für dich mitzubringen.« Ein paar Monate später sollte der ganze Prozess wiederholt werden, als John Verney schrieb, dass »ich nun bereit bin, mit meiner ganzen Familie nach London zu gehen, sobald das Haus für mich bereitet ist«.

Die Londoner Kaufleute empfanden einen gewissen Widerwillen, Geld in den Hauskauf zu stecken, wenn man es doch im Geschäft besser anlegen konnte. Die Mehrzahl von ihnen mietete direkt vom Grundbesitzer oder vom Pächter. Die Mieten waren hoch. In Hauptdurchfahrtsgebieten wie Cheapside oder The Strand kostete ein gutes Haus 50 bis 60 Pfund im Jahr, während die Häuser der Mittelklasse in den Nebenstraßen mit 20 bis 30 Pfund zu Buche schlugen – was eine ungeheure Summe Geldes war, zumal eine mittelständische Familie im Schnitt mit 50 Pfund pro Jahr auskommen musste. Als Elizabeth Bauer sich wegen Grausamkeit von ihrem Mann scheiden lassen wollte, erklärte sie dem Gericht, der Mietwert seines Hauses würde 60 Pfund pro Jahr betragen, und dass er 16 Pfund Miete von einem Mann in Charles Court in der Gemeinde St. Martin-in-the-Fields bekomme. Abzüglich der Königssteuer und den Pfarrabgaben erwirtschaftete er also 36 Pfund und 14 Schilling pro Jahr aus zwei Häusern.

Obwohl die Mieten hoch waren, erwarteten die meisten Londoner weder Platz noch Privatsphäre. Beides war den Menschen unbekannt. Hoch und schmal mit zwei oder drei Räumen pro Stock beherbergte ein typisches Reihenhaus Mann und Frau, zwei bis vier Kinder sowie zwei bis vier Diener zuzüglich Lehrlinge und Untermieter. Die Räume waren klein und voll belegt.

In *A View of London and Westminster* (Einblicke in London und Westminster) findet sich die Beschreibung des Zustands in einem Haus mit Ladenlokal in St. Anne's, Soho:

Das Einkommen des Mannes beläuft sich, glaube ich, auf etwa 70 Pfund im Jahr, und seine Familie besteht aus einer Frau und einer Tochter von ungefähr 18. Sie waren schier unglaublich sparsam. Sie brauten ihr eigenes Bier, wuschen zu Hause, teilten sich ein Stück Fleisch für zwei Tage ein und arbeiteten in drei Schichten. So richteten sie sich zwei Drittel ihres Hauses ein und zahlten nur noch für das letzte Drittel Miete. Unter diesen Umständen lebten sie mehrere Jahre lang, und das Schlechteste, was man über sie sagen konnte, war, dass sie über ihre Verhältnisse lebten, dass ihre Tochter so stolz war wie jede Schlampe, die Holz- gegen Lederschuhe getauscht hat, und dass sie Untermieter hatten, die nicht besser waren als sie.

Witwen blieb gar nichts anderes übrig, als sich Untermieter ins Haus zu holen, wenn sie ihr Einkommen ein wenig aufbessern wollten.

Manchmal waren die Beziehungen innerhalb eines Hauses alles andere als herzlich. Der Bericht eines Konsistorialgerichts erzählt uns, dass Henry Leonard, Schuhmacher, »ein voll möbliertes Haus in der Vere Street nahe Clare Market bezog, wo er sich als Lederschneider niederließ und den größten Teil seines Hauses untervermietete«. Seine Frau Jane »stritt sich mit den Leuten, die in seinem Haus als Untermieter lebten, und beschimpfte ihren Mann deswegen«. Janes Extravaganz führte zu mehreren Besuchen des Hausverwalters, sodass ihr Mann schließlich gezwungen war, das Haus und damit auch sein Geschäft aufzugeben.

Ein respektabler Untermieter, der den ersten Stock eines Mittelstandshauses bewohnt, was ein paar möblierten Zimmern gleichkommt, bezahlte vielleicht eine halbe Guinea pro Woche. Jonathan Swift zahlte im Jahre 1710 wöchentlich acht Schilling. Als Sir John Verneys Tante, Betty Adams, im Herbst 1697 eine Wohnung in Covent Garden bezog, tadelte sie ihr Neffe sanft für ihre Extravaganz:

Madam,
ich darf Euch nun zur Rückkehr in Euer Paradies beglückwünschen, Covent Garden. Das Paradies war in der Tat ein

Garten, und wunderbare Früchte wuchsen dort, doch mit teuflisch spitzen Dornen. Dieses neue Paradies hat Spielhäuser, gar schöne Kirchen (wenn auch mit belanglosen Predigten), jede Menge gute Gesellschaft, feine Gewänder und teure Lebensmittel und Unterkünfte; all das verschlingt jedoch eine Menge Geld, und das sind hier die Dornen. Aber das erzähle ich Euch alles nur, um den Brief zu füllen, denn ich kenne Eure Besonnenheit und weiß, dass Ihr durch jedes noch so tiefe Wasser waten könnt ...

Tante Adams verteidigte sich in ihrer Antwort:

Sir John,
in diesem meinem ersten Brief schreibe ich Euch meinen Dank für Eure Sorge und die Summe Geldes, die Ihr mir habt zukommen lassen. Es kommt mir sehr gelegen, wie vermutlich den meisten auf der Welt, besonders jenen, deren Ausgaben hoch und Einkommen klein sind. Was mein Paradies betrifft, wie Ihr es nennt, so hätte ich ihm durchaus noch länger fern bleiben können (...). Was die feinen Orte und Kleider angeht, so berührt mich keins von beiden, da ich mit beidem nichts zu tun habe (...). Mich bekümmert nur, wo ich das Geld hernehmen soll, um meine Kosten zu decken und meine Familie zu ernähren (...). Meine Miete ist zu hoch für mein Einkommen (...), aber wenn ich es schon weggeben muss, dann an einem Ort, wo ich mich größten Wohlbefindens erfreue ...

Unnötig zu sagen, dass sie sich diesen Luxus nicht lange hat leisten können, sodass ihr freundlicher Neffe sie schließlich hat herausholen müssen. Wie Verney seinem Verwalter gegenüber erklärte: »Meine Tante Adams hat in letzter Zeit viel Ärger. Zweimal hat man ihre Sachen gepfändet. Einmal war es die Hausbesitzerin selbst wegen der Miete, welche die Wirtin meiner Tante ihr schuldete; das zweite Mal ging es um Steuern und Gemeindeabgaben (...). Ihr könnt versichert sein, dass ich mir deshalb viel Wehklagen habe anhören müssen, und das nicht nur von ihr, sondern auch von anderen Verwandten, die mich häufig um Hilfe angehen.«

Untermieter entstammten nicht immer derselben Klasse wie der Hauptmieter. So schrieb zum Beispiel Betty Adams' Tochter an Sir John Verney in recht sachlichem Ton: »Meine Mutter wohnt weiter in ihrer Wohnung, während ich hoffe, dass wir gute, ehrliche Menschen als Wirt und Wirtin haben. Er ist Perückenmacher und hat für meinen Onkel gearbeitet, Euren Bruder und Eure Neffen. Sein Name ist Stone, und er lebt nahe Red Lyon Street in Holborn. Ich hoffe nicht, allzu bald von hier vertrieben zu werden.« Verschiedene Klassen von Untermietern lebten meist in verschiedenen Teilen des Hauses.

Viele Untermieter schienen ein Wanderleben zu führen. Der angebliche Bigamist Walter Whitfield zum Beispiel logierte sechs Monate lang »in Begleitung einer Dame, die als seine Frau durchging (...), in Meister Robert Halls Haus in der Beaufort Street, The Strand«. Davor »lebten sie bei einem Mr Burhridges, einem Apotheker in The Strand, und nachdem sie [Mr Halls] das Haus verlassen hatten, wohnten sie in Mr Hanwells Haus, Russell Street«.

Die Armen übernahmen die von den Reichen aufgegebenen Häuser, wenn diese dem Verfall überlassen wurden, oder drängten sich in dunklen Höfen und Gassen jenseits der Hauptdurchgangsstraßen zusammen. Für eine Unterkunft bezahlten sie nur gut sechs Pence die Woche; Bett und Zimmer mussten sie sich dafür mit anderen teilen. Als London immer voller wurde, logierten ganze Familien in licht- und luftlosen Kellern oder eiskalten Dachkammern.

Untermieter waren in vielerlei Hinsicht eine Plage. So konnte man sich nicht immer auf ihre Ehrlichkeit verlassen. Als die oben erwähnte Jane Leonard ins Haus von Mary Callow, Magpie Alley, Fetter Lane, zog, mietete sie ein Zimmer »drei Treppen nach oben«. Es dauerte nicht lange, und sie nahm einen Mann zu sich, den sie als ihren Sohn ausgab, mitsamt seiner angeblichen Frau (von der Mary Callow allmählich glaubte, sie sei eine Hure). Zwei Wochen später stahlen sie die Laken und »rannten aus ihrer Wohnung, ohne auch nur einen Penny Miete gezahlt zu haben«.

Untermieter bestahlen sich gegenseitig und ihre Wirte, wie in den Protokollen von Old Bailey zu lesen ist:

Simon Betts wurde angeklagt, Richard Finney aus der Gemeinde St. Lawrence Jewry eine goldene Uhr, ein Perlenhalsband, einen Diamanten, zwei Schmuckanhänger, einen Silbergürtel, eine silberne Gürtelschnalle und ein paar Rüschen gestohlen zu haben. Es stellte sich heraus, dass der Gefangene bei dem Kläger zur Miete wohnte und die Gegenstände sich in einer Kiste befanden, die der Gefangene davongetragen hat.

Und:

Es stellte sich heraus, dass der Gefangene Clerk sich im Haus des Klägers einmietete. Und als die Familie in der Kirche und nur noch die Zofe im Hause war, ergriff er die Gelegenheit und klopfte an der Tür, die ihm auch geöffnet wurde. Ein Komplize knebelte und fesselte die Zofe. Clerk brach neun Schlösser auf und entwendete die Gegenstände, während sein Komplize die Zofe in einem anderen Raum bewachte. Anschließend gingen sie in eine Taverne in der Sheer Lane, wo sie die Beute unter sich aufteilten.

Ob nun in einem Privathaus oder in einer Pension – die Mieter hatten so gut wie keine Privatsphäre. Vor allem die Wirtinnen waren meist sehr neugierig. Als Thomas Plummer und Margaret Sheffield sich ein Zimmer in einem Haus in der Thieving Lane ansehen wollten, »fragte [die Wirtin] besagten Thomas, ob die Frau sein Eheweib sei, und er antwortete mit Ja«. Es dauerte nicht lange, da rief sie Thomas' echte Frau mit einer Freundin in die Thieving Lane, wo ihr untreuer Ehemann »sich auf skandalöse Art und Weise der Gesellschaft besagter Margaret Sheffield erfreute«. Wirtinnen und andere Mieter wussten alles, was in einem Haus vor sich ging: »Ein Mann mit Namen Thomas Phillips mietete sich mit einer Frau, die er sein Eheweib nannte, bei Robert Showers in der Chick Lane in der Gemeinde St. Sepulchre ein, wo der Zeuge ebenfalls logierte«, heißt es in einem Gerichtsprotokoll. »Ein Jahr lang lebten sie dort als Mann und Frau, und der Zeuge hat sie nackt beisammen im Bett gesehen.«

Teilten sich zwei oder mehrere Leute eine Wohnung, kam es natürlich auch zu den üblichen Streitereien. Elisabeth Smith und Annabella Brown fanden eine Unterkunft im Haus von Mary Wood nahe Charing Cross. Annabella bekam häufig männlichen Besuch von einem gewissen Sir John Magrath. Einen Monat, nachdem die beiden Frauen eingezogen waren, sah Elizabeth »eines Morgens besagten Sir John im Bett mit Annabella Brown, und besagter Sir John kam am nächsten Tag und logierte im selben Haus. [Elisabeth] bemerkte, dass [Annabella] ein Kind im Leibe trug, und so hielt sie es nicht mehr für angemessen, ein Zimmer mit [ihr] zu teilen. Zwei Monate später verließ sie nun [Annabella] und besagte Unterkunft, sodass Sir John und Annabella Brown Mieter im selben Haus waren.« In der Zwischenzeit mietete sich Sir Johns verstoßene Ehefrau selbst in einem Haus in der Rupert Street ein, »wo sie unter armseligen Bedingungen und ohne jegliche Unterstützung« lebte.

In den Häusern war es im Allgemeinen recht dämmrig, denn die neuen ›doppelten Schiebefenster‹, die zwar holländischen Ursprungs waren, aber einen französischen Namen trugen:

fenêtre à chassis à coulisse, ließen nur wenig Licht hinein. Die Fenstersteuer von 1696 raubte vielen Londonern Licht und Luft, da sie zum Schaden ihrer Gesundheit die Fenster zumauerten. Helligkeit wurde durch Spiegel hervorgerufen und verstärkt. Spiegel waren groß in Mode, besonders in dieser Zeit des wachsenden Selbstbewusstseins und der Konzentration auf das Individuum. Pepys hatte sich »einen Spiegel an der Alten Börse« geleistet, »der mich 51 [Pfund] 5 Schilling gekostet hat – und noch einmal zwei Schilling für die Haken. Ein wirklich schönes Glas.« Er verrät nicht die Größe seiner Neuanschaffung, aber es ist unwahrscheinlich, dass er sonderlich groß gewesen ist; einteilige, größere Gläser waren nur sehr schwer herzustellen. Kein Toilettentisch einer Dame war ohne Spiegel, der von zwei Kerzen beleuchtet wurde, komplett.

Wie bei allen Dingen des so genannten guten Geschmacks, kam auch die Spiegelmode aus Frankreich. Die hugenottischen Emigranten trugen einen beachtlichen Teil zur Verbreitung alles Französischen bei. In den 90er-Jahren des 17. Jahrhunderts publizierte der aus Frankreich emigrierte Architekt Daniel Marot, der vollständige Häuser bis hin zur Einrichtung und Gartenarchitektur entwarf, eine Reihe von modischen Kupferstichen, die den Titel trugen: *Nouvelle cheminées à panneaux de glace à la manière de France* (Neuartige Gläser nach französischer Art über den Kamin zu hängen). William und Mary engagierten ihn, um Hampton Court und Kensington Palace aufwändig zu renovieren, wo über den Kaminen große Spiegelpaneelen angebracht wurden.

Im Jahre 1700 behaupteten die Franzosen, eine Glasplatte von 250 auf 150 Zentimeter fertigen zu können. Aber dank des Zuzugs der hugenottischen Einwanderer hinkte die Londoner Glasindustrie dem nicht weit hinterher:

Petition an den König von Richard Lawrence Du Manoir und Lewis Anne de St. Marie, Glasmacher: Sie zeigten, dass sie bis vor einiger Zeit in St. Gobins, Frankreich, lebten, wo sie mehrere neue Maschinen und Instrumente erfanden und zur Perfektion brachten, die nie zuvor benutzt worden sind. Sie dienen dazu, große, grobe Glasplatten herzustellen, Glaspaneelen und Kaminsimse für Innenräume, die weit größer, besser und billiger sind als alle, die jetzt hergestellt werden. Da sie wünschten, dass diese Kunst auch in diesem Lande Anwendung finde, haben sie mehrere neue Maschinen aufgebaut und Platten von 120 bis hin zu 250 Zentimetern und entsprechender Breite hergestellt; tatsächlich können sie sogar noch größere machen. Sie bitten um die Erlaubnis, diese Geräte für die nächsten 14 Jahre allein benutzen zu dürfen …

Wie auch immer, es sollte noch eine Zeit lang dauern, bis Kaminaufsätze in den Häusern selbstverständlich wurden. Spiegel wurden zwischen die Schiebefenster gehängt. Sie wirkten besonders effektiv, wenn sich das Kerzenlicht in ihnen spiegelte.

Henri Misson zeigte sich begeistert angesichts der »lichtdurchfluteten Treppenhäuser, der feinen Schiebefenster und hohen Decken« in Londons neu errichteten Häusern. Zumindest die Haupträume wirkten durch bemalte Stuckdecken besonders hell und freundlich. Pepys ließ oft Dekorateure kommen, und bei einer Gelegenheit »sagte ich meinem Stuckateur, er solle mein Musikzimmer weiß und bunt bemalen«. Auch wenn hier von ›weiß‹ die Rede ist, handelte es sich vermutlich nicht um wirkliches Weiß, sondern eher um ein blasses Grau. »Gipsdecken«, schrieb Miege, »machen ein Zimmer durch ihre weiße Farbe so viel heller, und sie sind hervorragend bei einem Brand. Sie halten den Staub auf und mindern den Lärm von oben.«

Die Räume wurden zunächst in kühnen Farben gestrichen, doch diese wurden im Laufe des 17. Jahrhunderts immer sanf-

Diese satirische Zeichnung über den Teetisch illustriert das Innere eines wohlhabenden Londoner Hauses. Man sieht die neuen Schiebefenster, einen einzelnen Vorhang, einen Spiegel und einen Schrank mit orientalischem Porzellan. Die in enge Korsetts gezwängten Damen werden von hochlehnigen Stühlen gestützt – was wohl auch ganz gut ist, denn ihre kleine Plauderei scheint noch ein Weilchen länger zu dauern. *(British Museum)*

ter. Wände wurden getäfelt. »Da England ein solch feuchtes Land ist, eignet sich nichts besser als eine Täfelung, um die ungesunde Nässe in der Wand zu halten.« Tapeten konnte man in London zwar kaufen, doch sie waren nicht sonderlich weit verbreitet – schließlich hielt man es erst 1712 für nötig, sie mit einer Steuer zu belegen. Die Reichen verwendeten auch Wandbehänge aus Seide, während purpurroter Damast gegen Ende des vorangegangenen Jahrhunderts in Mode war. Billiger waren Leder mit Goldauflage, einfache Gobelins und wollene Wandbehänge zu haben; allerdings setzten diese aufgrund der feuchten Witterung nur allzu rasch Schimmel an.

Während die Heime vieler Londoner nach wie vor extrem kahl waren, deuten Testamente, Inventarlisten und Scheidungspapiere darauf hin, dass die Heimstätten der Ober- und Mittelschicht zwischen 1690 und 1720 mit immer mehr Gegenständen vollgestellt wurden. Der Besitz von Uhren verdreifachte sich in dieser Zeit, was auf eine gewisse Besessenheit schließen lässt. Der Inneneinrichtung der größeren Häuser widmete man mehr Aufmerksamkeit als je zuvor. Polsterer – von denen Ende des 17. Jahrhunderts viele aus Frankreich stammten – werden zu Dekorateuren.

In *The London Tradesman*, ein Handbuch für verantwortungsbewusste Eltern, die ihren Söhnen eine geeignete Lehrstelle suchen wollten, findet sich eine sehr ausführliche Beschreibung ihrer Rolle:

> Dieser Kaufmann muss in allem, was mit Möbeln zu tun hat, ein Genie sein. Sein eigentliches Handwerk ist es, Matratzen, Vorhänge und Wandbehänge herzustellen sowie Stühle mit einem Sitzpolster zu versehen. Ursprünglich war er eine Art Schneider, aber nach und nach hat er sich zu einem Connaisseur für alles verwandelt, was ins Haus gehört. Er beschäftigt Gesellen in seinem eigentlichen Beruf, Schranktischler, Glasmacher, Spiegelrahmenbauer, Möbelschreiner, Wollweber, Seiden- und Textilhändler, mehrere Arten Schmiede und weitere Handwerker aus anderen mechanischen Berufen.

Wertvolle Polster verbrachten die meiste Zeit zum Schutz unter Decken, und Vorhänge waren je nach Jahreszeit schwerer oder leichter.

Vorhänge waren keineswegs allgemein üblich. Sie waren noch immer sehr selten und somit wertvoll, so dass Diebe sie von außen mit einem Haken lösten und durchs Fenster hinauszogen. Vorhänge waren mit Haken oder Ringen an einer Leiste befestigt. Ursprünglich war es Sitte gewesen, einen einzelnen Vorhang beiseite zu ziehen und ihn mit einer Kordel an einem Haken zu befestigen. In den 70er-Jahren des 17. Jahrhunderts hatte man geteilte Vorhänge eingeführt – eine Mode, der aber selbst zum Ende des Jahrhunderts hin noch immer nicht alle folgten. In königlichen Palästen fanden gelegentlich auch hochziehbare Vorhänge mit Volants Verwendung. Importierten indischen Chintz und bunten Kattun verwendete man sowohl für Vorhänge als auch für Betttücher und Tischdecken. Als Martha Cole ihren Mann Thomas verließ, nahm sie »zwei Paar Kattunvorhänge« mit. Leinen wie Buckram verwendete man in Vorhängen, um ihnen eine gewisse Transparenz zu verleihen, während sie gleichzeitig als Sonnenschutz dienten. Ausländische Besucher bemerkten, dass in den besseren Haushalten weiße Leinentischtücher ein Grund waren, stolz zu sein. Die Qualität des Leinens reichte von grob bis fein. Martha Cole besaß »Tischtücher aus Damast und zwölf Servietten aus dem gleichen Stoff«. Servietten falten war eine Kunst, und Pepys war bereit, dafür zu zahlen, dass seine Frau in dieser Fertigung Unterricht bekam.

Alles bis auf die einfachsten Betten besaß Vorhänge – wegen der Privatsphäre, der Wärme und um den Staub fern zu halten. Die Betten bestanden aus einer Federmatratze, Laken und Decken aus Schaf- und Baumwolle oder sogar aus Seide. Dazu gab es dann noch eine zu den Vorhängen passende Tagesdecke. Holländische Laken waren die besten – und die weißesten –, und sie gehörten zu den am meisten gestohlenen Gegenständen. Sowohl Martha Cole als auch Elizabeth Bauer stellten sicher, dass sie ihre Ehemänner mit »mehreren feinen Holland- und Kattunlaken sowie holländischen Kissenbezügen« verließen. Wochenbettleinen war besonders teuer – in Elizabeths Fall 15 Pfund 4 Schilling und 7 Pence –, und Martha war entschlossen, eine seidene Wiegendecke ebenso wenig zurückzulassen wie »ein Hollandlaken fürs Wochenbett«. In England waren zwei Kissen normal, während im restlichen Europa die Anzahl der Kissen auf den Rang des Besitzers schließen ließ. Eiderdaunen – Säcke mit den Federn der Eiderente, einem Vorläufer des Federkissens – waren in Deutschland und Skandinavien bereits in Gebrauch, doch in England sollten sie erst im 18. Jahrhundert Verwendung finden.

Im Schlafzimmer konnten durchaus auch ein oder zwei Sessel stehen, in denen die Bewohner am Feuer saßen. Neben dem Bett fand man häufiger einen Stuhl als einen Tisch und darauf Nachtkerze oder Nachttopf. Die Schlafzimmertruhe war mit Schubladen versehen, um leichter an den Inhalt zu kommen. Irgendwann im Laufe der Zeit versah man die Truhe mit Beinen, und so wandelte sie sich über den so genannten *tall boy* (›großen Jungen‹) allmählich zur Kommode.

Kleider bewahrte man in der *garde-robe* auf, dem Schrank beziehungsweise Ankleidezimmer, das unmittelbar ans Schlafgemach grenzte. Handelte es sich bei der *garde-robe* um ein Ankleidezimmer, fand sich dort auch ein Ankleidetisch, auf dem ein kleiner Teppich und die *toilette* der Dame lagen, ein großzügiges Sortiment aus Spiegeln, silbernen Kerzenleuchtern und unzähligen Gefäßen, einem Döschen für die Schönheitspflaster, einer Bürste und einem Kamm und einem Musselintuch, um den Teppich vor den Kosmetika zu schützen. Die *toilette* war ein teures, aber essenzielles Hochzeitsgeschenk. Das Ankleidezimmer konnte auch einen der neuen verstellbaren Sessel beherbergen, eine Uhr, einen Schreibtisch und Kabinettschränke, in denen Schmuck und Dokumente verschlossen wurden oder in denen man orientalisches Porzellan zur Schau stellte, das durch die verstorbene Königin Mary so groß in Mode gekommen war. Da es sich um einen kleineren Raum handelte, experimentierte man hier auch gern einmal mit neueren Dekorationstechniken zur Dekoration wie zum Beispiel orientalischen Lackarbeiten an den Wänden passend zu den lackierten Schmuckschatullen.

Die Jahrhundertwende fällt mit einer regelrechten Revolution im Stuhlbau zusammen. Fortschritte in der Polsterung, sodass sie sich der Körperform anpasste, ermöglichten zum ersten Mal wirklich bequemes Sitzen. Stühle brauchten hohe, gerade Lehnen. Wegen ihrer steifen Korsetts konnten die Frauen sich nicht in der Mitte durchbiegen, und ihr schwerer Kopfputz musste gestützt werden. Die Stühle der Reichen waren mit Damast und Seide bezogen, während Wolltuch und Leder weitaus haltbarer und vor allem billiger waren, sodass sie auch in einfachen Haushalten Verwendung fanden. Kleinkinder besaßen ihre eigenen kleinen Stühle, in denen sie sich aufrecht hinstellen und durch den Raum tapsen konnten. Das schlichte Einzelbett, das *couche*, entwickelte sich zum mit nur einer Lehne ausgestatteten Tagesbett oder zur Couch beziehungsweise zum Sofa mit seinen beiden Lehnen. Der Begriff Sofa scheint in den 90er-Jahren des 17. Jahrhunderts eingeführt worden zu sein, als irgendjemand erklärte: »*Un sofa est une espèce de lit de repos à manière des Turcs.*« (»Bei dem so genannten Sofa handelt es sich um eine besondere Form des Ruhelagers nach Art der Osmanen.«) Diese Sitzgelegenheit war hervorragend für jene geeignet, die immer mehr Muße hatten. Gleiches galt für die Kartentische und Kabinettschränke, die nur zur Dekoration dienten – alles wesentliche Möbelstücke für den herrschaftlichen Salon.

Im Speisezimmer war der Tisch nun entweder oval oder kreisrund. Bei Mahlzeiten bedeckte ihn ein weißes Tischtuch. Das Speisezimmer enthielt ein Buffet oder einen Schrank, von wo man sich während und nach den Mahlzeiten die Getränke bringen ließ. Nach und nach hatten die Schränke zusätzliche Regalböden bekommen, um sämtliches Geschirr aufzunehmen, sowie eine verschließbare Tür. Becher und feine Porzellantassen für die neuen Getränke Tee und Kaffee wurden aus dem Osten importiert und zierten am Ende des Jahrhunderts jedes besser situierte Haus. Die Tischstühle waren gerade und besaßen verstärkte Lehnen. Die schweren Eichenmöbel der Vergangenheit waren leichteren Hölzern gewichen wie Walnuss oder Mahagoni, und die Tischplatten waren mit hervorragenden Einlegearbeiten verziert. Der eher schwerfällige holländische Stil, der in der Regierungszeit Williams und Marys vorgeherrscht hatte, wurde unter Königin Anne durch einen leichteren ersetzt, der eher dem englischen Geschmack entsprach. Es war nicht länger notwendig, die Tische mit Teppichen zu decken. An den Wänden der Speisezimmer hingen Gemälde, die ein wenig nach vorn geneigt waren, während man die Haken mit dicken Schleifen verbarg.

Das beherrschende Raumelement war der Kamin. Die Kaminaufsätze in Königin Marys Gemächern in Hampton Court und Kensington zierten Glaspaneelen sowie blaue und weiße Porzellanornamente, welche die Teeschiffe als Ballast aus dem Orient mitbrachten. Die Feuerstelle selbst war mit glasierten Kacheln verkleidet. Außer offenem Feuer kannte man keine andere Heizmethode: »Die Engländer verwenden kein Mittel gegen das kalte Wetter außer dem Kaminfeuer, das sowohl angenehm für den Körper als auch schön anzusehen ist«, schrieb Misson. Während die Reichen auch Holz verbrannten, verwendete die Mehrheit der Londoner ausschließlich Kohle, die von Newcastle heruntergebracht wurde. »Jene, die gerade erst in der Stadt eingetroffen sind, empfinden den Schwefelgeruch als unangenehm«, erklärte Misson, »aber man gewöhnt sich daran.« Als Elizabeth Bauer sich von ihrem Mann getrennt hatte und ein neues Heim bezog, bestellte sie von einem Holzhändler, »einen Kessel Kohle und 100 Reisigbündel« im Wert von 50 Schilling.

Obwohl im Salon, im Schlafzimmer und in der Küche je ein Kohleofen brannte, muss es die meiste Zeit des Jahres in einem Londoner Haus sehr kühl gewesen sein, besonders da die Winter im ausgehenden 17. Jahrhundert weitaus kälter waren, als sie es heute sind – so viel kälter sogar, dass die Themse mehrmals zufror. Miege spielt auf die dünnen Wände an, die, »sollte es

WILLIAM HALL,

Chimney-Sweeper and Nightman,

No. 1, SMALL-COAL ALLEY,

Near SPITAL SQUARE,

NORTON-FALGATE.

Die ärmsten Kinder der Gemeinde gingen oft bei Kaminfegern in die Lehre. *(Museum of London)*

längere Zeit ungewöhnlich heiß im Sommer oder kalt im Winter sein (...), schließlich so von der Luft durchdrungen werden, dass der Mieter mit den Temperaturen leben muss.« In den paar Monaten, da das Feuer nicht brannte, zierten in den besseren Haushalten Blumen in einer Vase aus Delfter Porzellan die Feuerstelle.

Heizung, Licht und Nahrung verschlangen den größten Teil eines normalen Haushaltsbudgets. Das Feuer selbst spendete im Raum das meiste Licht. Wachskerzen waren teuer; die billigeren Talgkerzen hingegen rochen unangenehm. Pepys probierte beide aus. »Heute Abend habe ich in meinem Büro Wachskerzen verbrannt, um zu sehen, ob der Geruch genauso unangenehm ist wie der von Talg.« Die Diener führten einen lebhaften Handel mit halb gebrauchten Kerzen, wie Swift bemerkte, als er sich in *Anweisungen für Dienstboten* an seinen Butler wandte: »Lass die Kerzen niemals zu weit hinunterbrennen, sondern gib sie als rechtmäßiges Privileg an deine Freundin, die Köchin. Ist das in deinem Haus nicht erlaubt, gib sie mildtätig an deine armen Nachbarn, die oft für dich Besorgungen machen.« Die Menschen waren so sehr an das trübe Licht gewöhnt, dass es immer wieder für großes Staunen sorgte, wenn zu einer besonderen Gelegenheit viele Kerzen entzündet wurden.

Um Kerzen zu sparen, gingen die Hausbewohner früh zu Bett. Liest man die Gerichtsprotokolle von Old Bailey, stellt man erstaunt fest, dass viele Einbrüche gegen neun Uhr abends stattfanden, zu einer Zeit, da man davon ausgehen konnte, dass sämtliche Bewohner bereits tief und fest schliefen. Es war gut, dass man inzwischen eine neue Uhrenart entwickelt hatte, die Frühaufstehern an einem dunklen Morgen half. Pepys – der immer als Erster in seinem Büro sein wollte – berichtet, dass er »beizeiten auf den Beinen war dank einer Glockenuhr, die ich mir zufällig heute von meinem Uhrmacher geborgt habe«.

Als Konrad Zacharias von Uffenbach London im Jahre 1710 besuchte, fand er eine noch weit ausgefeiltere Version dieser Uhr:

Am Nachmittag fuhren wir zu einem weiteren Uhrmacher (…), um eine neue Art von Alarm zu sehen, der mit allen möglichen Arten von Uhren verwendet werden kann. Es gibt davon zwei Varianten: eine für große Uhren mit einem Ziffernblatt, auf dem man einen Zeiger auf die Zahl der Stunden einstellen kann, die man zu schlafen gedenkt. Wenn ich also um neun Uhr ins Bett gehe und um vier wieder aufstehen will, wären das sieben Stunden von zwölf. Deshalb stelle ich den Zeiger auf sieben, und die Uhr wird mich genau um vier Uhr wecken. Die andere Art Uhr besitzt kein Zifferblatt und besteht aus einem lackierten Kästchen, in welchem das Uhrwerk hängt. Den Stift, der daraus herausragt, steckt man in ein Schlüsselloch hinter der Uhr, in das er perfekt hineinpasst. Dann muss man ihn von links nach rechts drehen, bis darunter die gewünschte Zeit erscheint. Wenn ich also um neun ins Bett und um fünf Uhr wieder aufstehen will, sind das acht Stunden von neun bis fünf. Also drehe ich den Stift, bis genau die Zahl Acht zu sehen ist. Wenn ich dann eine für diesen Zweck hergestellte Uhr auf den Stift stecke, wird er mich pünktlich um fünf Uhr morgens wecken, und die Uhr wird noch immer die richtige Zeit anzeigen. Beide kauften wir uns solch einen Alarm für je zwölf Schilling.

London besaß eine gute Wasserversorgung. »Um diese Stadt mit Wasser zu versorgen«, schrieb Miege, »gibt es die Themse und den New River. Der eine versorgt den Süden, der andere den Norden. Außerdem führen zur Bequemlichkeit der Menschen auch mehrere Leitungen mit Quellwasser in die Stadt, und überall arbeiten Pumpen.« Sir Hugh Myddletons New-River-Wasser wurde durch einen Kanal von Amwell und Chadwell in Hertfordshire 60 Meilen außerhalb durch das Dorf Islington und über die letzten verbliebenen Felder der Stadt geleitet. Jenen, die sich im Westen ihr Wasser aus der Themse holten, bevor die Abwässer aus The Fleet und anderen Quellen eingeleitet wurden, ging es besser. Fließendes Wasser gab es in keinem Haushalt, man musste sich sein Wasser von öffentlichen Standrohren holen oder von Wasserträgern bringen lassen. In den wohlhabenderen Häusern wurde Wasser durch undichte Ulmenrohre geleitet und im Keller in Bleizisternen gelagert. Die Wasserversorgung, für die die Hausbewohner eine Gebühr entrichteten, wurde immer wieder unterbrochen. Manchmal gab es stunden-, ja tagelang kein Wasser; daher war es von allergrößter Wichtigkeit, Regenwasser aufzufangen.

In keinem Haus gab es ein richtiges Badezimmer. Als Pepys Mr Povys gut ausgestattetes Haus in Lincoln Inn Fields besuchte, staunte er über »sein Bad oben im Haus«; aber es ist unwahrscheinlich, dass es sich dabei um ein Badezimmer im heutigen Verständnis gehandelt hat. Das neu eingerichtete Marmorbadezimmer des Herzogs und der Herzogin von Devonshire mit seinen Kalt- und Warmwasserhähnen war am Ende des 17. Jahrhunderts eine Touristenattraktion. Näher an London gab es auch in Ham House ein marmornes Badezimmer zu bestaunen. Doch die Tatsache, dass heißes, fließendes Wasser in den Häusern nicht zur Verfügung stand, bedeutete nicht notwendigerweise, dass die Menschen sich nicht wuschen. Aber stückweises Waschen mit lauwarmem Wasser in einem oft eiskalten Raum war mit Sicherheit nicht sonderlich angenehm. Wenn die privilegierteren Londoner daheim ein Bad nahmen, verwendeten sie dazu eine Wanne aus Holz oder Kupfer, die zu diesem Zweck aus dem Keller in ihr Gemach hinaufgetragen wurde. Diener hatten die wenig beneidenswerte Aufgabe, Gallonen von Wasser über dem Kochfeuer zu erhitzen und immer wieder mit den Eimern und Krügen die Treppen hinaufzulaufen.

Es war wesentlich praktischer, ein öffentliches Bad zu besuchen, wie es auch Elizabeth Pepys dann und wann getan hat. Pepys bemerkt: »Meine Frau ist mit ihrer Freundin in ein Badehaus gegangen, nachdem sie so lange drinnen und im Dreck geblieben ist. Nun erklärt sie mit aller Entschlossenheit, sie sei vollkommen sauber – wie lange das so bleiben wird, kann ich mir schon denken.« Er selbst wusch sich aber natürlich auch, wie ein Tagebucheintrag beweist: »Bin spät von der Arbeit zurückgekommen. Nun noch ein wenig mit warmem Wasser waschen, dann will meine Frau mich haben und ab ins Bett.«

New River Water
Qui veut de l'eau
Chi vuol acqua di fiume

Nur die Glücklichsten besaßen Wasserleitungen im Haus; andere mussten es sich aus Rohren auf der Straße holen oder es sich von einem Wasserträger bringen lassen. *(British Museum)*

Celia Fiennes war sehr beeindruckt vom frühen Beispiel eines Wasserklosetts in Windsor Castle. In den königlichen Gemächern befindet sich »eine Tür, die zu einem kleinen Ort führt mit einem Marmorsitz, wo man sich erleichtern kann, und wo es auch Wasserleitungen gibt, um alles hinunterzuspülen«. Das war ein seltenes Luxusgut. In einem durchschnittlichen Londoner Haus bewahrte man Nachttöpfe aus Zinn, Fayence oder Porzellan neben Waschbecken und Kerzenständern in der Spülküche auf, sodass man sie extra holen musste, wenn man sie brauchte. Ihre Benutzung war nicht auf das Schlafzimmer beschränkt. Pepys führte einmal ein Gespräch mit Lady Sandwich, während diese im Speisezimmer auf dem Topf saß. Während eines Trinkgelages benutzten männliche Gäste den Topf in Sichtweite aller Anwesenden mitten im Zimmer. Toilettenstühle waren allerdings wesentlich bequemer. Das war auch ganz gut, da vor allem Leute, die Abführmittel verabreicht bekamen, viel Zeit darauf verbrachten. Der Stuhl von William III. in Hampton Court besitzt einen mit rotem Samt bezogenen Sitz. Der Inhaber des angesehenen Amtes *Groom of the Stool* – was man als ›Stuhlpfleger‹ oder, umgangssprachlich, als ›Königlicher Hinternwischer‹ bezeichnen könnte – stand mit einem in Wasser getauchten Leinentuch neben seinem Herrn, um nach erfolgtem Geschäft das königliche Gesäß abzuwischen. Der Toilettenstuhl, welcher ein oder zwei Pfannen enthielt, wurde entweder im Schlafzimmer oder in irgendeiner dunklen Ecke oder in einem nahe gelegenen kleinen Wirtschaftsgebäude aufbewahrt. Der französische Spitzname für den Toilettenstuhl oder *lieu d'aisance* lautete *le lieu*, wovon sich die englische Bezeichnung *the loo* (›der Pott‹) ableitet.

Nachttöpfe und Toilettenstühle wurden entweder in einer Grube im Keller oder draußen auf der Straße geleert. Viele Diener sparten sich die Mühe und schütteten den Inhalt einfach aus dem Fenster. Mit etwas Glück landete dieser dann im Rinnstein oder in dem offenen Graben in der Mitte der Straße, dessen Gestank sich nur dann verzog, wenn es in Strömen regnete. Im schlimmsten Fall traf der Inhalt einen unglücklichen Passant oder er landete mitten auf der Straße, wo er an den Schuhen haften blieb. Swift kannte so ziemlich alle Fehler seiner Diener. »Leert nie die Nachttöpfe, bevor sie nicht voll sind«, riet er seiner Dienerin. »Ist das des Nachts der Fall, leert sie auf die Straße, und ist es morgens so weit, in den Garten damit. Es wäre ja eine endlose Arbeit, Dutzende Male vom Dach und den oberen Räumen bis hinters Haus zu gehen. Aber wascht sie mit keiner anderen Beize als ihrer eigenen. Welch sauberes Mädchen will sich schon mit anderer Leuts Urin bespritzen?«

Die Sickergrube im Keller oder im Hinterhof sollte von den *night-soil men* gereinigt werden, den damaligen Müllmännern und Kanalarbeitern, doch diese kamen offenbar nicht regelmäßig vorbei, sodass das Abwasser in die Keller quoll und in die Wasserversorgung sickerte. Als Pepys eines Tages seinen Keller betrat, trat er »in einen großen Haufen Scheiße, wodurch ich weiß, dass Mr Turners Grube voll gelaufen ist und deren Inhalt sich nun in meinen Keller ergießt«. Es musste etwas unternommen werden, und Pepys traf sich mit Turner, »um zu sehen, ob seine Grube nicht größer gemacht oder eine zweite angelegt werden müsse«. Kümmerte man sich nicht um eine ordentliche Entsorgung seiner Fäkalien, kam es unweigerlich zum Streit mit den Nachbarn. Pepys hielt fest, dass er »zu Sir W. Batten ging, wo meine Lady und ich uns ein paar erregte Worte anhören mussten, was die Leerung unserer Sickergrube betrifft«. Natürlich ignorierten die Bewohner den unbändigen Gestank nicht, der ihr ganzes Haus erfüllte. Brenner mit Duftölen wurden dagegen ins Feld geführt.

Die *night-soil men* hatten wahrhaftig keine beneidenswerte Aufgabe. Ihre Ladung stank so fürchterlich, dass sie sogar einmal einen Zwischenfall provozierte, der in die Schlagzeilen

RICHARD HARPER,

NIGHT-MAN,

In *Clerkenwell-Green*, near *Turnmill-Street* End,

WITH the Care and Affiftance of his Son, who is always in the Bufinefs, carefully and decently performs what he undertakes, with proper Carriages that hold two Tuns.

He likewife cleanfes Funnels and Trunks, and empties Sefs-Pools, to the Satisfaction of all who pleafe to employ him.

N. B. *Any Gentleman fhall be waited on by directing a Penny-Poft Letter, or fending a Meffage, as above.*

Die *night-soil men* hatten einen Übelkeit erregenden Job, aber in dieser Anzeige klingt es schon fast wie ein Vergnügen. *(Museum of London)* kam: »Vergangene Nacht stießen ein paar Rabauken auf einen Nachtkarren, dessen Gestank sie als derart beleidigend empfanden, dass sie die Schwerter zogen und auf die Pferde einstachen. Diese starben sofort, woraufhin die Rabauken die Flucht ergriffen und seither nicht mehr gesehen wurden. Welch kühner Sieg!« Menschliche Ausscheidungen wurden gern von den Marktgärtnern genommen, in den Außenbezirken von London verteilt oder in die Gräben der Überlandstraßen geschüttet, sodass ihr Gestank Reisende auf ihre bevorstehende Ankunft in London aufmerksam machte.

In einem ihrer vielen Haushaltsratgeber beklagte Hannah Wooley die Tatsache, dass »die meisten in diesem lasterhaften Zeitalter eine Frau für ausreichend gebildet halten, wenn sie das Bett ihres Mannes von dem eines anderen unterscheiden kann«. Die Pflichten einer Hausfrau des 17. Jahrhunderts waren sehr arbeitsintensiv, und neben ihrer eigenen Arbeit musste sie auch noch die der Diener organisieren.

Sie musste das Haushaltsbudget verwalten und wissen, »welche Waren« man zu welcher Zeit am besten kauft«. Samuel Pepys überwachte aufmerksam die Haushaltsführung seiner Frau. »Und dann habe ich die Haushaltsbücher mit meiner Frau abgeglichen und festgestellt, dass mich meine Küche neben Wein, Feuer, Kerzen, Seife und vielen anderen Dingen ungefähr 30 Schilling oder ein wenig mehr in der Woche kostet.« Die Ausgaben einer Frau sollten nicht das Einkommen ihres Mannes übersteigen. »Geht vorsichtig mit dem Geld um, das er Euch anvertraut, denn das ist sowohl zu Eurem wie auch zu seinem Wohle«, mahnte Wooley. »Missbraucht nicht die Freiheit, die Ihr über seine Börse habt, indem Ihr zu verschwenderisch seid. Und schnürt Eurer Familie zu Hause den Gürtel nicht enger, nur um Euch in der Fremde verwöhnen zu lassen. Werft auch kein Geld für Kleinigkeiten hinaus, die nicht nur für Luxus stehen, sondern auch für Eitelkeit.«

Die Frau musste dafür sorgen, dass ihr Mann pünktlich sein Essen auf dem Tisch stehen hatte:

Achtet darauf, Euer Haus in guter Ordnung zu halten, und lasst alle Dinge ordentlich und bereit sein, wenn er zum Mahl erscheint. Lasst ihn nicht auf sein Essen warten, damit er durch das Warten nicht in seinen Geschäften behindert werde. Und macht das Essen schön zurecht, damit der Anblick selbst der einfachsten Speisen seinen Appetit erregt und er nicht in Tavernen geht, was zu tun sich viele genötigt sehen, da sie zu Hause unzufrieden sind.

Pepys beschwerte sich über »die Unannehmlichkeiten, die sich aus dem wachsenden Vermögen eines Mannes ergeben. Dann sieht er sich nämlich gezwungen, mehr Diener einzustellen, was nur Ärger bringt.« Diener waren für die Plackerei im Haushalt unerlässlich, da es zu dieser Zeit noch keine mechanischen Haushaltsgeräte gab. Da die Londoner immer wohlhabender wurden und ihre Frauen sich immer mehr ans Nichtstun gewöhnt hatten, bestand eine hohe Nachfrage an Dienern. Während ein viel versprechender junger Beamter wie Pepys sich am Anfang seiner Karriere mit einem Diener hatte zufrieden geben müssen, der alle Hausarbeit übernahm, diktierten die Diener den Herrn am Ende des Jahrhunderts ihre Bedingungen.

Defoe bemerkte, dass »heutzutage zwei Diener kaum die Arbeit tun wollen, die auch einer mit Leichtigkeit würde tun können; nichtsdestotrotz sind ihre Gehälter exorbitant gestiegen«. Die Diener waren auch sehr eigen geworden, was die Spezifikationen ihres Berufs betraf. Defoe beschreibt ein Mädchen bei einem Bewerbungsgespräch für eine Stelle als Hausdienerin: »Wenn Ihr zu Hause waschen wollt, solltet Ihr eine Waschfrau einstellen«, erklärte sie. »Wenn Ihr gutes Essen wollt, braucht Ihr eine Küchenfrau. Wollt Ihr jemanden zum Nähen, besorgt

Euch eine Zofe. Solch ein Haus wie dieses hier ist genug für eine Hausdienerin, die etwas auf sich hält.«

Die Raumaufteilung der Londoner Häuser vergrößerte das Arbeitspensum noch. Kohle musste aus dem Keller heraufgeholt werden und die Asche wieder hinuntergebracht. Wasser musste in die Schlafzimmer getragen werden und Nachttöpfe hinunter. Das Leeren der Senkgruben durch die *night-soil men* brachte Schmutz mit sich, den irgendjemand hinterher wieder aufwischen musste. In der Küche verbrachte die Köchin viel Zeit damit, das Backen, Kochen und Braten über dem offenen Kohlefeuer zu überwachen. Mahlzeiten mussten von der Küche in den ersten Stock gebracht werden und die Reste wieder hinunter.

Wasser musste erhitzt werden, um Kochutensilien und Geschirr zu spülen. Zinnteller hatten zu glänzen. »Wascht eure Teller zunächst in Seifenlauge und trocknet sie. Sind dann Flecken zu sehen, reibt sie mit Salz und Essig ab. Ist das getan, ölt die Teller mit Essig und Kreide ein und legt sie dann in die Sonne oder vors Feuer zum Trocknen. Reibt sie dann anschließend mit einem warmen, sauberen Leinentuch gut ab, und sie sehen aus wie neu.« Ein Kindermädchen musste sich um die Kleinen kümmern, und in den Haushalten einfacher Händler hatten die Diener auch in den Geschäften auszuhelfen. Bei all der Arbeit wirkt Hannah Wooleys Rat irgendwie überflüssig: »Lasst keinen Diener faulenzen.«

Mit viel Mühe versuchte man, die Häuser in einer Stadt sauber zu halten, die durch und durch von Kohlerauch durchdrungen war. César de Saussure war beeindruckt:

Die Wassermenge, welche die Engländer brauchen, ist unvorstellbar, besonders für die Reinigung ihrer Häuser. Obwohl sie sich nicht zu Sklaven der Sauberkeit machen wie die Niederländer, so legen sie doch bemerkenswert viel Wert auf diese Tugend. Nicht eine Woche vergeht, ohne dass gut gepflegte Häuser zweimal innerhalb von sieben Tagen geputzt werden, und das von oben bis unten. Und jeden Morgen werden die meisten Küchen, Treppen und Eingangsbereiche geschrubbt. Sämtliche Möbel und besonders alles Küchengerät wird akkuratest sauber gehalten. Selbst die großen Riegel und Schlösser der Türen werden blank poliert.

Geputzt wurde am Samstag. In *A Description of the Morning* (Eine Beschreibung des Morgens) erzählt uns Swift: »Nun hatte Moll ihren Mopp geschickt herumgewirbelt, um damit Eingang und Treppen zu schrubben.« Doch während die Hausbewohner alles unternahmen, um das Innere sauber zu halten, waren sie beim Äußeren weniger gründlich. John Evelyn berichtete von dem »Staub und Dreck, der täglich aus ihren Häusern geworfen wird«. Swift rät der Hausdienerin: »Wenn du über Nacht irgendeinen der Räume zur Straße hinaus putzt, dann schütte das schmutzige Wasser zur Tür hinaus; doch achte darauf, nicht in die entsprechende Richtung zu blicken, damit jene, die das Wasser abbekommen, dich nicht für ungebührlich halten oder glauben, du habest es aus Absicht getan.« Die Sauberkeit der Straßen war stets das Problem der anderen. Küchenabfälle wurden für die Schweine gesammelt, doch das war ein willkürliches Arrangement. Schweine streiften frei durch die Straßen der Stadt und taten sich vermutlich ohnehin am Müll gütlich.

Wäsche waschen war eine äußerst anstrengende Angelegenheit. Selbst der ärmste Haushalt, der sich ansonsten keine Diener leisten konnte, versuchte, einen zum Wäschewaschen zu bekommen. In den »Häusern guter Bürger« wurden Kleider und Wäsche einmal im Monat gewaschen. »Achtet auf die Zeit, wenn ihr Wäsche wascht, und streicht das Leinen rasch glatt, damit es nicht hin und her geworfen wird und Schimmel sich bilden kann, welcher den Stoff unbrauchbar macht«, riet Hannah Wooley.

Waschtag war zumeist Montag, und man begann noch vor Sonnenaufgang damit. An einem kalten, dunklen Märzmorgen hielt Pepys fest: »An diesem Tag ist das Mädel um zwei Uhr morgens aufgestanden, um mit der Wäsche zu beginnen.« Bei einer anderen Gelegenheit schlief er »ziemlich gut, während meine Frau aufstand, um die Glocke zu läuten, die unsere Dienerinnen um vier Uhr zur Wäsche rief, und ich war wie sie verärgert darüber, dass unsere Glocke sie nicht rasch genug geweckt hatte; aber ich werde uns eine größere Glocke besorgen«. Bei Sonnenuntergang war das Waschen noch nicht beendet, denn als er nach Hause kam, »fand ich meine Frau und eine Dienerin beim Waschen. Ich setzte mich, bis der Nachtwächter mit seiner Glocke unter meinem Fenster vorbeizog – was auch jetzt der Fall ist, da ich diese Zeilen schreibe –, und rief: ›Nach eins schlägt die Uhr an einem kalten, windigen Morgen!‹. Ich ging dann zu Bette, während meine Frau und die Dienerin weiter wuschen.«

»All ihr Leinen, grobes und feines, waschen sie mit Seife«, schrieb Misson. »Wenn Ihr an einem Ort seid, an dem man das Leinen mit großen Wassermengen durchspülen kann, wird auch der Gestank der schwarzen Seife weggewaschen.« Teure Stoffe wie Seide oder Spitze bedurften einer Spezialbehandlung.

Für nur ein Paar Seidenstrümpfe riet Hannah Wooley:

Macht einen guten Seifenschaum, und macht ihn recht schön heiß. Dann legt eure Strümpfe auf den Tisch, und nehmt ein Stück Tuch, wie die Seeleute es für ihre Segel benutzen, faltet es um die Strümpfe und reibt jene gründlich damit ein. Zieht sie erst auf der einen, dann auf der anderen Seite durch, bis sie dreimal hindurchgegangen sind. Ist dies getan, spült sie gut ab, und hängt sie zum Trocknen mit der falschen Seite nach außen auf. Und wenn sie fast trocken sind, nehmt sie ab und glättet sie mit einem Eisen auf der falschen Seite.

Nach Erledigung dieser gigantischen Aufgabe, die Wäsche mit Seife zu waschen, blieb das Problem, wie man sie in der feuchten, verschmutzten Luft trocknen sollte. In *Fumifugium* bezog sich John Evelyn auf den Kohlerauch, der »die Kleider, welche zum Trocknen auf die Hecken gelegt werden«, verschmutzt. Bügeln muss ein sehr langwieriger Prozess gewesen sein. Dazu benutzte man entweder ein glattes Eisen, das man über dem Feuer erhitzte, oder ein hohles Eisen, mit einem Stück glühender Kohle darin. Bis zum Donnerstag hatte man dann vielleicht alles geschafft. Zusätzlich zum Waschen empfahl Hannah Wooley der Hausfrau und ihrer Zofe: »Vergesst nicht, das Leinen auch regelmäßig zu flicken, damit es nicht auseinander fällt, bevor es halb getragen ist.«

Einer der größten Fehler von Dienern war die Tatsache, dass sie ständig tratschten und Indiskretionen über ihre Familien verbreiteten. Defoe beschreibt, wie sie sich in der Küche versammeln, um sich dort »über die schwerwiegendsten Angelegenheiten der Familie zu beraten«. In seinen *Anweisungen für Dienstboten* riet Swift einem Diener: »Um die Geheimnisse anderer Familien zu erfahren, musst du die deines Herrn erzählen. So wirst du sowohl daheim als auch anderswo zum Liebling und als eine wichtige Person betrachtet werden.«

Wenn es um Sicherheit ging, konnte man sich auf Diener nicht verlassen, wie Swift bemerkte: »Wenn du nur ein paar Türen weitergehst, um mit einem Weib zu schwatzen, ein Bier zu trinken oder dem Hängen eines anderen Dieners beizuwohnen, dann lass die Straßentür auf, damit du nicht klopfen musst, sodass dein Herr bemerkt, dass du fort gewesen bist. Eine Viertelstunde ist doch nicht so schlimm.«

Die Sorglosigkeit der Diener und auch ihrer Herren, die sie beaufsichtigen sollten, waren die Ursache für so manchen Einbruch. In *Everybody's Business Is Nobody's Business* (Jedermanns Angelegenheit ist Niemandes Angelegenheit) bemerkte Defoe, dass »unsere Gerichtsprotokolle in letzter Zeit voller Fälle sind, da Dienerinnen gestohlen haben; das kann nur auf ihren teuflischen Stolz zurückzuführen sein. Heutzutage verlangen sie ohnehin nur, immer weniger zu tun und dafür mehr Geld zu bekommen.« Diener klauten ständig. »Sie nehmen sich Essen, Trinken und zweigen sich etwas vom Marktgeld ab.« Ehemalige Diener, die einen Haushalt kannten, kehrten unter Umständen wieder zurück, um ihn auszurauben.

In den Gerichtsprotokollen von Old Bailey steht zu lesen, dass Jane Blair angeklagt wurde, drei Seidenkleider gestohlen zu haben sowie drei Seidenröcke, sechs Silberschüsseln, sechs Gewürzstreuer, eine Tasse, einen Pokal, sechs Guinea und 11 Pfund 17 Schilling und 6 Pence in Silber:

> Die Klägerin erklärte, die Gefangene sei bis vor kurzem ihre Dienerin gewesen, doch sei sie entlassen worden. Als sie dann alle im Bett lagen, ist die Gefangene mit einem falschen Schlüssel ins Haus eingedrungen, hat sich die Gegenstände angeeignet und wollte verschwinden. Aber sie wurde gehört, sodass jemand ›Dieb!‹ schrie, woraufhin die Gefangene die Treppe hinunterrannte und die Eingangstür hinter sich verschloss. Sie floh, wurde aber von einem Constabler angehalten, dem sie auffiel und der sie als verdächtiges Subjekt durchsuchte. Bei dieser Durchsuchung fand er den falschen Schlüssel sowie die gestohlenen Gegenstände. Er brachte sie dann vor Gericht.

Wut und Rachsucht waren oft Auslöser von Verbrechen:

> Wie sich herausstellte, war Hays der Diener des Klägers, doch da er einen Fehler begangen hatte, drohte man ihm damit, ihn wegzuschicken. Am Abend vor dem Raub hatte der Angeklagte gesehen, wie der Kläger zu Bett gegangen war und wohin er Uhr, Ring und die anderen Gegenstände abgelegt hatte; so nutzte er die Gelegenheit, die Gegenstände

zu stehlen und war noch vor dem Morgen verschwunden. Doch er wurde gestellt und dazu gebracht, den Diebstahl zu gestehen.

Gegen Einbruch und Diebstahl gab es keine Versicherung. Versichern konnte man sich allerdings gegen Feuer, die schlimmste aller Bedrohungen. Hausratversicherungen wurden erst 1708 eingeführt. »Es gibt zwei Versicherungsgesellschaften«, schrieb Misson, »die für einen gewissen Beitrag auf je ein Pfund Miete verpflichtet sind, ein Haus neu zu bauen oder zu reparieren, wenn es im Zuge eines Feuers zerstört oder beschädigt wird.« Guy Miege beschrieb die Einzelheiten:

Um Häuser gegen Brand zu versichern, gibt es zwei Gesellschaften: Die eine nennt man Versicherungsbüro, die andere die Freundliche Gesellschaft. Bei der ersten wird ein Haus ein Jahr lang für sechs Pence pro Pfund Miete versichert, oder anders, ein Haus von zehn Pfund pro Jahr wird sieben Jahre lang für 25 Schilling versichert, elf Jahre für 35, 21 Jahre für 50 und so weiter, je nach Größe der Häuser und deren Miete und Pacht. Brennt ein derart versichertes Haus nieder, zahlt der Versicherer eine bestimmte Summe für den Wiederaufbau; wird es durch den Brand nur beschädigt, zahlt er für die Reparaturkosten (…). In der Freundlichen Gesellschaft müssen die Mitglieder 16 Pence für je 100 Pfund im Jahr im Voraus zahlen. Das gilt allerdings nur für Ziegelhäuser; Holzhäuser sind teurer.

Hausbesitzer waren für die Straßenbeleuchtung vor ihren Häusern verantwortlich. »Um in dunklen Nächten für Sonnenlicht zu sorgen, ist London einzigartig in der Verwendung von konvexen Lichtern, die man gemeinhin Lampen nennt«, beschrieb Miege begeistert. »Deren Reflexion ist so wunderbar hell und ihr Strahl reicht so weit, dass man sie getrost die kleinen Sonnen der Nacht nennen kann.« Die Hausbesitzer bezahlten Lampengesellschaften für die Versorgung mit Licht, doch es brannte nicht die ganze Nacht. Defoe bemerkte in *An Effectual Method to Prevent Street Robbery* (Eine effektive Methode, um Straßenüberfällen vorzubeugen), dass eine derartige Beleuchtung keine Verbrechen verhindere. Dazu kam noch, dass die Streifen, welche die Hausbesitzer bezahlten, um des Nachts auf den Straßen zu patrouillieren, der Aufgabe nicht gewachsen waren: »Unsere Straßen werden so schlecht bewacht. Die Wachleute sind zumeist heruntergekommene, überalterte Kreaturen, die mit einem Bein im Grabe stehen. Sie sind so schwach, dass man sie einfach umpusten kann.«

7. KAPITEL

Mode

Obwohl Paris noch immer die Mode diktierte,
London war ein Paradies für Einkaufsbummel.

Als der Londoner Henker wegen seiner Schulden auf dem Rückweg von Tyburn verhaftet wurde, war er in der Lage, sich mit den Kleidern der Hingerichteten sofort die Freiheit zu erkaufen; diese zu behalten, war eines der Privilegien seines Standes. Die Kleider waren natürlich verdreckt, aber kein Krimineller, der etwas auf sich hielt, würde zum Galgenbaum schreiten, ohne das Beste zu tragen, das er zur Verfügung hatte. Sie würden einen guten Preis auf dem blühenden Secondhandmarkt bringen und Teil der riesigen Garderobe werden, aus der sich alle bis auf die reichsten Londoner ausstaffierten. Stoffe waren teuer, und deshalb wurden Kleider umgenäht, geflickt und der Mode entsprechend vollkommen verändert. Der Industrie war es noch immer nicht gelungen, billige Kleidung für alle zu produzieren. Aber alle konnten die Höhergestellten imitieren, indem sie deren abgelegte Kleider kauften, die sich im Laufe ihres stofflichen Lebens die soziale Leiter nach unten bewegten.

Die Londoner hegten eine große Leidenschaft für feine Kleider. Ihr äußeres Erscheinungsbild bedeutete ihnen alles. »Englische Frauen lieben den Luxus«, schrieb César de Saussure. »Sie scheuen keine Mühen, um sich hübsch einzukleiden.« Tom Brown beschrieb den fantastischen Anblick, den die Frauen auf der Mall boten, als exotische Vögel, die über die Gehsteige stolzierten. De Saussure fiel auf, dass in den Parks »die Frauen schnell und gut gehen, aber ich glaube, in Wahrheit tun sie es mehr, um ihre Kleider vorzuführen als um ihre Körper zu ertüchtigen«. Er hegte den Verdacht, »dass Gleiches für Theateraufführungen und Konzerte gilt, an denen sie in Wirklichkeit nicht allzu viel Interesse zu haben scheinen«.

Für *The English Lady's Catechism* war klar, dass die Frauen nur aus einem Grund die Kirche besuchten: »Wie oft geht Ihr in die Kirche?« »Zweimal im Jahr oder öfter, je nachdem, wie oft mein Mann mir neue Kleider kauft.« »Warum geht Ihr in die Kirche, wenn Ihr neue Kleider habt?« »Um den Staat der anderen Leute zu sehen und meinen eigenen vorzuführen und um über diese armseligen, unmodischen Kreaturen zu lachen, die um der Demut willen dorthin gehen.«

Und es waren nicht nur die Frauen, die es liebten, sich herauszuputzen. Niemandem in London konnte entgehen, auf welch unmännliche Art die Männer der Mode zugetan waren. Der Franzose Henri Misson beschrieb sie: »Diese Gentlemen nennt man Gecken oder auch *beaux*. In den Spiel- und Schokoladenhäusern sowie in den Parks im Frühling wimmelt es förmlich von ihnen. Ihr einziger Lebensinhalt besteht darin, der neuesten Mode hinterherzujagen. Sie sind Kreaturen, die aus Perücke und Gewand bestehen, deren Gesicht mit Schnupftabak verschmiert ist und die eine affektierte Art an den Tag legen.« Diese *Beaux* waren umso bemerkenswerter, erklärte Misson, da die englischen Männer sich ansonsten »eher auf schlichte, uniforme Art« kleiden.

Jeder machte sich über die Gecken lustig. Die Feministin Mary Astell war gnadenlos in ihrer Beschreibung:

Sein Spiegel ist das Orakel, das alle großen Zweifel und Skrupel löst. Er untersucht seinen Teint damit und frischt ihn

Der Geck brauchte den ganzen Morgen, um perfekt auszusehen. Dafür wurde er dann »Französischer Hund!« gerufen, wenn er über die Straße ging. *(Victoria and Albert Museum)*

auf, und ein Pickel entsetzt ihn mehr als Krebs. Wenn er träge mit den Augen rollt, sind all seine Bewegungen seiner Kunst angeglichen. Seine Perücke und sein Mantel werden üppig gepudert, seine Handschuhe parfümiert, ebenso sein Taschentuch, und ist das erledigt und auch all der Rest, hat er schon daheim die Hälfte seines Tagwerks vollbracht. Nun ist es Zeit zu starten, und da kommt er schon herunter, duftend wie der ganze Laden eines Parfümeurs, und er bewegt sich wie ein Schiff unter vollen Segeln, doch ohne Ballast. Ein Stuhl wird zur Tür gebracht, denn er nimmt jeden Atemzug wie einen Wirbelsturm wahr.

Tom Brown beobachtete die Gecken im Theater, das sie hauptsächlich besuchten, um die dort zur Schau gestellte Mode zu begutachten und die bewundernden Blicke der Damen auf sich zu ziehen. »Da sitzt ein Beau wie ein Narr im Rahmen, der es nicht wagt, Kopf oder Körper zu bewegen, aus Furcht, seine Perücke könne in Unordnung geraten, seine Krawatte geknittert werden oder sein Mund die Form verlieren, die der *maître de dance* ihm gegeben hat.«

Ein anderer sardonischer Kommentator, Ned Ward, beschrieb einen Besuch in einem Kaffeehaus, das von *Beaux* frequentiert wurde. »Ein auffälliger Haufen Kerle (…), die die Hüte in den Händen tragen und es nicht wagen, sie ihrer Bestimmung zuzuführen, um nicht die Spitzen ihrer Perücken in Unordnung zu bringen.« Er fand es ungeheuer amüsant, solcherlei Manieriertheit zuzuschauen: »… das Geraderücken der Perücken, die Hüte in den Händen, die Schnupftabakdose, wie sie an ihrem Vormast zupfen, wie das Schwert hängt …«

Welchem Volk er auch immer entstammen mochte, ein Geck, der die Straße hinunterging, forderte den Ruf »Französischer Hund!« geradezu heraus.

Die Londoner definierten sich über ihre Kleidung. In *The Fable of the Bees: Or, Private Vices, Publick Benefits* (Die Bienenfabel, oder: Private Laster und öffentliche Tugenden) fasste Bernard de Mandeville die Situation knapp zusammen:

> Ein schönes Erscheinungsbild ist das Allerwichtigste; schöne Federn machen schöne Vögel, und sind Menschen irgendwo unbekannt, werden sie stets nach ihren Kleidern und anderer Ausstattung beurteilt, die sie bei sich tragen. Von der Üppigkeit ziehen wir Schlüsse auf ihren Wohlstand, und von der Zusammenstellung schließen wir auf ihren Geist. Das ist auch der Grund dafür, dass jeder, der sich dieser kleinen Sache bewusst ist, versucht, Kleider zu tragen, die seinen eigentlichen Rang noch weit übertreffen.

Die Londoner waren so erpicht darauf, die über ihnen Stehenden nachzuäffen, dass ausländische Besucher es als schwierig empfanden, die Menschen ihrem Rang nach zu unterscheiden. »Die Frauen, welche am meisten Wert auf ihr äußeres Erscheinen legen (...), gehen noch immer in reicher Seide mit all den Hervorhebungen, die die Kunst ersinnen kann«, schrieb Guy Miege. »Und hierbei übertreiben es einige Bürgersfrauen und Dienerinnen so sehr, dass man ganz verwirrt ist. So ist es bisweilen schwer, eine Handwerkersfrau von einer Dame zu unterscheiden oder eine Dienerin von ihrer Herrin.«

Tom Browns Gast war ebenfalls verwirrt. »Ich habe nicht gelernt, Frauen von Rang von den Frauen und Töchtern von Handwerkern zu unterscheiden außer an ihren Kutschen und ihrem Gefolge«, gestand er, »denn Erstere kleidet sich mit derselben Pracht wie Letztere, spricht verächtlich über alle Personen unter ihr und beneidet jene über ihr.«

Gesetze, die das erlaubte Ausmaß an Luxus festlegen, gehörten der Vergangenheit an. Als er in den 60er-Jahren des 17. Jahrhunderts noch ein aufstrebender junger Beamter im Navy Office gewesen war, hatte Samuel Pepys, der Sohn eines Schneiders, größten Wert auf seine Kleidung gelegt. Er hatte weit mehr Zeit für seine Kleidung aufgewendet, als er seiner Frau gestattet hatte, und die Ausgaben dafür fraßen nicht gerade wenig seiner sorgfältig gehüteten Ersparnisse, wie Pepys herausfinden musste, als er im Oktober 1663 seine Monatsabrechnung machte:

> … und zu meinem großen Leidwesen entdecke ich, dass ich 431 weniger habe als im Monat zuvor; was gestern noch 7 601 waren, sind nun nur noch 7 171. Aber das kommt hauptsächlich zustande, weil ich so viel für meine Kleider und die meiner Frau ausgelegt habe, für sie 121 und für mich 551 oder so ungefähr. Ich habe mir einen Samtmantel machen lassen, zwei neue Stoffanzüge, schwarz, beide schlicht, ein neues Plüschgewand mit Goldknöpfen und Zwirn, einen neuen Hut, Seidenstrümpfe für meine Beine und viele andere Dinge. Ich bin fest entschlossen, von nun an als ich selbst zu gehen. Und auch zwei Perücken, von denen die eine mich 31, die andere 40 Schilling gekostet hat (…). So hoffe ich nunmehr, mein Geld nun eine Weile nicht mehr anrühren zu müssen, da ich für mich und meine Frau Kleidung gekauft habe (…). Zusammen mit den Haushaltskosten macht das in zwei Monaten 1 101. Doch ich hoffe, dass ich alsbald eine bessere Stelle bekommen werde, auf dass ich nicht mangels Kleidung wie ein Bettler werde herumschleichen müssen.

Im Jahre 1665 zahlte er 24 Pfund – noch 1700 ungefähr die Hälfe des Jahreseinkommens einer mittelständischen Familie – für »meinen neuen Kamelhaaranzug, den besten, den ich je in meinem Leben getragen habe«. Vier Jahre später hatte er golddurchwirkte Ärmel – das eindeutige Zeichen eines Gentleman –, und man gab ihm zu verstehen, dass er es für seine Stellung mit der Kleidung übertrieben habe.

Zum Jahrhundertwechsel mochten Konservative wie John Evelyn ja nostalgisch an jene Zeiten zurückdenken, da die Frauen weniger extravagant gewesen waren, aber fortschrittliche Denker wie Bernard de Mandeville setzten private Eitelkeit mit öffentlichem Wohlstand gleich. »Stolz und Luxus«, argumentierte er. »Ja, die Londoner sind verschwenderisch, aber es ist unmöglich, ohne Verschwendung eine reiche Nation zu sein.«

Die Manufakturen wurden von unten her angetrieben, da jede Klasse versuchte, es der nächst höher stehenden nachzutun:

Die Frau des ärmsten Arbeiters in der Gemeinde, die es für unter ihrer Würde hält, einfachen, starken Stoff zu tragen (...), wird sich und ihren Mann halb verhungern lassen, um sich ein Kleid aus zweiter Hand mit Unterrock leisten zu können, was sie nur halb so gut brauchen kann wie das schlichte; weil (...) es vornehmer ist. Der Weber, der Schuhmacher, der Schneider, der Barbier und jeder andere arbeitende Mann (...) besitzt die Dreistigkeit, sich vom ersten Geld, das er bekommt, wie ein vermögender Kaufmann einzukleiden (...). Der Drogist, der Textilhändler und andere ehrenwerte Ladenbesitzer sehen keinen Unterschied zwischen sich und den Kaufleuten, und daher kleiden sie sich wie sie und leben auch so. Die Frau des Kaufmanns, die das Selbstbewusstsein dieser Handwerker nicht ertragen kann, rettet sich auf die andere Seite der Stadt und weigert sich fortan verächtlich, einer anderen Mode zu folgen als jener, die sie von dort mitgebracht hat. Dieser Hochmut bereitet dem Hof große Sorge. Die Damen von Rang bekommen Angst, wenn sie Kaufmannsfrauen und -töchter wie sie selbst gekleidet sehen. Diese Frechheit der Stadt, schreien sie, sei unerträglich. Kleidermacher werden gerufen und müssen eine neue Mode kreieren, die dann wieder so lange vorhält, bis die freche Stadt sie neuerlich kopiert.

Die Habgier der Frauen, wenn es um Kleidung ging, veranlasste Daniel Defoe dazu, den angehenden Kaufmann zu warnen, bei der Wahl seiner Ehefrau sehr vorsichtig zu sein. Der ältliche John Evelyn war entsetzt über die Kosten einer Aussteuer. In *Mundus Muliebris: The Ladies Dressing Room Unlock'd* (Einblicke in die Ankleidezimmer der Damen) hatte seine Tochter Mary wohl mehr Spaß daran als er, alle grundlegenden Dinge aufzulisten. Ihre Arbeit ist ein unbezahlbares Dokument über den Inhalt der Garderobe einer modebewussten Dame.

Die meisten formellen Porträts aus dieser Zeit zeigen die Personen in dem losen Nachtgewand, das man über dem Kittel trägt und das die Schönheiten des Hofes der Restauration in Mode gebracht hatten, sodass man schon auf Drucke zurückgreifen muss, um zu sehen, was die Frauen in der Öffentlichkeit wirklich trugen. Die Franzosen bemerkten, wie sehr die Engländer diese Form des *négligée* liebten. »Sie will ein Gewand, in der Tat!«, ruft Wycherlys Tanzmeister in dem gleichnamigen Theaterstück. »Sie ist in ihrem *déshabillé* [5] (…), eine große Mode in England.« Tom Brown bemerkte nahe der Mall Frauen, »aus dem öffentlichen Gewerbe in Déshabillé und Nachtgewändern. Entweder mangelte es ihnen an Tageskleidung, oder sie wollten zeigen, dass sie zum Geschäft bereit waren.«

Da es vorwiegend nur innerhalb der eigenen vier Wände getragen wurde, hatte sich das ›Hauskleid‹ in ein weniger formales Tageskleid verwandelt, die Mantua, deren Name sich vom französischen *manteau* ableitete, was Mantel oder Tunika bedeutet. Die Mantua der Damen, die auch über einem Korsett getragen wurde, war ein recht lockeres Kleid. Vorn war es offen, um ein besticktes Korsett zu enthüllen oder ein Schleifenmieder, das wie das Oberteil der Mantua sich nach unten v-förmig schloss. Der Gürtel konnte mit einer mit Juwelen besetzten Schnalle geschlossen sein. Hinten war der Rock hochgebunden, um einen in Muster und Farbe in Kontrast stehenden Unterrock zu enthüllen, der manchmal auch noch mit Fransen verziert

---

[5] Hauskleid. (Anm. des Übersetzers)

war. Eine Änderung des Musters läutete genauso eine neue Mode ein wie ein neuer Schnitt. Bei Stoffen konnte man sich nun wirklich nicht über mangelnde Auswahl beklagen. Die Hugenotten in Spitalfields produzierten hervorragende Seide mit immer komplexeren Mustern, sodass die Textilindustrie kaum vom Bann französischer Waren betroffen wurde. Die dreiviertellangen Ärmel der Mantua endeten in *engageants*, langen Doppelrüschen, die bis zum Handgelenk hinunterhingen. Diese konnte man zum Waschen abnehmen.

Im Jahre 1696 plante Prinzessin Anne, die Schwester der verstorbenen Königin Mary, was sie zum Geburtstag ihres Schwagers William III. tragen sollte – dem Höhepunkt des gesellschaftlichen Kalenders. Die Entscheidung würde davon abhängen, ob es zur Unterhaltung ein Theaterstück oder einen Ball geben würde. Gern wollte sie die neue Mode der Mantua ausprobieren.

Schließlich wandte sie sich an ihre Freundin Sarah, die Herzogin von Marlborough, die das Dilemma für sie lösen sollte:

Ohne Zweifel gibt es Menschen, die an Mantuas etwas auszusetzen haben, denn man muss damit rechnen, dass alles Neue am Anfang Missfallen erregt; die meisten auf der Welt missbilligen jede Mode, die sie nicht selbst erfunden haben. Ich hätte nicht gedacht, dass Mylady Fitzharding zu jenen gehören würde, denen Mantuas nicht gefallen, aber sie spricht davon auf eine Art, als halte sie es irgendwie für despektierlich. Sie glaubt, Menschen könnten nur in Gewändern wirklich schön sein, und da Mantuas richtig getragen werden müssen, wäre ein Theaterstück am besten, da man sie auf einem Ball nicht tragen könne. Ich habe ihr gesagt, dass dies nun Mode sei und somit keineswegs despektierlich und dass ich sicherlich schön darin aussehen würde; aber sie schien nicht ganz mit meinen Worten einverstanden zu sein.

Drei Jahre später waren all diese Zweifel beiseite gefegt, und Elizabeth Adams schrieb an John Verney:

> Ich höre, Sir E.D. wird diesen Abend in der Stadt sein. Das könnte einen Ball am Hof der Prinzessin [Anne] bedeuten. Mir ist zu Ohren gekommen, dass man seit vielen Jahren schon nicht mehr so viele feine Kleider und reiche Livreen gesehen hat, wie es sie heute Abend zu sehen geben wird. Die Mantua und der Unterrock der Prinzessin kosten 1 000 Pfund und die Verzierungen auf ihrem Unterrock noch einmal 500. Der Herzog von Norfolk wird in Scharlach und Gold erscheinen und der Herzog von Southampton in Schwarz und Silber. Einige behaupten, dem König würden die extravagant schönen Kleider missfallen, die an seinem Hof getragen werden, und dass er sagt, offenbar mangele es in England nicht an Geld.

Der große Kopfputz, den man *commode* nannte, hatte seinen Höhepunkt in den 90er-Jahren des 17. Jahrhunderts erreicht. Es handelte sich dabei um ein hohes Drahtgestell, das mit Spitze oder Leinenfransen verziert war und leicht gekippt getragen wurde. Damit begann eine ganz neue Haarmode mit entsprechend vom Französischen beeinflussten Begriffen. So gab es da die *confidants*, die kleinen Locken neben den Ohren, die *crèves-cœur* oder Herzensbrecher, die zwei kleinen Locken im Nacken, und so weiter. Kopfputz und Haar wurden oft noch von einem *firmament* geschmückt, einer Masse von Nadeln mit Diamantenköpfen. Ohne den Kopfputz, zu Hause, wurde das Haar zu einem Arrangement auf dem Kopf gebunden, und einzelne Locken fielen spielerisch bis auf die Schultern hinunter.

Um ihre Garderobe zu vervollständigen, besaß Evelyns modebewusste Frau auch noch zwei Dutzend Hollandkittel, ein Dutzend Nachtgewänder aus flandrischer Spitze, ein Dutzend Spitzen- und ein Dutzend einfache Taschen-*mouchoirs* (nur die einfachen Leute nannten sie Taschen*tücher*). Den *mouchoir* hängte man sich an die Hüfte und steckte ihn in eine Tasche im Unterrock. Die Frau brauchte auch bestickte Seidenslipper und mindestens drei bemalte und parfümierte Fächer.

Parfümierte Handschuhe waren sowohl für modebewusste Männer als auch für modische Frauen ein unverzichtbares Accessoire – ein sehr merkwürdiger Anspruch in einer Zeit, da eine richtige Körperwäsche alles andere als selbstverständlich war. Die Haushaltsbücher des Earl of Bedford enthüllen, dass er mehrere Paar *jessemy*-Handschuhe besaß, Handschuhe, die mit Jasmin parfümiert waren. Allein in einem Jahr kaufte er sechs weitere Paar mit Mandelcremeduft. Die teuersten parfümierten Handschuhe wurden von dem Pariser Martial gefertigt und kosteten 30 Schilling das Paar, während einfache Handschuhe nur mit zwei Schilling sechs Pence zu Buche schlugen. Bei Strumpfwarenhändlern und Handschuhmachern konnte man eine süße Salbe kaufen, die man Jasminbutter nannte, um damit Leder einzureiben, und Duftpulver für die Hände, bevor man sie in die Handschuhe steckte. Königin Mary bekam jeden Monat zwei Dutzend weiße Handschuhe in den Palast geliefert.

Muffs wurden sowohl von Männern als auch von Frauen getragen, um die Kälte der eisigen Winter, in denen bisweilen sogar die Themse gefror, von den Fingern fern zu halten. Wolle war bei den oberen Klassen verpönt, daher auch der Aufschrei, als die Regierung sie zur Pflicht bei Totengewändern machte. Im schlimmsten Fall ließen sie sich vielleicht dazu herab, eine Mischung aus Seide und Wolle zu tragen. Im Winter trugen sie schwere Seide und über der Mantua einen pelzbesetzten Umhang. Evelyns Dame brauchte »Dutzende Kapuzen- und Haubenmäntel sowie Samtschals, um ihren Rücken warm zu halten«.

Der Regenschirm war bereits erfunden, obwohl eine vornehme Dame natürlich niemals während eines Regengusses auf die schlammigen Straßen Londons hinausgegangen wäre.

Für den Earl of Bedford schien das Wetter keine Herausforderung darzustellen, denn er bestellte eine beachtliche Menge Regenschirme:

Jonathan Hibberts Rechnung vom August 1689

Material für die Regenschirme	£	s.	p.
Holz und Eisen für zwei Schirme	1	7	
17fl Yards Drillich zu 1 s. 3p. das Yard	1	5	
16fl Unzen Kammgarnfransen zu 6p. die Unze		5	8
Herstellung der Schirme		6	
1 Stück Band und Klammern		2	
1 Sackleinenboden und Nägel		12	
2 lange Schrauben und Nuten		2	6
1 einfache Decke zum Einpacken		1	

Passend zur leuchtend bunten Seide ihrer Mantuas und ihres Unterrocks brauchte Evelyns Lady Diamanten- oder Perlenohrringe, und um ihren offenen, gekräuselten Kragen zu betonen, eine Perlenkette »groß und orientalisch«. Ihre Seidenstrümpfe mit Gold- und Silberfäden wurden von Strumpfbändern gehalten, welche mit Silber geschmückt waren, und auf die Schuhschnallen gehörten kleine Diamanten. Die Gegenstände auf ihrem Ankleidetisch, ihrer *toilette*, mussten aus Silber sein. Natürlich brauchte sie einen von Kerzen beleuchteten Tischspiegel, in den sie blicken konnte, um ihre *mouche* zu arrangieren, oder schwarze Schönheitspflaster, und vielleicht auch etwas für ihre Zähne (schon früh verlor man damals die ersten Zähne durch Karies). Ein goldener Zahnstocher vervollständigt die Liste.

Die Männer hatten sich schon vernünftigerweise auf einen dreiteiligen Anzug geeinigt, bestehend aus Mantel, Wams und Kniehosen mit einer Krawatte aus Leinen oder Spitze und einer Schleife, die über einem Rüschenhemd getragen wurde. Anzüge konnten aus Tuch, Samt oder Seide bestehen und viele Knöpfe haben. Wie viele Familien vom Land kaufen auch die Verneys aus Claydon in Buckinghamshire ihre meisten Kleider in London und schrieben ausführlich darüber in ihrer Korrespondenz. Es herrschte eine gewisse Unsicherheit in Bezug auf die Knöpfe, und Lady Fermanagh beeilte sich, um eine Katastrophe zu vermeiden.

Mein lieber Mr Verney,
ich habe mit Mr Bedford gesprochen, und er sagt mir, dass niemand so etwas wie Seidenknöpfe zu einem Seidenwams trägt, und Ihr lieber Silber dazu nehmen solltet, denn das sei sehr stattlich, und mein Mann denkt das Gleiche. Ihr habt die halbe Menge Eurer Hosen heraufgeschickt, und ich muss noch die andere Hälfte haben, denn eine Hose ist zu lang, und wir wollen das, was zu lang ist, nehmen, um das Wams komplett zu machen. Vergesst nicht, sie mit John Innes, dem Transporteur, nächste Woche zu schicken. Mr Bedford gibt Euch sein Wort, dass es Euch passen werde, und es wird Euch nur zehn Schilling mehr kosten als die Ausführung mit den Seidenknöpfen. Und Euer Vater bittet mich, Euch zu schreiben, dass Seide sehr hässlich aussehen würde. Ich werde mich darum kümmern, dass alles zum Besten verläuft, sobald ich Eure Meinung gehört habe.

Hüte, vorzugsweise aus Biberfell hergestellt, wurden mit Federn geschmückt und besaßen einen breiten Rand, der vorn hochgeklappt wurde. Ein Gentleman musste ein Schwert an der Hüfte unter dem Mantel tragen und einen Gehstock mit sich führen – was in den verstopften, verdreckten Straßen Londons sogar recht nützlich war. Seine Handschuhe aus Chamoisleder besaßen vermutlich einen Silberrand; solche militärischen Accessoires kamen zunehmend in Mode, nun, da der Krieg mit Frankreich von neuem entbrannt war. Die Strümpfe wurden von Strumpfbändern unmittelbar unter dem Bund der Kniebundhose gehalten. Wie die Damen, so trugen auch die Herren Schuhe mit leicht erhöhten Absätzen.

Daheim bevorzugten auch die Männer ›Hauskleidung‹, das lockere Gewand, das man über Hemd und Hose trug. Der Gesellschaftsmaler Sir Godfrey Kneller malte 1698 den Poeten John Dryden in einem bequemen Gewand und mit Slippern. Solch ›indische‹ Gewänder bestanden aus Seide oder Wolle, die aus Indien importiert und in London verarbeitet worden waren. Trotz des zwanglosen Charakters seiner Kleidung trägt Dryden eine volle Perücke. Zum ›Hauskleid‹ wurde für gewöhnlich ein Pelzturban getragen, um den kurz geschorenen Kopf zu verbergen, und natürlich Slipper mit niedrigen Absätzen. Indische Gewänder dienten je nach Stoffart als Winter- oder Sommergewand. Der Kammerherr des Earl of Bedford bestellte diese Kleidung für seinen Herrn bei Mr Henry Kirk, indischer Gewandverkäufer in St. Clement Danes. Sie kosteten zwischen 30 Schilling bis 3 Pfund. Zu gegebener Zeit würden sie wieder an Mr Kirk zurückgehen, um neue Fäden einzuziehen. Vor der Erfindung des Deodorants mussten alle Kleidungsstücke auf diese Art behandelt werden, sollten sie tragbar bleiben.

Perücken waren in den 60er-Jahren des 17. Jahrhunderts in Mode gekommen, als Ludwig XIV. sein Haupthaar mit Besorgnis erregender Geschwindigkeit einbüßte. Kein echtes Haar konnte so luxuriös sein, wie die Mode es verlangte. Perücken wurden sowohl aus (manchmal noch fettigem) Menschen- als auch aus Tierhaar hergestellt, und jeder konnte sein Haar für einen guten Preis verkaufen und es in seine eigene Perücke einarbeiten lassen. Haarhändler gingen ihrem Geschäft landesweit nach. Die große oder volle Perücke, ein riesiges, kompliziertes

Ding, hatte Ende des Jahrhunderts vollends die Herrschaft übernommen. Neben dem Kopfputz der Damen war die männliche Perücke zu beiden Seiten aufgeschwungen; in Locken arrangiertes Haar fiel auf einer Seite tiefer als auf der anderen. Perücken waren sowohl teuer in der Herstellung als auch in der Pflege. Der Earl of Bedford zahlte 54 Pfund und 10 Schilling für vier große Perücken, die einzeln 20, 18, 10 und 6 Pfund kosteten. Die Reinigungs- und Reparaturkosten würden sich auf ungefähr zehn Schilling belaufen. Zunächst einmal war eine Perücke den Gentlemen vorbehalten, aber nach und nach verbreiteten sich die Perücken auch in den niederen Schichten der Gesellschaft. Die Männer dachten sich nichts dabei, ihre Perücken in der Öffentlichkeit zu kämmen. Die Brise über der Themse machte das Reisen für Perückenträger in der Stadt gefährlich, und natürlich boten Perücken im Regen ein trauriges Bild.

Obwohl Paris noch immer die Mode diktierte, war London ein Paradies für einen Einkaufsbummel. Auf seinen Hauptstraßen sah man unzählige bunte Schilder, die die Geschäfte darunter anpriesen. Während des Neubaus der Stadt waren viele der besten Geschäfte nach Westen gezogen. The Strand und Covent Garden hatten sich eine Zeit lang als die Modebezirke etabliert, auch wenn der Adel seine Residenzen in The Strand mittlerweile geschlossen hatte und immer weiter nach Westen zog. Es war allgemein üblich, kleine Geschäfte in großen Gebäuden unterzubringen wie zum Beispiel Westminster Hall und die Neue und Alte Börse. Die Königliche oder Alte Börse in Cornhill war die neuere der beiden, denn sie war nach dem Feuer wieder aufgebaut worden. Im ersten Stock befanden sich 200 Geschäfte »voller Waren aller Art, besonders für die Kleidung von Mann und Frau«. Hier verkaufte man Handschuhe, Strümpfe, Schleifen, Fächer, Masken und Schneidermaterialien. Die Neue Börse in The Strand blühte aufgrund ihrer Nähe zum Hof, und auch nach dem Brand des Palastes von Whitehall im

Jahre 1698 galt St. James unter den Reichen noch immer als gute Wohngegend.

Geschäfte sahen immer verlockender aus. Viele Händler stellten ihre Waren auf einer Theke aus, die zur Straße hin offen und des Nachts hinter Fensterläden verborgen war. Andere besaßen Fenster aus milchigem Glas, sodass die Kunden hereinkommen mussten, um die Ware genauer zu betrachten und über den Preis zu verhandeln. Daniel Defoe, der einst als Strumpfwarenhändler gearbeitet hatte, war angewidert von der Geldsumme, die der Ladeninhaber für die Verzierung seiner Ladenfläche aufzuwenden hatte. Er musste alles von 200 bis 500 Pfund, »vielleicht ein Drittel, nein, die Hälfte seiner Ersparnisse in Wandverschönerungen stecken, bevor er mit dem Geschäft beginnen kann«. Der Kunde erwartete Spiegel und Wandleuchter und Kerzen in silbernen Kerzenhaltern, um im Dunkel des Ladens etwas sehen zu können. Und »wenn er keine gute Figur dabei machte, dann erscheint er wie ein gemeiner Kerl, und kein einziger modebewusster Mensch betritt sein Geschäft«.

Ladeninhaber benutzten ihre Frauen, um die Kunden zu umschmeicheln, und sie stellten hübsche Mädchen ein, um sie zum Kauf zu ermuntern. Ned Ward beschreibt sie wie folgt: »Sie betteln mit solch sinnlichen Blicken um Kunden und auf solch liebenswerte Art, dass ich nicht anders konnte als zu denken, sie böten auch sich als Ware feil. Meine Ohren wurden zu beiden Seiten mit ›Feines Leinen, Sir, Handschuhe und Schleifen, Sir‹, geködert, dass ich eine Woche lang einen ganzen Putzmacher- und Näherladen in meinem Kopf hatte.« Nicht alle Kunden erlagen dem Charme der Verkäuferinnen. Selbst die reichsten Frauen feilschten hart und »fuhren von Geschäft zu Geschäft, um den Markt zu erkunden«. Die immer häufiger eingesetzten Zeitungsanzeigen informierten die Käufer vom wahren Wert der Ware, sodass das Feilschen überflüssig wurde.

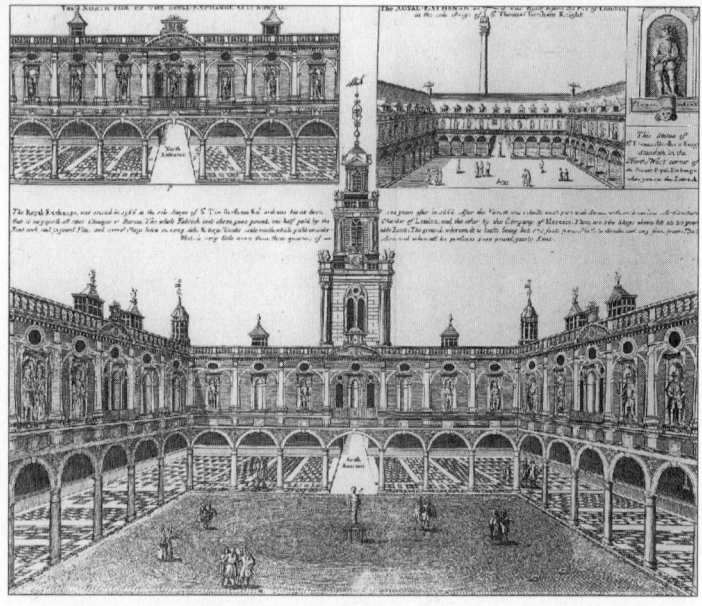

Die Königliche Börse war das Herz der kosmopolitischen, kaufmännischen Gesellschaft Londons und beherbergte einige der besten Geschäfte. *(Guildhall Library, Corporation of London)*

Das Interesse der verstorbenen Königin Mary an der Mode hatte einen großen Aufschwung für die Londoner Händler bedeutet. Häufig hatte sie Richard Alcorn & Co., einen Textilwarenhändler, besucht, um dort feine Stoffe zu kaufen, und auch andere Händler waren in den Genuss der königlichen Kundschaft gekommen: James Chase, ein Federhändler, der Straußenfedern für Hüte und Kopfpütze, Betten und Kissen verkaufte; das Etablissement von Madame Marie Cheret, Putzmacherin in Covent Garden, die Spitzenbänder, Hutbänder, Rüschenmanschetten, Schleifen, Orangen- und Jasminhandschuhe, Hauben und Schals verkaufte; George Hanbury, Hutmacher in der Neuen Börse; Salomon de Medinas Textilwarenhaus und Samuel Tuer, Putzmacher in Pall Mall.

Mary hatte allen Zierrat der weiblichen Mode geliebt. Sie besaß Dutzende Yards Schleifen sowie bemalte Fächer und Schönheitspflaster. Von einem Schuhmacher allein orderte sie sieben Paar Schuhe pro Monat, die sie in der ersten Hälfte 1694 68 Pfund und 10 Schilling kosteten. König William liebte es, sie in üppigen Seidengewändern zu sehen. Sie trug stets viel Perlen- und Diamantenschmuck, von dem ein Teil von ihrem hugenottischen Juwelier Richard de Beauvoir hergestellt worden war, oder ›Mr Bevoir‹, wie sie ihn nannte. Ihre Unterwäsche war genauso luxuriös wie ihre äußere Kleidung, ihr Korsett schwarz bestickt und ihre Nachtgewänder und *négligées* aus gestepptem Samt sowie aus der allgegenwärtigen rot-weiß gestreiften Seide.

Modeschneider besaßen ihre eigenen Etablissements um The Strand, The Temple und Covent Garden herum. Die Damen beschäftigten noch immer Schneider, um ihre Reitkleider zu nähen. Als er die Rennen in Epsom besuchte, bemerkte von Uffenbach den Trend bei den englischen Frauen, »Männerkleider und gefiederte Hüte zu tragen«. Der Hauptkostenfaktor sowohl bei Männern als auch bei Frauen war das Material. Stoffbahnen wurden beim Textilhändler gekauft und zum Schneider geschickt, der sie zusammennähen sollte. Eingefleischte Einkaufsbummler, wie die Verneys aus Claydon, brachten ihr Material nach London.

Catherine Verney schreibt an ihren Mann:

Mein Liebster,
ich hoffe, du hast heute unbeschadet das Ziel deiner Reise erreicht und alles zu deiner Zufriedenheit gefunden. Ich habe dir ein Muster des Tuchs und eine Liste mit allem, was du brauchst, geschickt, denn hier ist genug von deinem besten gefärbten Tuch, um alle vier Westen und Hosen zu machen, und Mr Gurney glaubt, dass die Tuchhosen gut ein Jahr halten werden. Ich glaube, wir sollten das besser für diesen Zweck verwenden, bevor wir irgendwelchen Abfall kau-

fen. Du brauchst nur noch neun Yards gefärbtes Tuch; aber lass uns beten, dass es genauso strahlend sein möge wie dieses hier. Ich glaube, wir haben schon Besseres für den gleichen Preis bekommen. Für die Bordüren kauf lieber weiß statt blau, das sieht lebhafter aus und passt außerdem zu den Hosen. Hier ist Seide und Mohair genug. Auf der Liste steht also alles, was du noch kaufen musst – außer der Spitze.

Die Diskrepanz zwischen den Material- und Herstellungskosten war immens. Seidensamt kostete bis zu 26 Schilling das Yard. Eine Mischung aus Seide und Wolle immerhin noch 5 Schilling das Yard. Wolle und Wollstoffe in verschiedener Qualität schlugen mit 10 Schilling 6 Pence zu Buche, Serge mit 4 Schilling 6 Pence und Kersey mit 2 Schilling 7 Pence. Der Schneider würde diese Rechnung noch um all die Materialien erweitern, die er zur Fertigstellung brauchte: Seide für die Bordüren, Draht und Buckram zum Versteifen und Flanell für die Innenseiten. Er besorgte Zierschleifen, Silberhaken und Knöpfe, wenn es einfach gefertigte waren. Neben den Kosten für diese Materialien war der Lohn für seine Arbeit verhältnismäßig gering, angefangen bei 10 Schilling bis zu einem Pfund für einen Anzug.

Die Kleider der Reichen waren mit Gold und Silber verziert. Der Earl of Bedford gab allein in einem Jahr 87 Pfund 18 Schilling und 6 Pence für Gold- und Silberspitze aus:

15 1/2 Yards der feinsten Gold-Silber-Perlen-Litze, 3 Pfund 13 Schilling 0 Pence, wovon 9 Schilling pro Yard der erlaubte Profit sind, was 2 Schilling 6 Pence pro Pfund macht, was 4 Pfund 2 Schilling 0 Pence pro Yard sind, also 63 Pfund 11 Schilling 0 Pence.

Auch wenn die Gold- und Silberlitzenhändler das bei weitem teuerste Material für ein Kleidungsstück lieferten, hatten sie in ihrem Geschäft mit unzähligen Fallstricken zu kämpfen.

Das Material selbst, die Gold- und Silberfäden und die Spitzenseide, waren das Teuerste an einer Ausstattung, während die Arbeit verhältnismäßig billig war. *(Museum of London)*

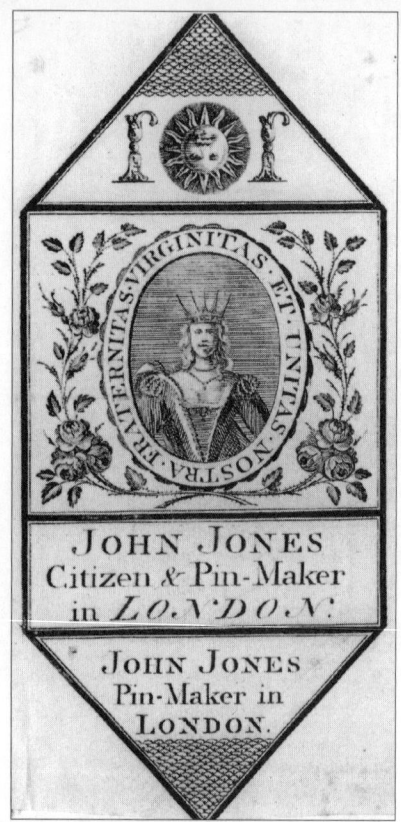

Kleider wurden mit Nadeln zusammengehalten, und es galt als Zeichen von Unglück, eine zu vergessen, wenn man eine Braut entkleidete.
(Guildhall Library, Corporation of London)

Robert Campbell erklärt in *The London Tradesman*:

Ein Litzenmann muss eine gut gefüllte Börse haben, um sein Geschäft auszustatten, doch seine Dachkammern können so elend aussehen, wie es ihm beliebt. Sein größtes Talent sollte in einem guten Geschmack, was Spitzen betrifft, liegen etc. Er sollte flüssig reden und sich elegant verneigen können. Er sollte in der Lage sein, einer Dame höflich aus ihrer Kutsche und wieder hinein zu helfen, ohne dabei ein Beben des Herzens zu verspüren, wenn er eine zarte Hand berührt, einen wohlgeformten Arm erblickt oder ein schönes Gesicht. Aber vor allem muss er das Selbstbewusstsein besitzen, seine Ware auf allerfreundlichste Art dem extravaganten Beau zu verweigern, der nie bezahlt, sowie Geduld und genügend Rücklagen für den Peer, der selten zahlt. Mit diesen natürlichen Begabungen, 5 000 Pfund in der Tasche und einer Reihe guter Kunden in Sicht, kann ein junger Mann sich als Litzenmann niederlassen. Wenn er diskret ist, sein Geld zusammenhält und das Geschäft über seine Geliebte stellt, kann er lange genug überleben, um seinen Besitz zu vergrößern; und ist das alles nicht gegeben, gibt es keinen schnelleren Weg auf die Straße und ins Gefängnis als der Beruf des Litzenmannes.

Abgesehen von den Ausgaben für Gold- und Silberfäden benötigte jedes Kleidungsstück noch Spitze, Rüschen und Fransen. Edle Spitze kaufte man in London oder importierte sie aus Paris oder Venedig. Die Näherin konnte Musselin und einfache Spitze herstellen. Der Earl of Bedford beschäftigte die Näherin Mary Kent, die ihm die Krawatten machte, und zahlte 7 Schilling für »eine feine Musselinkrawatte zum Binden«, und 4 Schilling 4 Pence für »zwei Paar feiner Musselinmanschetten«. Die Leinenhändler verkauften das Hollandleinen sowie das einfache Leinen und Baumwolle für Unterwäsche, die wiederum die Näherin anfertigte, wenn sie nicht fertig gekauft wurde. Seine Strumpfwaren kaufte der Earl bei Philip Hanbury in der Neuen Börse, auch wenn seine Haushälterin ihm manchmal die Socken und Taschentücher nähte.

Die Mantua war das Werk der Näherin, die nun Mantuamacherin hieß, im Gegensatz zum Schneider.

Wieder kaufte der Kunde das Material separat, und wieder war das der teuerste Teil der Anschaffung. Elizabeth, Herzogin von Somerset, bezahlte ihre Näherin, Mrs Grovers, wie folgt:

Leistungen	£	s.
Nähen einer schwarz-goldenen Mantua mit Schleifen	1	
Nähen eines Unterrocks mit drei Fransenkanten		17
Seide an den Rändern des Leinens		11
Taschen		2
Nähen eines mit Purpurrot abgesetzten Nachtgewands		6
Nähen eines schönen Unterrocks mit Fransen		5
Seide zum Verlängern des Unterrocks und Taschen		4
Ändern eines mit Weiß abgesetzten Nachtgewands		4
Nähen einer Mantua mit Kirschrot und Silber		8
Herstellen von Haarfarbe und einer blauen Mantua		8
Nähen eines Unterrocks aus dem gleichen schönen Stoff		16
Einziehen neuer Fäden in eine Mantua		8
usw.		

Einige Kleider konnte man von der Stange kaufen. James Cutts, Kleiderhändler, verkaufte fertige Kleider unter dem Zeichen des Affen auf dem Pferd, Henrietta Street, Covent Garden. Bournes und Harpers Warenhaus in der Catherine Street, Covent Garden, bot Reitkleidung, Mäntel und Nachtgewänder an. Männermäntel aus Tuch kosteten von 10 bis 36 Schilling, Seidenwämse von 7 bis 8 Schilling, Tuchhosen ungefähr 8 Schilling, Stoff- oder Sergehosen 7 Schilling 6 Pence, Biberhüte 34 Schilling 9 Pence, Filzhüte von 8 Pence bis 4 Schilling, Hemden von 3 bis 15 Schilling und Mäntel von 15 bis 53 Schilling. Für die Frauen gab es Seidenmantuas, die man ab 9 Schilling 7 Pence bis hin zu 20 Schilling bekommen konnte, und Kattun-

In gewissem Sinne teilten sich alle Londoner dieselbe Garderobe, von der hier ein Teil in einer Pfandleihe zu sehen ist, die unter dem Zeichen der drei goldenen Bälle der Lombardei arbeitet. *(Museum of London)*

mantuas, die ungefähr 10 Schilling 6 Pence kosteten. Ein Seidenunterrock kostete entweder 20 Schilling oder auch nur 6 Schilling 3 Pence, ein Flanellunterrock 5 Schilling. Walknochenkorsetts kosteten 7 Schilling 6 Pence.

Die zunehmende Pracht der Geschäfte und das Verlangen nach guter Kleidung wirkte immer verlockender auf die Ladendiebe. In den Gerichtsprotokollen von Old Bailey finden sich Hunderte solcher Fälle:

Es stellte sich heraus, dass der Gefangene häufiger in das Geschäft des Klägers kam. Er gab vor, der Dienerin des Besitzers den Hof zu machen; er selbst war der Lehrling des Nachbarn. Bei der erstbesten Gelegenheit schnappte er sich jedoch die Ware, welche er und sein Komplize verpfändeten und verkauften, was er auch gestanden hat, nachdem er gestellt worden ist.

Es stellte sich heraus, dass der Gefangene den Kopfschmuck aus dem Fenster einer Näherin genommen hat, das er wieder instand setzen sollte. Und da ihn einige aus der Nachbarschaft sahen, nahmen sie sofort die Verfolgung auf, woraufhin der Gefangene die Beute wegwarf.

(...) Es stellte sich heraus, dass sich niemand außer einem kleinen Jungen zur fraglichen Zeit im Geschäft befand, und die Gefangene und eine weitere Frau kamen herein und fragten den Jungen nach seinem Meister unter dem Vorwand, etwas kaufen zu wollen. Aber sie nutzten die Gelegenheit. Während sie mit dem Jungen redeten, nahmen sie sich die Ware und machten sich davon. Dem Jungen sagten sie, sie würden nach Cheapside gehen und sich erneut melden, wenn sie wieder zurück seien. Doch der Junge, der die Waren vermisste, verfolgte sie und ergriff die Gefangene in Castle-Tavern Yard.

Zehntausende Londoner hingen vom Gebrauchtkleidergeschäft ab. Als Ned Ward in die Long Lane ging, wurde er plötzlich »von einem Haufen flinkzüngiger Sünder« angesprochen, »die aus ihren Geschäften sprangen und mich umschwärmten wie Bienen einen Eimer Honig. Einige packten mich an den Händen, manche an den Ellbogen, andere an den Schultern, und sie veranstalteten einen derartigen Lärm in meinen Ohren, dass ich schon glaubte, unwissentlich ein Gesetz übertreten zu haben, woraufhin sie mich nun festnehmen wollten. Das waren die Gebrauchtkleiderhändler, die ihn drängten, ihre Kleider zu kaufen. ›Sollen euch die Pocken holen‹, sagte ich. ›Ihr seid bereit, einem Mann die Kleider vom Leib zu reißen, und dann fragt ihr, ob er welche kaufen will. Lasst mich in Ruhe, verdammt, und sie werden mir noch weitere sechs Monate gut dienen.‹ Aber sie stießen mich noch immer vor und zurück wie einen Taschendieb in der Menge, bis ich mich schließlich befreien konnte und rannte wie ein rastloser Gefangener vor einer Bande Büttel.«

Tom Brown machte eine ähnliche Erfahrung:

Ich, der ich mich nun mehr vor dem Anblick eines Sergeanten oder eines Büttels fürchte, wurde bei meinem Spaziergang durch Barbican und die Long Lane von den frechen Lumpenhändlern in dieser schändlichen Umgebung zu Tode erschreckt, die meinen Arm packten und mich fragten, was mir fehle. Zuerst begann ich schlimmer zu zittern denn ein Quäker bei einem Anflug von Leidenschaft, da ich glaubte, arrestiert worden zu sein, und ich wollte gerade die übliche Frage stellen: ›Auf wessen Anklage hin?‹ Aber diese Rauheit, die mich nun an jeder Tür erwartete, erleichterte mich von dieser panischen Furcht, und als sie das nächste Mal meinen Arm packten und riefen: ›Was wollt Ihr kaufen, Sir? Woran fehlt es Euch?‹, riss ich mich los und schrie in gerechtem Zorn: ›Auch wenn ich nichts aus euren Geschäften will, so scheint mir, dass ihr doch etwas Manieren brauchen könntet. Ihr seid bereit, mir einen neuen Anzug vom Leib zu reißen unter dem Vorwand, mir einen neuen zu verkaufen. Verschwindet, Ungeziefer! Eure Kleider stinken ebenso sehr nach Newgate und Tyburn wie die Betten, die man beim Abflussgraben auf der Fleetside verkauft, nach Huren und Brandy stinken.‹

Es gab Gebrauchtkleidergeschäfte wie zum Beispiel das von George Hartley und Daniel Jones in der Monmouth Street und Godfrey Gimbarts Laden in Long Lane. Märkte mit gebrauchter Kleidung konnte man in der Monmouth Street, der Rosemary Lane, East Smithfield, Houndsditch, den Minories, Petticoat Lane, Chick Lane, Long Lane und dem Barbican finden. Die Gebrauchtkleiderhändler ermöglichten es den Londonern, Kleider zu tragen, die eigentlich zu fein für ihren gesellschaftlichen Rang waren und die sie sich neu unmöglich hätten leisten können. Niemand warf gebrauchte Kleider weg. Eine gut ausgestattete Garderobe war so gut wie ein Sparbuch: Man konnte sie in bare Münze verwandeln, sollte es notwendig sein.

Die Reichen, die für einen Anzug unter Umständen so viel bezahlten, wie ein einfacher Arbeiter in seinem ganzen Leben verdiente, gaben alte Kleider bei ihrem Schneider oft für neue in Zahlung. Andere verkauften alte Kleidung an Gebrauchtkleiderhändler, tauschten sie gegen andere Waren oder brachten sie zum Pfandleiher. In den Zeitungen fanden sich regelmäßig Anzeigen für gebrauchte Kleidung, für entsprechende Auktionen der Pfandleiher oder Nachlassveräußerungen des Nachlasses eines Verstorbenen. Hausierer zogen durch die Straßen und schrien: »Irgendwelche alten Kleider zu verkaufen oder zu tauschen?« London blieb das Zentrum des Gebrauchtkleidermarkts; Straßenhändler brachten sie von dort in die Grafschaften.

Die Liebe zum Luxus förderte allerdings auch das Verbrechen. Jene, die Höherstehende nachahmen wollten, stahlen oder kauften auf dem Gebrauchtkleidermarkt. Diebe fanden einen aufnahmewilligen Markt für ihr Diebesgut. Er nahm die Hehlerware rasch auf. In gewissem Sinne hing er sogar von den Dieben ab. Verbrechensopfer schalteten Anzeigen in der Presse, konsultierten das *Universal British Directory of Pawbrokers* (Allgemeines Britisches Direktorium der Pfandleiher) und klapperten die Pfandleihen und Märkte auf der Suche nach gestohlenen Waren ab. Manchmal wurde die Kleidung verändert, um ihre Herkunft zu verbergen. Diebe konnten der Versuchung nicht immer widerstehen, die Kleidung selbst zu tragen; die Anziehungskraft der Kleidung war stärker als die nötige Vorsicht.

Es scheint, als hätte ein Teil der Bevölkerung stets Jagd auf den anderen Teil gemacht, um sich dessen Kleiderwaren anzueignen:

Isabella Dickens (...), angeklagt, böswillig von der Witwe Elizabeth Roe gestohlen zu haben (...) ein Kleid im Wert von 30 Schilling, einen Kreppunterrock im Wert von 10 Schilling und mehrere andere Güter.

Judith Jones (...), angeklagt, böswillig von Katherine Butler gestohlen zu haben (...) ein Kleid im Wert von 10 Schilling, einen Unterrock im Wert von 5 Schilling, einen Pelzkragen im Wert von 5 Schilling, einen Muff und mehrere andere Gegenstände.

William Martin (...), angeklagt, Mary Jelly auf der Landstraße beraubt (...) und ihr eine Spitzenhaube im Wert von 61 Schilling entwendet zu haben.

Ständig brachen Diebe in Häuser ein, raubten ihre Mitbewohner aus, schnappten sich Waren auf den Straßen und rissen Sachen von den Wäscheleinen: »Es stellte sich heraus, dass die Gegenstände zum Trocknen auf die Hecke gelegt worden sind, und der Gefangene und der Rest seiner Bande sind dabei beobachtet worden, wie sie sie entwendet haben.«

In den Protokollen von Old Bailey findet sich eine Vielzahl unterschiedlicher Kleidungsstücke verzeichnet, denen der Gelegenheitsdieb nicht hatte widerstehen können:

> Zehn Hüte, zehn Hutbänder, ein Mantel (...), 24 Yards Norwichstoff, Wert 42 Schilling (...), eine Schürze, drei Spitzenmanschetten, ein Kittel (...), ein Kleid, vier Seidenhauben, Wert 20 Schilling, vier Yards flandrische Seide, Wert 20 Schilling (...), ein seidener Unterrock, ein Tuchmantel ...

Allein das Tragen einer Perücke machte einen Mann zum potenziellen Opfer eines Überfalls. Tom Brown traf auf »einen Taschendieb, der meine Erscheinung ausführlich begutachtete und besonders meine neue Perücke (von der Gott weiß, dass ich sie noch nicht bezahlt habe); dann griff er nach meiner Tasche«. Die Diebe hatten es auch auf die Perücken selbst abgesehen. Kleine Jungen, die in Körben auf den Köpfen der Erwachsenen ritten, schnappten sich die Perücken von den Köpfen der Passanten. Edward Short aus St. Martin-in-the-Fields wurde angeklagt, Peter Newell auf der Straße »einen Hut im Wert von 2 Schilling und eine Perücke im Wert von 5 Schilling« geraubt zu haben. Er hatte sich dem Opfer in der St. Martin's Lane genähert, »sich den Hut geschnappt und die Perücke und war dann geflohen. Als er verfolgt wurde, warf er die Perücke weg, aber der Hut wurde unter seinem Arm gefunden.« Thomas Giblet »ging unter Ludgate hindurch mit einer Perücke in einem verschnürten Karton«, als er von dem Gefangenen und ein paar anderen gegen die Wand geworfen wurde, die ihm die Perücke dann abnahmen. Als John Matthews verurteilt wurde, weil er »24 Unzen Haar aus Mr Trotts Geschäft [gestohlen hat] und zwei Perücken aus Mr Newths«, gestand er, »ohne Arbeit und in großer Not zu sein. Die letzten Jahre hatte er sich damit verdingt, Haare und Perücken aus Barbierläden zu stehlen.«

Gebrauchtkleiderhändler. *(British Museum)*

Diener hatten in der Umgebung ihrer Herrschaft genügend Gelegenheit, deren Mode zu studieren und nach dem Gleichen zu verlangen. Manchmal war dieses Verlangen überwältigend:

> Anne Hughes aus der Gemeinde St. Dunstans in The West wurde für den Diebstahl einer Viertel Elle Hollandleinen verurteilt, Wert 18 Pence, eines Yards Kambrik, 3 Schilling, eines Schals, 6 Pence und eines Paars Schuhe, 12 Pence, alles Dinge aus dem Besitz von Mr Collins. Es stellte sich heraus, dass die Gefangene eine Dienerin von Mr Collins war und dass sie die Sachen weggenommen hatte, die sie in ihrer Truhe fand. Dies alles gilt als bewiesen, und als man sie verhaften wollte, versuchte sie, sich die Kehle durchzuschneiden, was jedoch verhindert werden konnte.

Der Profit aus den Diebstählen floss oft wieder zurück in den Handel, da feine Kleider der Ehrgeiz eines jeden waren. Wie Bernard de Mandeville es ausgedrückt hat:

> Ein Wegelagerer, der eine beachtliche Beute gemacht hat, gibt der gemeinen Hure, die er liebt, zehn Pfund, um sie von Kopf bis Fuß neu einzukleiden. Gibt es auch nur einen Stoffhändler, der pflichtbewusst genug ist sich zu weigern, ihr Satin zu verkaufen, obwohl er weiß, wer sie ist? Sie braucht auch Schuhe und Strümpfe, Handschuhe, ein Korsett und eine Mantua. Näherinnen, Textilhändler, alle wollen sie etwas von ihr haben, und noch 100 verschiedene Händler hängen von ihr ab – obwohl sie einen Teil ihres Geldes und auch ihrer Ware vielleicht schon am Ende dieses Monats in ihren Händen wiedersehen.

Über kurz oder lang landet die neue Garderobe vielleicht in der Pfandleihe, wo sie ihre Reise die sozialen Schichten hinunter antreten wird, bis sie schließlich bei der Ärmsten Londons angelangt ist. In gewissem Sinne trug ganz London die gleichen Kleider: Neu und glänzend trugen sie die Reichen, zerfetzt und dreckig die Armen. Selbst der Wegelagerer wird zu diesem System beitragen, wenn er zum Galgen geht, denn wie der Londoner Henker nur allzu gut weiß: Die Kleider eines Toten ließen sich nur zu gut wieder verwerten.

8. KAPITEL

Speis und Trank

»Die Engländer vertilgen während der Mahlzeiten große Mengen; dann ruhen sie sich eine Weile aus und beginnen noch einmal von vorn, bis sie sich den Wanst voll geschlagen haben.«

Um sechs Uhr morgens im Sommer oder bei Sonnenaufgang im Winter wurde die Hausfrau oder ihre Dienerin sechsmal die Woche von der Marktglocke gerufen, um Lebensmittel zu kaufen. Es folgten ein paar Stunden lebhaften Handelns, bei dem gemäß der Stadtverordnungen die Einkäuferin Vorrang vor Händlern, Hausierern und Ladenbesitzern von außerhalb hatte, die in die Stadt gekommen waren, um ihren Bestand aufzustocken. Die Preise waren nicht festgelegt, und die Frau musste hart verhandeln; Qualität und Gewicht der Ware musste sie selbst abschätzen. Sie bezahlte bar. Ihre Einkäufe gab man ihr unverpackt, und sie trug sie ohne Hilfe nach Hause. In einer Hinsicht konnte die Frau sich allerdings glücklich schätzen. London war eine Stadt des Überflusses. Die Einkäuferin hatte nicht nur alle möglichen Nahrungsmittel aus den Grafschaften des Königreichs zur Auswahl; da London eine große Hafenstadt war, gab es hier auch die exotischsten Güter aus aller Herren Länder, Dinge, die man zu Hause nicht produzieren konnte. »Sei es zum Vergnügen oder als Luxus, London ist ein Lager, wo man alles finden kann; es gibt kaum ein Ding, das man hier für Geld nicht kaufen könnte. Hier findet sich nicht nur das, was Europa zu bieten hat, sondern alles, was die Seefahrt aus selbst den entferntesten Winkeln der bewohnten Welt herbeizuschaffen vermag.«

Seit dem Großen Feuer war das willkürliche Netz verstopfter Straßenmärkte durch vier neue Gebäudekomplexe ersetzt worden, wo Ordnung herrschte und die wilde Mischung von Waren in ein Muster gepresst wurde. Leadenhall in der Straße selben Namens war der größte der neuen Märkte. Er bestand aus unzähligen Ständen in vier großen, weitläufigen Höfen und war der Hauptmarkt für Fleisch. Schafe und Rinder wurden lebend nach London gebracht und an die Metzger in Smithfield verkauft, die sie dann hinter ihren Häusern oder vor den Stadtmauern schlachteten. Und da man noch keine Kühlschränke kannte, wurde ständig geschlachtet. Die Beseitigung von Blut und Eingeweiden stellte ein ständiges Problem dar. Der Gestank in der Nähe der Schlachtereien war geradezu unerträglich; besonders die Kirchgänger hatten darunter zu leiden, die sonntags durch die Butcher Hall Lane zum Gottesdienst nach St. Paul's gingen.

In Leadenhall wurde Rindfleisch an 100 Ständen verkauft, die restlichen 140 Stände waren Hammel- und Schweinefleisch sowie Geflügel vorbehalten. Truthahn erfreute sich großer Beliebtheit; die Tiere wurden zu Tausenden von Norfolk nach Süden getrieben. Bevor man es auf den Markt brachte, wurde das Geflügel in London gemästet. Landfrauen brachten Hühner und Kaninchen. Es gab Standreihen für Fisch, für Butter und für Käse. Großhändler konnten sich Korn in Queenhythe holen und Fisch in Billingsgate – die beide praktischerweise am Nordufer der Themse lagen, wo die Flussschiffe ihre Ladung löschten –, und nach Stocks ging man, um Obst und Gemüse zu kaufen.

Der Schweizer César de Saussure war beeindruckt:

Nirgends findet man bessere Märkte als in London, besonders nicht solche wie Leadenhall, Stocks Market und mehrere andere. Sie sind riesig und überdacht. Dort bietet man alle Arten von Fleisch feil, das beste der Welt, und alles wird sehr sauber gehalten. England ist für sein gutes Fleisch berühmt und das zu Recht, besonders für sein Rind- und Kalbfleisch. Hammelfleisch schmeckt hingegen ein wenig fett, ist aber voller Saft. Auch gibt es auf diesen Märkten See- und Flussfische im Überfluss, ebenso wie Gemüse und Geflügel aller Art.

Auch für die Hausfrau, die nicht auf diese Märkte gehen wollte, war gesorgt. César de Saussure erklärt: »Neben den öffentlichen Märkten zieht auch eine Vielzahl kleinerer Händler durch die Straßen, besonders des Morgens, und preisen ihre Waren an. Wenn Ihr das vorzieht, könnt Ihr so auch einkaufen, ohne das Haus zu verlassen.« Über dem ständigen Knarren und Rumpeln der eisenbeschlagenen Wagenräder hallten die Rufe der Straßenhändler wider: »Makrelen, vier für sechs Pence!«, »Zwölf Pence ein Packen Austern!«, »Kirschen, reif, reif, reif!« und »Feine Äpfel! Feine Äpfel!« Umherziehende Händler wurden von den Ladeninhabern nicht gern gesehen, die hohe Mieten und Abgaben für ihre Geschäfte zahlen mussten.

Die Melkerin mit zwei Butterfässern am Joch kam täglich. »Die Melkerin ist unten!« Esel, deren Milch besonders für kleine Kinder und bei Leuten mit Verdauungsstörungen beliebt war, wurden von Tür zu Tür getrieben und direkt in die Krüge der Kunden gemolken. Auch Kühe hielt man in London als Milchlieferanten, und César de Saussure fühlte sich wie zu Hause, als er nicht weit von der Stadt entfernt das Dorf Islington mit seinen berühmten Molkereien und Weiden besuchte.

Er beschrieb einen besonderen Tag für die Melkerinnen der Stadt:

Der 1. Mai ist ein großer Feiertag für die Milchhändler, welche in großer Zahl in London und der Umgebung wohnen.

Die Ladenbesitzer ärgerten sich über die Straßenhändler, die weder Miete noch Steuer zahlten. Diese Frau trägt die Armenversion eines Mantuakleides. *(British Museum)*

Die Melkerinnen kleiden sich so hübsch und ansehnlich sie können, und in Gruppen zu fünft oder sechst besuchen sie die Häuser, zu denen sie sonst die Milch tragen. Eine von ihnen trägt einen aufwändigen Kopfputz mit ein paar Geschirrteilen, Blumen, Schleifen und Flitterkram. Ein oder zwei Fiedler gehen vor ihnen her und spielen auf. Die Melkerinnen bleiben vor den Häusern stehen und tanzen, und für gewöhnlich wirft man ihnen ein paar Münzen zu oder bietet ihnen etwas zu essen an. Ihren Tanz nennt man Jig, und er ist etwas Besonderes. Zwei Mädchen tanzen gleichzeitig, ohne die Plätze zu tauschen. Einen Fuß haben sie erhoben, während sie mit dem anderen schier unglaublich schnell hintereinander aufstampfen. Einige dieser Mädchen tanzen sehr behände, mit Eleganz und Taktgefühl.

Obwohl es eine Vielzahl unterschiedlicher Nahrungsmittel in London gab, waren die Bewohner keine Gourmets. Guy Miege, dessen *The New State of England Under Our Present Monarch King William III* (Das Neue England unter seinem gegenwärtigen Herrscher König Wilhelm III.) ein guter Führer für Kaufleute war, war der Meinung: »Je weniger Zeit man fürs Essen verschwendet, desto mehr hat man fürs Geschäft. Kurz gesagt: Wenn man von anderen Völkern behaupten kann, sie lebten, um zu essen, kann man von den Engländern sagen, sie essen, um zu leben.«

Laut Miege gab es nur eine Hauptmahlzeit am Tag: »Die Allgemeinheit (besonders in London) hat sich daran gewöhnt, nur eine Mahlzeit zu sich zu nehmen. Frühstück und Abendessen bestehen für gewöhnlich lediglich aus Kleinigkeiten wie Schokolade, Tee, Kaffee, und besonders des Abends gibt es auch schon mal ein stärkeres Getränk.« Die Londoner sparten sich ihren Appetit fürs Dinner auf, das ursprünglich um ein Uhr eingenommen, in modischen Kreisen aber immer weiter nach hinten verlegt wurde. Der Franzose Henri Misson kommentierte die englischen Essgewohnheiten immer wieder auf ironische Weise: »Die Engländer vertilgen während der Mahlzeiten große Mengen; dann ruhen sie sich eine Weile aus und beginnen noch einmal von vorn, bis sie sich den Wanst voll geschlagen haben. Ihr Abendessen ist allerdings eher bescheiden. Mittags frönen sie der Völlerei und am Abend der Enthaltsamkeit.«

Misson räumte ein, dass »das englische Rindfleisch das aller anderen Länder übertreffen soll« und dass es das bevorzugte Essen bei jenen war, die es sich leisten konnten:

Ich habe schon immer gehört, dass sie große Fleischesser seien, und das finde ich nun bestätigt. Ich habe mehrere Engländer kennen gelernt, die noch nie in ihrem Leben ein Stück Brot gegessen haben, was auch ansonsten nur wenig gegessen wird: Sie knabbern an ein paar Krümeln, während sie das Fleisch in großen Stücken kauen. Allgemein gesprochen werden an den englischen Tischen nicht gerade delikate Speisen serviert. Einige Adelige beschäftigen allerdings sowohl englische als auch französische Köche und speisen dann hauptsächlich auf französische Art; aber in den mittleren Schichten beschränkt man sich im Allgemeinen auf zwölf gewöhnliche Fleischsorten, die abwechselnd serviert werden, sowie zwei andere Gerichte zum Dinner. Zum Beispiel isst man Pastete mit einem Stück Roastbeef. Dann wieder isst man das Rindfleisch gekocht und dann wieder pökelt man es einen Tag vorher ein. Dazu gibt es dann fünf oder sechs Haufen Kohl, Karotten, Rüben oder andere Kräuter und Wurzeln, welche gut gesalzen und gepfeffert werden und in Butter schwimmen.

Sonntag war der Tag, an dem man »so üppig wie möglich speist«, und »es ist allgemein üblich (...), dazu ein großes Stück Roastbeef zu servieren, mit dem sie sich voll stopfen, bis sie nicht mehr schlucken können. Den Rest isst man kalt und ohne

Beilagen an den restlichen sechs Tagen der Woche.« César de Saussure berichtete, dass sich das Gewicht des Rinderbratens danach richtete, »wie viele von ihm essen wollen. Er kommt mit zehn, zwölf oder fünfzehn Pfund, obwohl ich auch schon einen zwanzig Pfund schweren gesehen habe.« Man fragt sich, in welchem Zustand das Fleisch nun auf den Tisch kam. Viel hing dabei vom Geschick der Hausfrau oder Dienerin beim Kauf ab. Das Fleisch musste frisch geschlachtet sein, und ordentlich ausgeblutet. Zu Hause wurde es dann in Lake gelegt, bis die Zeit gekommen war, es zuzubereiten. Defoe beklagte sich: »In extrem heißem Wetter, wenn Fleisch nicht von Samstag auf Sonntag aufbewahrt werden kann, werfen wir große Mengen verdorbenen Fleisches weg und müssen uns mit stinkenden Mittagessen zufrieden geben, da die Metzger es nicht wagen, am Sonntagmorgen Fleisch zu verkaufen.«

Vielleicht war es da nur angebracht, dass Hannah Wooley in ihren Haushaltsführern Rezepte für Rindfleisch in Sauce aufführte:

Rindfleisch à-la-mode:
Nehmt etwas Hüftfleisch, und schneidet es in etwa zweieinhalb Zentimeter dicke Scheiben. Fettet es anschließend mit etwas klein geschnittenem Schinken ein, und kocht es mit etwas Bratensaft, Rotwein und einer starken Brühe, Knoblauch, Mazis, Pfeffer, Zimt und Salz. Hat es dann eine Zeit lang sanft gekocht, serviert es auf Brot.

Und alternativ dazu:

Karboniertes Rindfleisch:
Legt Euer Rindfleisch in Rotwein, Salz, Pfeffer und Muskat; dann kocht es auf einem gut temperierten, nicht rauchenden Feuer, während ihr Likör aufkocht, der dann später als Sauce dienen soll, nachdem er mit Butter angedickt worden ist.

Eines der Lieblingsgerichte von Samuel Pepys waren Wildpasteten. War das Wildfleisch verdorben, riet Hannah Wooley: »Nehmt ein sauberes Tuch, wickelt das Wild hinein und vergrabt es eine Nacht lang in der Erde; dann verliert es seinen üblen Geruch und Geschmack.«

In *Acetaria, a Discourse of Sallets* (Eine Abhandlung über Salate) äußerte sich John Evelyn besorgt über die Unmengen an Fleisch, die seine Landsleute aßen. Bernard de Mandeville führte den Vegetarismus noch ein Stück weiter: »Wäre da nicht die Tyrannei der Sitten und Gebräuche, Menschen von auch nur annähernd gutem Wesen würden niemals so viele Tiere für ihre tägliche Ernährung töten, wo die Erde uns doch so reichlich mit allen Arten pflanzlicher Delikatessen versorgt.«

Wie man aus Missons Beschreibung schließen kann, waren die Londoner nicht sonderlich erpicht darauf, »Kräuter und Wurzeln« zu essen; der Begriff Gemüse als Sammelbezeichnung für alles, was man zu Mus zerkochen konnte, war noch nicht geboren. Viele Gemüsesorten konnte man allerdings in den Gartenmärkten am Stadtrand kaufen – Artischocken, alle Arten von Bohnen, Rüben, Zwiebeln, Weiß- und Blumenkohl, Erbsen, Radieschen, Karotten, Sellerie und Kartoffeln –, aber man verwendete sie für gewöhnlich nur als »eine Beilage oder zur Verzierung des Hauptgerichtes«. Auch waren sie sehr teuer. Einige Gemüsesorten waren eindeutig beliebter als andere. Frische Erbsen scheinen besonders gern gegessen worden zu sein. Von Prinzessin Anne hieß es, sie sei einmal in Tränen ausgebrochen, als ihr Schwager König William ihr bei Tisch die Schüssel nicht gegeben und alle Erbsen selbst gegessen hatte.

Hannah Wooley bot ihren Leserinnen Tipps, wie man Gemüse attraktiver machen konnte:

Um gekochten Salat zu machen:
Kocht ein paar Karotten zart, und schneidet sie wie Äpfel in kleine Stücke. Würzt sie mit Zimt, Ingwer und Zucker; gebt

dann ein wenig Essig und süße Butter hinzu; kocht dies alles zusammen, und wenn sie zu trocknen beginnen, gebt noch etwas Butter und Salz hinzu. So sollt Ihr sie dann servieren. Auf diese Art kann man auch Kopfsalat, Spinat oder Rüben zubereiten.

In *Acetaria* zählte Evelyn die richtigen Zutaten für einen Salat auf und gab Tipps für dessen Zubereitung. Er unterschied zwischen Gemüse, das für den Kochtopf bestimmt war, und solchem, das man nur roh essen konnte. Die Sauce sollte eine sorgfältige Mischung aus Senf, Öl und Essig sein, mit oder ohne den hart gekochten Dotter eines frischen Eis, und als Salatschüssel kamen für ihn nur solche »aus Porzellan oder Delfter Keramik« infrage. Silber und Zinn vertrugen sich nicht mit der Sauce. Bei jedem der drei Feste der Barbier-Chirurgen im April 1700 wurden zwei Salate zum Preis von je einem Schilling serviert.

Gelegentlich tauschte man Rind auch gegen anderes Fleisch. »Eine gebratene oder gekochte Hammelkeule, serviert mit einer anderen Delikatesse wie Fasan, Schwein, Ochsenschwänze und -zungen, Hasen und Tauben, all das gut in Butter gebraten und nicht gespickt: Zwei dieser Gerichte hintereinander serviert bilden das übliche Dinner eines begüterten Gentleman oder wohlhabenden Bürgers.«

Der erste und zweite Gang mit der Betonung auf Vor- und Nachspeise wurde gleichzeitig serviert, sodass ein gedeckter Tisch wie folgt aussehen konnte:

Juni

Erster Gang:
Eine Rinderzunge oder eine Hammelkeule
Eine Rinderpastete
Eine Hammelschulter
Ein Viertel Lamm
Eine Schüssel Erbsen

Zweiter Gang:
Brotkuchen
Kapaun
Stachelbeerkuchen
Erdbeeren mit Sahne oder
Erdbeeren in Weißwein,
Rosenwasser und Zucker

Die Lebensmittel verschlangen einen Großteil des Haushalts-
budgets. Kurz nachdem er geheiratet hatte, entdeckte Samuel
Pepys zu seiner Verzweiflung, »dass mich meine gewöhnliche
Haushaltsführung 71 im Monat kostet – das ist eine Menge«.
Trotzdem sparte er nicht, als er eine Dinnerparty gab:

Also ist meine arme Frau um fünf Uhr morgens aufgestanden, noch vor Tagesanbruch, und auf den Markt gegangen,
um Fasan und viele andere Dinge fürs Dinner zu kaufen – womit ich sehr zufrieden war. Und der Rinderrücken war auch
vor sechs Uhr erledigt (...). Nachdem alles in Ordnung und
der Koch gekommen war, ging ich ins Büro, wo ich bis Mittag blieb. Dann ging ich wieder nach Hause – woraufhin (...)
meine Gäste kamen. Nach den Austern servierte ich ihnen
als ersten Gang ein Haschee vom Hasen und Lamm und ein
gutes Stück Rinderrücken. Als Nächstes folgte dann ein ge-
rösteter Fasan, der mich 30 Schilling gekostet hat, sowie
eine Torte, und anschließend gab es Obst und Käse. Mein
Dinner war edel und reichlich (...). Ich glaube, das ganze
Festmahl hat mich 51 Schilling gekostet.

Die Barbier-Chirurgen führten penibel Buch über die Dinner in
ihrer Gesellschaft, die sie nach den öffentlichen Anatomievor-
lesungen abhielten, und diese Berichte geben uns einen guten
Anhaltspunkt dafür, wie viel solche Mahlzeiten im Jahre 1700
gekostet haben:

2 große gekochte Hammelkeulen, 7 Schilling; 2 Rinderhüften, 17 Schilling 6 Pence; 3 Taubenpasteten, 12 Tiere in jeder Pastete, 1 Schilling 4 Pence; 3 große Stücke vom Kalbsnacken, 12 Schilling; 2 Salate, 1 Schilling; 1 Pint und ein Viertel Öl, 1 Schilling 7 Pence; 1 Pfund Butter in der Dose, auf den Tisch zu stellen, 1 Schilling; Kapern und Spinat, 1 Schilling 6 Pence; 4 Pfund frische Butter, 2 Schilling 4 Pence; Essig, Pfeffer, Lorbeerblüten und andere Dinge zur Verzierung, 1 Schilling 6 Pence; Mehl, Salz und gesalzene Butter, 2 Schilling; Holz und Kohle, 9 Schilling 6 Pence; Dinnerkleidung, 8 Schilling; insgesamt, 3 Pfund 12 Schilling 11 Pence.

Der Statistiker und Ökonom Gregory King schätzte, dass eine Familie der Mittelschicht zwischen 5 und 20 Pfund pro Jahr für Essen und Trinken ausgab.

Nachdem die Familie und die Gäste sich in der neuen holländischen Manier Mann-Frau-Mann-Frau, die von William III. eingeführt worden war, an den Tisch gesetzt hatten, tranchierte die Dame des Hauses das Fleisch. Vermutlich hatte sie vor ihrer Hochzeit Unterricht im Tranchieren genommen. Hannah Wooleys *The Gentlewoman's Companion* umriss die entsprechende Etikette und zog daraus Schlüsse, was man nicht tun sollte, aber was ihre Leserinnen eben genau *taten*: »Wenn Ihr an Eurem eigenen Tisch tranchiert, verteilt zunächst die besten Stücke, und es wird nett und ordentlich aussehen, wenn Ihr dabei eine Gabel benutzt; berührt kein Stück Fleisch ohne sie (…) und vermeidet es, die Finger in den Mund zu stecken oder sie abzulecken, auch wenn Ihr Euch beim Tranchieren verbrannt habt.«

Die besten Stücke waren je nach Rang für die Gäste reserviert. »Ist Hühnerbrühe das erste Gericht und wollt Ihr Eurem vornehmsten Gast zum besten Stück verhelfen, dann nehmt die Brust; Flügel und Beine kommen als Nächstes.« Wird geröstetes Schwein serviert, dann »bevorzugt man Nacken und Mittelstück wegen der Kruste«.

Man durfte die Gäste auch sich selbst bedienen lassen. »Lässt man Euch die Freiheit, Euch den Rest selbst zu schneiden, legt nicht als Erster die Hand an die Gerichte, sondern lasst anderen den Vorrang. Achtet darauf, nur auf der Euch zugewandten Seite des Fleisches zu schneiden, und packt Euren Teller nicht zu voll, sondern nehmt Euch ein Stück nach dem anderen.«

In höflicher Gesellschaft war es nicht üblich, »lauthals nach dem zu verlangen, was man will. Ich will was davon. Ich mag das nicht. Ich hasse Zwiebeln. Für mich keinen Pfeffer. Flüstert mit dem Gastgeber, auf dass er oder sie Euch Eure Wünsche erfüllen kann.«

Oft wurde ein Gericht nur auf einem Tablett aufgetragen. »Es ist nicht anständig, zu zweit an einem Gericht zu sein, und schlimmer noch ist es, Bissen um Bissen aus ihm herauszureißen. Und greift nicht rüde mit den Armen über andere Gerichte hinweg, um an das zu kommen, was Euch besser schmeckt. Wischt Euren Löffel jedes Mal ab, bevor Ihr Euch damit etwas auf Euren Teller holt, da Ihr ansonsten nervöse Mägen beleidigen könnt.«

Vor allem ermahnte der *The Gentlewoman's Companion* seine Leserinnen: »Stopft Euch den Mund nicht zu voll, damit Eure Wangen nicht schwellen wie ein schottischer Dudelsack«, und, »schließt Eure Lippen beim Essen. Sprecht nicht, wenn Ihr Fleisch im Mund habt. Schmatzt nicht wie ein Schwein, und macht auch keine anderen Geräusche, die in solcher Gesellschaft unschicklich wirken.« Weiter heißt es: »Kaut auch keine Knochen oder saugt daran, um ans Mark zu gelangen. Seid vorsichtig, wenn Ihr das Fleisch in die Sauce tunkt, und passt auf, dass nichts, was Ihr esst, zwischen Mund und Teller fällt.«

Misson war ziemlich erstaunt über die englischen Tischmanieren: »Rülpsen bei Tisch und in jedweder Gesellschaft machen die Engländer genauso freimütig wie Husten oder Niesen.« Hannah Wooley erinnerte ihre Leserinnen, dass es »unziemlich ist, sich in Gegenwart anderer die Zähne zu reiben oder nach den Mahlzeiten mit dem Messer in ihnen herumzustochern, denn das gilt sowohl als unanständig als auch als geschmacklos«.

Misson schrieb:»Haben sie Fleisch gekocht, bekommt manchmal einer in der Gesellschaft die Brühe, der sie haben will. Das ist eine Art Suppe mit Hafermehlklößen und ein paar Blättern Thymian, Salbei oder anderen kleinen Kräutern. Diese servieren sie in so vielen Schüsseln, wie Leute sie haben wollen. Manche bröckeln noch Brot hinein, sodass sie eine Art Eintopf haben.« Hannah Wooley warnte: »Ist Eure Suppe so heiß, dass Euer Mund es nicht ertragen kann, habt Geduld, bis sie ausreichend abgekühlt ist, denn es ist unziemlich, sie auf dem Löffel oder anderswo kalt zu blasen.«

Obwohl die Armen auch gern jeden Tag einen Rinderbraten gegessen hätten, bestand ihre Grundnahrung aus Bier, Brot, Käse und billigerem Fleisch: Kaldaunen, Innereien, Füßen und Blutpudding. Die Engländer waren keine großen Brotesser, und das Brot war von armseliger Qualität. Die Armen aßen grobes Mischbrot, auf das ein ›H‹ gestempelt war, was ›Hausfrauenbrot‹ bedeuten sollte. Andere bevorzugten das teurere Weizenbrot mit dem Stempel ›W‹. In der Innenstadt legte das so genannte Brotgericht das genaue Gewicht von Laibern zu einem halben Penny, zu einem und zu zwei fest, doch seine Autorität reichte nicht bis zu den weiter außerhalb gelegenen Gemeinden. Brot wurde in großen Ziegelöfen gebacken; der Teig wurde hineingeschoben, nachdem die Glut der Holzfeuer gleichmäßig verteilt worden war.

In London gab es jede Menge Süß- und Salzwasserfisch, der laut Misson trotzdem recht teuer war. Die meisten Meeresfische, die man den Londonern verkaufte, waren bereits getrocknet und in Salz eingelegt worden, ehe sie die Seehäfen an der Ostküste verließen. Getrockneter Dorsch, Schellfisch oder Heringe auf unterschiedlichste Art mariniert oder geräuchert gehörten zu den Grundnahrungsmitteln. Es war wirtschaftlicher, sie en gros zu kaufen, denn dann kosteten sie nur sechs Pence das Stück, und sie waren sehr haltbar. Anchovis, die aus Italien importiert wurden, aß man gern zu Wein oder Bier. Frischer Fisch war deutlich teurer aufgrund der Arbeit, die es kostete, ihn lebend in Wassertanks in die Hauptstadt zu schaffen, bevor man ihn verkaufen konnte. Auf allen neuen Märkten gab es feste Fischstände. Die Fischweiber wiederum trugen ihre Ware in der Stadt herum und schrien: »Zwei für vier und vier für einen Sixpence! Makrelen! Gute Heringe! Verdammt guter, guter Dorsch!« Sie waren so aufdringlich, dass Defoe sich zu dem Kommentar provoziert fühlte: »Nicht nur Dirnen, sondern auch arbeitende Frauen, die unsere Märkte bevölkern und ihre Waren auf der Straße verkaufen, fluchen auf die entsetzlichste Art.«

Austern gab es massenweise, und somit wurden sie billig verkauft, entweder von Fischhändlern auf dem Markt oder ebenfalls von Straßenhändlern. In einer Werbeanzeige stand: »Thomas West, Fischhändler auf dem Honey Lane Market nahe Blossom's Inn, tut kund und zu wissen, dass alle Personen, die Geschmack an ausgewählten Austern aus Colchester haben, diese fett und frisch für drei Schilling das Fass erwerben können.« Gegen ein kleines Entgelt konnte man sich die Ware auch nach Hause liefern lassen.

Es gab unzählige Austernrezepte:

Austernkuchen:
Kocht Eure Austern kurz in ihrem eigenen Saft; dann nehmt sie heraus und wascht sie mit warmem Wasser. Trocknet sie und würzt sie mit Pfeffer, Muskat, Dotter von hart gekochten Eiern und Salz. Ist der Kuchenteig bereit, legt die Austern mit ein paar halbierten Datteln darauf, ein paar großen Mazisblüten, Zitronenscheiben, Berberitzen und Butter. Klappt dann alles zusammen, und backt es, bevor ihr es schließlich mit Weißwein, Zucker und Butter übergießt.

Mit Kräutern ging man beim Kochen großzügig um, und wohl niemand konnte von sich behaupten, bei all den Rezeptbüchern seien ihm ihre kulinarischen und medizinischen Vorteile entgangen. Schwarzen Pfeffer sollte man nicht zu klein mahlen »aus Furcht, das Blut könne sich sonst entzünden«. Er »hilft bei Phlegma und Geschmacksverlust und fördert die Verdauung«. Ingwer war »äußerst zweckmäßig, um der Blähungen Herr zu werden«. Und von Safran glaubte man, er könne »die Röhren der Lunge öffnen«. Knoblauch war gut für »den Kopf, das Herz, den Magen und die Augen«.

Die Engländer liebten Puddings. Diese konnten ebenso pikant wie süß sein. Zu Weihnachten zum Beispiel beschreibt Misson ein einzigartiges englisches Gericht: »Jede Familie backt vor Weihnachten einen berühmten Kuchen, den sie *Christmas pye* nennen. Der Teig wird dabei nach einem großartigen Rezept gerührt. Es handelt sich um eine äußerst komplizierte Mischung aus Rindszunge, Hühnerfleisch, Eiern, Zucker, Rosinen, Limonen- und Orangenschalen, unterschiedlichen Gewürzen und so weiter. Auch machen sie aus Pflaumen eine Art Suppe, die dem Kuchen in nichts nachsteht und die sie in ihrer Sprache *plum porridge* nennen.« Der *Christmas porridge* war zwar nicht nach César de Saussures Geschmack, aber er beschrieb die Zutaten: »Man muss getrocknete Trauben, Pflaumen und Gewürze in einer Brühe kochen. Reiche Leute geben noch Wein und andere Bier hinzu; bei den Engländern gilt er als Delikatesse.«

Misson wurde geradezu lyrisch, als er auf den englischen Pudding zu sprechen kam:

Der Pudding ist ein Gericht, das man nur schwer beschreiben kann, weil es mehrere Arten davon gibt. Mehl, Milch, Eier, Butter, Zucker, Talg, Knochenmark, Rosinen und so weiter sind die gebräuchlichsten Zutaten dafür. Sie backen ihn in einem Ofen und bereiten ihn auf 50 verschiedene Arten zu. Gesegnet sei der, der den Pudding erfunden hat, denn er ist Manna für die unterschiedlichsten Gaumen – ein Manna besser als das der Wildnis, denn die Menschen werden es niemals leid. Ah, was für ein herrlich Ding der englische Pudding doch ist! Zur Puddingzeit zu kommen heißt, im glücklichsten Moment der Welt zu erscheinen.

Die Londoner konsumierten eine Unmenge von Molkereiprodukten. Butter war stark gesalzen und wurde in Fässern oder Kesseln zu je einer Gallone gekauft. Hauptsächlich wurde sie zum Kochen verwendet, und Ausländer bemerkten mit einer gewissen Abscheu, mit wie viel Butter Fleisch und Gemüse zubereitet wurden.

Butter, Eier und Sahne waren auch beliebte Zutaten für einen Pudding:

Um Mandelpudding zu machen:
Nehmt ein Pfund Mandelpaste, etwas geraspeltes Biskuitbrot, Sahne, Rosenwasser, Eigelb, gemahlenen Zimt, Ingwer, Muskatnuss, Pistazien und Moschus, kocht es in einem Napf und serviert es in einer Schüssel mit geschlagener Butter und Zucker darauf gestreut.

Um Orangenpudding zu machen:
Nehmt die Schale einer kleinen Orange, dünn geschnitten, und kocht sie mehrmals in Wasser. Stampft sie dann in einem Mörser schön klein, gebt vier Unzen Zucker hinzu und vier Unzen frische Butter, sechs Eigelb und ein wenig Salz. Das Ganze stampft Ihr dann im Mörser gut untereinander, bis der Ofen heiß ist, gebt Butter darüber und backt den Pudding, aber nicht zu lange. Zuletzt streut Ihr dann noch Zucker darauf, bevor Ihr ihn serviert. Blätterteig ist dafür besonders geeignet.

Die Londoner verbrauchten auch Unmengen an Zucker. Dank erhöhter Produktion durch den steil ansteigenden Sklavenhandel kostete er nur noch fünf bis sechs Pence das Pfund. Hannah Wooley mahnte jedoch zur Vorsicht. Nicht nur mache Zucker »die Zähne faul und sorgt für schlechten Atem«, sondern »der größte Teil unseres feinsten Zuckers, der auch der begehrteste ist, wird mit Kalk raffiniert und geweißt. Festzustellen, was das für den Körper bedeutet, überlasse ich Eurem Verstand.« Zucker war billig und bei jedem Lebensmittelhändler erhältlich wie auch andere gut haltbare Waren, als da wären Salz, Pfeffer, Ingwer, Zimt und andere Gewürze. Zucker regte den Obstverzehr an. Man benutzte ihn für Obsttörtchen – die ausgesprochen populär waren – und um Obst zu kandieren und zu konservieren. Törtchen und Süßigkeiten sollte man »mit der Messerspitze aufnehmen, geschickt auf den Teller legen und so präsentieren – und was auch immer Ihr wie präsentiert, es muss ein *sauberer* Teller sein«.

Misson unterschied zwischen Pudding und Dessert. »An so etwas wie eine Nachspeise denken sie noch nicht einmal, es sei denn, es handelt sich um ein Stück Käse.« Käse wurde von allen Klassen in großen Mengen gegessen. Man konnte nur ganze Käselaibe kaufen, allerdings von unterschiedlicher Größe. Ned Ward erinnert sich: »Den Abschluss unseres Dinners bildete ein prächtiger Cheshirekäse von beachtlicher Größe. Wir verschlangen in drei Minuten mehr davon als eine Million Maden in drei Wochen vermocht hätte.« Käse war haltbar und leicht zu lagern, sodass alsbald Spezialgeschäfte dafür eröffneten. Krämer und andere Händler verkauften ihn nebenbei.

Misson behauptete, dass Obst – welches teuer war – nicht auf den Tisch kam, doch laut *The Gentlewoman's Companion* wurde Obst immer angeboten, »nachdem alles Fleisch gegessen ist«. Im Sommer gab es Himbeeren und Erdbeeren in Wein, drei oder vier verschiedene Süßspeisen, die mit Weinblättern und Blumen dekoriert waren, sowie Götterspeise in allen Farben. Im Winter gab es dann Trockenfrüchte, kandierte Orangen und Zitronen, blanchierte Mandeln, Datteln, Rosinen, Weintrauben, Pistazien und Walnüsse. Neben den heimischen Obstsorten – Äpfel, Birnen, Stachelbeeren, Pflaumen, Kirschen, Pfirsiche, Aprikosen, Weintrauben, Feigen, Erdbeeren, Maulbeeren, Berberitzen und Quitten – konnte man auch exotische Importfrüchte kaufen. »Ein Paket ausgewählte Mangos, das erst kürzlich von den Westindischen Inseln eintraf, steht zum Verkauf«, stand in einer Zeitungsanzeige zu lesen, »und das für vier Schilling das Dutzend in Walsalls Kaffeehaus in Naggs-Head Court, Bartholomew Lane, hinter der Königlichen Börse«.

Jene, die am Dinner teilgenommen hatten und den Rest des Nachmittags beim Kartenspiel verbrachten, sowie Besucher, die in dieser Zeit eintrafen, bekamen vielleicht »ein oder zwei Schüsseln mit Sahne angeboten, Weinschaumcreme, Süßspeisen, Obst oder Wein«.

Um Weinschaumcreme zu machen:
Nehmt gut einen Viertelliter rheinischen Weins oder Weißweins, schüttet ihn in reichlich einen halben Liter Sahne, gebt drei Eiweiß und Zucker hinzu und schlagt das Ganze, bis Schaum sich bildet. Diesen schöpft Ihr dann ab und gebt ihn in einen Topf. So macht Ihr weiter, bis alles zu Schaum geworden ist. Lasst es zwei, drei Stunden stehen, sodass es fest werden kann. Anschließend könnt Ihr es dann wunderbar verspeisen.

In wohlhabenderen Haushalten war der Tisch meistens mit einem weißen Leinentuch gedeckt, und die Dinnergäste konnten sich Lippen und Finger an mit Fransen besetzten Leinenservietten abwischen, wie sie von Thomas D'Oyly aus der Henrietta Street, Covent Garden, feilgeboten wurden. Neben den Zinntellern, Messern, Gabeln, Löffeln und natürlich den Kerzen gab es keinen Tischschmuck. Wein und Bier standen auf dem Buffet, wo man während des Essens sein Glas oder seinen Krug füllen konnte.

»Nachdem alle gegessen haben, wird der Tisch abgeräumt. Die Tischdecke wird abgezogen, und vor jeden Gast wird eine Flasche Wein mit einem Glas gestellt.« Das Abräumen des Tisches war das Signal, um mit dem Trinken zu beginnen. »All unsere leeren Teller und Schüsseln wurden in nur einem Augenblick gegen volle Viertel purpurnen Nektars und makellose Gläser getauscht«, staunte Ward. Jetzt war der Augenblick, einen Toast auf die Gesundheit des Königs und all derer auszusprechen, die einem gerade in den Sinn kamen, eine willkommene Entschuldigung für ein längeres Trinkgelage.

Misson empfand diese englische Sitte als äußerst seltsam, da sie in Frankreich schon lange aus der Mode gekommen war:

Am Tisch zu trinken, ohne dabei der Gesundheit von jemandem zu gedenken, käme besonders bei Leuten des Mittelstandes dem Versuch gleich, sich allein in der Ecke zu besaufen, was als sehr rüde gilt. Bei dieser Gelegenheit kann man bei Personen aller Klassen und egal, in welchem Zustand sie sich befinden, zwei grundsätzliche Haltungen beobachten: Im ersten Fall muss derjenige, auf dessen Gesundheit getrunken wird, starr wie eine Statue bleiben, während der andere trinkt, egal ob er im Rang nun über ihm steht oder ihm gleich ist. Solltet Ihr bei solch einer Gelegenheit beispielsweise nach etwas zu essen greifen, müsst Ihr mitten in der Bewegung innehalten, Löffel oder Gabel beiseite legen und wie zur Salzsäule erstarrt darauf warten, dass der andere getrunken hat. Anschließend kommt dann die zweite Haltung zum Tragen, wenn Ihr Euch dem den Toastsprechenden gegenüber so tief verbeugen müsst, dass Ihr Gefahr lauft, mit der Perücke in die Sauce zu geraten.

Die ganze Zeremonie kam Misson absurd vor:

> Ich muss gestehen, dass diese Bräuche auf einen Fremden
> lächerlich wirken. Nichts ist amüsanter als zu beobachten,
> wie ein Mann, der gerade einen Bissen kaut, sich ein Stück
> Brot abschneidet, sich die Finger wischt oder etwas anderes
> tut, urplötzlich ein todernstes Gesicht aufsetzt, die Person an-
> starrt, die auf seine Gesundheit trinkt und so regungslos ver-
> harrt, als hätte ihn der Blitz getroffen.

Wieder hatte das etwas mit Etikette zu tun:

> Obwohl die Höflichkeit diese respektvolle Reglosigkeit ab-
> solut verlangt, sollte auch der Verursacher eine gewisse Vor-
> sicht walten lassen. Wenn Ihr auf die Gesundheit eines
> Mannes trinken wollt, dann beobachtet ihn zunächst einen
> Augenblick lang und gebt ihm, wenn möglich, Zeit, seinen
> Bissen hinunterzuschlucken, damit Ihr ihn nicht in die Ver-
> legenheit bringt, mit vollem Mund erstarren zu müssen.
> Schlimmstenfalls blähen sich dann seine Wangen, und Fett
> tropft ihm aus den Mundwinkeln, was einen äußerst un-
> gehörigen Anblick bietet.

Auch die Frauen wurden in die Toasts mit eingeschlossen: »Üblicherweise trinken die Männer aufs Wohl der Frauen, und die
Frauen aufs Wohl der Männer; wird dieses Gesetz von einer der
beiden Seiten gebrochen, betrachtet man das als nicht zu tole-
rierende Grobheit.« Vermutlich weil sie mit solchem Genuss
tranken, sah sich Hannah Wooley genötigt, ihre Leserinnen zu
ermahnen, Haltung zu bewahren: »Den Likör einfach so in Eurer Kehle verschwinden zu lassen, wäre einem Zauberkünstler
angemessener als einer Dame.«

»Nach diesen Toasts stehen die Frauen auf und verlassen den
Raum. Die Männer schenken ihnen keinerlei Aufmerksamkeit

und bitten sie auch nicht zu bleiben«, bemerkte César de Saussure, der immer wieder über den Chauvinismus der englischen Männer staunte – in beiderlei Hinsicht. Es gab allerdings auch einen guten, praktischen Grund dafür, warum die Frauen sich zurückzogen, denn nun konnten die Männer dem Ruf der Natur folgen – und der Topf stand im Speisezimmer.

Ausländische Besucher hatten das Gefühl, dass die Engländer nur um des Trinkens willen tranken. Staunend schrieb César de Saussure nach Hause: »Könnt ihr glauben, dass absolut kein Mensch in dieser Stadt Wasser trinkt, obwohl es in Unmengen und guter Qualität vorhanden ist? Die niederen Klassen, ja, selbst die Armen, wissen nicht, wie es ist, seinen Durst mit Wasser zu stillen. In diesem Land wird nichts getrunken außer Bier, welches es in unterschiedlicher Qualität gibt. Dünnbier ist das, was jeder trinkt, wenn er Durst verspürt. Selbst in den besten Häusern wird es getrunken, und es kostet nur einen Penny den Krug.«

Bier gab es in unterschiedlichen Stärken. Starkbier war doppelt so teuer wie Dünnbier. Guy Miege hat offenbar ein sehr starkes Gebräu getrunken: »Es läuft sanft und angenehm die Kehle hinunter; aber als wäre es zu edel für die unteren Regionen, fliegt es in den Kopf hinauf und stürzt dort alles in Verwirrung. Nimmt man eine zu große Menge dieses Getränks zu sich, geht das so schnell, dass ein Mann die Sinne verliert, bevor er überhaupt lustig sein kann.«

Hausfrauen brauten zwar Bier daheim, doch in London war es einfacher, es beim örtlichen Brauhaus zu kaufen. Obwohl es mit einer Steuer belegt war, war es günstig, denn es gab keine Zwischenhändler. Hausbesitzer hatten stets einen Vorrat davon im Keller, mindestens ein 36-Liter-Fässchen. Alternativ dazu konnte man sich im Bierhaus einen Viertelliter-Krug holen. Für die Zinnkrüge musste man kein Pfand hinterlegen, und sie wurden oft gestohlen, wenn sie zum Einsammeln draußen am Zaun hingen. César de Saussure berichtet von derart hellem Bier, dass Ausländer es mit Wein verwechselten. Die Londoner Brauer bekamen Konkurrenz von solchen Bieren wie ›Right Darby‹, ›Sleeford of Lincolnshire‹ und ›North Country Ale in der Flasche für vier Schilling das Dutzend‹; Schuld daran waren die Verbesserungen im Landtransport. Brunswick Mum, ein Vorfahre des Stout, war äußerst beliebt.

Hahnenale machte man zu Hause:

Um Hahnenale zu machen, braucht man 45 Liter Ale und einen großen Hahn, je älter, desto besser. Befreit ihn von seinen Federn, und zerstampft ihn in einem Mörser, bis seine Knochen gebrochen sind (Ihr müsst ihm auch die Eingeweide herausnehmen). Dann stopft ihn in einen Quartsack und gebt drei Pfund in der Sonne getrocknete Rosinen hinzu, ein paar Blätter Mazis und ein paar Knoblauchzehen. All das stopft ihr dann in einen linnenen Sack, und kurz bevor das Ale umgeht, gebt Ihr Ale und Sack zusammen in einen Kessel. Nach einer Woche oder neun Tagen ist es an der Zeit, es in Flaschen abzufüllen; diesen gebt Ihr dann noch einmal so viel Zeit zum Reifen.

Die Ober- und Mittelschicht trank französische und rheinische Weine, die mit einer hohen Steuer belegt waren. Die Franzosenkriege und das damit verbundene Embargo auf französische Waren brachte überdies spanische und portugiesische Weine als Alternative ins Land.

In den Gewölben unter St. James Market House, auf der Westseite, werden große Mengen außerordentlich guten Weins zu vernünftigen Preisen verkauft. Roter und Weißer gehen für 5 Schilling die Gallone, Kanarienwein für 6 Schilling 6 Pence, Sherry für 6 Schilling und Burgunder für 2 Schilling die Gallone. Geöffnet hat man dort von acht Uhr in der Früh bis acht Uhr am Abend oder bis alles verkauft ist.

Weinfreunde kauften vielleicht folgendes Buch:

Es ist jetzt ein Buch mit dem Titel *England's Happiness Improved: Or, an Infallible Way to Get Riches, Encrease Plenty and Promote Pleasure* (Englands gesteigerte Fröhlichkeit, oder: Ein unfehlbarer Weg zu einem Mehr an Reichtum, Überfluss und Vergnügen) veröffentlicht worden. Darin wird die Kunst beschrieben, wie man aus englischen Trauben und anderen Früchten Wein herstellt, der es an Fülle mit denen aus Frankreich und Spanien durchaus aufnehmen kann. Es beschreibt, wie man Wein aller Art lagert, zurückgewinnt, was verblasst ist und so weiter. Auch erklärt es die ganze Kunst und die Mysterien des Brandy-Destillierens sowie der Likörherstellung. Es erläutert, wie alle Arten einfacher und reinigender Biere herzustellen sind, Cidre, Met, Rum und viele andere nützliche Getränke (...) sowie viele weitere nützliche Dinge, die nie zuvor publik gemacht worden sind.

Der Punsch war auf der Bildfläche erschienen. Um ihn zu machen: »Nehmt ein Viertel Rotwein, ein halbes Pint Brandy und ein wenig gemahlene Muskatnuss sowie etwas Zucker und den Saft einer Zitrone, um es dann zu trinken.« Das teuflische niederländische Importgetränk Gin, ein Wacholderbeerschnaps, war gerade erst eingeführt worden. Da er billiger als Bier war, verbreitete er sich besonders rasch bei den Armen – mit verheerender Wirkung.

Als Kaffee und Tee zum ersten Mal in England auftauchten, hoffte man, sie hätten eine ›ernüchternde‹ Wirkung auf die Nation. »Aber ich darf Kaffee und Tee nicht auslassen, zwei nüchterne Getränke, die in England nun so weit verbreitet sind, dass sie die Menschen mehr und mehr davon abhalten, Stärkeres zu trinken«, schrieb Guy Miege. »Beide sind sie heiß und trocken«, fuhr er begeistert fort, »und daher sind sie besonders gut für Phlegmatiker geeignet. Und während starke Getränke das Hirn in Unordnung bringen, beruhigen diese es im Gegenteil.«

Schokolade, die für gewöhnlich schon morgens als Teil eines leichten Frühstücks getrunken wurde, musste ihren Platz als beliebtestes Hausgetränk an den Tee abtreten. Gegen Ende des 17. Jahrhunderts kamen auf eine Kaffeekanne drei Teekessel. Aber Tee war wertvoll. Sein Verkauf wurde von der Ostindischen Handelsgesellschaft kontrolliert, die die Versorgung regelte und die Kosten hoch hielt. Die Preise variierten stark und hingen davon ab, ob der Tee nun alt oder neu war. Im Jahre 1700 lag der Durchschnittspreis bei einem £ pro Pfund, und das zu einer Zeit, da das Durchschnittseinkommen einer mittelständischen Familie zwischen 15 und 50 £ betrug. Weil er so teuer war, wurde Tee zum Teil auf die chinesische Art serviert – sehr schwach und ohne Milch –, wobei flache Porzellantassen zum Einsatz kamen, die eigens zu diesem Zweck aus dem Osten importiert worden waren. Teetrinken war eine wohlriechende und schmackhafte Angelegenheit, die größtenteils auf eine Damengesellschaft im Salon beschränkt war. Diener schnappten sich zwar bisweilen gebrauchte Teeblätter, ansonsten wurde dieses wertvolle Gut in einer kleinen Truhe unter Verschluss gehalten. Es sollte noch viele Jahre dauern, bis Tee das nationale Allheilmittel wurde, das universelle Stärkungsmittel bei jedweder Katastrophe. In der rauen Welt der Männer, außerhalb von Heim und Herd, spielte sein Bruder, der Kaffee, eine weit größere Rolle.

9. KAPITEL

Kaffee- und Bierhäuser, Clubs und Tavernen

»Ohne Scham wird das Gelage immer wilder.«

Als ein Londoner Kaufmann, der zu Zeiten Oliver Cromwells im Osmanischen Reich Handel getrieben hatte, den Kaffee einführte, hießen Ärzte das neue Getränk als Gegengift bei Trunkenheit willkommen, während die Frauen argwöhnten, es mache ihre Männer impotent. Eifersüchtig auf die Zeit, die ihre Männer in den Kaffeehäusern verbrachten, setzten die Frauen eine Petition gegen dieses »schwarze, dicke, Ekel erregend bitter stinkende Pfützenwasser« auf. »Nie haben Männer größere Hosen getragen«, beschwerten sie sich, »und weniger Feuer darinnen gehabt.« Es war der »exzessive Genuss dieses neumodischen, verabscheuungswürdigen, heidnischen Gesöffs namens Kaffee, was in die Natur unseres größten Schatzes eindringt und den Fluss austrocknet. Es hat unsere Männer zu Eunuchen und unsere freundlichen Kavaliere zu Krüppeln gemacht. Sie sind so impotent wie Greise und so unfruchtbar wie die Wüsten, aus denen diese verfluchte Bohne stammt.«

Doch die Männer ließen sich davon nicht beeindrucken. Wenn sie aus den Kaffeehäusern zurückkehrten, waren »das einzig Feuchte ihre verschnupften Nasen und das einzig Steife ihre Glieder, und nur ihre Ohren stehen. Sie behaupten, es halte sie wach, aber wir haben die gemeine Erfahrung machen müssen, dass sie hinterher nur allzu gut schlafen.«

Den Männern wurde vorgeworfen, sie verbrächten mehr Zeit in den Kaffeehäusern als zu Hause.

Wie Mary Astell es in *An Essay in Defense of the Female Sex* (Ein Aufsatz zur Verteidigung des weiblichen Geschlechts) schrieb:

Ein typischer Kaffeehausgänger »logiert zu Hause, lebt aber im Kaffeehaus. Er beschäftigt sich mehr mit Zeitungen, Gazetten und Flugblättern als mit seinen Geschäftsbüchern, und sein ständiger Umgang mit der Öffentlichkeit lässt ihn seine privaten Pflichten vergessen. Stets rettet er die Nation, dabei kann er noch nicht einmal seine eigene Familie führen.«

Die Männer schlugen zurück.

Kaffee, behaupteten sie, »hilft uns eher, für euer nächtliches Wohlbefinden zu sorgen, indem er Flatulenzen austrocknet, die uns sonst nur in die Pfanne schießen lassen würden anstatt des sanften Donnerns, das ihr von uns verlangt«. Dass sie in den Kaffeehäusern männliche Gesellschaft suchten, war wenig überraschend. »Ihr könnt uns wohl erlauben, draußen zu reden«, verteidigten sie sich, »denn daheim bekommen wir kaum ein Wort heraus bei all dem Lärm eurer nie still stehenden Zungen.«

Im Jahre 1700 gab es gut 2 000 Kaffeehäuser in London. Sie waren unter Cromwell als demokratische Etablissements entstanden, wo jeder anständig gekleidete Mann, der sich an die Hausregeln das Fluchen und Kämpfen betreffend hielt, gegen einen Penny, welcher bei der *la dame de comptoir* abzugeben war, Eintritt fand, sich an einen Gemeinschaftstisch setzen und Kaffee trinken konnte – für ungefähr anderthalb Penny das Gedeck. Dazu rauchte er eine lange Tonpfeife. Ohne sonderlich viel Geld auszugeben, konnte er hier stundenlang am Feuer sitzen, die Tageszeitungen lesen, Freunde treffen, Geschäfte abwickeln und über alles diskutieren, von der Flottenpolitik bis hin zu den neuesten wissenschaftlichen Errungenschaften.

Tom Brown beschrieb ein Kaffeehaus:

> Es ist der Ort, wo mehrere fahrende Ritter sich an denselben Tisch setzen, ohne einander zu kennen, und doch reden sie so vertraut miteinander, als seien sie gute, alte Bekannte. Sie haben sich kaum umgeschaut, da wird ihnen auch schon ein spezielles Getränk gebracht, schwarz wie Ruß, dessen Dämpfe, die ihnen in Nase, Augen und Ohren steigen, die merkwürdige Eigenschaft besitzen, sie über alles reden und schwatzen zu machen, außer darüber, was sie eigentlich hätten tun sollen.

Jedes Kaffeehaus besaß seine eigene Klientel und konnte häufig als Treffpunkt von Männern eines bestimmten Berufsstandes identifiziert werden. »Einige Kaffeehäuser sind die Zufluchtsstätten von Gelehrten und anderen geistreichen Menschen; andere sind die Zuflucht von Gecken oder Politikern oder auch von professionellen Nachrichtenhändlern. Und viele andere sind Tempel der Venus«, schrieb César de Saussure. »Letztere könnt Ihr leicht erkennen, denn ihren Eingang ziert zumeist ein Schild mit einer weiblichen Hand, die einen Kaffeebecher hält.« In Covent Garden fielen ihm besonders viele von diesen auf, wo »Ihr von schönen, ordentlichen, gut gekleideten und freundlichen, aber gefährlichen Nymphen bedient werdet«.

Männer der Wissenschaft trafen sich bei Will's an der Ecke Bow Street und Russell Street in Covent Garden, einer der modernsten, wenn auch etwas verruchten Gegenden der Stadt. Ned Ward und sein Begleiter »vertagten sich ins Kaffeehaus der Intelligenz in der Hoffnung, dass die machtvolle Beredtheit, die von den silbernen Zungen der geistreichen Gesellschaft tropft, welche dieses bekannte Haus besucht, uns derart inspirieren möge, wie es unserem Wissendurst angemessen ist«. Will's gelangte durch den Poeten John Dryden zu Berühmtheit, der dort im Sommer auf dem Balkon saß und im Winter auf seinem

Auf dieser Delfter Fliese werden alle wichtigen Utensilien eines Kaffeehauses dargestellt: die türkische Kaffeekanne, das Kaffeegeschirr, die lange Tonpfeife und die *London Gazette*. *(Museum of London)*

Lieblingsstuhl am Feuer. Wie alle Kaffeehäuser, so war auch Will's ein zutiefst demokratisches Haus; aber jemand, der nicht so belesen war wie die illustren Gäste hier, hatte vermutlich alsbald das Gefühl, fehl am Platze zu sein. Ned Ward war amüsiert, »viel Gesellschaft [zu finden], aber nur wenig Unterhaltung. Es ist, als erinnere sich hier jeder an das alte Sprichwort, dass ein geschlossener Mund einen weisen Kopf macht. Durch Schweigen bemühte man sich also, sich als gebildeten Geist darzustellen, anstatt mit voreiligen Worten den Tadel so vieler Kritiker auf sich zu ziehen, wodurch das Bild rasch zerstört worden wäre, welches man durch das Schweigen geschaffen hatte.« Nach Drydens Tod im Jahre 1700 verlor Will's rasch an Popularität und wurde schließlich von Button's überholt.

Gelehrte Mitglieder der Königlichen Gesellschaft wie Sir Isaac Newton, Edmund Halley, der Astronom, und Sir Hans Sloane, der Sammler, trafen sich im Grecian in Devereaux Court gegenüber dem heutigen Law Courts. Thomas Twining, der Gründer der Teedynastie, eröffnete neben seinem Geschäft Toms Kaffeehaus, unweit von The Strand. Politiker der Liberalen besuchten St. James, die Tories Coca-Tree, beide in der Nähe von Pall Mall gelegen. Anwälte frequentierten Nandos in der Fleet Street, die Geistlichen Child's in St. Paul's Churchyard. Unter die eher hedonistischen Etablissements fielen White's in St. James, ein Paradies für Spieler, und King's in Covent Garden, »allen Gentlemen wohlbekannt, die ihre Betten nicht mehr kennen«. Junge, modische Männer, die *Beaux*, trafen sich bei Man's nahe Scotland Yard am Fluss. Man's war einmalig, da man dort Raucher nicht gerade gern sah. Seine Klientel war voll und ganz mit der neuen Mode beschäftigt, parfümierten Schnupftabak zu schnupfen.

Ned Ward liefert uns eine lebhafte Beschreibung davon:

Wir drängten uns durch die nervöse Versammlung von Schnupfern, bis wir das Ende des Raums erreichten, wo wir uns an einen kleinen Tisch setzten und erkannten, dass es hier zwar nicht an Gästen mangelte, aber es gab nur wenig zu tun, denn es war genauso selten, dass jemand nach einem Tablett Politiker-Porridge (Kaffee) rief oder einem anderen Getränk, wie man einen Schmarotzer in der Runde fragen hört, wie viel denn etwas kostet. Sie waren einzig damit beschäftigt, ihre Nasen zu laden und abzufeuern und dabei die Locken ihrer Perücken in Ordnung zu halten. Das Schlagen ihrer Schnupfdosendeckel verursachte mehr Lärm als ihre Zungen, und es klang so furchtbar in meinen Ohren wie das melancholische Ticken der Totenuhr. Freunde tauschten hier mit wunderbarer Genauigkeit Verbeugungen nach der neuesten Mode aus (…). Unter ihnen befand sich auch eine große Zahl von Offizieren (…), obwohl diese so zart aussahen, als würden sie jedes Mal ein Federbett mit ins Feldlager nehmen. Am Ende des Hauptraums befand sich ein weiteres Zimmer, wohin sich – wie ich annehme – die Beaux-Politiker bei außergewöhnlichen Gelegenheiten zurückziehen, um Unsinn über Staatsangelegenheiten zu reden.

In dieser exklusiven Gesellschaft wagten es Ned Ward und sein Freund, die Pfeifen zu entzünden:

Nachdem wir uns eine Weile wie ein Paar von Minervas Vögeln inmitten eines Haufens von Junos Pfauen umgeschaut und ihre Fröhlichkeit bewundert hatten, wünschten wir uns eine Tabakpfeife. Allerdings waren wir nicht sicher, ob wir die Freiheit zu rauchen hatten, denn das könnte ja diese wohlatmenden Gentlemen beleidigen, die ständig die Nasen in ihre Zibetdosen steckten. Aber wir wagten es, nach zwei Instrumenten der Verdampfung zu fragen, die man uns auch brachte, doch mit solch freundlichem Widerwillen, als hätte man sich am liebsten unserer Gesellschaft entledigt (…). Das bestärkte uns allerdings nur noch in unserer Grobheit. Also befahlen wir, eine Wachskerze zu entzünden, an der wir wiederum unsere Pfeifen entzündeten. Dann bliesen wir so gelassen den Rauch in die Luft, als befänden wir uns in der Gesellschaft von Kutschern. Daraufhin legten mehrere Sir Popelins in unserer Nähe die Stirn in nörgelige Falten, um ihrem Missfallen Ausdruck zu verleihen. Wir aber pafften munter weiter, bis wir eine Ecke des Raums gesäubert hatten.

Geschäftsleute kehrten stets zu festen Zeiten in bestimmte Kaffeehäuser ein, damit ihre Kunden sie dort finden konnten. Die Kaffeehäuser dienten als improvisierte Büros und bildeten die Keimzellen, aus denen die großen Finanzunternehmen hervorgehen sollten. Der Spekulationsboom der 90er-Jahre des 17. Jahrhunderts, als eine nie zuvor dagewesene Zahl von Aktien und Anteilen gehandelt wurde, hatte die Einrichtung einer elementaren Börse zur Folge, deren Index regelmäßig in den Zeitungen veröffentlicht wurde.

Ein Londoner Apotheker und Statistiker, John Houghton, beschrieb dieses neue Finanzspiel in einem Handbuch für den Aktienhandel:

Das Geschäft regelt man wie folgt: Der Mann mit Geld geht zu den Brokern (die man entweder in der Börse oder in Jonathans Kaffeehaus findet, manchmal aber auch bei Garroways oder anderen Kaffeehäusern) und fragt sie, wie die Aktien stehen. Und nach der Information bittet man den Broker, so und so viele Aktien zu dem und dem Preis zu kaufen oder zu verkaufen. Dann versucht dieser sein Bestes bei denen, die Aktien haben oder die Macht, sie zu verkaufen. Wenn er kann, schließt er einen Handel ab.

Im Jahre 1697 ließen die Kaufleute die Aktienbroker aus der Börse entfernen. Sie waren in Ungnade gefallen, weil einige

Broker beschuldigt wurden, Spekulationsgeschäfte und diverse andere, fragwürdige Geschäfte getätigt zu haben.

Daniel Defoe hatte das ganze Geschäft von Anfang an missfallen; für ihn war es nur »eine andere Art von Straßenraub«:

> Das ist ein durch und durch verbrecherisches System. Dieses Geschäft ist auf Betrug gegründet und wird durch Tricks, Schmeicheleien, Falschheiten und alle Arten von Illusionen genährt. Man streut falsche Nachrichten aus, mal gut, mal schlecht, und in die Ohren flüstert man einander erfundene Schrecken, Ängste, Hoffnungen und Erwartungen. Dann stürzt man sich auf jene, deren Vorstellungskraft nicht ausreicht, um diesen Betrug zu durchschauen.

Die Aktienbroker verlagerten ihr Geschäft in die benachbarten Kaffeehäuser, Jonathan's und Garraway's in der Exchange Alley in Cornhill, welche die traditionellen Häuser der Spediteure, Versicherer und Kaufleute waren, die im Seehandel ihr Geld verdienten. Nach der Ankunft der Aktienbroker spottete Defoe, dass »die Exchange Alley nun ebenso eine Gefahr für die öffentliche Sicherheit darstellt wie ein Pulvermagazin mitten in der Stadt«. Es dauerte nicht lange, da beschwerten sich die Anwohner und Ladenbesitzer, dass »durch die jeden Tag und überall herumstehenden Broker nicht nur der Verkehr zur und von der Königlichen Börse behindert wird, sondern es werden auch tumultartige Menschenansammlungen verursacht, die sich an besagte Broker wenden. Langfinger, Ladendiebe und anderes faules und zwielichtiges Gesindel mischt sich dann unter sie.« Die verschiedenen Teile von Londons Finanzwelt sahen sich gezwungen, ihren Einfluss zu definieren, ihre Sachkenntnis zu bündeln und ihre eigenen spezialisierten Einrichtungen zu gründen, um ihre Angelegenheiten zu regeln. Im Griff der Aktienbroker gingen die Seehändler mehr und mehr dazu über, das Kaffeehaus von Edward Lloyd an der Ecke Abchurch Lane und

Lombard Street zu besuchen. Auch wenn das eigentliche Zeichnen der Aktien noch immer auf dem Boden der Königlichen Börse stattfand, wurden die entsprechenden Abmachungen doch immer häufiger bei Lloyd's getroffen.

Edward Lloyd gab für seine Gäste nicht nur handgeschriebene ›Schiffslisten‹ aus, die sich zu *Lloyd's News* und schließlich zu *Lloyd's List* entwickelten, seit 1700 wurden auch Schiffe und ihre Ladung bei Lloyd's und anderen Kaffeehäusern versteigert:

> Am Dienstag dem 17., pünktlich um drei Uhr nachmittags, wird im Marine-Kaffeehaus in der Birchin Lane, das Schiff *Charles the Second*, ein Rahsegler, in England gebaut, zum Kauf angeboten, der im Dock nahe Deptford liegt. Inventarlisten sind an Bord des Schiffes einzusehen oder in Lloyd's Kaffeehaus in der Lombard Street.

Auktionen von Waren aller Art wurden ›nach Kerzenlänge‹ abgehalten, das heißt so lange, bis eine Kerze zweieinhalb Zentimeter (einen Inch) heruntergebrannt war:

> Morgen, am 10. dieses Monats, des April, werden nach der Kerze in Lloyds Kaffeehaus um Punkt drei Uhr nachmittags mehrere Möbelstücke mit Silberarbeiten verkauft.

> Am nächsten Donnerstag, dem 4. Januar, wird um drei Uhr nachmittags der Eigentümer der *Mary and Frances* im Marine-Kaffeehaus in der Birchin Lane die Ladung besagten Schiffes zum Verkauf anbieten, welche aus Mammutbaum-Holz und Elefantenzähnen besteht.

Kaffeehausauktionen waren populär und bequem. Der Schweizer Besucher Conrad Zacharias von Uffenbach war besonders daran interessiert, Bücher zu kaufen, da englischsprachige Bücher im Ausland nicht leicht zu finden waren: »Am Abend fuhren wir zum so genannten Lateinischen Kaffeehaus in der Nähe der St.-Paul's-Kathedrale, um an einer Bücherauktion teilzunehmen. Das ist ausgesprochen angenehm. Man geht dort des Abends hin, trinkt einen Becher Tee oder Kaffee, raucht eine Pfeife Tabak, und wenn ein gutes Buch erscheint, kann man mitbieten. Ich habe dort mehrere gute Bücher weit billiger gekauft als in Geschäften.«

Der Handel wurde durch ein neues Postsystem gefördert. Die Pennypost, die von Mr Dockwra im Jahre 1680 eingeführt worden war, erleichterte die Kommunikation in der wachsenden Metropole.

Guy Miege hatte nur Lob für die neue Dienstleistung übrig:

Alle Gentlemen, Landsleute und andere können nun jedermann von ihrer Ankunft in der Stadt in Kenntnis setzen. Ladenbesitzer und Handwerker geben ihren Arbeitern Nachricht, was sie brauchen. Auch bei dringenden Geldgeschäften wird viel Zeit gespart. Gesetze und Verordnungen werden rasch publik, Einladungen und dergleichen schnell in allen Teilen der Stadt und unter allen Bevölkerungsschichten verteilt. Steuern gelangen sicher zum Abgabenamt. Anwälte und Klienten korrespondieren miteinander; Patienten schicken nach Ärzten und Apothekern und so weiter. Und die armen Gefangenen können nun eine Botschaft für einen Penny verschicken, was sie früher sechs, zwölf oder mehr gekostet hat.

An welchen Ort hätte man seine Post besser schicken können als an die vier- oder fünfhundert Geschäfte und Kaffeehäuser, die man Pennypost-Häuser nannte? Für den Preis von einem Penny pro zehn Pfund Warenwert, zahlbar vom Absender in nerhalb der Stadt oder jeweils von Absender und Empfänger, wenn er in einem Umkreis von 15 Meilen um London herum zugestellt wurde, konnte man Briefe oder Päckchen Boten geben, die sie dann auslieferten. In London und Westminster war das stündlich möglich, in Southwark alle zwei Stunden und einmal am Tag in allen »Städten nahe London, wie Hackney, Mile-End, Islington und Newington«. Die Post wurde zum Sortieren nach Tower Hill, Charing Cross, Chancery Lane, Paternoster Row und St. Mary-over-Re in Southwark gebracht, bevor sie weiterverteilt wurde.

Die Kaffeehäuser waren die wichtigste Zuflucht der Männer, wo sie diskutieren und die Neuigkeiten des Tages verbreiten konnten. Charles II. hatte versucht, sie als Orte »aufrührerischen Geredes« verbieten zu lassen, doch mit der Glorreichen Revolution kam auch ein gewisses Maß an Toleranz und Redefreiheit. Die Aufhebung des Lizenzgesetzes im Jahre 1695 gab den Anstoß zur Ausdehnung der Grubb Street. Im Jahre 1700 wurden in London mehrere Zeitungen publiziert, unter anderem die *London Gazette,* der *Post Man,* der *Post Boy* und die *Flying Post.* Sie erschienen dreimal in der Woche und wurden hauptsächlich in den Kaffeehäusern verteilt. Die Auflage der größten Zeitung, der *Gazette,* stieg von 7 000 im Jahre 1693 auf 11 000 im Jahre 1705. 1702 kam die erste Tageszeitung auf den Markt, der *Daily Courant.* Botenjungen wurden mit den neuesten Nachrichten durch die Kaffeehäuser geschickt. Mit dem Aufblühen des Zeitungswesens war auch ein Anstieg der Bildung verbunden, die in der Hauptstadt allerdings bereits recht hoch gewesen war.

Ausländer wie César de Saussure staunten darüber, wie groß die Redefreiheit der Engländer war und wie hitzig die Männer aller Klassen über politische Fragen debattierten:

Was diese Kaffehäuser so anziehend macht, sind die Gazetten und andere öffentliche Blätter. Alle Engländer sind große Nachrichtenhändler. Arbeiter beginnen den Tag für gewöhnlich damit, in Kaffeezimmer zu gehen und die neusten Neuigkeiten zu lesen. Ich habe oft gesehen, wie sich Schuh-

Abgesehen von der *dame de comptoir* waren die Kaffeehäuser ausschließlich den Männern vorbehalten. Die Gäste saßen an Gemeinschaftstischen und diskutierten lautstark miteinander. *(British Museum)*

putzer und andere Mitglieder dieser Klasse zusammentaten, um sich eine Pennyzeitung zu kaufen. Nichts ist unterhaltsamer, als Männern dieser Klasse dabei zuzuhören, wie sie über Politik und Angelegenheiten des Königshofs diskutieren. Häufig kann man beobachten, wie sich ein Engländer einen Friedensvertrag mehr zu Herzen nimmt als seine eigenen Angelegenheiten.

Die Zeitungen an sich waren schon unterhaltend genug:

Eine Lady bietet fünf Guinea Belohnung für einen kleinen, vermissten Hund, der gerade einmal fünf Pence wert ist. Ein Ehemann warnt die Öffentlichkeit, seiner Frau keinen Kredit zu geben oder ihr etwas zu verkaufen, während ein anderer Ehemann tatsächlich demjenigen eine Belohnung bietet, der seine weggelaufene Ehefrau wieder zu ihm zurückbringt (...). Ein Quacksalber wirbt, dass er alle Krankheiten und Gebrechen zu heilen vermag. Eine ausgeraubte Person bietet demjenigen eine Belohnung, der ihr dabei hilft, das gestohlene Eigentum zurückzubekommen. Vergnügungen und Spektakel werden beworben, und indem Ihr diese Zeitungen lest, erfahrt ihr alle Gerüchte und alles, was in dieser großen Stadt gesagt oder getan wird.

Das Zeitungsgeschäft erhielt auch noch aus einer ganz unerwarteten Richtung Auftrieb. John Houghton war der Erste, der die wirtschaftlichen Vorteile der Werbung erkannte. Eine Stadt so groß und komplex wie London brauchte Informationen über die Waren und Dienstleistungen, die hier angeboten wurden. Und wo hätte man besser werben können als in den Zeitungen oder an den Wänden der Kaffeehäuser? Nichts eignete sich so gut für die übertriebenen Versprechungen der Werbung wie die Medizin der Quacksalber.

Ned Ward beschreibt seinen Eindruck:

›Komm‹, fuhr mein Freund fort, ›lass uns ins Kaffeehaus gehen. Da du fremd in dieser Stadt bist, wird es dir Ablenkung bieten.‹ Also gingen wir hinein, wo ein Haufen Menschen sich aufgeregter umeinander wand als Ratten auf einem alten Käsespeicher. Ein paar gingen, einige tranken, andere klimperten mit ihrem Geld, und der ganze Raum stank nach Tabak wie eine holländische Barke oder eine Bootsmannskabine. Die Wände waren mit vergoldeten Rahmen behangen, die eine Vielzahl ›einmaliger‹ Dinge enthielten: Nektar und Ambrosia, Maientau, Goldelixier, Wunderpillen, flüssigen Schnupftabak, Schönheitswässerchen, Zahnputzmittel, Bonbons, Pastillen, und ein jedes so unfehlbar und einzigartig wie der Papst. ›Wo jeder, der steht über dem Reste, verdient hat sich den Namen als Bester.‹ ›Gut in allen Lebenslagen, heilt alle Krankheiten.‹ Jede Medizin behauptet von sich nicht weniger, als ein Allheilmittel zu sein. Hätte mein

Freund es mir nicht gesagt, ich hätte tatsächlich nicht geglaubt, in einem Kaffeehaus zu sein, sondern in einer Quacksalberhöhle oder dem Salon eines außergewöhnlichen Scharlatans.

Die Kaffeehäuser begannen als offene Versammlungsorte, doch nach und nach stellten einige Häuser Männer ein, um unerwünschten Gästen den Zutritt zu verwehren, sodass sie sich zu exklusiveren Treffpunkten nur für Mitglieder wandelten. Die Praxis, sich an einen Gemeinschaftstisch zu setzen und einfach mit den anderen Leuten zu reden, die dort saßen, wurde von den Clubs übernommen. Die Idee des *clubbings,* dem ›Zusammenlegen‹ von Geld für Getränke und Essen, war nicht neu. Pepys erwähnt es mehrere Male, und Ned Ward schrieb, dass »ich es für höchste Zeit hielt, uns zu verabschieden, was wir nach Bezahlung unseres ›Clubs‹ [der gemeinsamen Rechnung] denn auch taten«.

Der bedeutendste dieser frühen Clubs war der Kit-Cat Club, eine Versammlung distinguierter Liberaler, die eines ihrer Mitglieder auf Leinwand festgehalten hat, der Maler Kneller. Es hieß, der Club habe sich zunächst in einer Taverne getroffen, die einem Christopher Cat nahe Temple Bar gehört hat. Seinen Namen bekam er von den Hammelkuchen, die dort serviert wurden, und die man im Volksmund *kit-cats* nannte. Als Sekretär fungierte Jacob Tonson, ein prestigeträchtiger Verleger, dessen Ruf nur von Shakespeare, Milton, Dryden und Pepys übertroffen wurde.

Bei manchen der Clubs handelte es sich schlicht um Spielhöllen; Spielen war Teil des Spekulationsfiebers, das die Nation gepackt hatte. Auf alles wurde gewettet, vom Pferderennen bis hin zur Ankunft eines Schiffes oder dem Ausgang einer Schlacht. Beim Spielen kannte man keine Einschränkungen; auf Würfel und Karten wurde alles gesetzt. »Geld«, bemerkte Ned Ward, »wurde herumgeworfen, als wäre es ein völlig nutzlos Ding.«

Fasziniert beobachtete er die Spieler:

Es gibt Männer, für die sich das Schicksal schneller dreht als ein Wetterhahn. Den einen Tag sind sie reich gekleidet, während sie am nächsten vielleicht nur noch in Lumpen laufen; oft haben sie jede Menge Geld und ebenso oft nicht einen Penny in der Tasche. Sie sind das Spielzeug der Dame Fortuna; was auch immer sie ihnen mit der einen Hand gibt, nimmt sie ihnen mit der anderen wieder weg. Ihr ganzes Leben ist eine einzige Lotterie. Sie lesen keine Bücher, sondern Karten, und ihre Mathematik beschränkt sich auf das Berechnen der Chancen bei einer Wette (...). Schulden haben sie selten, denn sie wissen nicht mehr, wo sie sich noch Geld leihen könnten. Ein paar falsche Würfel oder gezinkte Karten stürzt sie in den Ruin. Im Allgemeinen sterben sie besitzlos und scheiden so arm aus dieser Welt, wie sie sie betreten haben.

An den Spieltischen wurden ganze Vermögen gemacht und wieder verloren. Tom Brown erzählte: »Vor gar nicht allzu langer Zeit kannte ich zwei Spieler aus Middlesex, die das Gut eines West-Country Gentleman erbten, der, hätte er ein Testament gemacht, die beiden wohl nie als seine Erben eingesetzt hätte, glaube ich.« Frauen hegten eine Leidenschaft für Karten, und sie verloren das Geld ihrer Ehemänner genauso rasch wie diese selbst. Daniel Defoe hielt Spielkarten für den Fluch jeder Unterhaltung; für die Begeisterung, die einige dafür empfanden, hatte er nicht das geringste Verständnis. »Das ist der reine Wahnsinn und überdies noch dumm, sein Vermögen auf diese Art zu gefährden und seinen Verstand zu verwirren. Nein, indem wir ganze Nächte über winzigen Elfenbeinfiguren oder bunten Pappbrettern hocken, sind wir schlimmer als kleine Kinder, deren unschuldige Spiele wir so lächerlich finden.«

Das Spielfieber hatte die Nation gepackt. Über Nacht wurden Vermögen gemacht und auch wieder verloren. *(British Library)*

Die Befürworter der Kaffeehäuser argumentierten, dass diese der Nation Nüchternheit bringen würden. Dennoch wurde in vielen Kaffeehäusern auch Alkohol ausgeschenkt – »um den Geschmack des Kaffees besser hervorzuheben«, wie Tom Brown erklärte. »Die Weiseren geben Brandy, Zucker, Zimt und Ambra hinzu sowie Usquebaugh (irischen Whisky).« Gab es keinen Alkohol, zogen Kunden wie Ned Ward zwischen Bier- und Kaffeehäusern hin und her. »Da man Kaffee als ein Getränk betrachtet, das sich am besten mit Wein verträgt«, gestand er, »sind wir zum großen Kaffeehaus am Temple Gate (Nando's) gegangen, wo ein Haufen ernster Männer die Luft mit ihrem Kraut zum Schneiden dick machte«. Kein Wunder, dass die Männer nur Spott für die Petition der Frauen übrig hatten: »Die Kaffeehäuser bringen in Wahrheit nur die Männer in die Taverne, und wie die Tennisbälle zwischen zwei Schlägern springen unsere Ehemänner mehrmals am Tag zwischen Kaffeehaus und Taverne hin und her.«

In der Petition heißt es weiter:

Denn wenn die Männer des Morgens mehr Ale getrunken haben, als das Pferd eines Brauers tragen kann, gehen sie dort hin, um ihren Kopf für einen Penny zu beruhigen. Dort können sie dann auch sicher sein, genügend faule Gefährten zu finden, die dort über Neuigkeiten plappern, die sie weder etwas angehen noch von denen sie etwas verstehen. Und nach einer Stunde impertinenten Geschnatters beginnen sie darüber nachzudenken, wie trefflich doch eine Flasche Rotwein vor dem Essen wäre. Daraufhin marschieren sie dann allesamt in die Taverne, woraufhin sie wieder vollends betrunken sind. Anschließend geht es dann erneut ins Kaffeehaus, um sich nüchtern zu trinken.

Trunkenheit war ein nationales Laster, noch weiter verbreitet als Spielen. »Schamlos trinken sie immer mehr«, bemerkte César de Saussure. »Es ist nicht nur das niedere Volk, welches der Trunksucht verfallen ist. Viele Personen von hohem Rang, ja, auch von Adel, sind dem Alkohol verfallen.« Er glaubte, die Engländer würden so viel trinken wegen »der Dicke und Nässe der Atmosphäre«. Vielleicht ließ sie das Trinken auch, genauso wie Essen und Spielen, so manches in einer Zeit vergessen, in der das Leben so wenig Sicherheit bot. Kurz nach ihrer Thronbesteigung hatten William und Mary Proklamationen erlassen, in welchen sie die Behörden aufforderten, die Gesetze gegen Trunkenheit, Blasphemie, Gottlosigkeit und Unmoral durchzusetzen. Ihre Versuche einer moralischen Reform wurden von ihren Untertanen jedoch nur mit spöttischen Buhrufen beantwortet und fielen größtenteils auf unfruchtbaren Boden.

Die königlichen Bemühungen, der Trunkenheit Herr zu werden, widersprachen überdies den Interessen der Regierung, die mittlerweile beachtliche Steuereinnahmen aus dem Alkoholhandel erzielte. Beim Starkbier stieg die Steuer von 2 Schilling 6 Pence pro Fass im Jahre 1688 auf 5 Schilling im Jahre 1710. Der Ökonom Gregory King schätzte, dass im Jahr 1695 28 Prozent der jährlichen Pro-Kopf-Ausgaben für Bier und Ale aufgewendet wurden, welche die am höchsten besteuerten Getränke waren. Die Steuerbeamten bemerkten, dass extra starkes Ale aus den Provinzen besonders begehrt war und sogar exportiert wurde.

Die Konsumenten fügten dem Bier gern Obst und Kräuter hinzu, um unterschiedliche Geschmacksrichtungen zu erzeugen, und was dabei herauskam, wurde manchmal sogar in der Zeitung beworben:

Im Drei-Goldene-Hufeisen in der Fenburch Street nahe Gracechurch wird das hervorragende Wacholder-Ale serviert. Es ist berühmt dafür, Rheuma, Kolik, Schüttellähmung und Bauchschmerzen zu heilen. Es spült allen Dreck hinfort und reinigt das Blut hervorragend. Appetit und Verdauung regt es an. Es stärkt den Magen gegen alle kranken Dämpfe und trübe, ungesunde Luft sowie infektiöse Gerüche.

Die Kunden besaßen sowohl die finanziellen Möglichkeiten als auch die Urteilsfähigkeit, um ein breites Sortiment an qualitativ hochwertigen Getränken zu verlangen. Besucher waren von der Auswahl in London geradezu überwältigt. Immerhin besaß London einen Hafen, durch den die meisten Importe des Landes gingen. Spirituosen wie zum Beispiel Brandy kamen aus Frankreich, Rum von den Westindischen Inseln und Whisky aus Schottland und Irland. In London gebrannter Gin war vergleichsweise billig, zumal man ihn auch nicht mit einer sonderlich hohen Steuer belegt hatte, was auch seine wachsende Popularität zu erklären vermag. Als die Regierung den französischen Brandy mit einer hohen Steuer belegte, steigerte das nur die Beliebtheit des Gin. Von 1680 bis 1710 vervierfachte sich der Alkoholkonsum. Brandy wurde mit Wein und Kräutern gemischt, um Punsch herzustellen. Auch benutzte man ihn zum Nachspülen nach einem guten Becher Bier. Gin, das neue Armengetränk, das in zwielichtigen Ginläden und von Straßenkarren verkauft wurde, war eben billiger als Bier. Aus Frankreich, Spanien und Portugal importierter Wein war teuer, was vielleicht auch erklärt, warum dieser Wein meistens gepanscht war.

César de Saussure bemerkte das sofort:

> Auch wenn in England kein Wein gekeltert wird, bin ich doch überzeugt davon, dass man hier dreimal mehr davon trinkt, als man importiert, und ich will dieses Rätsel für Euch lösen, indem ich Euch erkläre, dass die meisten Weinhändler, besonders die Tavernenwirte, die Kunst beherrschen, ihren Wein zu verdoppeln oder gar zu verdreifachen, denn mit einem Fass, das sie gekauft haben, füllen sie zwei oder

drei andere, indem sie Wasser und Spirituosen hinzugeben (…). Das tun sie so geschickt, dass selbst Weinkenner und Feinschmecker es nicht sofort bemerken; wenn sie dann aber mehr davon trinken, finden sie alsbald heraus, dass der Wein auf ihre Kosten gepanscht war.

Vielleicht erklärt das, warum Pepys halbliterweise Wein aus Tavernen und Bierhäusern ordern konnte, ohne großartige Nebenwirkungen zu verspüren.

Doch die Engländer verstanden es, die Getränkesteuer geschickt zu umgehen. Riesige Mengen Weins und anderer Alkoholika wurden an den Behörden vorbei ins Land geschmuggelt. Im März 1700 berichtete der *Post Man*: »Eine große Menge französischen Brandys ist an Bord eines Fahrzeugs in Falmouth beschlagnahmt worden«, und in einem besonders guten Monat für die Behörden: »Die Fregatte *Pool* hat ein Schiff von 120 Tonnen in den Hafen von Plymouth gebracht, das voll mit verbotenen Waren aus Frankreich beladen war.«

Der Begriff *public house* (Gastwirtschaft), eine Kurzform von *public alehouse,* kam ungefähr um 1700 auf. Zunächst bezog er sich nur auf die Bierhäuser, aber nach und nach schloss er auch die kleineren Gasthöfe und Tavernen mit ein (die sich von Bierhäusern nur dadurch unterschieden, dass man dort auch einfaches Essen servierte), was darauf schließen ließ, dass sie auf eine gemeinsame Zukunft hinsteuerten. Bierhäuser wurden immer angesehener. Gerichte und Behörden übten Druck auf die Brauer aus, keine unlizenzierten und gesetzwidrigen Bierhausbesitzer zu beliefern, die ihre Abgaben nicht rechtzeitig entrichteten. Das verbotene Trinkhaus wurde aus dem Geschäft gedrängt. Seine Eigentümer und vor allem seine armen Kunden fanden Ersatz in den Ginläden.

Nichtsdestotrotz beschreibt eine Proklamation von 1700 die Gastwirtschaften noch immer als Orte ungezügelter, ja, gefährlicher Zügellosigkeit:

In dieser Stadt werden Morde und andere Kapitalverbrechen häufig in diversen Tavernen und anderen Gastwirtschaften verübt, wobei sich undisziplinierte Personen dort hingezogen fühlen, wo sie bis tief in der Nacht zu ungebührlicher Stunde hocken, was nicht selten zum Ruin ihrer Familien führt. Und in solchen Bierhäusern wird Einbrechern, Räubern, Sittenstrolchen und verdorbenen Männern und Frauen Unterschlupf gewährt, weshalb es dort immer wieder zu Diebstahl, Raub und anderen Verbrechen kommt, was den Frieden auf schwerwiegende Weise stört (…). Um derartiges Übel in Zukunft zu vermeiden: Hiermit befiehlt dieses Gericht, dass alle Weinhändler, Kaffeeverkäufer, Bierhausbesitzer, Lebensmittelhändler und alle anderen, die öffentliche Häuser betreiben, von nun an zwischen Michael und Mariä Verkündigung niemandem mehr gestatten sollen, nach zehn Uhr zu trinken oder zu spielen. In der restlichen Zeit darf er sein Haus nicht länger als bis elf Uhr geöffnet haben, und am Tag des Herrn keine Stunde.

Tom Brown war der Meinung,

dass eine Taverne ein kleines Sodom ist, wo täglich dieselben Übel praktiziert werden wie zur Zeit der beiden sündigen Städte. Wüstlinge vertrinken sich dort ihr Hirn und pissen ihr Vermögen auf den Boden. Ratsherren reden Hochverrat und bejammern den Misserfolg eines Geschäfts (…), Spieler machen sich dort breit und greifen jenen in die Tasche, deren Verstand geradeso dafür ausreicht, sich mit ihnen an einen Spieltisch zu setzen. Zuhälter mit ihren Huren (…) mischen Dinge unter den Wein, die für jeden Nüchternen einen Skandal darstellen.

Und in Bezug auf die allgemein übliche Praxis, einen Handel bei einem Bier abzuschließen: »Nüchterne Schurken kommen mit trunkenen Narren herein, um mit ihnen geschickt Geschäfte einzufädeln und sie über den Tisch zu ziehen.«

Straßenräuber besuchten Bierhäuser und Tavernen, um Informationen über Warentransporte zu bekommen, wobei sie oft mit dem Wirt unter einer Decke steckten.

Ned Ward beschrieb einen solchen Charakter:

Er ist mit den Pferdeknechten an der Bishopsgate Street und Smithfield bekannt. Von ihnen bekommt er die Informationen, wann welche Ware sich auf den Weg begibt und ob sie der Mühe wert ist. Er gibt vor, ein entlassener Offizier zu sein, und äußert sich sehr gefühlvoll über das harte Schicksal, ›dass wir Gentlemen, die wir gedient haben, ertragen müssen, weil wir für die Ehre unseres Fürsten gefochten haben, für die Verteidigung unseres Landes und die Sicherheit unserer Religion. Nach all den Gefahren, die wir überstanden haben, stehen wir nun ohne Geld da. Wenn das so weitergeht, wer will dann noch Soldat werden?‹ Dieses Klagelied vermag er exzellent vorzutragen.

Auch Diebesgut fand seinen Weg in die Bierhäuser und Tavernen. »Die Kleider sind in einem Bierhaus gelassen worden«, lautete ein typisches Gerichtsprotokoll, »und einer der Beweise belegte klar, dass sie ihre Order von dem Gefangenen und anderen aus seiner Bande bekommen hat, sie dorthin zu bringen, was sie auch tat. Und sie hat sie ebenfalls an zwei anderen Orten gelassen, wo sie gefunden wurden.« Noch immer wurden Wirte dabei erwischt, wie sie mit gestohlener Ware hehlten, doch da sie Gefahr liefen, dadurch ihre Lizenz zu verlieren, nahmen sie immer mehr Abstand vom Verbrechen und bemühten sich sogar, es in ihrem Haus zu unterbinden.

In ihrem Streben, ein gewisses Maß an Respektabilität zu erreichen, wurden Bierhäuser immer besser ausgestattet. Sie gingen sogar so weit, ihren Gäste die Getränke in Silberkrügen zu servieren, was allerdings nach wie vor für Langfinger eine große Versuchung darstellte. Ein Dieb prahlte einmal damit, den Krügen die Böden weggeschnitten zu haben, während er gelassen in der Wirtsstube saß. Von Zeit zu Zeit erschienen Listen gestohlener Gegenstände in der Presse: »Verloren am Donnerstag, dem 12. September, in der Ship Tavern gegenüber den Beaufort-Gebäuden in The Strand: ein Silberlöffel mit den Initialen NFS. Sollte er verpfändet oder zum Verkauf angeboten werden, seid Ihr gehalten, denjenigen aufzuhalten und dem Hausherrn Bescheid zu geben, woraufhin Ihr angemessen entlohnt werden sollt. Angeblich handelt es sich bei der Diebin um eine Frau von gesunder Gesichtsfarbe, hellem Haar und in einem weißen Stoffkleid mit Rock.«

Unter dem Einfluss von Alkohol kam es häufig zu Kämpfen, und viele davon endeten tragisch:

Am Freitagabend, dem 15. März im Jahre 1700, hat Philip Parry, Esq., der in Lincoln-Inn-Fields lebte (...), in der Rose Tavern, Bridge Street, nahe dem Königlichen Schauspielhaus, getrunken. Er war in Gesellschaft seines eigenen Sohnes, seiner beiden Schwiegersöhne und eines Mr Thomas Bond. Sie hatten ein paar Differenzen darüber, dass Mr Bond die Gesellschaft der Frau eines der Herren genösse, (...) und sie sinnierten über die Keuschheit von Mr Bonds Schwester, was jenem zutiefst zuwider war, sodass es zu einem Austausch von Provokationen kam. Nichtsdestotrotz verließen sie kurz vor zehn besagte Taverne und gingen in scheinbar freundschaftlicher Manier auf die Straße hinaus. Doch wenn die Leidenschaft kocht, wie es auch hier unglücklicherweise der Fall war, dann ist kein Halten mehr, und so zog Mr Thomas Bond ein kurzes Stück von der Taverne entfernt sein Schwert und erneuerte seinen Streit mit Squire Parry (...) und er stach Squire Parry in den oberen

Engländer zogen rasch ihre Schwerter, und viele Kneipenschlägereien endeten tödlich. *(British Museum)*

Teil seiner Brust. Etliche Zentimeter tief drang die Klinge ein, sodass sie offenbar das Herz erreichte, denn daraufhin fiel Squire Parry augenblicklich und an Ort und Stelle tot um, ohne auch nur noch ein Wort zu sagen.

Es war die Pflicht der Constablers, der Wachtmeister, und der Straßenwächter – die man wegen ihres Dilettantismus kaum ernst nehmen konnte – sicherzustellen, dass sich die Wirte an die Sperrstunden hielten.

Ned Ward beschreibt das Geschehen um diese Stunde:

Jeder Laternenbursche [Wachmann] kroch nun nach elf durch die Straßen. Um diese Zeit verließen dann auch die starken Zecher der Stadt die Tavernen und wankten zu ihren Häusern. Augusta [= London] schien Trauerflor zu tragen, und die Lampen, die vor kurzem noch so hell geleuchtet hatten, funkelten nur noch wie Diamanten (…). Sie schwanden zu einem schwachen Glimmen dahin und brannten nur noch wie die letzten Fackeln bei einem Fürstenbegräbnis. Metzen waren kaum noch in den Straßen zu sehen, denn das drohende Erscheinen der Amtmänner hatte sie in ihre sündhaften Höhlen getrieben.

Ward legte sich bei mindestens einer Gelegenheit mit den Wachmännern an:

Die Zeit zog Vorteil aus unserer Sorglosigkeit. Sie hatte die Flügel ausgebreitet und war mit solcher Geschwindigkeit geflohen, dass schon Mitternacht vorüber war, bevor wir unseren unbändigen Appetit hatten stillen können. Und während wir noch den schläfrigen Wirt um ein weiteres Viertel Wein angingen, wurde unserer Kontroverse ein jähes Ende bereitet, als ein großer, hagerer Constabler das Etablissement betrat und mit ihm eine verrückte Mannschaft Hellebardiere

(...). Nachdem er uns ausreichend Gelegenheit gegeben hatte, seinen bunten Amtsstab zu bewundern, den er mit der bedrohlichen Gewalt eines Kapellmeisters auf den Boden stampfte (...), öffnete er den Mund: ›Seht, Gentlemen, seht. Es ist eine ungebührliche Zeit, dass Menschen trinken. Jeder ehrliche Mann sollte schon seit ein, zwei Stunden im Bett liegen.‹

Weil sie dem widersprochen hatten, verbrachten Ward und seine Zechkumpane eine unbequeme Nacht im Poultry-Gefängnis. Glücklicherweise gab es keine Beschränkungen für das Trinken bei Tag, sodass sie am Morgen geradewegs zur nächsten Taverne gingen, um sich wieder zu erholen. »Da wir gemeinsam gelitten hatten, konnten wir uns nicht ohne ein Glas voneinander verabschieden. Also gingen wir zur Rose Tavern in The Poultry, wo der Wein berechtigterweise einen guten Ruf besaß. Und dort, in einem kleinen, gemütlichen Raum bei einem warmen Reisigfeuer, lachten wir bei einem Viertel Wein über unser nächtliches Abenteuer und verfluchten den Constabler.«

Um ihren Ruf weiter zu verbessern, wurden die Bierhäuser ausgebaut. Statt nur einer Küche, wo die Gäste sich ums Feuer herum versammeln konnten, gab es nun eine Reihe von Räumen für Privatangelegenheiten, Geschäftskonferenzen und amouröse Treffen. Um es der Oberschicht nachzutun, gründeten auch Männer der Mittel- und Unterschicht Clubs und Gesellschaften. So gab es zum Beispiel die Floristengesellschaft, deren Feste Gelegenheit boten, alle möglichen Schriften zum Thema Gartenbau zu lesen. Gastwirte mit einem Sinn fürs Geschäft kündigten solche Ereignisse in der Zeitung an und ermutigten die Clubmitglieder, ihre Treffen in einer Gastwirtschaft abzuhalten. Bierhäuser dienten auch als vorübergehende Unterkunft für Neuankömmlinge in der Stadt.

Die Persönlichkeit von Wirt und Wirtin war entscheidend für den Erfolg einer Gastwirtschaft.

Tom Brown spottete über die Überheblichkeit einer Wirtin:

Aber was kam uns da für eine opulente Lady aus der Küche entgegen? Ihr Kopf war so fein geschmückt und ihre Ohren so glitzernd behangen, dass ich den Blick hab abwenden müssen (...). Dieses leuchtende Licht in solch sterblicher Hülle ist das notwendige Übel in solchen Häusern, des Kellermeisters Helferin genannt, deren Aufgabe es ist, die Bar zu beaufsichtigen und alle kulinarischen Vorgänge zu überwachen sowie die Mägde zu schelten und mit ihrem Kopfputz die Theke zu zieren.

So wie ein Ladenbesitzer seine Frau und hübsche Dienerinnen dazu benutzte, die Kunden anzulocken, so machte es auch der Wirt einer Gastwirtschaft. Tom Browns Barfrau musste »nur wenig mehr tun, als sich anzuziehen, anzumalen, die Schönheitspflaster anzulegen, sich von den *Beaux*-Kunden ihres Onkels angaffen zu lassen und mit dem einen oder anderen ihrer Bewunderer zu plaudern«. Sie »schenkt ihm freundliche Blicke und ein paar amouröse Worte, solange das Geld über die Theke geht. Sobald dieser Fluss nachlässt, verwandelt sich ihr neckischer Gesichtsausdruck in eine missmutige Schnute, und sie verhält sich immer reservierter.«

Zu Hause hatten die Londoner nicht viel Unterhaltung, zumal die meisten zur Untermiete wohnten. Misson berichtet, dass es zwar möglich, aber wenig sinnvoll war, sich eine Mahlzeit in die Wohnung bringen zu lassen. Auswärts zu essen war leicht und billig. Es gab Hunderte von Tavernen, in denen sich die Londoner zum Reden und Essen treffen konnten. Einfache Gerichte hatten feste Preise. Und es gab auch Küchenbuden, »wo man häufig hingeht, sich etwas aussucht und dort isst«. Eine wirklich gute Mahlzeit konnte man für einen Schilling bekommen. »Üblicherweise gibt es vier Spieße, alle dicht bepackt mit Rind- und Hammelfleisch, Kalb, Schwein und Lamm. Man kann sich abschneiden lassen, was man will, sei es nun fett, mager, blutig oder gut durch. Das kommt dann auf einen Teller mit ein wenig Salz und Senf. Dazu eine Flasche Bier und ein Brötchen, und das ist das ganze Mahl.« Obwohl Menschen aller Schichten in den Tavernen oder an den Küchenbuden aßen, konnte man auch ein besonderes Dinner bei Locket's bekommen oder in Evelyns Lieblingslokal Pontack's – allerdings für den überzogenen Preis von einer Guinea pro Kopf.

Es war unmöglich, ein öffentliches Lokal zu betreten, ohne in den »stinkenden Nebel« des Tabakrauchs eingehüllt zu werden. Rauchen war so weit verbreitet, dass »selbst die Frauen es im Übermaß tun«, wie Misson bemerkt. Die einheimische Tabakindustrie war während der Regierungszeit Cromwells zugunsten von Virginia und Maryland zerstört worden. In der Restauration verdoppelten sich bis zum Ende des Jahrhunderts die Importe – und sie waren steuerpflichtig.

Tabak war so wertvoll, dass seinetwegen in Lagerhäuser eingebrochen wurde, wie man in den Protokollen von Old Bailey nachlesen kann:

> Sie wurden zum zweiten Mal angeklagt, ins Lagerhaus eines Joseph Lacey eingebrochen zu sein und 250 Pfund Tabak mitgenommen zu haben. Was den Diebstahl des Tabaks betrifft, hat die Beweisführung ergeben, dass er ihm gesagt habe, er wisse, dass gerade eine Tabaklieferung angekommen sei. Also gingen sie, lösten das Schloss von der Tür, und jeder schnappte sich einen Sack Tabak, die sie in Macdonalds Wohnung brachten (...). Sie verkauften den Tabak für 25 Schilling in Whitechappel.

Tabak wurde in Bierhäusern verkauft, wo einfache Tonpfeifen ungereinigt von einem Kunden an den nächsten weitergegeben wurden. Ned Ward wagte sich in den Verkehr auf der Fleet

Street – »bin durch die Lücke zwischen zwei Kutschen über die Straße geschossen« –, um den berühmten Tabakhändler Benjamin Howes an der Ecke Shoe Lane zu besuchen, der »alten, milden und gesüßten Virginiatabak für 20 Pence [verkauft], entweder Grobschnitt, Langschnitt oder Schmalschnitt (...), Spanischer in der Rolle für 8 Schilling das Pfund, und Spanischer und Virginia gemischt für 3 Schilling das Pfund«.

Dort traf er auch auf eine Gruppe leidenschaftlicher ›Fumigatoren‹[6] (Raucher):

Sie benahmen sich wie wahre Liebhaber dieses alles beherrschenden Krauts, das ihre Körper unfähig gemacht hatte, ohne einen anderen Atem als Rauch zu überleben. Sie sprachen kein Wort miteinander; Rauchwolken bildeten den Punkt eines jeden Satzes, und wenn sie dann doch etwas sagten, dann so kurz wie möglich aus Furcht, einen angenehmen Zug zu verlieren. ›Wie geht es Euch?‹ *Paff.* ›Danke, gut.‹ *Paff.* ›Ist das Kraut gut?‹ *Paff.* ›Hervorragend.‹ *Paff.* ›Schönes Wetter.‹ *Paff.* ›Gott sei Dank.‹ *Paff.* ›Wie viel Uhr ist es?‹ *Paff,* und so weiter.

---

6   Fumigator: ursprünglich für Ausräucherapparate. (Anm. des Übersetzers)

10. KAPITEL

Vergnügungen

*»Alles, was irgendwie nach Kämpfen aussieht,
bereitet dem Engländer große Freude.«*

Im Februar des Jahres 1700 lasen die Londoner in der Zeitung, dass ein »monströser, kannibalischer Riese«, der sie hätte unterhalten sollen, in der Themse ertrunken sei, bevor er das Schiff hatte verlassen können. Das war eine große Enttäuschung. Seiner Ankunft hatte man voller Freude geharrt, so sehr sogar, dass manche Leute weit mehr als den regulären Preis gezahlt hätten, um ihn zu sehen und ihre Neugier zu stillen.

Es bereitete den Leuten enorme Freude, den Qualen anderer Kreaturen zuzusehen, die weniger Glück hatten als sie selbst, seien sie nun menschlicher oder tierischer Natur. Grausame Spektakel verliehen den Londonern ein Gefühl der Macht, weil ihr eigenes Leben so unsicher war. Wenn sie nicht gerade bei einer Hinrichtung zusehen konnten, die Kapriolen der Verrückten in Bedlam bestaunten oder Passanten mit Dreck bewarfen, genossen die Londoner nichts mehr, als sich Monster und Kuriositäten anzusehen.

Und wo konnte man das wohl besser tun als auf dem Bartholomew Fair?

An der Ecke Hosier Lane und nahe Mr Parkers Bude: Dort gibt es ein ungeheuerliches Monster zu sehen, das Sir

Thomas Grantham vor kurzem aus dem Land des Großmoguln mitgebracht hat. Es handelt sich um einen Mann mit einem Kopf und zwei deutlich voneinander zu unterscheidenden Körpern, beide männlich. Ihn begleitet sein Bruder, ein Priester der muslimischen Religion.

Zu sehen war eine Tür neben dem Black Raven in West Smithfield während des Jahrmarkts: ein lebendes Skelett, das eine venezianische Galeere von einem türkischen Gefährt in der Adria erbeutet hat. Dies ist ein Elfenkind, das angeblich ungarischen Eltern geboren und während der Stillzeit vertauscht worden ist. Es ist neun Jahre alt oder mehr, doch es ist nicht größer als anderthalb Fuß. Die Beine, Hüfte und Arme sind so klein, das sie nicht größer als der Daumen eines Mannes sind, und das Gesicht ist nicht größer als ein Handteller. Und es wirkt so ernst und feierlich, als wäre es dreimal 20 Jahre alt. Ihr müsst die ganze Anatomie seines Körpers betrachten, indem Ihr es gegen die Sonne haltet. Es spricht nie. Es hat keine Zähne, ist aber die gefräßigste Kreatur der Welt. Es verschlingt mehr Lebensmittel als selbst der kräftigste Mann Englands.

Die Stadtbehörden fürchteten den Bartholomew Fair, der wie ein Magnet auf alle Arten von »faulen, losen, wilden und verdorbenen Menschen« wirkte. Sein ursprünglicher Zweck, nämlich ein Handelsmarkt zu sein, war von den Londonern fast völlig vergessen, wenn sie ab dem 24. August zwei Wochen lang in West Smithfield zusammenströmten. Eine Verordnung des Bürgermeisters verbot, Buden »für Zwischenspiele, Schauspiele, Komödien, als Spielhäuser, für Lotterien oder ungenehmigtes Musizieren« zu benutzen; allerdings wurde diese Verordnung weitestgehend ignoriert.

Schauspieler verließen während dieser Zeit die Theater und gingen auf den Jahrmarkt, wo sie mit dem Hanswurst, den

Auf den Jahrmärkten waren die Seiltänzer eine der größten Attraktionen. Die Theater hatten während der Jahrmarktszeit kaum Besucher. *(British Library)*

Seiltänzern und anderen Artisten um die Gunst des Publikums wetteiferten:

> An Mr Barnes und Mr Applebys Bude zwischen Crown Ta-
> vern und Hospital Gate, gegenüber Cross Daggers, neben
> Millers Komischer Bude in West Smithfield, wo zur Zeit des
> Bartholomew Fair die englische und niederländische Flagge
> wehen, neben Bildern der ›Deutschen Maiden‹, dort könnt
> Ihr die hervorragendste und unvergleichliche Vorstellung
> auf dem Seil und auf dem Boden sehen, nun da diese fünf als
> die berühmtesten Kompanien des Universums vereint sind:
> die englische, irische, deutsche, französische und marok-
> kanische. Die beiden Deutschen Maiden, die schon seit je-
> her jeden übertroffen haben, sind in diesen zwölf Monaten
> zu einem Wunder herangewachsen.

Das Geschäft der Huren und Diebe blühte. Kinder wurden in
›fliegenden Kutschen‹, Schiffsschaukeln, in die Luft geschleu-
dert, bis sich ihnen der Kopf drehte. Der Geruch von Feuer und
geröstetem Schwein quoll aus den von Fliegen belagerten
Küchenbuden, um sich mit den Gerüchen der dicht gedrängten
Menge zu mischen. César de Saussure empfand den Markt als
zu vulgär, »denn der überwältigende Lärm hört niemals auf;
außerdem läuft man ständig Gefahr, zu Tode gequetscht oder
ausgeraubt zu werden. Tatsächlich glaube ich, dass es nirgends
auf dieser Welt geschicktere Taschendiebe gibt als hier in diesem Land. In jeder Menschenmenge müsst Ihr genauestens auf-
passen, wollt Ihr vermeiden, dass man Euch die Taschen leert.«
Die Stadtbehörden waren ohne Zweifel erleichtert, wenn der
Bartholomew Fair nach 14 Tagen in West Smithfield nach Southwark am anderen Flussufer weiterzog.
Die Londoner frönten jedoch auch außerhalb des Jahrmarkts ihrer Vorliebe für seltsame, exotische Tiere, die aus fernen Ländern zu ihnen gebracht worden waren:

Der lebende Alligator oder das Krokodil, das vor kurzem von der Küste Guineas eingetroffen ist, wird während des Southwark Fair in The Hand and Dial zu sehen sein, gegenüber der Queen's Arms Tavern, und der ebenfalls vor kurzem eingetroffene Kronenvogel ist in The Lamb zu besichtigen, nahe St. Georges Church.

Kaffeehäuser, Bierhäuser und Tavernen konkurrierten mit den Jahrmärkten, was das Ausstellen von Monstren und Kuriositäten betraf, und schalteten entsprechende Zeitungsanzeigen.

Auf diese Art konnte man auch hervorragend die Spieler anlocken:

In Painters Kaffeehaus, gegenüber der Fountains Tavern nahe Stocks Market, ist ein Aal zu bewundern, der größte, der je in London zu sehen war. Er ist über einen Meter siebzig lang, fast sechzig Zentimeter dick und wiegt 34 Pfund und 3 Viertel. Er ist für einen so niedrigen Preis zu sehen, nämlich nur einen Penny, dass ohne Zweifel jeder, den die Neugier packt, dieses Wunder der Natur wird sehen wollen. Und mehr noch: Sollte jemand bei seinem Wort versichern können, er hätte jemals einen größeren Aal gesehen, erhält er sein Geld zurück. Von morgen Abend an ist er zu besichtigen.

Bei so vielen Neuheiten kann man den Londonern verzeihen, dass sie den Tower den ausländischen Touristen überließen.

Am ausschweifendsten und chaotischsten war jedoch der May Fair, der auf den Feldern abgehalten wurde, die inzwischen Picadilly, Oxford Street und Park Lane begrenzten. Dieser Jahrmarkt besaß einen derart schlechten Ruf, dass er kurz vor seiner Schließung stand.

Als Ned Ward den Markt besuchte, fiel ihm auf, dass die Huren hier gute Geschäfte machten. An mehrere Ständen wurden Komödien aufgeführt.

Hinter diesen befand sich ein Nest skandalöser Saufbuden, wo Soldaten und ihre Dirnen zu wahrhaft kläglicher Musik sprangen und tanzten, welche ein blinder Fiedler auf einer kaputten Fiedel spielte. In einer anderen Hütte tanzte ein Häuflein schottischer Straßenhändler zum Klang eines Dudelsacks einen Highlander Jig. Ihnen gegenüber befand sich die Bude von Cheshire, wo der Diener eines Gentleman einen Rundtanz anführte. Darunter mischten sich hier und da Puppentheater, wo über eine Zinnflüstertüte ein sinnloser Dialog zwischen Kasperle und dem Teufel in die Ohren des wahllos zusammengewürfelten Haufens von Zuschauern ergossen wurde, von denen einige das Stück tatsächlich für eine der großartigsten Versionen der Geschichte des Dr. Faustus hielten.

Das ungezähmte und wilde Leben beschränkte sich in London aber nicht nur auf die Jahrmärkte. Die kleinste Auseinandersetzung konnte in einer ausgewachsenen Schlägerei enden.

»Alles, was irgendwie nach Kämpfen aussieht«, schrieb Misson, »bereitet dem Engländer große Freude«:

Wenn zwei kleine Jungen auf der Straße in Streit geraten, bleiben die Passanten stehen, bilden einen Kreis um die beiden und stacheln sie auf, die Fäuste fliegen zu lassen (...). Während des Kampfes spornen die Zuschauer die Kämpfenden dann noch weiter an – und das mit großer Freude (...). Und bei diesen Zuschauern handelt es sich nicht nur um andere Jungen, Diener und Straßenvolk, sondern man sieht auch allerhand vornehm gekleidete Menschen. Manche klettern irgendwo drauf, um besser sehen zu können, und wäre es möglich, in kürzester Zeit Tribünen zu errichten, die meisten würden sich sofort einen guten Platz mieten.

Kein Wunder, dass César de Saussure zu dem Schluss kam: »Das niedere Volk ist von brutaler, unverschämter Natur und äußerst streitsüchtig.« Jede Form von Kampf war überdies eine hervorragende Gelegenheit, sich dem Spiel hinzugeben, das in allen Klassen beliebt war: »Die Zuschauer entwickeln bisweilen ein derartiges Interesse, dass sie auf die Kämpfenden wetten und einen großen Kreis um sie herum bilden.« Mit den bloßen Fäusten ausgetragene Straßenkämpfe waren nicht nur auf die Männer beschränkt. »Ihr werdet es kaum glauben«, fuhr César de Saussure fort. »Ich habe doch tatsächlich Frauen gesehen – welche, zugegeben, dem Abschaum angehören –, die auf die gleiche Art miteinander rangen.«

Als Zacharias Conrad von Uffenbach London besuchte, ging er nach Hockney zur ›Grube‹ von Clerkenwell, »um den Kämpfen zuzusehen, die dort stattfinden, ein wahrhaft englisches Vergnügen«. Die Kämpfer waren »ein Engländer und ein Mohr«. Doch die Unterhaltung, die man ihm auf der Bühne bot, war offenbar nichts im Vergleich zu dem, was er im Zuschauerraum beobachten konnte:

Der Ort, wo der Kampf stattfand, war recht groß. In der Mitte befand sich eine Plattform so groß wie ein Mann von mittlerer Größe; sie besaß kein Geländer und war nach allen Seiten hin offen, sodass keiner der Kämpfer sich zurückziehen konnte. Am oberen Teil der offenen Fläche liefen armselige Galerien entlang mit erhöhten Sitzen, ähnlich den Balkonen, auf denen die Zuschauer bei einem Theaterstück sitzen. Aber das einfache Volk, das nicht viel zahlt, bleibt unten auf dem Boden. Allerdings versuchten sie, sich mit Gewalt Zutritt zu den Galerien zu verschaffen, indem sie an ihnen hinaufkletterten, und als einige von oben sie daran hinderten, wurden diese ohne Rücksicht auf ihre Person mit Stöcken, Steinen und Dreck beworfen, sodass wir uns allmählich Sorgen machten. Da wir jedoch auf der besten Seite saßen, gelangten diese Unruhestifter nicht in unsere Nähe. Sie benahmen sich wie Wahnsinnige, und eine Zeit lang sah es sehr unangenehm aus.

Während die beiden Kombattanten mit Schwert und Dolch fochten und immer mehr Blut den Kampfplatz befleckte, begann von Uffenbach ein Gespräch mit dem Paar hinter ihm. Der Mann »hatte offenbar bereits eine beachtliche Menge getrunken. Er machte einen großen Aufstand und warf Hände voll Schillingen hinunter.« Die Frau unterhielt von Uffenbach mit einer Geschichte, wie sie »vor zwei Jahren hier mit einer anderen Frau ohne Korsett und nur mit einem Hängekleid gekämpft hatte. Beide hatten sie heftig gefochten, und Blut war geflossen, was in England wohl offenbar nichts Neues ist.«

Als Nächstes wurde von Uffenbach durch Werbeplakate und Zeitungsanzeigen in Gray's Inn gelockt, um sich einen Hahnenkampf anzusehen. Diese fanden in runden Türmen statt, wo die Zuschauer aus den unterschiedlichsten Schichten zusammen auf den Rängen saßen.

Der eigentliche Kampf spielte sich auf einem Tisch in der Mitte ab:

Wenn es Zeit wird anzufangen, bringt man die Hähne in zwei Säcken herein; alle beginnen daraufhin zu schreien und zu wetten, noch bevor die Vögel zu sehen sind. Die Menschen sitzen vollkommen durcheinander, ohne Rücksicht auf Rang und Geburt, und sie benehmen sich wie Wahnsinnige; die Wetten gehen rauf bis zu 20 Guineas und mehr. Sobald einer der Wetter ›Abgemacht‹ ruft (…), ist der andere verpflichtet, sich an die Abmachung zu halten. Dann werden die Hähne aus den Säcken geholt und bekommen Silbersporen angelegt (…). Sind die Hähne zu sehen, wird das Geschrei sogar noch lauter, und das Wetten geht weiter. Lässt man sie dann los, greifen einige Tiere an, während andere davonrennen (…) und vor lauter Angst vom Tisch zwischen die Menschen springen. Allerdings werden sie dann sofort und unter viel Geschrei wieder auf den Tisch geworfen und gescheucht, bis sie wütend werden. Es ist erstaunlich zu sehen, wie sie aufeinander einpicken, und besonders, wie sie die Sporen einsetzen. Ihre Kämme bluten fürchterlich, und oft schlitzen sie einander Kehle oder Bauch mit den Sporen auf.

Ist der Kampf vorüber, »müssen jene, die ihr Geld auf den Verlierer gesetzt haben, augenblicklich zahlen. Hier gewinnt ein Stallknecht oft mehrere Guineas von einem Lord.« Jeder, der dumm genug gewesen war, auf eine Wette einzugehen, ohne das Geld dafür zu haben, wurde bei Nichtbezahlen in einen Korb gesetzt und unter grölendem Gelächter unter die Decke gezogen.

Es kann kein Zweifel daran bestehen, dass die Londoner Gefallen an grausamen, wilden Vergnügungen fanden, die ihr eigenes Leben widerspiegelten: schmutzig, gemein und kurz. Abgesehen vom Hahnenkampf liebten sie auch noch die Bullen- oder Bärenhetze, die jeden Montag und Donnerstag in Hockley in the Hole, Clerkenwell, beziehungsweise in Marlyebone Fields, Soho, oder in Tothill Fields, Westminster, stattfand:

Zuerst wurde ein Ochse oder ein Bulle hereingeführt und mit einem langen Seil in der Mitte des Hofs an einen Eisenring gebunden; dann wurden 30 Hunde, je zwei oder drei gleichzeitig, auf ihn losgelassen, aber er machte kurzen Prozess mit ihnen. Er nahm sie auf die Hörner und warf sie hoch in die Luft. Anschließend sprangen die Schlächter, denen die Hunde gehörten, unter lautem Grölen der Menge vor und fingen sie auf, um ihren Fall abzubremsen. Sie mussten sie mit beiden Händen festhalten, um zu vermeiden, dass sie sich sofort wieder auf den Bullen stürzten, denn jetzt waren erst einmal die anderen dran. Einige bissen sich derart in Kehle und Ohren des Bullen fest, dass man ihre Kiefer mit Stangen auseinander biegen musste. Nachdem der Bulle diese Tortur eine Zeit lang über sich hatte ergehen lassen müssen, brachte man einen kleinen Bären und band ihn auf die gleiche Art. Kaum waren die Hunde auf ihn losgelassen, richtete er sich auf den Hinterbeinen auf und teilte ein paar Furcht erregende Hiebe aus. Bekam ihn dann doch einmal einer der Hunde zu fassen, warf der Bär sich auf den Boden und rollte sich herum, sodass der Hund von Glück sagen konnte, wenn er nicht unter dem massigen Leib der Kreatur begraben wurde.

Es wäre sinnvoller gewesen, wenn die Londoner ihre Energie mehr in eigene sportliche Übungen gesteckt hätten, doch diesbezüglich waren sie weniger enthusiastisch. Eine gemütliche Kegelpartie im Bierhaus war allerdings durchaus akzeptabel – natürlich wetteten auch hier die Zuschauer auf den Ausgang. Fußball war ein Straßenspiel. Kam jemand vorbei, machte er einfach mit und trat nach dem Ball; ein Tor gab es nicht, und oft genug landete der Ball in irgendeinem Fenster. Ausländische Besucher wie Beat Louis de Muralt empfanden das Spiel als »lästig und unverschämt«. César de Saussure war ebenfalls verärgert: »Bei kaltem Wetter sieht man manchmal ein gutes Dutzend Halunken auf der Straße, die nach einem Ball treten. Ohne auch nur einen Hauch von Schuldgefühl schießen sie den Ball durch die Fenster von Häusern und Kutschen; tatsächlich lachen sie dann sogar.«

Kricket verwirrte ihn ebenso sehr: »Die Engländer lieben ein Spiel, das sie Kricket nennen. Um es zu spielen, gehen sie auf ein großes, offenes Feld und schlagen mit einem Stück Holz nach einem kleinen Ball. Ich will nicht versuchen, Euch dieses Spiel zu beschreiben – es ist viel zu kompliziert –, jedoch braucht man Geschick und Schnelligkeit, und jeder spielt es, das gemeine Volk ebenso wie Männer von Rang.«

Für jemanden wie Ned Ward war London eine Bühne, deren Darsteller ihn endlos faszinierten und amüsierten. Was das echte Theater betraf, so waren der Schauspieler, Manager und Impresario Thomas Betterton, die Schauspielerinnen Mrs Barry und Mrs Bracegirdle sowie William Congreve, der Autor, aus dem Theatre Royal in der Drury Lane zum New Theatre in Lincoln Inn Fields übergelaufen. Gespielt wurde im Allgemeinen am Nachmittag, meist ab drei Uhr, und die Bühne wurde von Kerzen beleuchtet. Vor der Aufführung und in der Pause gab es auf der Bühne Musik und Tanz. Über das Publikum bemerkte Misson: »Männer von Rang, besonders jüngere, ein paar Ladys von untadeligem Ruf und unzählige junge Damen, die nach Beute Ausschau halten, sie alle sitzen an diesem Ort wie Kraut und Rüben durcheinander, schnattern, spielen, hören zu oder auch nicht.«

Für den sardonischen Kommentator Tom Brown war das Theater »eine verzauberte Insel, wo nichts so erscheint, wie es ist oder wie es sein sollte«.

Das Publikum an sich war für ihn schon faszinierend genug, um Gegenstand einer eingehenden Betrachtung zu sein:

Der Beau dort ist für seine Fechtkunst und seine geschickte Handhabung der Schnupftabakdose bekannt; ein Poet mit leeren Taschen; ein Bürger mit goldenem Hutband; eine Hure mit Maske und vielen Schleifen an der Brust; und ein Narr, der mit ihr redet. Ein geistreicher Zuschauer ist daran zu erkennen, dass er alles zu verstehen versucht, während ein nur vorgeblich geistreicher Mensch nickt und einschläft, bis der Vorhang fällt und das Publikum ihn beim Hinausgehen weckt.

Für das, was auf der Bühne geboten wurde, hatte Tom Brown ebenfalls nur Spott übrig: »Was sind diese neuen Stücke anderes als furchtbar geistlose, träge Farcen, zahnlose Satiren oder kranke Ansammlungen von Schüttelreimen mit gemeinen Helden?«

In dem Jahr, da Congreves Komödie *The Way of the World*
(Der Lauf der Welt) ein enormer Erfolg war, kritisierte Brown den
allgemeinen Geschmack:

> Wenn der Humor nach London kommt, reiten sie ihn zu To-
> de, bevor sie ihn wieder in Frieden lassen. Die ersten Chris-
> ten sind nicht annähernd mit der gleichen Grausamkeit ver-
> folgt worden, mit der arme, gedankenlose Beaux auf der
> Bühne gequält werden. Ein Charakter wird mit einem schmut-
> zigen Lied dargestellt, Humor mit einem Tanz, und ein Streit
> wird mit Blitz und Donner untermalt, und das hat schon man-
> ches niederträchtige Stück vor der Verdammnis bewahrt. Ein
> großer Muff und eine grelle Schleife auf dem Rücken eines
> stämmigen Kerls gelten als hervorragender Scherz.

Vor seinem Tod im Jahre 1695 hatte der englische Komponist
Henry Purcell eine fruchtbare Beziehung mit Thomas Betterton. Sie arbeiteten an *The Fairy Queen* (Die Elfenkönigin) zusammen, die Roger North später wie folgt beschrieb: »Das ist
die Art von Stück, die man Oper nennt; genauer wäre allerdings die Bezeichnung Halboper, denn es besteht zu gleichen
Teilen aus Musik und Drama.« Die echte Oper sollte erst in
der Regierungszeit des nächsten Königs nach England gelangen.

Konzerte boten eine kultiviertere Art von Unterhaltung als
das zeitgenössische Theater, und Londons blühende Musiksze-
ne zog ausländische Komponisten aus aller Herren Länder an,
die sich hier niederließen. Während Pepys noch Musikabende
zu Hause genossen hatte, war es mittlerweile möglich, öffentliche Konzerte in Thomas Hickford's Great Room nahe Haymarket zu besuchen oder im Konzertsaal des York Buildings,
wo 200 Menschen für fünf Schilling pro Kopf Platz fanden.
Sommerabende bildeten den idealen Rahmen dafür. »Montag-
abend fand ein schönes Musikkonzert in den Gärten von Ken-

sington statt. Im Publikum fanden sich viele Mitglieder des Adels und der Gentry«, hieß es in einem Zeitungsbericht. Und: »An diesem Montag, dem 8. September, wird um Punkt drei Uhr in Richmond Wells ein neues Musikkonzert von einem der größten Meister Europas aufgeführt werden; dies wird das letzte für diesen Sommer sein. Mr Abell wird auf Englisch, Latein, Italienisch, Spanisch und Französisch singen. Eintrittskarten sind nur in Richmond Wells erhältlich für fünf Schilling das Stück.«

In London gab es unzählige Parks und Lustgärten. Ned Ward beschrieb einen Besuch im St. James Park zu der Zeit, »da die Hofdamen ihre langen Glieder von den weichen Couches erheben und auf die Mall hinausgehen, um ihre entzückenden Körper in der gesunden Abendbrise zu baden«.

Wie immer waren es mehr die Menschen als der Ort, was ihn faszinierte:

Wir hätten unmöglich einen glücklicheren Zeitpunkt wählen können, um diesen wunderschönen Park in all seiner Pracht und seiner Perfektion zu sehen, denn hier wandelten die hellsten Sterne der Schöpfung umher, und das mit solch wunderbarer Haltung und Majestät, dass ihre Grazie sie wie Göttinnen erscheinen ließ. Den sie bewundernden Sterblichen warfen sie gnädige Blicke mit ihren bezaubernden Augen zu. Sie waren so frei von Stolz, Neid oder Abscheu, dass sie entgegen aller Erfahrung in diese Welt geschickt zu sein schienen, um ihr Glück zu vervollständigen.

Henri Misson bewunderte den Park mit seinen »schönen Ulmen- und Lindenalleen, einem großen Kanal und mehreren Teichen und Wasserbecken.« Richtigen Wald gab es nicht, doch viele fühlten sich verführt, über die Wege zu wandern. Des Sonntags hielten sich anständige Leute jedoch von den Parks fern, wenn »ganze Wagenladungen gemeinen Volks« dorthin

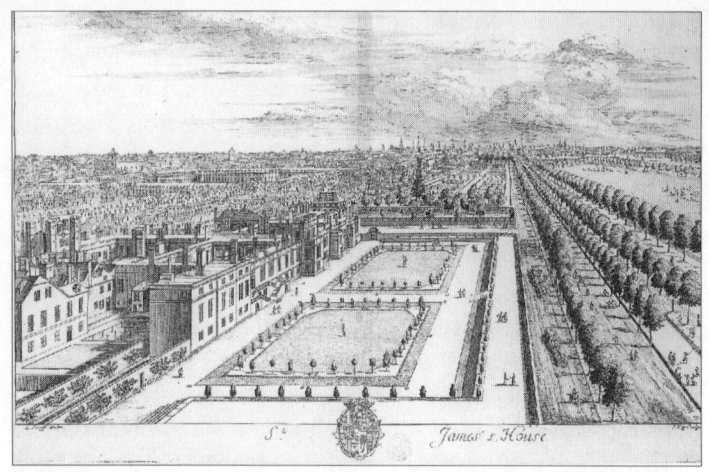

Als London sich nach Westen ausdehnte, boten riesige Parks die ideale Umgebung für die Gesellschaft, sich zur Schau zu stellen. *(Guildhall Library, Corporation of London)*

drängten, weil sie unter der Woche keine Gelegenheit dazu hatten. Rotwild und Kühe grasten in St. James Park und wanderten über den Picadilly in den Hyde Park.

Im Hyde Park traf Tom Brown täglich auf Leute von Rang:

> Hier sahen wir, wie viel Lärm um nichts gemacht wurde. Es war eine Welt tapferer Männer, vergoldeter Kutschen und prächtiger Livreen. In einigen dieser Kutschen saßen höfische Emporkömmlinge, die sich stolz und eitel aufplusterten und so steif und aufrecht in ihren Streitwagen hockten, als hätte man ihnen einen Stab mitten durch den Leib getrieben. Offenbar schien es ihnen geradezu körperliche Schmerzen zu bereiten, ›Vulgäres‹ sehen zu müssen. Das ist dann vermutlich auch der Grund dafür, warum sie sich weder verneigen noch höflich den Hut ziehen, es sei denn, sie stehen mindestens einem Herzog oder einer Herzogin gegenüber.

Jene, die den Hof in Kensington besuchten – oder weiter draußen in Hampton Court –, konnten Williams und Marys Gärten bewundern, die im holländischen Stil angelegt waren mit Heckenlabyrinthen, Blumenbeeten, Statuen und Fontänen. Von Uffenbach war fasziniert vom Garten in Hampton Court, besonders von »den großen Rollen, gewaltigen Baumstämmen, die man über den Rasen rollt, nachdem dieser gemäht worden ist«.

Am geschäftigsten aber war das Londoner Leben entlang den Ufern der Themse, der großen Durchgangsstraße mit ihren Tausenden von roten und grünen Booten.

Wie viele andere Besucher vor und nach ihm, so liebte auch César de Saussure den Anblick:

Nirgends kann man etwas Bezaubernderes oder Schöneres sehen als diesen Fluss. Hier findet man Fahrzeuge aller Art. In der Gegend von London gibt es mindestens 15 000 Boote für den Personentransport und noch unzählige andere für den Warenverkehr. Neben diesen Booten sieht man noch jene, die man Barken oder Galeeren nennt; sie sind reich beschnitzt, bemalt und vergoldet. Nichts ist anziehender als die Themse an einem Sommerabend. Die Gespräche, welche man hört, sind äußerst unterhaltsam, denn ich muss Euch sagen, dass es Brauch ist, jemandem über das Wasser hinweg von Boot zu Boot zuzurufen, was immer man will, selbst dem König persönlich, und niemand hat das Recht, sich deswegen schockiert zu zeigen.

Die Sprache der Fährleute jedoch war »grob und ordinär«, wenn sie dieser Tradition folgten, denn sie riefen einander zumeist Beleidigungen zu. Für einen Neuankömmling war das alles sehr verwirrend. Ned Ward scherzte, dass er zunächst schockiert gewesen war, als sich ihm zum ersten Mal ein Fährmann schreiend genähert hatte: »He da, gelehrte Studiosi, braucht ihr

323

nicht ein paar tüchtige Huren?« Doch es stellte sich heraus, dass er den Mann falsch verstanden hatte. Die Fährleute nannten sich selbst ›Ruderer‹ *(oars)*, was mit ›Huren‹ *(whores)* wenig zu tun hat, aber sehr ähnlich klingt.

Flusstransporte waren lebenswichtig für die Stadt, zum einen, weil die Straßen verstopft waren, zum anderen, weil das ständige Aufbäumen übernervöser Pferde einfach unerträglich war. Gehen war zwar auch eine Möglichkeit, doch nur die Hauptstraßen besaßen eine Art Bürgersteig; überdies war es üblich, Höhergestellte »auf der Häuserseite gehen zu lassen«. Sänften wurden über den Bürgersteig getragen. Die Träger riefen ein kurzes »Wenn Ihr gestattet, Sir!«, oder »Obacht!«, bevor sie einen Fußgänger zur Seite stießen. Vom Bürgersteig heruntergetrieben, mussten die Fußgänger auf Straßen laufen, die sich bei Hitze in Staub und bei Regen in Schlamm verwandelten.

Die Bauarbeiten, die überall in der Stadt durchgeführt wurden, trugen ihr Übriges dazu bei, dass die Straßen immer mehr verdreckten.

Die London Bridge war der einzige Übergang über die Themse. Von Uffenbach bemerkte, dass man »sie eigentlich gar nicht für eine Brücke hält, denn sie hat auf beiden Seiten große, schöne Häuser, in deren unteren Stockwerken sich Geschäfte befinden. Nach gut der Hälfte Richtung Southwark am anderen Ufer findet man einen kleinen Platz, wo keine Häuser stehen und wo man über das Eisengeländer hinweg die Themse sehen kann.« Von den Brückenpfeilern zusammengepresst, entwickelte sich hier eine reißende Strömung. Sie war so tückisch, dass viele Bootsreisende es vorzogen auszusteigen und zu warten, bis ihr Gefährt auf der anderen Seite wieder herauskam.

An einem schönen Sommertag konnten die Londoner sich von der London Bridge über den Fluss nach Foxhall bringen lassen, was sie vier Pence für ein Ruderboot und zwei Pence für einen Skuller kostete.

Viele Reisende beschlossen, lieber an Land zu gehen, als sich der reißenden Strömung unter der London Bridge zu stellen. *(Guildhall Library, Corporation of London)*

Pepys unternahm einen solchen Ausflug mit seiner Familie:

> Mit meiner Frau, zwei Zofen und dem Jungen nahm ich ein Boot nach Foxhall – wo ich schon lange nicht mehr war – zum Old Spring Garden. Und dort wanderten wir umher, während die Mädchen Blumen pflückten (...) Dann ging es zu dem neuen Garten, wo ich noch nie gewesen war und der den anderen bei weitem übertreffen sollte, wie es hieß. Und hier wanderten wir ebenfalls umher, und der Junge kroch durch eine Hecke und pflückte einen Strauß Rosen. Und nach einem langen Spaziergang (...) ging es zu einem Haus, wo wir uns Kuchen holten, paniertes Rindfleisch und Ale. Heim ging es dann abermals über das Wasser, was uns großes Vergnügen bereitete.

Gegen Ende des Jahrhunderts erfreuten sich Badeorte äußerst großer Beliebtheit.

Uffenbach unternahm eine Reise nach Lambeth, »um dort die Lambethbrunnen und die medizinische Quelle zu besichtigen«:

In der Nähe davon steht ein Haus, wo sie an bestimmten Tagen tanzen, auch wenn sich dort größtenteils nur Gesindel einfindet. Dem Geschmack nach zu urteilen, enthält das Quellwasser Alaun und Eisen. Von hier aus fuhren wir weiter diesseits der Themse entlang nach Foxhall, wo es einen großen Garten von unvergleichlicher Eleganz gibt, den man Frühlingsgarten nennt, weil dort im Frühling die lieblichsten Vögel ihre Nester bauen und singen. Er besteht gänzlich aus Boulevards und Alleen, in denen die Menschen flanieren. Auch gibt es hier Buden, wo man ein Glas Wein, Schnupftabak oder andere Dinge bekommen kann; allerdings ist alles recht teuer und von minderer Qualität. Im Allgemeinen trifft man hier eine große Menschenmenge, besonders Weibsvolk von zweifelhafter Moral, die ebenso fein gekleidet sind wie Damen von Rang.

Vielleicht strömten die Londoner deshalb zur Quelle von Hampstead, weil sie unter chronischen Krankheiten litten und ihr eigenes Wasser so verseucht war.

Von Uffenbach schrieb:

Dies ist die medizinische Quelle, die London am nächsten gelegen ist, und es ist solch ein angenehmer Fleck, dass viele Menschen sich dort nicht nur das Wasser holen; viele haben sich [in Hampstead] schöne Häuser gebaut, wo sie den ganzen Sommer über bleiben, während montags, donnerstags und samstags viele aus der Stadt hierher fahren, um sich zu zerstreuen. Die Quelle liegt ein Stück außerhalb der Stadt, und daneben befindet sich ein Kaffeehaus und ein Versammlungsraum, wo man tanzt (...). Hier wird nichts anderes getanzt außer neuen englischen Landtänzen, und die sind größtenteils ganz reizend. Der Distrikt ist äußerst angenehm, und wenn man von einem Hügel zum anderen blickt, hat man eine schöne Aussicht auf London und die Themse.

Wie alle Besucher ähnlich angenehmer Orte nahe London – wie zum Beispiel das Dorf Marylebone – bemühte sich von Uffenbach, vor Einbruch der Nacht wieder zu Hause zu sein. »Sobald es zu dämmern begann, machten wir uns wieder auf den Weg nach London, da auf dieser kurzen Straße oft Räuber anzutreffen sind.«

Die Londoner liebten es, zum Bad von Islington hinaus zu wandern. Allerdings setzte Islington sich nie als »das neue Tunbridge Wells« durch, was vielleicht daran lag, dass die Oberschicht es weitgehend ignorierte.

Nichtsdestotrotz wurde im April 1700 die neue Vergnügungsstätte mit den Worten angekündigt:

Hiermit sei kund- und zu wissen getan, dass New Tunbridge Wells in Islington am 5. Mai eröffnet werden wird. Während der Sommersaison gibt es dort jeden Montag und Donnerstag den ganzen Tag über Musik. Keine Masken erlaubt.[7]

Misson kam zu dem Schluss, dass das Wasser von Islington »Euch weder nützt noch schadet, vorausgesetzt, Ihr trinkt nicht zu viel davon«. Die Gegend war für ihre Kuhweiden und Molkereien bekannt, sodass jeder Besucher dumm gewesen wäre, vor seiner Abreise nicht die exzellente Weinschaumcreme und die Sahnetörtchen zu probieren. In Sadler's Wells konnte man dann noch ein wenig tanzen, bevor man dem Flusslauf folgend wieder nach London zurückkehrte.

---

[7] Das bezog sich auf die modernen Gesichtsmasken, wie sie vor allem von Prostituierten getragen wurden. (Anm. des Übersetzers)

Die Londoner benötigten keine Entschuldigung für ihre Zerstreuungen, und freudig erwarteten sie »die gesetzlichen Feiertage«. Guy Miege wünschte sich nur, dass man »an den heiligen Tagen (*holy days* beziehungsweise *holidays*) von Weihnachten, Ostern und Pfingsten mehr Demut zeigen würde und weniger Maßlosigkeit«. Misson gefiel das englische Weihnachtsfest: »Vom Weihnachtstag bis zum Ende des zwölften Tages danach dauert die Zeit christlicher Freude, eine Mischung aus Gebet und Vergnügen: Sie wünschen einander Glück, geben einander Geschenke und machen es zu ihrer vordringlichsten Aufgabe, die Melancholie zu vertreiben (…). Die kleinen Geschenke zur Weihnachtszeit werden weniger von Freund zu Freund gegeben oder vom Gleichen zum Gleichen, sondern vielmehr von einem Höhergestellten an einen Niederrangigeren.« Auch einige heidnische Sitten hatten überlebt. So wurden die Wohnungen mit Lorbeerzweigen, Rosmarin, Stechpalmen- und Mistelzweigen und anderem Grünzeug geschmückt.

In der Stadt war der Lord Mayor's Day am 29. Oktober (alter Kalender), der Tag, an dem der Oberbürgermeister von London in sein Amt eingesetzt worden war, »ein feierlicher Tag öffentlicher Freude«, wenn der neu gewählte Bürgermeister begleitet von den 26 Ratsherrn und den Zunftvertretern mit der Barke nach Westminster fuhr, um dort den Amtseid abzulegen. Als Ned Ward sich das Spektakel mit den reich geschmückten Flößen ansehen wollte, stand er früh auf, um sich in Cheapside einen guten Platz zu sichern, »weil ich glaubte, dass der Triumphzug von dort besonders gut zu sehen sei. Hier war jedoch auch der Tumult am größten, und die Ausgelassenheit und die Launen der Umstehenden waren ebenso ablenkend (…) wie die feierlich-ernste Pracht« der Prozession. Andere Tage »öffentlicher Freude« – wenn auch keine eigentlichen Feiertage – waren der Geburtstag des Königs am 4. November, der Restaurationstag am 29. Mai, der ›Gun-powder-treason-day‹ am 5. November, an dem sich einst Radikale vergeblich bemüht hatten, das

Der Umzug am Lord Mayor's Day bot eine Gelegenheit für die typischen ausgelassenen Feiern. Hier sieht man, dass die Kaufleute in Cheapside die Fenster ihrer Läden aus Sicherheitsgründen zugenagelt haben, während es bereits zu Kämpfen gekommen ist und die Taschendiebe ihre Arbeit aufgenommen haben. *(Museum of London)*

Parlamentsgebäude in die Luft zu sprengen, und der Royal Oak Day am 3. September, an dem die Menschen Eichenzweige am Revers trugen, um so an die geglückte Flucht Charles II. nach Worcester zu erinnern. Zum Jahrestag der Thronbesteigung Williams III. schrieb die Presse im Februar 1700: »Der Morgen wurde von Glocken eingeläutet; am Mittag wurden große Kanonen am Tower abgefeuert, und am Abend entzündeten wir Freudenfeuer.«

Unter der Woche arbeiteten die Londoner sehr lange. Der Sonntag war zwar ein Feiertag, doch einer, an dem die Unterhaltung großen Einschränkungen unterlag. Theater, Konzerte, Schaubuden und Sport waren verboten.

Selbst der ausgesprochen ernste Schweizer Besucher von Uffenbach suchte verzweifelt nach einer Unterhaltungsmöglichkeit:

Es kann sich hier nicht nur niemand des Sonntags amüsieren, diese Einschränkungen werden auch strenger überwacht

329

Die Frauen hatten eine Leidenschaft für das Kartenspielen entwickelt, das sonntags verboten war. *(British Library)*

als sonstwo auf der Welt. Es ist verboten, zu spielen oder eine Gastwirtschaft zu besuchen, und nur wenige Boote und Kutschen dürfen fahren. So ist man gezwungen, zu Hause zu bleiben, und unsere Gastgeberin wollte ihren Gästen noch nicht einmal gestatten, für sich auf der Gambe oder der Flöte zu spielen, um nicht Gefahr zu laufen, bestraft zu werden. All dies ist tatsächlich der einzige Hinweis, dass die Engländer Christen sind, was man ihrem sonstigen Gebaren nicht entnehmen kann.

Während kaum ein Geräusch in den Straßen zu hören war, frönten die müßigen Klassen hinter verschlossenen Türen dem Spiel – was sonntags strikt verboten war –, und andere verbrachten den Tag mit Zerstreuung in illegal geöffneten Tavernen.

11. KAPITEL

Arbeit in der Stadt

Die Themse war die Straße zu den aufblühenden Kolonien.

Beim ersten Läuten der Kirchenglocken in Cheapside um neun Uhr in der Frühe sprang der vierzehnjährige John Coggs von seinem Platz hinter der Theke auf, um die Fensterläden und damit das Geschäft zu öffnen. Das blendende Licht der Straßenlaterne beleuchtete das Schild mit der Bibel über Johns Kopf, das vor- und zurückpendelte, als hätte es das Glockengeläut in Schwingung versetzt, welches nun über der ganzen Stadt widerhallte. Der Meister des Jungen, John Stevens, war bereits in die Taverne geschlurft, um sich dort einen halben Liter Wein zu genehmigen. Ohne Zweifel würde er sich dort mit anderen Schreibwarenhändlern, Druckern und Buchhändlern treffen. Nachdem er seine Pflicht getan hatte, zog sich der junge Coggs wieder in den dunklen Laden zurück mit den Papieren, den Notizen, den Rechnungsbüchern, den Federn, der Tinte, dem Sand und dem Siegelwachs, welche für das Geschäft seines Meisters vonnöten waren. Vielleicht würde er den Abend damit verbringen, seine Mathematikaufzeichnungen zu studieren einschließlich des Kapitels: »Was bedeutet eine Kommission von zwei Prozent? Wie muss sie berechnet werden?«

Wie viele Lehrlinge ist John Coggs noch in seiner Probezeit. Es ist noch nicht lange her, dass er ›nach Augenschein‹ an Mr Stevens für einen Monat gebunden wurde. Ist der Probemonat vorbei, wird er Mr Stevens zur Stationer's Hall, dem Zunfthaus

Viele Schreibwaren- und Buchhändler arbeiteten unter dem Zeichen der Bibel, damals ebenso ein Bestseller wie heute.

der Schreibwarenhändler, in Ludgate begleiten, um dort die Papiere abstempeln zu lassen. Sein Vater hat eine Prämie von 250 Pfund für die Lehre seines Sohnes bezahlt und eine ›Bürgschaft für meine Ehrlichkeit‹ unterzeichnet. In den nächsten sieben Jahren würde Mr Stevens *in loco parentis* fungieren, anstelle der Eltern, und sich sowohl um Johns moralisches Wohlbefinden als auch um seine Ausbildung kümmern, und als Mitglied seiner ›Familie‹ schuldete der junge Lehrling seinem Meister Treue, Diskretion und Fleiß. Für den Fall, dass die Dinge nicht so gut liefen wie geplant, würde der Kammerherr der Stadt London, der Schutzherr aller Lehrlinge, in einem Streit vermitteln. John würde dem Kammerherrn im Gildenhaus vorgestellt werden, wenn man seine Papiere abstempelte.

Hatte er seine Lehrzeit abgeleistet, würde man ihn in die Gesellschaft der Schreibwarenhändler aufnehmen. Vielleicht würde er dann sogar ein Meister sein, der selbst Lehrlinge ausbilden durfte; anderenfalls würde er als Geselle von heute auf morgen – im wörtlichen Sinne – für jemand anderen arbeiten. Im Alter von 24 Jahren würde er dann zu einem freien Bürger der Stadt London werden und damit das Wahlrecht für die verschiedenen Ratsämter bekommen. Wer weiß? Vielleicht würde er selbst eines Tages Oberbürgermeister sein.

Viele Eltern konnten die Prämie nur mit großer Mühe aufbringen, obwohl bisweilen Freunde dabei halfen, die Karriere und damit die Zukunft eines Jungen zu sichern. Die Prämien waren besorgniserregend gestiegen. Immerhin war das Lehrlingssystem ein Mittel, um den Arbeitsmarkt zu kontrollieren, und es gab keinen Grund, ein Handwerk zu überfluten. Für die jüngeren Söhne von Adeligen oder Gentlemen, die nicht die Universitäten oder die Schulen des Inns of Court besuchen durften, stellte eine Lehre die einzige Möglichkeit dar, etwas aus ihrem Leben zu machen. Die Söhne von Gentlemen waren keineswegs zu überheblich, um ein Handwerk zu erlernen, obwohl sie natürlich vollkommen neue Wertmaßstäbe setzen mussten, die nichts mit dem geruhsamen Leben ihrer Klasse zu tun hatten, welche von der Arbeit anderer lebte. Ihre Bereitschaft, eine Lehre zu machen, trieb die Kosten für die anderen in die Höhe. Die Grundsätze dieser hierarchischen Gesellschaft galten sogar für Lehrlinge, wie Daniel Defoe bemerkte: »Es ist durchaus üblich, einem Kaufmann, der mit Waren aus dem Orient handelt, 1 000 Pfund zu geben, während die anderen zwischen 400 und 600 bekommen. Ladenbesitzer bekommen zwischen 200 und 300 Pfund, besonders Großhändler und Textilkaufleute. Die anderen Berufe stehen im entsprechenden Verhältnis dazu.«

Zumindest war der Meister für den Unterhalt seines Lehrlings verantwortlich. Der Jugendliche wohnte im Haus seines Meisters und wurde auf dessen Kosten ernährt und eingekleidet. Tatsächlich hieß es in der entsprechenden Stadtverordnung, dass ein Lehrling nur die Kleider tragen dürfe, die sein Meister ihm zur Verfügung stelle. John Coggs liebevolle Mutter ignorierte unbekümmert dieses Gesetz. Sie steckte ihm nicht nur etwas Taschengeld zu, sondern sie kaufte ihm auch Kleider. Die vielen Besorgungen, die ihr Sohn auf den verschlammten Straßen zu erledigen hatte, brachten es mit sich, dass er in den ersten Monaten seiner Lehre nicht weniger als sechs Paar neue Schuhe brauchte, die vier Schilling sechs Pence kosteten, während Reparaturen mit einem Schilling zwei Pence zu Buche schlugen. Es war unmöglich, dass John diese Rechnungen selbst hätte bezahlen können, denn wie Henri Misson erklärte: »Ein Lehrling ist eine Art Sklave. In Gegenwart seines Meisters trägt er weder Hut noch Kappe. Er darf weder heiraten noch Geschäfte abschließen. Alles, was er verdient, gehört seinem Meister.«

Die Kehrseite der hohen Summen, welche die Meister für die Aufnahme eines Lehrlings verlangten, war, wie Daniel Defoe bemerkte, die Tatsache, dass diese so hochnäsig wie Diener wurden. Vor noch nicht allzu langer Zeit hatten Lehrlinge die Schuhe ihres Meisters geputzt, in großen Eimern Wasser von den Standrohren auf der Straße geholt, am Tisch die Speisen aufgetragen und ihren Meister mit dem Gebetbuch in der Hand zur Kirche begleitet. Nun, so berichtet Defoe, konnten sie sich kaum dazu aufraffen, »die Ladenfenster zu öffnen oder zu schließen, geschweige denn Verkaufsraum und Lager zu putzen«. Sie »vergessen nicht, ihren Meistern immer wieder zu erklären, dass sie nicht solche Summen gezahlt hätten, um wie Gefangene eingesperrt zu sein oder wie Laufburschen durch die Straßen gejagt zu werden«. Mehr noch: »Sie sind so weit davon entfernt, sich ihren Meistern oder der Familiendisziplin zu unterwerfen, dass es schwer ist, sie zu finden, wenn sie einmal ausgehen. Oft bleiben sie sogar länger fort als ihre Meister, und ebenso oft kehren sie volltrunken wieder zurück. Und die Meister besitzen kaum die Autorität, sie deswegen zu befragen oder gar zu tadeln.«

Man sollte annehmen, dass John Coggs Vater alles unternahm, um einen ehrlichen Meister für seinen Sohn zu finden, und dass das Arrangement zu einem glücklichen Ende führte. Allerdings finden sich in den Protokollen des Lord Mayor Court und des Landgerichts von Middlesex unendlich viele Fälle, in denen es um die Zerrüttung des Verhältnisses von Lehrling und Meister geht. Da gab es beispielsweise James Smith, den Lehrling von John Hart, einem Leinenweber, von dem er für eine Prämie von 250 Pfund aufgenommen worden war. Hart beschwerte sich, dass »er [Smith] ein sehr fauler und nachlässiger Diener ist«, und dass »er sich in der Gesellschaft leichter Mädchen herumtreibt und sich des Öfteren der Trunkenheit schuldig gemacht hat (...) und er spielte um beachtliche Summen Geldes, war sehr extravagant in seiner Kleidung und bei anderen Ausgaben, die das weit überstiegen, was sein Vater ihm erlaubte«. Hart hegte den Verdacht, dass Smith die Bücher manipuliert und sich aus der Geschäftskasse bedient hatte, um seinen Lebensstil zu finanzieren. Er hatte sich bei Smiths Vater beschwert, der hoffte, es handele sich nur um eine vorübergehende Erscheinung. Harts Ratschlag lautete, den Jungen zur See zu schicken. Dass er aus der Lehre entlassen werden würde, war klar; das Gericht hatte nur darüber zu entscheiden, wie viel von der Prämie wieder zurückgezahlt werden musste.

Der Fall Samuel Pearse zeigt, wie eine vielversprechend begonnene Lehre im Unglück enden konnte. Pearse kam aus Gloucestershire nach London und wurde »an einen Bäcker in der Shear Lane gebunden, nachdem er drei Monate Probezeit hinter sich gebracht hatte«. Sein Meister war »ein guter und frommer Mann, der ihn [Pearse] an seine Pflichten gemahnte und ihn von schlechter Gesellschaft fern hielt. Er hieß ihn, zur Kirche zu gehen und seine Zeit daheim sinnvoll zu verbringen.« Nach fünfeinhalb Jahren erhielt Pearse die Erlaubnis, Freunde auf dem Land zu besuchen. Nach seiner Rückkehr in die Stadt wurde er »ungehörig und nahm sich mehr Freiheiten als zuvor (...). Er verkehrte in übler Gesellschaft, gab sich der Trunksucht hin sowie der Sünde der Unsauberkeit und anderen Lastern.« Als sein Meister starb, hatte er noch ein Jahr Lehre zu absolvieren, und das tat er auch bei der Witwe seines Meisters, die er »mehrmals um verschiedene Güter brachte; aber sie war so freundlich, ihm zu verzeihen«. Doch kaum hatte Pearse seine Lehre hinter sich, da »begann er, Häuser und Geschäfte auszurauben«.

Lehrlingen war es verboten, Unzucht zu treiben und zu heiraten. In *The London Tradesman* wird der Lehrling deutlich davor gewarnt, sich vom schönen Geschlecht verführen zu lassen: »Er muss bedenken, dass er seine Gesundheit riskiert und sich in ein Meer von Krankheiten stürzt, wenn er eine gemeine Frau umarmt. Aber er gefährdet nicht nur seine Gesundheit, sondern auch seine Moral. Ihre Schmeicheleien sind derart, dass sie ihn früher oder später von einem Laster zum anderen führen werden, bis zu seinem Ruin. Haben ihn dann Krankheit und Schande niedergestreckt, ist die Katastrophe komplett.«

Die Meister fürchteten einerseits die Ausbreitung von Geschlechtskrankheiten, aber noch mehr Angst hatten sie davor, von einem Lehrling bestohlen zu werden, um eine Geliebte zu unterstützen oder die Kupplerin zu bezahlen. Nichtsdestotrotz fand die junge Sally Salisbury genügend Kunden, denn »die hübsche, kleine Schlampe verkauft Pamphlete an Schuljungen und Lehrlinge (…) in der Pope's Head Alley in Cornhill, London«. Hier besserte sie auch ihr Einkommen mit ein wenig Sex auf, wofür sie »eine halbe Krone die Stunde« nahm.

Schwangere Lehrlinge oder solche, die einen Ehevertrag unterzeichneten, wurden entlassen. Sarah Fifield wurde aus ihrer Lehre bei Samuel Hurst, Buchbinder in Shoreditch, entlassen, weil »sie eine niederträchtige, lüsterne, faule und unordentliche Dienerin ist, die nun ein Kind unter dem Herzen trägt und ihrem Meister weiterhin nur zur Last fallen würde«. Der Autor von *The Father's Counsel to His Son, An Apprentice in London* (Der Rat des Vaters an seinen Sohn. Ein Lehrling in London) warnt den jungen Mann vor »jedweder Vertraulichkeit mit Dienerinnen der Familie, denn sie fangen sich den Lehrling für die Ehe«. *The London Tradesman* warnte, dass eine ungesetzliche Ehe eine Katastrophe sei: »Ein Lehrling ist nie wirklich unglücklich, bis er eine Frau hat. Er sollte die Ehe als etwas betrachten, das großen Einfluss auf seinen Seelenfrieden hat. Sie ist nichts, was man überstürzen sollte, egal in welchem Alter; doch auf jeden Fall sollte er vorher in der Lage sein, für eine Familie zu sorgen.«

Aber es waren nicht nur die Lehrlinge, die dem Ideal nicht entsprachen. Meister vernachlässigten bisweilen ihre Pflicht, ihr Handwerk zu lehren. Edward Green wurde der Lehrvertrag »mit Roger Gatley aberkannt, bis vor kurzem in der Gemeinde von St. James ansässig, Clerkenwell, Chirurg von Beruf. Es gilt als bewiesen, dass besagter Gatley die Chirurgenkunst nicht ausgeübt hat und dass er besagten Green dazu anhielt, als Seiltänzer, Akrobat und Messerwerfer aufzutreten.« John Knight, der Lehrling von James Cuffe, Uhrmacher aus der Gemeinde St. Andrews, Holborn, bat von seinem Vertrag entbunden zu werden, da er behauptete, »besagter Cuffe lebe in Salisbury Court, nahe Whitefriars, aus Furcht, wegen Schulden verhaftet zu werden. Daher betreibe er das betreffende Handwerk auch nicht mehr und versorge seinen Lehrling nicht mit der erforderlichen Nahrung.« Elizabeth Barnes ging bei Mary Cope in die Lehre, einer Schneiderin in der Gemeinde St. Sepulchre, und beschwerte sich, dass sie »nicht das Handwerk gelehrt worden sei, sondern die Hausarbeit habe machen müssen«.

Jeder zweite Lehrling brach seine Ausbildung ab, entweder durch Vertragsauflösung oder durch Flucht. Wurden sie gefasst, erwarteten sie harte Strafen für ihren Vertragsbruch:

Nachdem Simon Smith, Diener und Lehrling eines Sam Manning, Zimmermann und freier Bürger dieser Stadt, aus dem Dienst seines Meisters geflohen ist, weigert er sich nun, zu diesem zurückzukehren, um ihm dem Lehrvertrag gemäß zu dienen. Hiermit wird angeordnet, besagten Simon Smith nach Bridewell zu schicken, ins Zuchthaus der Stadt London, und ihn dort bis zur nächsten Sitzungsperiode des Friedensgerichts hart arbeiten zu lassen.

Lehrlinge, die ihre Lehre abbrachen, wurden entweder Hilfsarbeiter oder schlugen die Laufbahn eines Verbrechers ein. William Barrow, geboren in der Gemeinde St. Andrews, Holborn, war »an einen Polsterer zu London gebunden. Er lief seinem Meister davon und meldete sich als einfacher Soldat. Dann verließ er auch die Armee und wurde durch schlechten Einfluss zum Dieb.« John Hart, geboren in der St. John's Street, Clerkenwell, war »an einen Kartenmacher in der St. James Street, Westminster, gebunden«, und »nachdem er nur anderthalb Jahre seiner Zeit abgedient hatte, rannte er davon und wurde ein Vagabund. So war er leicht zu jenen bösen Dingen zu verführen (...), die letztendlich sein Ruin sein sollten.« Am Galgen wünschte er sich, »dass ihn alle Lehrlinge und junge Männer als warnendes Beispiel nehmen mögen, um so nicht wie er dem Laster und dem Verbrechen zu verfallen und auf diese Art vor ihrer Zeit aus der Welt zu gehen«.

Thomas Browning hatte besonderes Pech, wie er beim Ordinarium in Newgate kurz vor seiner Hinrichtung berichtete:

Als er noch sehr jung gewesen, brachten ihn seine Eltern nach London, und eine Zeit lang lebte er mit ihnen in Spittlefields. Als sein Vater (ein Metzger) ihn dann an einen Kuttelhändler band, rannte er davon. Nicht lange danach kam er zufällig an einem Haus in Wapping vorbei, das er in der Nacht zuvor aufgebrochen und ausgeraubt hatte, und da einige Leute ihn als faulen Kerl kannten und wussten, dass er seinem Meister davongerannt war, wurde er festgenommen und nach Newgate gebracht. Dort machte er dann unglücklicherweise eine Bekanntschaft von der Art, dass er der Sünde und dem Verbrechen verfiel, was sich hinterher als sein endgültiges Verderben herausstellen sollte.

Das schlimmste Schicksal wartete jedoch auf jene armen Kinder, die aufgrund von Armut oder weil sie Waisen waren, der

Fürsorge der Gemeinde unterlagen und für fünf Pfund an Meister verkauft wurden, die sich einen Lehrling nun wirklich nicht leisten konnten. Als Gegenleistung für ihre Arbeit sollten die Lehrlinge Unterkunft und Verpflegung erhalten. Faktisch bedeutete der Vertrag Sklavenarbeit auf unbestimmte Zeit. Kinder von gerade einmal sieben Jahren wurden als Lehrlinge an Schornsteinfeger und Fährleute gegeben. Oft verkauften die Fährleute die Kinder in die Kolonien. Manchmal wurden sie auch in die Marine gepresst oder an Handelsschiffe ›vermietet‹.

Wie zu jeder Zeit, so gab es auch damals Menschen, die ein wehrloses Kind mit äußerster Grausamkeit behandelten. Niemand war hilfloser als jene Gemeindekinder, die niemanden auf der Welt hatten, der sich für sie interessierte und sich darum sorgte, was mit ihnen geschah. Elizabeth Wigenton, eine Mantelschneiderin, wurde des Mordes an ihrem dreizehnjährigen Lehrmädchen angeklagt, die »an einen Mantel gesetzt worden war und die Arbeit nicht wie verlangt ausgeführt hatte«. Die Schneiderin schlug das Mädchen mit einem Rutenbündel »derart gnadenlos, dass das Blut wie Regen herunterfloss (…). Schreiend verlor [das Mädchen] das Bewusstsein und starb nach kurzer Zeit an diesen grausamen Hieben.«

Richard Tate war ein »armes Gemeindekind«, das bei Edward Bayly in die Lehre ging, der nach der Peitsche griff und ihm »tiefe Wunden an Schultern, Lenden und Hintern« zufügte. Anschließend »holte er eine eiserne Spindel, die er im Feuer erhitzt hatte (…), und verbrannte Tate an mehreren Stellen in- und außerhalb des Körpers«. Bayly rechtfertigte seine Grausamkeit damit, dass »der Junge seine Arbeit nicht so gründlich wie erwartet erledigt habe«. Er pflegte dem Jungen einen mehr als sieben Pfund schweren Stein um den Hals zu hängen und ihn zu zwingen, »damit herumzulaufen, während er ihn mit der Peitsche antrieb«. Und anstatt der Grausamkeit ihres Mannes Einhalt zu gebieten, stachelte Judith Bayly ihn auch noch an.

Der arme Junge ertrug diese Grausamkeiten über einen beachtlichen Zeitraum hinweg, »wodurch er jedoch so schwach wurde, dass er nicht länger standhalten konnte. Nachdem er eines Samstags nachmittags von seiner Herrin verbrannt worden war, ging er zu Bett, und dort lag er sprachlos, bis er starb.«

Die Themse war die Straße zu den aufblühenden Kolonien. Schiffe, die in den 33 Londoner Werften gebaut wurden, fuhren bis in die entferntesten Winkel der Welt. Ankommende Schiffe lagen tage-, bisweilen wochenlang von Blackwell bis zur London Bridge in einer Warteschlange, um dann endlich ihre Ladung löschen zu können. Tabak, Melasse, Zucker und Färbemittel aus Amerika und von den Westindischen Inseln, Seide und Gewürze aus der Levante, bedruckter Kattun und Pfeffer aus Indien, Wein und Lebensmittel aus Frankreich und dem Mittelmeerraum, Tee und Porzellan aus China, Kohle aus Newcastle – und im Hafen von London wurden all diese Waren umgeschlagen. Das entsprach drei Vierteln des gesamten britischen Handelsvolumens, einem Wert von knapp 10 Millionen Pfund. Manches wurde zusammen mit einheimischen Gütern nach Europa weiterexportiert, der Rest versorgte die Londoner Manufakturen und die nach Luxusgütern lechzende Bevölkerung.

Die Königliche Börse, wo die Kaufleute je nach Geschäftsbereich verschiedene Promenaden hatten, war das Zentrum der kosmopolitischen Handelswelt der Hauptstadt. »Was gibt es Neues vom Goldenen Horn und aus Aleppo?«, fragt der Türkeihändler. »Wie teuer sind die Korinthen in Zant? Affen in Tunis? Religion in Rom? In Neapel jemandem die Kehle durchschneiden zu lassen? Huren in Venedig? Und sich in Padua vom Tripper heilen lassen?«, witzelte Tom Brown in *Amusements Serious and Comical*. Hier wurden Geschäfte abgeschlossen, Großhändler kontaktiert, Schiffe gechartert, Fahrzeuge versichert und Neuigkeiten und Gerüchte ausgetauscht. »Was gibt es

Das Zollhaus. Schiffe aus den wachsenden Kolonien und den entferntesten Winkeln der Welt brachten drei Viertel des britischen Handelsvolumens nach London. *(Guildhall Library, Corporation of London)*

Neues von diesem Schiff?«, fragt der Versicherer. »Besteht Hoffnung, dass es untergeht?«, fragt der Abenteurer. »Ich habe es nämlich für 1 000 Pfund mehr versichert, als es beladen wurde.«

Die Seefahrt war ein gefährliches Geschäft, vor allem in einer Zeit, da die englische Kolonie New York die Piratenhauptstadt der Welt war und Piraten das offene Meer unsicher machten; selbst im Ärmelkanal griffen sie Schiffe an. Einer von vielen Fällen wurde im Juli 1700 bekannt, als die Nachricht eintraf, dass »ein Schiff, das von Virginia nach Barbados fuhr, zwei weibliche Passagiere an Bord hatte, welche von Piraten geschändet wurden. Zwei Männer, welche für die Frauen eingetreten waren und versucht hatten, die Piraten von ihrer Schandtat abzuhalten, wurden gefesselt und über Bord geworfen.«

Englische Gefangene wurden von den Piraten in die Sklaverei verkauft. Im August 1700 gab es eine landesweite Sammelaktion, um Geld für ihre Freilassung zusammenzubekommen. Wie die Presse berichtete: »Die Sammlung, welche auf Befehl im ganzen Königreich stattfinden sollte, um unsere Landsleute aus der Sklaverei der Barbaren zu befreien, ist nun vorüber, und die gesammelte Summe wird als ausreichend betrachtet, sie alle loszukaufen. Und dieselbe Summe wird noch einmal an den großen Juden dieser Stadt gezahlt, damit dieser sie zu diesem Zweck an seinen Korrespondenten in Deutschland weiterleiten kann.«

Als Zentrum einer Seefahrernation am Beginn imperialer Größe dominierte London die nationale Wirtschaft. Da überrascht es wohl kaum, dass die großen Kaufleute, die eine entscheidende Rolle in dieser Entwicklung spielten – besonders jene der Ostindischen sowie der Königlich-Afrikanischen und der Levantinischen Kompanie –, an der Spitze der Einkommensskala standen. Leute wie Sir Peter Vansittart und Sir Theodore Janssen hinterließen Vermögen von mehr als 100 000 Pfund. Sie waren die Fürsten unter den Händlern. Die Mehrheit der Kaufleute verdiente zwischen 200 und 400 Pfund pro Jahr und hinterließ Vermögen im Bereich von 5 000 bis 15 000 Pfund, und dies in einer Zeit, da ein persönliches Vermögen von 1 000 bis 2 000 Pfund als groß galt und eine Familie der Mittelschicht mit 50 Pfund im Jahr auskommen musste.

Aufgrund des wachsenden Wohlstandes, welcher teilweise auf den Überseehandel und die koloniale Expansion zurückzuführen war, bedurfte es immer raffinierterer Finanzierungsmöglichkeiten und größerer Kreditvolumen. Traditionell übten die Goldschmiedebankiers die grundlegenden Funktionen von Banken aus. Sie versammelten sich in der Lombard Street, welche nach den Bankiers aus der Lombardei benannt worden war, die unter dem Zeichen der Drei Goldenen Bälle der Lombardei operierten und deren untersten Rang die Pfandleiher

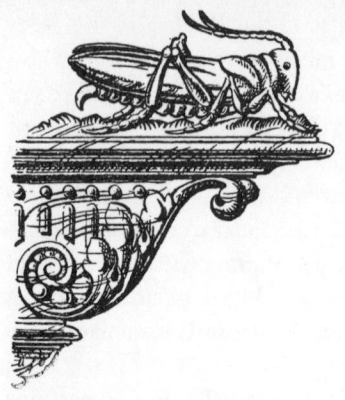

Das Zeichen des Grashüpfers in der Lombard Street, des traditionellen Treffpunkts der Goldschmiedebankiers.

bildeten. Sie besaßen Tresorräume, in denen Kaufleute und andere ihr überschüssiges Bargeld und andere Wertgegenstände lagern konnten. Sie liehen das ihnen anvertraute Geld auch zu einem gewissen Zinssatz aus, während der Einzahler einen Beleg (»Note«) erhielt, der ihn von der Kreditauszahlung in Kenntnis setzte und ihm versprach, dass er die Einzahlung wieder zurückbekommen würde. Es dauerte nicht lange, da wanderten diese Belege als Bargeldersatz von Hand zu Hand, obwohl die von der Bank of England ausgestellte Note, welche versprach, »den Besitzer auszuzahlen«, die erste echte Banknote war. Nichtsdestotrotz hielten sich die Menschen mit der Inanspruchnahme von Banken zurück. Leute wie Samuel Pepys hinterlegten in den 60er-Jahren des 17. Jahrhunderts nur einen Teil ihrer Ersparnisse bei Alderman Blackwell. Pepys verbrachte so manche schlaflose Nacht ob der großen Summe Geldes, die er im Haus herumliegen hatte. Tatsächlich griff er sogar lieber auf das altbewährte Mittel zurück, einen Teil davon im Garten zu vergraben als es einer Bank anzuvertrauen.

Drei Jahre nach Gründung der Bank of England zeigte sich Daniel Defoe in *An Essay Upon Projects* (Ein Aufsatz über Vorhaben) unglücklich über die neuen Banken:

Unsere Banken sind in der Tat nichts anderes als eine Reihe von Goldschmiedeläden, wo der Kredit hoch ist (und die Direktoren überheblich) und die Leute ihr Geld einlagern. Und sie, die Direktoren meine ich, ziehen ihren Vorteil daraus. Wenn man Geld verlangt, bekommt man es nicht, während früher jeder Goldschmied in der Lombard Street es Euch für drei Prozent gegeben hätte; aber die Banken sind recht seltsam in der Frage, wem sie Geld leihen und wem nicht. Sie sind so streng, so weitschweifig, so neugierig und obendrein so öffentlich, wenn es um Sicherheiten geht, dass Menschen von etwas zarterem Gemüt niemals zu ihnen gehen würden, und so hat es ein Ende mit der Leichtigkeit, sich Geld zu leihen. Hier geht es um private Interessen, obwohl die Sache eigentlich von öffentlichem Belang ist. Es ist ein großartiges Geschäft, das für den persönlichen Gewinn einiger weniger geführt wird.

Wie viele andere, so war auch Defoe noch weitaus skeptischer in Bezug auf die neuen Aktienhändler und neuen Gesellschaften, die versuchten, Geld für spekulative Unternehmungen aufzutreiben. Es herrschte das Gefühl, dass irgendetwas zutiefst unmoralisch an der Art war, wie die *jobber,* die Aktienhändler, den Markt manipulierten.

Defoe bediente sich eines Beispiels und deutete mit dem Finger auf Sir Josiah Child, »dieses Jobber-Original«.

Es gibt Leute, die behaupten, es seien Briefe aus Ostindien mit einer Auflistung vom Verlust angekommener Schiffe oder der Ankunft von verlorenen Schiffen angefordert worden. Sie berichten von Krieg mit dem Großmoguln in einer Zeit vollkommener Ruhe und von Frieden im Reich des Großmoguls, wenn dieser sich mit 100 000 Mann auf Bengalen gestürzt hat, je nachdem, wie es für das Auf und Ab der Aktien gewünscht wird, damit sie billig kaufen und teuer verkaufen können.

Als das Spekulationsfieber im Jahre 1720 in einer Katastrophe mündete, fühlten sich die Kritiker der neuen Geldmänner und Finanzinstitutionen bestätigt.

London war von Tausenden zugewanderter Arbeitskräfte abhängig – für die die Straßen nicht gerade mit Gold gepflastert waren. Sie waren leichte Beute für die Werber der Armee und der Plantagen. Andere führten ein bewegtes Leben zwischen Verbrechen und einem Dasein als Tagelöhner. Die kurzen Biografien der zum Tode Verurteilten aus den Gerichtsakten von Newgate erzählen von den Karrieren jener Migranten, die den ultimativen Preis gezahlt hatten und ihre Tage in Tyburn beendeten.

Benjamin Jones, 34, wurde »in Abberly in Worcestershire geboren. Er war von Beruf Bäcker, und hinterher führte er drei Jahre lang einen Lebensmittelladen in London. Nachdem er dieses Geschäft dann aufgegeben hatte, widmete er sich der Herstellung von Stärke.« Francis Turnley, 28, »geboren nahe Brewdley in Worcestershire (...),war Arbeiter und bei den Maurern und Brauern beschäftigt, sowohl auf dem Land als auch in London«. Elizabeth Tetherington war »ungefähr 29 Jahre alt, geboren in Orms-Church, Lancashire, von wo sie nach dem Tod ihrer Mutter vor sechs Jahren nach London kam. Hier verkaufte sie Austern in Billingsgate.« Alice Gray, 32, geboren in Andover, Hampshire, hatte »mehrere Jahre in der Gemeinde St. Clement Danes gelebt und sich seit dem Tod ihres Mannes mit ehrlicher und ständiger Arbeit ihren Lebensunterhalt verdient. Sie nähte Kleider für Soldaten; manchmal verdingte sie sich auch als Wäscherin oder pflegte kranke Menschen.« Thomas Jones, 23, geboren in Owston, Yorkshire, hatte »das Handwerk des Barbier-Chirurgen und Perückenmachers erlernt, aber er übte es nicht lange aus«; stattdessen wurde er Einbrecher.

Ein Fünftel der arbeitenden Bevölkerung Londons war in der Textilindustrie beschäftigt. Auf Kleidung wurde derart viel

Wert gelegt, dass ein Viertel des Gesamteinkommens dafür ausgegeben wurde. Den Ehrenplatz nahm dabei die Seidenindustrie in Spitalfields ein, welche zusätzlichen Auftrieb durch Tausende von hugenottischen Emigranten bekommen hatte, die neue Techniken mitbrachten. Importierte Rohseide wurde vom Kaufmann an den Großhändler und von diesem an die Manufakturen weitergeleitet, wo Frauen und Kinder für einen minimalen Lohn damit beschäftigt waren, sie zu spinnen. Weber wurden eingestellt, um die in Mode gekommenen Schleifen herzustellen sowie die breiten Seidentücher, die die Reichen und ihre Häuser zieren sollten. Seidenfäden waren auch das Rohmaterial für die Spitzenklöppler. Andere wiederum waren damit beschäftigt, Seide und Wolle miteinander zu verspinnen sowie reine Wolle und Kammgarn herzustellen und anschließend alles zu färben.

Doch nicht jeder, der in der Textilindustrie arbeitete, musste sich mit einem Niedrigstlohn zufrieden geben. Gute Musterzeichner waren gefragt, wie sie in *The London Tradesman* beschrieben sind:

Die Aufgabe des Musterzeichners ist es, Muster für die Kattundrucker, die Sticker, Klöppler, Teppichweber und viele andere kleinere Gewerbe zu zeichnen, die vorwiegend den Frauen vorbehalten sind. Sie zeichnen die Muster auf Papier, welches sie an Handwerker verkaufen, die sie haben wollen. Sie zeichnen Formen und Figuren auf die Wämse von Männern, die Röcke der Frauen und andere Kleidungsstücke, damit diese danach bestickt werden können. Für all das nehmen sie hohe Preise. Dieser Beruf verlangt viel Fantasie, um sich den wechselhaften Launen der Damen anzupassen, für die ihre Arbeit hauptsächlich bestimmt ist.

Ein Musterzeichner konnte durchaus mehr als ein Pfund pro Woche verdienen, und wie andere Bereiche der Modebranche auch, fand er vorwiegend Beschäftigung, »wenn die Gesellschaft in der Stadt ist«.

Die Kattundrucker sollten einen Aufschwung erfahren, als man den Import von bedrucktem Kattun aus Indien verbot. Die indischen Muster entsprachen nicht immer dem englischen Geschmack, aber die indischen Techniken waren den englischen weit überlegen:

Die Aufgabe des Kattundruckers besteht darin, Baumwoll- oder Leinenkleidung zu bedrucken. Das erste Mal erfuhren wir von diesem Handwerk aus Indien, wo man den wunderbaren Stoff mit Namen Chintz in größter Perfektion herstellt. In letzter Zeit haben wir einige der Grundlagen dieser Kunst gesammelt, doch vermögen wir nicht, die leuchtenden indischen Farben herzustellen. Denn unseren mangelt es gegenüber den ihren sowohl an Schönheit als auch an Haltbarkeit. Sie übertreffen uns in allen Farben, aber besonders in Rot, Grün und Blau. Doch ihre Muster sind wild, und all ihre Figuren sind monströs mit Ausnahme von Blumen und Pflanzen. Die Ehrenwerte Ostindische Handelsgesellschaft hat große Mühen auf sich genommen, um hinter das Geheimnis ihrer Farben zu kommen, vor allem des Rot, doch ohne Erfolg. Alle unsere Versuche vermochten nicht, an den echten indischen Chintz heranzureichen.

Tausende waren damit beschäftigt, Stoff in Kleider und in Einrichtungsgegenstände zu verwandeln. Es gab einen wachsenden Markt für Fertigprodukte. Schlecht bezahlte Frauen nähten in düsteren, überfüllten Räumen, um Kittel und Nachtgewänder zu produzieren, Hemden und Krawatten, Röcke und Hauben. Auf die reichen Stadtbewohner und den Landadel, der für die Saison nach London kam, warteten exquisite Kleidergeschäfte. Überall in Cheapside, Fleet Street und von The Strand bis nach Charing Cross hingen unzählige bunte Schilder über der Stra-

Eine Vielzahl von Schildern in Cheapside zeigt, dass dies eine von Londons berühmtesten Einkaufsstraßen war. Hausnummern wurden erst Mitte des 18. Jahrhunderts eingeführt. *(Guildhall Library, Corporation of London)*

ße, die Hand und Schere der Schneider zeigten, den Biber der Hutmacher, die Zibetkatze der Parfümhändler, den Bock der Hosenmacher, die Hand der Handschuhmacher, das Bein der Strumpfwarenhändler, den Pfau der Spitzenhändler, den Jungfernkopf der Seidenhändler, die Kapuze und den Schal der Putzmacher, den Wollsack der Herrenausstatter, die Indische Königin der Textilkaufleute, die Haarlocke der Perückenmacher, den Goldenen Stiefel der Schuhmacher, das Korsett der Korsettmacher und den Goldenen Fächer der Fächermacher.

In den Geschäften fanden die Kunden die Schneider, die ihnen Anzüge, Mäntel und Reitjacken maßschneidern würden. Die Herrenausstatter versorgten die Männer mit gutem Stoff, die Textilhändler die Frauen mit Seide, Samt, Brokat und einer »unendlichen Reihe anderer teurer Nichtigkeiten«. Es gab die Perückenmacher, die von den Haarhändlern abhingen, welche wiederum auf die Sortierer angewiesen waren, die das Rohmaterial verlasen. Die Schuhmacher formten feines Leder um den Fuß herum; die Messerschmiede versorgten den Gentleman mit einem Schwert; die Schmuckfrauen kümmerten sich um das

349

Haar der Damen, und die Putzmacher stellten Leinenkittel und Kopfhauben her sowie Seiden- und Samtmäntel und versorgten ihre Kundschaft mit allen möglichen Accessoires vom Muff bis zu den Handschuhen.

Für Eltern, die ihre Töchter bei einem Putzmacher in die Lehre schicken wollten, hielt *The London Tradesman* eine Warnung parat:

> Mit neun von zehn Kreaturen, die in diesen Geschäften verpflichtet werden, ist es aus. Seht Euch die einfachen Frauen der Stadt an, die zwischen Charing Cross und dem Fleetgraben einherwandern, und ich bin überzeugt, Ihr werdet feststellen, dass die Hälfte von ihnen gelernte Putzmacherinnen sind, die in ihren Häusern verdorben wurden, und nun, da sie sie verlassen haben, in der Stadt nach Brot suchen müssen.

Es gab männliche Stangenmacher (für Korsetts), die Walknochen den Maßen einer Frau entsprechend zurechtschnitten. Der Autor von *The London Tradesman* war überrascht, dass »die Damen noch keinen Weg gefunden haben, weibliche Stangenmacher zu beschäftigen, anstatt unserem Geschlecht etwas anzuvertrauen, das so unantastbar sein sollte wie die Freimaurerei. Aber die Arbeit ist zu hart für Frauen. Die Schutzmauern um die Gestalt einer Dame zu errichten, verlangt mehr Kraft, als sie aufzubringen vermögen.« Stattdessen mussten sich die weiblichen Arbeiterinnen damit zufrieden geben, den Stoff zu nähen, der zwischen die Walknochen gespannt wurde.

Und was die Mantuamacherin betraf, die die Damenkleiderherstellung vom Schneider übernommen hatte:

> Sie ist die Schwester des Schneiders, und wie er muss sie ein Connaisseur von Stoff und Mode sein. Und wie der Stangenmacher muss sie die Geheimnisse bewahren, die ihr anvertraut werden, und das, so gut es einer Frau möglich ist

(…). Sie muss lernen, jedem Gesicht zu schmeicheln, alle Formen zu loben, und (…) sie sollte die Kunst der Verstellung beherrschen. Es bedarf einer riesigen Geduld, die Launen der meisten ihrer Kundinnen zu ertragen, und eines nicht geringen Einfallsreichtums, sie zu erfüllen.

Zu genau diesem Zeitpunkt besaß London auf jedwedem Gebiet der Industrie eine Vormachtstellung; die anderen Städte lagen weit zurück. Die Stadt war jedoch nicht nur die Heimat der Textilindustrie. Ein Adeliger benötigt eine neue Kutsche? Dann sollte er nach Long Acre gehen, wo ein Kutschenbauer ein Team von Spezialisten, vom Stellmacher über den Zimmermann, vom Maler bis hin zum Sattler, beschäftigte, um das Gefährt fertig zu stellen. Metallhandwerker in Clerkenwell bauten Stand- und Taschenuhren zusammen, einschließlich der hervorragenden Stücke von Thomas Tompion und Daniel Quare, für die London weltberühmt werden sollte. Die Londoner Büchsenmacher wurden ebenfalls hoch geschätzt. Aus Zinn wurden Geschirr und Besteck, Kessel und Feuerzangen für daheim hergestellt, und aus Blei Zisternen, die Klempner dann im Haus installierten. Glasmanufakturen produzierten das Material für Fenster aller Art, für Brillen, Trinkgläser und für die Flaschen, in denen in London der Gin destilliert wurde, sowie für die neuen optischen Instrumente.

Drüben in Southwark wurde Leder hergestellt. Fell wurde gegerbt, um es an die Lederzurichter und Schneider zu verkaufen, die das Material für die Sattler und Schuhmacher vorbereiteten, sowie für die Hersteller von Truhen, Buchbinder, Ölzeug- und Handschuhmacher. Unmittelbar nördlich von The Strand fertigten die Londoner Schrankbauer immer exquisitere Stücke sowohl für den heimischen Markt als auch für den Export. Und über all dem hingen die giftigen Dämpfe der Seifen- und Kerzenmacher, der Zuckerverfeinerer, Färber, Schnapsbrenner und Brauer.

London war das Zentrum des Buchdrucks und des Verlags-
wesens. *The London Tradesman* schrieb den Bücherboom dem
»Geist des Schreibens, der nun in England vorherrscht, und
der Freiheit der Presse« zu. In dieser Industrie, »welche sich
in den vergangenen Jahren zu großer Perfektion entwickelt
hat, haben viele Hände Arbeit gefunden«. Der Drucker hing
vom Schreibwarenhändler ab, der ihn mit Papier versorgte,
das aus Leinenlappen hergestellt wurde. Der Begriff Schreibwarenhändler (engl. *stationer*) hatte sich ursprünglich auf die
Buchhändler bezogen, die ihre Waren an ›Stationen‹ oder
Ständen verkauften. Nun verbanden viele Schreibwarenhändler ihr Handwerk mit einem anderen wie zum Beispiel dem
Buchhandel, dem Buchbinderhandwerk oder dem Druckerge-
schäft.

Die Buchhändler, welche sich um St. Paul's herum drängten,
kauften Originale von den Autoren, um sie drucken zu lassen,
sie dann anschließend zu publizieren und schließlich in ihren
Geschäften zu verkaufen. Ansonsten kauften und verkauften sie
antiquarische Bücher.

The London Tradesman äußerte sich kritisch über die Art, wie
sie Autoren behandelten:

Aber hauptsächlich machen sie ihren Profit durch den Besitz wertvoller Kopien. Der Autor bekommt normalerweise nur eine lächerliche Summe für die Mühe, die er sich
macht, um diese Kopie zusammenzustellen. Und immer
wieder sieht er sich vom unwissenden Teil dieses Hand-
werks verunglimpft; sein Werk wird herabgesetzt, obwohl
es nie zuvor so etwas Gutes gegeben hat, und das nur, um
den Preis zu drücken (...). Schriftsteller sind im Allgemeinen arm, und vielleicht wissen sie noch nicht einmal, wie
sie ans nächste Essen kommen sollen, ohne ihre Arbeit
zu verkaufen; sie leben unter wahrhaft harten Bedingungen.

Thomas Atkins Stationer,
at the Queens Head & Half-Moon,
against Bread Street, in Cheapside
London.
· Makes & Sells all Sorts of Merchants and other
Acco.ᵗ Books of ÿ best Paper neatly Bound wᵗʰ
all Stationary Wares, Wholesale & Retail
at Reasonable Rates.

Schreibwarenhändler *(stationers)* waren ursprünglich Buchhändler, die ihre Waren an Ständen verkauften, sich dann jedoch in eine andere Richtung entwickelt hatten. *(Guildhall Library, Corporation of London)*

Zur Verteidigung der Buchhändler räumte *The London Tradesman* ein, dass »die Druckerpressen in den letzten Jahren mit so viel Müll voll geladen wurden, dass ein Werk sich kaum zu retten vermag, es sei denn, es trägt einen berühmten Namen. Und ich glaube, die meisten von Ihnen werden mit mir darin übereinstimmen, dass für jedes Buch, das sich heute gut verkauft, drei noch nicht einmal die Kosten für Papier und Druckerschwärze wieder hereinbringen.« Der Markt war sehr launisch: »Es ist das Schicksal von Büchern, dass die öffentliche Laune bisweilen eine Trivialität vorzieht, während ein Werk von offensichtlichem Wert vernachlässigt wird.«

Großhändler schmierten das Getriebe des Handels zwischen den Kaufleuten und den Einzelhändlern und zwischen den Lebensmittelmärkten Londons und ihren Versorgern auf dem Land. Nahrungsmittel und andere grundlegende Haushaltswaren wurden von Händlern vertrieben, die einen großen Teil der angenehm lebenden Mittelschicht ausmachten. Ein Schilderwald pries ihre Waren an: die Austernmuschel für die Fischhändler, der Zitronenbaum für die Obsthändler, die Ananas für die Zuckerbäcker, die beiden Schwarzen Jungen für die Tabakwarenhändler, die Krone und die Teedose für die Teehändler, drei Zuckerblätter und eine Krone für die Lebensmittelhändler, drei Schlüssel für die Schlosser, der Teekessel für die Kupferschmiede und der Goldene Bienenstock für die Wachs- und Talgkerzenmacher. Trotz dieser Trennung spezialisierten sich nur wenige Stadtteile auf eine einzige Ware; in den meisten gab es nahezu alle Waren zu kaufen. Teure Importe wie Tee oder Kaffee wurden jedoch noch immer von Spezialisten verkauft, aber ein Lebensmittelhändler verkaufte unter Umständen auch Tabak neben so gewöhnlichen Dingen wie Zucker, Trockenfrüchten, Reis und Gewürzen.

In London verdingte sich ein Viertel der arbeitenden Frauen als Dienerinnen. Das war keine Karriere fürs Leben, sondern nur eine bis zur Ehe. Ungefähr zwei Drittel der Dienerinnen war unter 25, und es gab so gut wie keine über 45. Insgesamt wurden 32 000 Frauen als Küchenhilfen, Spülmädchen, Zofen, Hausdienerinnen, Waschfrauen und Ähnliches beschäftigt, während 8 000 Männer als Butler, Lakaien, Kutscher und Stallburschen dienten. Bis zu einem gewissen Grad konnten sie ihre Arbeitsbedingungen selbst bestimmen. Jene Londoner, die in Luxus lebten, beschäftigten mehr Diener denn je zuvor, und diese Nachfrage trieb die Löhne in die Höhe.

Daniel Defoe war der Auffassung, dass Diener unerträglich arrogant geworden waren.

Weibliche Diener sind nun so selten, dass ihr Lohn von 30 und 40 Schilling pro Jahr auf 6, 7 und 8 Pfund und höher gestiegen ist. Das ist so viel, dass ein gewöhnlicher Handwerker sich kaum noch eine leisten kann, sodass seine Frau, die eigentlich im Geschäft arbeiten sollte, sich im Haushalt abrackern muss. Und das alles nur, weil diese Dienerschlampen heutzutage sich vor lauter Stolz derart aufplustern, dass sie niemals glauben, fein genug herausgeputzt zu sein. Es ist schwer, Dienerin und Herrin anhand ihrer Kleidung voneinander zu unterscheiden; tatsächlich ist oft die Dienerin die feinere der beiden. Unsere Wollfabrikanten leiden darunter, denn im Augenblick verkauft sich nur Seide und Satin bei Dienerinnen. Und um diesen nicht zu tolerierenden Stolz zu unterstützen, haben sie ihre Preise in so unvernünftige Höhen getrieben, wie man sie noch zu keiner Zeit und in keinem anderen Land der Welt je gesehen hat.

Defoe war ein früher Verfechter – vielleicht der erste – der Uniformpflicht für Diener: »Wäre ihr Kleid ihrer Stellung angemessen, würde sie das vielleicht Demut lehren, sodass sie ihren Geist wieder ihren eigentlichen Pflichten zuwenden kann.«

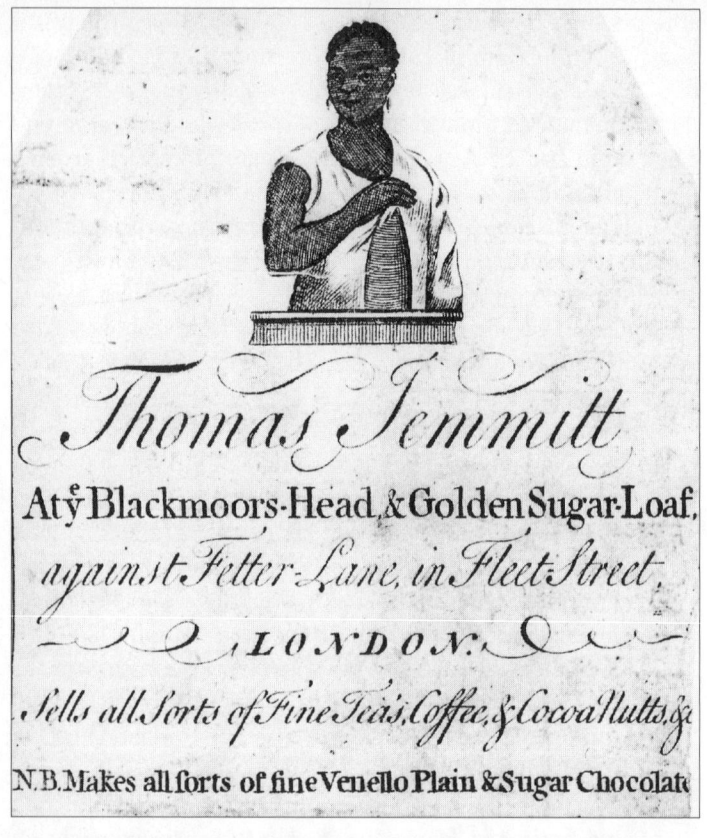

Tee und Kaffee waren so wertvoll, dass sie nur in Fachgeschäften verkauft wurden. *(Guildhall Library, Corporation of London)*

Kaum war ein Mädchen vom Land in London eingetroffen, um dort für drei Pfund im Jahr und freie Kost und Logis zu arbeiten, drängten es die anderen Diener, eine Lohnerhöhung zu verlangen. Der ›Nachrichtendienst‹ der niederen Schichten in Form der Kräuterfrau oder Krämerin würde sie dann rasch in eine Stelle für vier oder fünf Pfund pro Jahr vermitteln: »Damit beginnt dann die Karriere von Madame Überschwang, und sie denkt an nichts anderes mehr als an ihre Eitelkeit und einen höheren Lohn. So wandert sie dann von einem Ort zum anderen, bis sie die höchste Sprosse erklommen hat.«

Die Diener erwarteten, dieselbe Nahrung zu essen wie ihre Herrschaft; aber vielen war das nicht genug. In seinen *Anweisungen für Dienstboten* spielte Swift auf all die kleinen Betrügereien an, die sich die Treppe hinunter abspielten: »Sollte Eure Herrin ein Essen vergessen und deswegen kaltes Fleisch im Haus sein, seid nicht so übereifrig, sie daran zu erinnern. Es ist offensichtlich, dass sie es nicht will. Deshalb, um keine Lüge erzählen zu müssen, entledige dich seiner, bevor ihr zu Bett geht, mit dem Butler oder einer Freundin.« Der Köchin riet er, sich mit dem Butler gut zu stellen, der den Schlüssel zum Weinkeller des Herrn in Verwahrung hatte.

Swift machte sich keine Illusionen; er wusste, dass die Diener mit den Händlern gemeinsame Sache machten: »Schickt man euch auf den Markt, nehmt kein Stück Rindfleisch oder einen Becher Ale vom Metzger an, was, wie ich besten Gewissens glaube, ein Vergehen gegen euren Herrn wäre. Lasst euch stets die Gebühr in Geld auszahlen, wenn ihr dem Mann nicht vertraut.«

Gäste zögerten, Einladungen anzunehmen, denn sie wussten, dass sie beim Verlassen des Hauses durch die Reihen der Diener gehen und ihnen üppige Trinkgelder geben mussten.

Laut Defoe war das System vollkommen außer Kontrolle geraten:

Ein weiterer Missbrauch, der uns heimsucht, ist das Geben von Trinkgeldern an Diener. Dies war ursprünglich als Ermutigung für willfährige und geschickte Diener gedacht, doch durch Brauch und Korruption ist es nun ein Dorn in unserer Seite (…). Nun machen sie es zu einem grundlegenden Teil ihres Lohns. Gibt ihr Herr ein Essen, erwartet die Dienerin, dass die Gäste dafür tief in ihre Taschen greifen.

Swift vermutete, dass die Diener sich notierten, wer wenig Trinkgeld gab, »und dementsprechend behandeln sie ihn dann bei seinem nächsten Besuch«.

Arbeitgeber mussten in Gegenwart ihrer Diener vorsichtig sein. Swift wusste, wie man die Herrschaft manipulieren konnte: »Wenn euer Herr oder eure Herrin euch einmal im Leben falsch beschuldigt, dann seid ihr glückliche Diener, denn dann müsst ihr nichts weiter tun, als sie immer wieder an diese falsche Anklage zu erinnern und lauthals eure Unschuld zu beteuern, wann immer ihr einen Fehler in ihren Diensten begeht.« Kein Wunder, dass die Diener so unbekümmert die Haustür offen stehen ließen, wenn sie ein Stück die Straße hinunter mit einem anderen Diener tratschten, oder auf ein Ale in eine Taverne einkehrten, wenn es eine Besorgung zu machen galt. Wenn sie das Zimmer ihrer Herrin putzten, traten sie deren Dreckwäsche über den Boden, und die Nachttöpfe leerten sie einfach zum Fenster hinaus.

Diener hatten oft die Oberhand, weil sie die intimsten Geheimnisse ihrer Arbeitgeber kannten. Sie verbrachten viel Zeit damit, durch Schlüssellöcher zu spähen und an Türen zu lauschen, besonders wenn die Unterhaltung auf der anderen Seite sie betraf. »Wenn euer Herr und eure Herrin im Schlafgemach miteinander reden, und ihr den Verdacht hegt, dass das, was sie sagen, euch oder die anderen Diener betrifft«, riet Swift, »dann lauscht an der Tür, denn das ist zum Wohle aller Diener. Und tut euch zusammen, um Maßnahmen gegen Dinge zu ergreifen, die eure gesamte Gemeinschaft berühren könnten.«

Die Fluktuation in der Dienerschaft war hoch. Viele blieben nur gut ein Jahr in einer Stelle, und manche ließen ihre Arbeitgeber einfach im Stich.

Diese Unbeständigkeit erregte Defoes Zorn:

Nichts schreit mehr danach, es zu beheben, als wenn sie aus irgendeinem nichtigen Grund zur großen Verblüffung ihrer

Herrschaft plötzlich den Dienst quittieren. Umgekehrt ist es nicht so einfach, denn sie beziehen sich auf eine närrische alte Sitte, die man Warnung nennt, und die nirgends so häufig praktiziert wird wie in London (...). Wenn ihr sie ohne Warnung wegschickt, werden sie sich von euch ein volles Monatsgehalt auszahlen lassen, egal wie sehr sie ihre Entlassung auch provoziert haben mögen; doch wenn sie euch verlassen, dann müsst ihr sehen, wie ihr zurechtkommt.

Aber auch Diener waren verwundbar. Arbeitgeber betrachteten es als vollkommen normal, sie zu prügeln. Samuel Pepys hat sich einmal maßlos über einen Jungen in seinen Diensten geärgert, und er sparte nicht mit Strafe: »Heute Morgen habe ich den Jungen in den Keller geschickt, um Bier heraufzuholen. Mit einem Stock in der Hand bin ich ihm gefolgt und prügelte ihn dort dafür, dass er sich nie beeilte, und auch für andere Fehler.« Offenbar hatte der Junge nichts an seiner Art geändert, denn eine Woche später erhielt er erneut eine ordentliche Tracht Prügel: »Nachdem meine Frau und die Dienerinnen sich über den Jungen beschwert hatten, habe ich ihn heraufgerufen und ihn mit der Peitsche geschlagen, bis er sich nicht mehr gerührt hat, und doch konnte ich ihn nicht dazu bewegen, auch nur eine der Lügen zu gestehen, derer die Frauen ihn beschuldigt hatten.« Auf Alter und Geschlecht wurde keine Rücksicht genommen. Pepys befahl seiner Frau, »wegen Störung des Hausfriedens und der Nachbarschaft unser kleines Mädchen zu prügeln, und dann sperrten wir sie in den Keller, wo sie die ganze Nacht verbrachte«.

Sir John Verney war vollkommen verzweifelt ob der Possen seines Laufburschen Perry:

Gestern war Perry den ganzen Morgen unterwegs, nur um drei oder vier Liter Milch zu holen. Kaum sah er mich wütend (auch wenn ich nicht die Kraft besitze, ihn zu schlagen), ging er zur Tür hinaus und rannte davon. Er war halb betrunken, denn seit kurzer Zeit treibt er sich in übler Gesellschaft herum und sitzt mit schäbigen Gestalten im Bierhaus, doch nie gestand er irgendjemandem gegenüber, wer seine Kumpane waren. So hat er mir mehrmals gedient, und mehrmals habe ich ihm damit gedroht, ihn zu prügeln, doch habe ich es nie getan. Ich habe gehört, dass er gestern Nachmittag mit zwei Kumpanen im Blew Lattice nahe der Holborn Bridge gewesen ist, wo er Brandy getrunken hat, und vergangene Nacht lag er im Mitre-Bierhaus in Hatton Garden, das er erst am frühen Morgen wieder verließ. Ich glaube, das ist kein Haus von gutem Ruf. Wo er sich heute herumtreibt, das weiß ich nicht, aber ich fürchte, dass man ihn auf ein Schiff pressen und auf die Westindischen Inseln verfrachten wird, wo der Halunke dem Verkäufer 20 Pfund einbringt (…). Bitte, haltet nach einem ansehnlichen Jungen Ausschau, der mir als Laufbursche dienen will – nur für den Fall, dass Perry nicht wieder zurückkehrt.

Das Prügeln konnte rasch vollkommen außer Kontrolle geraten, und einige Arbeitgeber waren ausgesprochen bösartig.

Elizabeth Deacon, die ironischerweise die Frau eines Peitschenmachers war, prügelte ihre 17 Jahre alte Dienerin Mary Cox zu Tode, weil diese nicht verraten wollte, woher der Schilling stammte, den sie bei sich trug:

Die Dienerin gestand zunächst, dass sie eine Sixpencemünze von einer Mrs Baker bekommen habe und die andere von einer Susannah Middleton. Ihre Herrin zweifelte jedoch daran, band sie an den Bettpfosten und schlug sie blutig (…) auf brutalste Art, bis sie ›Mörder‹ schrie. Um dem Schreien ein Ende zu bereiten, stopfte ihre Herrin ihr den Mund und verbrannte ihr Hals, Schultern und Rücken auf unmenschlichste Art mit einem glühenden Schürhaken; dann schlug sie ihr mit einem Hammer auf den Kopf, bis sie gestand, sich mit einigen Dieben zusammengetan zu haben, die das Haus ihres Herrn ausrauben wollten (…). Mrs Deacon hat nie die Absicht gehabt, Mitleid mit dem Mädchen zu zeigen (…). Der Chirurg erklärte, die Verbrennungen und Wunden hätten zu Mary Cox' Tod geführt.

Nachweislich bestahlen Diener ihre Arbeitgeber. Ann Harris wurde für schuldig befunden, die Schubladen einer Truhe aufgebrochen zu haben und 16 Guineas, eine silberne Uhr, ein paar Silberlöffel und noch andere, kleinere Silbergegenstände daraus gestohlen zu haben.

Ihre Verteidigung illustriert das Wanderleben einer Dienerin:

Sie sagte, sie habe sich zuvor nie etwas zuschulden kommen lassen und dass sie sich auf verschiedenen Stellen anständig benommen habe, die sie in London in den vergangenen zwölf Jahren innehatte. Zunächst war sie bei einem Pfefferkuchenbäcker in Aldgate, dann in einem Lebensmittelladen in Horsey Down in Southwark, und anschließend bei einem weiteren Lebensmittelhändler in Bedfordbury in St. Martin-in-the-Fields. An jedem dieser Orte blieb sie vier Jahre lang, und niemals hat sie einem ihrer Herrn ein Unrecht angetan, bis sie zu Mrs Newell in Haymarket nahe St. James ging, wo sie kaum zwei volle Monate war, bevor sie besagte Gegenstände aus der Truhe ihrer Herrin stahl.

Waren sie allein im Haus mit dem Herrn, wurden Dienerinnen häufig die Opfer von Verführungen und Vergewaltigung.

Elizabeth Chivers, die für die Ermordung ihres Bastards verurteilt wurde, erzählte dem Gericht ihre Geschichte:

Sie war noch sehr jung, als ihr Vater starb, und ihre Mutter ließ sie in sehr ärmlichen Umständen zurück. Im Alter von 14 Jahren war sie gezwungen, sich als Dienerin zu verdingen.

Sie lebte bei mehreren respektablen Familien, wo sie sich in jeder Hinsicht als treu und ehrlich erwiesen hat. Aber nachdem sie vor zwei Jahren die Stelle gewechselt hatte, überzeugte sie ihr Herr, sich zu ihm zu legen. Das machte sie dann sechs Wochen und nahm sich schließlich eine eigene Wohnung, wo sie nach einiger Zeit einem weiblichen Kind das Leben schenkte, welchselbiges man Elizabeth Ward nannte. Der Vater versprach, für Mutter und Kind aufzukommen, was er auch noch drei Monate lang tat, nachdem ihr der Teufel eingeflüstert hatte, das arme Balg zu vernichten. Sie trug es nach Hackney und ertränkte es dort in einem Teich.

Frauen, die zu alt für die Arbeit einer Dienerin waren, mussten sich dennoch ihren Lebensunterhalt verdienen. Einige wurden zu Gelegenheitsarbeiterinnen wie Elizabeth Price aus der Gemeinde St. Andrew in Holborn, die gestand, »mehrere Jahre lang Zunder und Lumpen gesammelt und zu anderer Zeit Obst und Austern verkauft oder Pudding in den Straßen angepriesen zu haben«. Ansonsten konnte sie sich nur der Armee der Bettler anschließen oder in eines der neuen Arbeitshäuser gehen, welche die Wohlhabenden sich hatten einfallen lassen, um die Armen aus ihrem Elend zu erlösen.

12. KAPITEL

Die Armen

*»Da sie sehen, dass es nicht genügend Arbeit gibt,
arbeiten sie überhaupt nicht, und so kommen sie ans Wandern,
Hungern, Betteln, Stehlen und an den Galgen.«*

Im Januar des Jahres 1700 schnappte sich die Londoner Gesellschaft für die Armen ein paar Gassenkinder auf der Straße, entlauste sie und steckte sie in das neue Arbeitshaus in der Half-Moon Alley unweit der Bishopsgate Street. Es musste einfach etwas getan werden, um dem Problem obdachloser und ausgesetzter Kinder Herr zu werden. In *The London Spy* beschreibt Ned Ward seine Begegnung mit »einer Bande winziger Vagabunden«, die sich ihm stolz als die Black Guard, die Schwarze Garde, vorstellte – eine einst unschuldige Bezeichnung für die Schuhputzjungen. Ward hielt es für skandalös, dass »eine infame Brut von Vagabunden schon in der Wiege zu Schurkerei, Unwissen, Faulheit, Respektlosigkeit und Unglauben erzogen wird, und das in solch einer gut geführten, christlichen Stadt wie dieser hier, wo es so viele seriöse Magistrats- und Gemeindebeamten gibt, deren Aufgabe es eigentlich sein sollte, solches Übel zu vermeiden«.

In dieser harten, profitorientierten Gesellschaft hatte man jedoch immer weniger Mitleid oder Geduld mit den Armen. Erfolgreiche Geschäftsleute empfanden den Anblick der Armen als beleidigend, die an jeder Straßenecke um Almosen bettelten. Abgesehen davon stellte die wachsende Flut von Landstreichern und Gelegenheitsarbeitern eine Gefahr für Recht und Ordnung dar. Ein neues Wort war erfunden worden, um sie zu beschreiben – Mob, von *mobile vulgaris* –, das zum ersten Mal im Jahre 1690 Verwendung fand. Das Armenproblem war viel zu groß, als dass die Gemeinden damit hätten fertig werden können. Seit einiger Zeit schon wurden hitzige Debatten im Parlament, im neu entstandenen Board of Trade, der Händlervereinigung, und in den Gemeinden darüber geführt, wie man dieses Problem aus der Welt schaffen könnte.

Man glaubte, das Versagen der Gemeindebehörden bei der Arbeitsvermittlung ermutigte die Armen zur Faulheit, was schlussendlich zu Laster und Verbrechen führte. »Lasst mich mit der Armut zufrieden«, flehte Defoe, »sonst stehle ich noch!« Bei Eleanor Gravenoz war das sicherlich der Fall, die für den Diebstahl von fünfeinhalb Metern Silberspitze aus einem Laden in Covent Garden zum Tode verurteilt wurde. Wie sie dem Gericht von Newgate gegenüber gestand, »hat ihre große Armut und ihre Unfähigkeit, sich und ihren vier Kindern Brot zu kaufen, sie dazu verführt, sich diese Dinge auf ungesetzliche Weise zu verschaffen«.

Viele glaubten, dass Armut nicht allein durch soziale Umstände verursacht wurde. Aufgrund irgendeines moralischen *Defekts* mussten die Armen ihre Lage selbst verschuldet haben. Sie mussten *gezwungen* werden zu arbeiten; man musste ihnen Disziplin beibringen. War Armut vielleicht heilbar? Die Quäker glaubten das auf jeden Fall und gehörten mit zu den Ersten, die mit Arbeitshäusern experimentierten. Wenn man die Armen zurück zu Gott führte, würden sie sich doch gewiss ändern, nicht wahr? Niemand konnte fromm und faul zugleich sein. Der Wohlfahrtspionier Thomas Firmin versuchte es in den 70er-Jahren des 17. Jahrhunderts mit einer neuen Lösung, als er in der Little Britain Street ein Arbeitshaus einrichtete, um »die Armen in der Leinenherstellung zu beschäftigen«, wo »Kinder unter sechs oder fünf Jahren (...) mit Flachsspinnen zwei Pence am

Tag verdienen, und andere, die kaum älter sind, drei bis vier Pence. Dies sollte viel für den Unterhalt eines jeden armen Kindes bringen.«

Die Kinder der Armen, so argumentierte er, stellten sowohl eine Bedrohung für sich selbst als auch für alle anderen dar. Nicht länger durfte man ihnen erlauben, in Banden durch die Straßen zu ziehen, die Pferde zu erschrecken, sodass sie die Reiter abwarfen, und Passanten grobe Beleidigungen zuzurufen. Sie mussten nützlich beschäftigt werden, »um einem faulen Leben vorzubeugen, von dem sie nur schwer wieder loskommen, haben sie sich erst einmal daran gewöhnt«. Zwei Stunden am Tag gestattete man ihnen zu lesen, Zeit, die sie sonst mit Spielen vergeudet hätten. Kinder, die dazu bestimmt waren, sich ihren Lebensunterhalt als Maurer oder Schuhmacher zu verdienen, brauchten keine ausgefeilte Erziehung. »Reicht es nicht aus, solche Kinder zu lehren, die Bibel zu lesen«, argumentierte Firmin, »und gerade so viel Arithmetik, wie sie für solch ein Handwerk brauchen, das ihre Bestimmung ist?«

Firmins Armenhaus scheiterte, aber es hatte die Saat für eine Idee gelegt, die in den 90er-Jahren auf fruchtbaren Boden fallen sollte – einer Zeit wirtschaftlicher Härte und Erschütterungen während des englisch-französischen Krieges. Arbeitshäuser gaben den örtlichen Steuerzahlern, die für sie aufkamen, die Gelegenheit, ihre Pflicht den Armen gegenüber zu erfüllen und gleichzeitig zwischen jenen zu unterscheiden, die ihre Hilfe verdienten oder auch nicht. Als das Arbeitshaus in Bishopsgate im Dezember 1699 öffnete, wurden 100 Gemeindekinder dorthin verfrachtet, wo sie davor bewahrt wurden, »aus Not zu sterben«. Man lehrte die Kinder »zu arbeiten, sobald sie dazu in der Lage sind, wodurch man ihnen hilft, für sich selbst zu sorgen und einem ordentlichen Handwerk nachzugehen (...), und so werden sie zu nützlichen Mitgliedern der Gesellschaft«.

Die geschätzten Kosten für ein Kind in einem Arbeitshaus betrugen acht Pfund pro Jahr. Die Kirchenvorsteher der ver-

Arme, vagabundierende Frauen wurden von einer Gemeinde in die andere abgeschoben und sahen sich oft zum Stehlen gezwungen, um ihre Kinder zu ernähren. *(British Museum)*

schiedenen Gemeinden zahlten zwölf Schilling pro Woche und jedes ihrer Kinder, das in einem Arbeitshaus versorgt wurde. Nachdem sie um sechs Uhr früh von der Glocke geweckt worden waren, folgten Morgengebet und Frühstück; dann wurden die Kinder zwischen sieben Uhr morgens und Mittag beschäftigt, und von ein bis sechs Uhr abends spannen sie Wolle, nähten und flickten Stoff. Zwei Stunden täglich waren der Religionserziehung vorbehalten sowie dem Lernen von Lesen, Schreiben und einfachem Rechnen. Es gab drei Mahlzeiten am Tag. Zum Frühstück konnten sie sich einmal in der Woche auf Brot und Bier freuen. Rindfleischsuppe gab es zwei Mal in der Woche, und Brot und Butter oder Käse an den anderen Tagen. Das Dinner bestand aus einem der folgenden Gerichte: Rindfleischsuppe, Erbsenpudding, Milchreis, Fleischklöße, Haferschleimsuppe oder Milchbrei. Brot und Butter oder Käse gab es zum Abendessen. »Je nach Saison werden Erbsen, Bohnen, Kohl und Wurzeln dem Speiseplan hinzugefügt.«

Das Leben auf der anderen Seite, der geschlossenen Abteilung in den Arbeitshäusern, war weit weniger angenehm. In Einklang mit der Vorstellung, dass es wahrscheinlich sei, »dass die Armen, die man in der Jugend nicht auf die eine Seite des Hauses führt, als Erwachsene unweigerlich auf der anderen landen«, waren die Bewohner dieser ›anderen Seite‹ ausgesprochen gefährlich. Hier »erfahren Vagabunden, kräftige Bettler, stehlende und andere Landstreicher sowie lüsterne, faule und unordentliche Personen (...) so viel Fürsorge, wie ihnen angemessen ist. Sie werden mit Hanfschlagen, Wergzupfen und Leinenwaschen beschäftigt.« Einigen gelang die Flucht, beispielsweise jener armen Frau, die man in das Arbeitshaus von Clerkenwell gebracht hatte. Dort wurde sie »krank und schwach, und sie verlangte nach Nahrung. So schloss sie sich anderen Gefangenen an, die ein Loch in die Wand des Raumes gebrochen hatten, in dem sie lag. Sie schlüpfte hindurch und floh mit ihnen.«

Die Vorstellung vom Arbeitshaus als Abschreckungsmittel, um die Armen davon abzuhalten, ihre Gemeinden um Unterstützung anzugehen oder auf der Straße um Almosen zu betteln, setzte sich langsam durch. »Sorge für dich selbst oder werde eingeliefert«, lautete der neue Slogan. Wenn man die Armen nicht auf der Straße kontrollieren konnte, musste man sie ins Arbeitshaus bringen, wo man ihnen eine nützliche Beschäftigung gab, damit sie keinen Ärger machten. In einer noch weit düsteren Bemerkung sprach sich Sir Josiah Child dafür aus, dass seine ›Väter der Armen‹, »die Macht besitzen sollen, arme Menschen über das Meer auf die Plantagen Seiner Majestät zu schicken, wie sie es für angemessen halten«. Einige waren sicherlich verzweifelt genug, um sich freiwillig für den Transport nach Virginia zu melden. Mit ihrer Unterschrift verpflichteten sie sich für mehrere Jahre harter Arbeit im Tausch für die Kosten der Passage.

Aber man konnte nicht alle Armen in die Arbeitshäuser bringen – noch nicht jedenfalls –, und abgesehen von den Armen und Kranken gab es auch noch das Problem der vielen Tagelöhner, die Unterstützung von ihren Gemeinden verlangten. Höhere Löhne und bessere Beschäftigungsmöglichkeiten zogen Tausende von Zuwanderern aus den Grafschaften in die Hauptstadt, aber was sollten sie tun, wenn sie keine Arbeit fanden? In *A New Discourse of Trade* (Eine neue Abhandlung zum Handel) erkannte Josiah Child, dass das elisabethanische System, »es einzig den Gemeinden zu überlassen, sich um die Armen zu kümmern«, für die modernen Bedürfnisse unzureichend war. Anstatt das Übel an der Wurzel zu packen, ermutigte dieses System die Gemeinden, »es von ihren eigenen Türen wegzuschieben (...) und das arme Volk über ihre Grenzen zu stoßen«. Jeder, der nicht aus der Gemeinde stammte, wo er um Hilfe nachsuchte, wurde zur nächsten gescheucht; schlimmstenfalls wurden die Unglücklichen hin und her geschubst, während zwei Gemeinden sich darüber stritten, wer denn nun die Verantwortung für sie trug.

In einem Fall, der vor dem Gericht des Oberbürgermeisters zur Verhandlung kam, wurden Mary Raworth und ihre beiden Kinder »von den Kirchenvorstehern und Armenaufsehern der Gemeinde St. Stephen Wallbrooke weggebracht«, die sich ihrer entledigen wollten, und nach »St. Bottolph Without Bishopsgate geschickt, auf dass man sich dort um sie kümmere, bis das Gesetz seinen Lauf genommen hat und ihr Fall entschieden worden ist«. Vagabundierende Frauen in den Wehen wurden rasch über die Gemeindegrenzen gejagt, damit ihre Kinder in die Verantwortung einer anderen Gemeinde fielen. Landbewohner brachten kleine Kinder nach London und setzten sie dort aus – Kinder, die zu jung waren, als dass sie sich an ihren Geburtsort hätten erinnern können – und erwarteten von den Gemeinden, dass sie sich um sie kümmerten. Und die Gemeindebehörden schoben Hilfeberechtigte nicht nur von einer Gemeinde in die andere, sie jagten sie sogar ganz aus der Stadt hinaus – was jedoch nur teuer und vollkommen sinnlos war, denn die Leute machten einfach kehrt und kamen wieder zurück.

Der Streit drehte sich nicht nur darum, *wie* das Armenproblem in London zu lösen sei, sondern auch *wer* es denn nun lösen sollte. Kirchenvorsteher, Armenaufseher und die Gemeindebuchhalter, die praktisch vollkommen autonom über die Wohlfahrtsgelder verfügten, würden Sir Josiah Childs Vorschlag niemals zustimmen, da dies bedeuten würde, ihre Macht abzugeben. Child wollte sie durch ein einheitliches System ersetzen, das von einer ausgewählten Gruppe so genannter ›Väter der Armen‹ kontrolliert wurde und geografisch den gesamten Bereich einschloss, den auch die Sterbelisten abdeckten. Die Verwaltung der Armenfürsorge machte einen beachtlichen Teil dessen aus, was die örtlichen Behörden *überhaupt* in einigen Gemeinden taten. Häufig mussten ortsansässige Händler ein Jahr lang als Gemeindediener herhalten, doch manche zogen es vor, stattdessen eine Gebühr zu zahlen. Die Gemeindediener liefen Gefahr, plötzlich ohne Mittel dazustehen, wann immer eine Lücke zwischen Prognose und Wirklichkeit entstand. Hausbesitzer wurden nach ihren Möglichkeiten eingestuft, sich an der Armenfürsorge zu beteiligen. Große Last ruhte auf den Schultern der Steuerzahler, denn obwohl sie nur ein Fünftel der Stadtbevölkerung ausmachten, kamen sie für ein Drittel der gesamten Armenfürsorge auf.

Die Armenfürsorge bestand aus Arbeitslosengeld sowie Zahlungen für Miete, Krankenpflege, Beerdigungskosten, Lehrlingsprämien, Brot- und Brennstoffgeschenke und mehreren anderen Zahlungen wie beispielsweise dem Auslösen von Kleidung oder Werkzeug im Pfandhaus. Aufgrund der Art, wie die Armenfürsorge finanziert und betrieben wurde, bekam nicht jeder das Gleiche. Die Gemeinden waren unterschiedlich groß. Einige waren reicher als andere, und in manchen lebten überdurchschnittlich viele Menschen, die in Not geraten waren. So gab beispielsweise St. Katherine Coleman, eine arme Pfarrei, 60 bis 80 Prozent ihrer Einnahmen für die Armenfürsorge aus. Ellinor Elliston konnte sie nur zwei Schilling sechs Pence die Woche »für ihren eigenen Unterhalt und den ihrer beiden Kinder zahlen, einschließlich Hausmiete und Kleidung«; sie erhielt diese Zahlungen über einen Zeitraum von sieben Jahren. Pensionäre, die in so wohlhabenden Gemeinden wie St. Michael in Cornhill lebten, durften elf Pfund pro Jahr erwarten, während jene, die das Pech hatten, in St. Andrew by the Wardrobe zu wohnen, lediglich ein bis vier Schilling pro Monat erhielten.

Pensionär wurde man nicht automatisch in einem bestimmten Alter. Die Altersgrenze legte der Kirchenvorsteher fest, je nachdem wie bedürftig eine Person war. Die Gelder flossen auch nie automatisch und ohne Streit, egal wie nötig ein Mensch sie auch hatte, und es wurde durchaus in Betracht gezogen, dass auch alte Menschen noch arbeiten konnten. Falls nötig besorgte die Gemeinde die Arbeit – die ›Totenprüfer‹ waren die alten Frauen der Gemeinde. Bernard de Mandeville fasste das zeitgenössische Denken in *The Fable of the Bees* zusammen, als er sagte: »Alle sollten arbeiten, die auf irgendeine Art dazu fähig sind, und selbst die Gebrechlichen soll man sich genau ansehen. Für die meisten unserer Lahmen lässt sich durchaus Arbeit finden, und jene, die nicht mehr hart arbeiten können, sowie Blinde können immer noch etwas verrichten, solange ihre restliche Gesundheit entsprechend ist.« Jene, die dann doch Pensionen erhielten, verloren die Rechte an ihrem Besitz; die Gemeindebeamten übernahmen ihn nach ihrem Tod.

Die Gemeindebeamten zeigten einen verständlichen Widerwillen, die Macht aufzugeben, die sie über so viele ihrer Nachbarn besaßen, welche sich persönlich um Unterstützung an sie wenden mussten. Mit der Armenfürsorge war oft das Tragen eines Abzeichens verbunden wie zum Beispiel: »Joanna Garwood, eine arme, zugewanderte Frau«, die »ein Abzeichen trug, das sie als eine der Armen der Gemeinde St. Andrew, Holborn, kennzeichnete.« Abzeichenträger verloren die Möglichkeit, ihr Einkommen durch Betteln außerhalb ihrer Gemeinden zu verbessern. Zahlungen hingen auch von gutem Verhalten ab. Jene, die vor ihrem Aufseher die Beherrschung verloren, oder schlimmer noch, die man betrunken und pöbelnd aufgriff, mussten mit einer Kürzung ihrer Gelder rechnen. Und jene, die nicht persönlich zur Auszahlung erschienen, mussten ganz darauf verzichten. Fürsorge wurde häufig von anderen Wohlfahrtsleistungen begleitet. Der Stadtrat und die Zünfte spendeten ebenfalls Geld für die Armen. Almosen und Hospitäler wurden von den Zünften alten, freien Bürgern zur Verfügung gestellt sowie deren Frauen oder Witwen. Die Krankenhäuser von St. Bartholomew und St. Thomas boten den Alten unter den Armen freie Heilfürsorge.

Das Ausmaß des Problems in London und die Habgier der Gesellschaft zwangen die Zeitgenossen, zwischen jenen Armen zu unterscheiden, die Hilfe verdienten, und jenen, auf die das nicht zutraf. Die Arbeitsscheuen und offensichtlich Faulen wurden in dieser erbarmungslosen Welt nicht toleriert. In *Giving Alms No Charity, And Employing the Poor* (Almosen, keine Nächstenliebe und Arbeit für die Armen) sah Daniel Defoe wahre Armut nicht »in den gierigen Bettlern, sondern in den armen Familien, die zahlreiche Kinder haben und die durch Krankheit oder Unfall um die Arbeit des Vaters gebracht worden sind«. Diese sollten das Ziel der Wohlfahrt sein, nicht die Straßenbettler. Die Londoner Hausbesitzer hassten es, Bettler vor der Tür zu haben, doch häufig gaben sie ihnen Geld, schlicht, um sie wieder loszuwerden. Vorbehaltlose Wohlfahrt war nicht die Antwort darauf. »Almosen für die Faulen«, schrieb ein Kommentator, »ist wie Fett auf ein Wagenrad. Es läuft leichter rund, aber immer noch auf dieselbe Art.« Defoe stimmte zu, dass »fehlgeleitete Almosen einer bestimmten Person gut tun mögen, aber für die Öffentlichkeit sind sie eine Beleidigung, und der Nation erweist man keinen Dienst damit.« Bettler »können derart gut damit leben, so zu tun, als würden sie nach Arbeit Ausschau halten, dass sie verrückt wären, sich wirklich eine zu suchen«.

Defoe sah den Grund für die Armut in der Faulheit, und er zeigte keine Geduld mit jenen arbeitenden Armen, denen er diese unterstellte:

Kommt der Handel zum Stillstand und wird überall nach Arbeit gesucht, dann schreien und meutern sie. Sie rennen von ihren Familien weg und überfluten die Gemeinden mit ihren Frauen und Kindern, die sie zum Verhungern zurückgelassen haben (…). Da sie sehen, dass es nicht genügend Arbeit gibt, arbeiten sie überhaupt nicht, und so kommen sie ans Wandern, Hungern, Betteln, Stehlen und an den Galgen. Blüht der Handel, werden sie frech, träge und verderbt. Nun könnten sie jedoch genügend Geld verdienen, um gut zu leben, und vielleicht sogar etwas für schlechtere Zeiten auf die hohe Kante legen; doch anstatt das fleißige Leben zu führen, das man von einem ehrlichen Mann erwarten kann, arbeiten sie nur zwei Tage in der Woche oder bis sie Geld genug haben, um den Rest der Woche überleben zu können. Ihre restliche Zeit verbringen sie im Bierhaus.

Der Widerwille jener Leute, für schlechte Zeiten zu sparen, trieb Defoe zur Verzweiflung. Dienerinnen verprassten all ihr Geld, um sich besser zu kleiden, als es ihrem Rang entsprach. Männer gaben den letzten Penny im Bierhaus oder beim Wetten aus.

Vielleicht war diese Achtlosigkeit eine Reaktion auf die Kürze und Unsicherheit ihres Lebens, doch Defoe wollte nichts davon hören:

> Mangel an Weitsicht ist der Hauptgrund, warum die Menschen in ihrer Jugend nicht für Alter und Krankheit vorsorgen (...). Alle Personen sollten einen kleinen Teil ihrer Einnahmen in gute Hände geben, solange sie noch gesund und jung sind und es entbehren können, denn dann werden sie es zur Verfügung haben, sollten sie durch Alter oder Unfall gebrechlich werden und nicht mehr arbeiten können. Auf diese Art können sie sich selbst versorgen.

In seinem *An Essay Upon Projects* sprach sich Defoe als einer der Ersten dafür aus, dass die Menschen einen Teil zu ihrer eigenen Pension beisteuern sollten. Er stellte sich eine Pensionsgesellschaft vor, in die man sechs Pence Aufnahmegebühr und ein Schilling das Vierteljahr als Beitrag einzahlen musste, um so gegen Verletzung, Krankheit, Unfall und Gebrechen im Alter versichert zu sein. Im frühen 18. Jahrhundert zahlten bereits viele Menschen in die neuen Versicherungsgesellschaften und Lebensversicherungen ein, um sich vor Katastrophen zu schützen und für den Todesfall vorzusorgen. Defoes so genannte nutzlose Bedürftige, die nicht »einen kleinen Teil ihres Einkommens sparen, um gegen zukünftiges Elend gewappnet zu sein«, liefen große Gefahr, dass ihnen genau in dem Augenblick der Wohlfahrtshahn zugedreht wurde, da sie ihn am nötigsten brauchten.

13. KAPITEL

Hugenotten und andere Fremde

*In vielen Straßen in Spitalfields und Soho war der Anteil
der Emigranten so hoch, dass man nur selten Englisch hörte.*

An einem frostigen Tag im Februar verließen Louis Goujon, Seidenweber, und seine Frau Marie ihr Haus in der Black Eagle Street, Spitalfields, um ihren neu geborenen Sohn in der französisch-protestantischen Kirche in der Threadneedle Street taufen zu lassen. Hinter ihnen, im Dämmerlicht der kleinen Räume, durchbrach das fröhliche Lied ihres Kanarienvogels die ungewohnte Stille. Der Webstuhl, der sonst sechs Tage von Sonnenauf- bis Sonnenuntergang klapperte, stand still. Das ganze Haus hielt den Atem an und wartete auf die Rückkehr der Familie.

Im Jahre 1700 gab es 28 französisch-protestantische Kirchen in London, deren Lage die beiden Hauptgebiete kennzeichnete, in denen sich die Emigranten niedergelassen hatten. Im Osten schloss das die Gebiete von Spitalfields, Aldgate, Whitechapel, Bethnal Green und Mile End ein und im Westen ganz Soho, von der New Oxford Road bis nach Leicester Fields. In Spitalfields selbst gab es sieben französische Kirchen, sodass die Kirche in der Threadneedle Street keineswegs jene war, die dem Haus der Goujons am nächsten lag. Aber sie stellte das Herz der hugenottischen Gemeinschaft dar. Hier wurde während eines Gottesdienstes im Jahre 1681 der Begriff *réfugiés* geprägt, stammend von *refugees* (Flüchtlinge), der von nun an jeden bezeichnen sollte, der vor Verfolgung floh. Vielleicht war das der Gottesdienst gewesen, den die Goujons als Erstes in England besucht hatten, nachdem sie auf dem Höhepunkt der hugenottischen Emigration in den 80er-Jahren des 17. Jahrhunderts nach England gekommen waren. Damals waren die Kirchen so voll gewesen, dass einige überhaupt nicht hatten hineingelangen können, und die, die doch hineinkamen, wurden »so sehr von der Hitze und dem Gedränge der Menschen beeinträchtigt, dass sie in ihrer Hingabe nachließen und es sogar ihre Gesundheit betraf«.

In diesen frühen Tagen hatten Tausende vor der Gemeinde gestanden, um die *reconnaissance* abzulegen – ein öffentliches Bekenntnis, dass sie ihren kalvinistischen Glauben in Frankreich verraten und unter Zwang ein Dokument unterschrieben hatten, in dem sie den Lehren Johannes Calvins abgeschworen hatten. Terrorisiert von den *dragonnades* und gleichzeitig vom strengen Regime Ludwig XIV. an der Flucht gehindert, zeugten die Bekenntnisse dieser Leute von einer menschlichen Tragödie ungeheuerlichen Ausmaßes.

Pierre Laurent aus der Picardie hatte »unterschrieben, um nach zwei, drei Monaten aus dem Gefängnis herauszukommen. Er hatte keine Messe mehr besucht und sich bemüht zu fliehen.« Anne Popinar war »von den Dragonern gezwungen worden, die Heilige Messer zu besuchen«. Judith, die Witwe von Jean Maintru aus Fécamp, und ihre Tochter hatten gleich »ein zweites Mal unterzeichnet, nachdem sie von Franzosen aus den Händen barbarischer Piraten befreit worden waren, die sie nach Amerika hatten verschiffen wollen«. Madeleine Barbot und ihr Mann »hatten die Messe nicht besucht und dafür zwei Jahre im Gefängnis gelitten«. Marguerite Cauvin aus Caen »unterschrieb und verbrachte sechs Monate im Gefängnis«. Judith Daufin unterschrieb und war »zweimal verhaftet worden, als sie zu fliehen versuchte«. Viele hatten nicht fliehen können, weil ihnen die Mittel dazu fehlten. Oder sie waren wie Marie Quesnal aus

Fécamp nicht gegangen, weil sie ein krankes Kind nicht hatten zurücklassen wollen oder einen anderen bedürftigen Menschen, der ihnen am Herzen lag.

Alles in allem flohen zwischen 40 000 und 50 000 Hugenotten aus allen Teilen Frankreichs nach England. Natürlich kamen sie nicht alle nach London. Einige ließen sich in anderen Städten wie Canterbury, Southampton oder Salisbury nieder oder zogen nach Amerika oder Irland weiter – falls das aufs Äußerste beanspruchte Unterstützungskomitee ihnen dabei helfen konnte.

Wie hätte sich jemand von Marie Guisards Geschichte unberührt zeigen können, die in der Frith Street in Soho lebte? Sie war »aus Frankreich gekommen, weil Jean Guisard, ihr Vater, in Nerac auf dem Scheiterhaufen verbrannt worden war. Man hatte ihn angeklagt, die Hostie respektlos entgegengenommen zu haben.« Oder wie war es mit der Geschichte von Sieur Peyferie und seiner Familie, die gezwungen wurden, »ein großes Gut aufzugeben (…). Dann verurteilte man sie zum Tod durch Erhängen. Sein Haus wurde zerstört, seine Wälder verbrannt.« Nun beschränkte sich sein Leben auf die Straßen Sohos. Oder Sieur Dupre und Moise Du Boust, »die nun in der Gemeinde St. Giles in the Fields leben (…). Sie wurden in Person und Besitz verfolgt (…), ihre Häuser wurden zerstört, bevor sie in dieses Land geflohen sind.«

Antipapismus war am Ende des 17. Jahrhunderts die stärkste emotionale Kraft in England. Das Leid der Hugenotten verstärkte dieses Gefühl nur noch. Berichte von eingesperrten Frauen und Männern, die zu 100 Jahren Galeere verurteilt wurden, von Menschen, die man aus ihren Häusern jagte, von getrennten Familien und der armselige Zustand der Flüchtlinge, denen es gelang herüberzukommen: All das überzeugte die Engländer endgültig davon, dass man einem katholischen Herrscher nicht vertrauen konnte. Wenn Ludwig XIV. das Edikt von Nantes einfach so aufheben konnte, wie mochte dann wohl erst sein katholischer Vetter James II. Leben und Freiheit seiner protestantischen englischen Untertanen gefährden? Es war diese Überzeugung gewesen, die die Revolution von 1688 erst möglich gemacht hatte.

Die Hugenotten besaßen ein persönliches Interesse an der Herrschaft Williams III., der ihre Fähigkeiten in seiner Heimat, der Niederländischen Republik, bereits kennen gelernt hatte und dessen feste Absicht es war, die Macht Ludwigs XIV. wieder zurückzudrängen. Wie Sir William Petty in *Political Arithmetic* (Politische Arithmetik) argumentierte, war die englische Bevölkerung klein – 5 Millionen im Vergleich zu 20 Millionen Franzosen –, aber die Menschen waren reich. Die Emigranten würden nun nicht nur dem Handel einen gehörigen Aufschwung bescheren, sie würden Williams Armee bei seiner Konfrontation mit Frankreich auch ihre Männer und ihre militärische Sachkenntnis zur Verfügung stellen. Die militärische Ausbildung, welche die Hugenottenregimenter von Williams Armee in Frankreich genossen hatten, vervielfachten die Schlagkraft der englischen Armee.

Bereits jetzt unterstützten die Hugenotten die neu gegründete Bank von England, die ihre Existenz vor allem der Notwendigkeit verdankte, dass der Krieg gegen Frankreich irgendwie finanziert werden musste. Sieben der 27 ursprünglichen Direktoren der Bank von England waren wallonischer oder hugenottischer Abstammung, einschließlich des ersten Governors, Sir John Houblon, dessen Familie im 16. Jahrhundert nach England gekommen war. Das neue Bankgeschäft basierte auf Vertrauen. Von den 1,2 Millionen Pfund, die zur Einrichtung der Bank aufgebracht worden waren, stammten 104 000 Pfund von 123 erst jüngst hier eingetroffenen Hugenotten, die es als Flüchtlinge zu schätzen wussten, jederzeit Zugriff auf Investitionskapital zu haben. Jene Flüchtlinge, die in der glücklichen Lage waren, Geld zur Verfügung zu haben, konnten sich rasch in die Handelswelt einkaufen und so ein Teil der Gesellschaft werden.

Das hugenottische Netzwerk war international. Viele hatten sich auf die Niederländische Republik, die deutschen Staaten und die amerikanischen Kolonien verteilt. Weit weg von diesen Fremden, die für England im Kriegsfall eine Bedrohung darstellen konnten, wie manche glaubten, sollten die Kontakte der Hugenotten nach Übersee den Handel vereinfachen. Trotz der offensichtlichen Vorteile ihres Erscheinens zögerte das Parlament, sie einzubürgern, wodurch sie unter anderem in die Lage versetzt worden wären, ihren Besitz rechtmäßig zu vererben. Die Naturalisation sollte ihnen erst im Jahre 1708 gewährt werden, und selbst dann konnte man sie noch jederzeit wieder für ungültig erklären. Während des fortwährenden Krieges mit Frankreich wurde den Hugenotten zunehmend klar, dass sie nie wieder in ihre Heimat würden zurückkehren können.

Die Hugenotten mochten ja aus religiösen Gründen aus ihrem Heimatland geflohen sein und weil sie sich das Recht hatten erstreiten wollen, ihrem Gott auf ihre Art die Ehre zu erweisen, doch nicht alle von ihnen waren Beispiele tadelloser Moral. Diese menschliche Gemeinschaft hatte Schwächen wie alle anderen auch. Die Kirchenältesten im Konsistorium verbrachten die meiste Zeit damit, materielle Streitigkeiten zu schlichten und Vergehen gegen die Moral zu ahnden, wie zum Beispiel Schlagen der Ehefrau, Schwangerschaft außerhalb des Ehestandes, Blasphemie, aufgrund falscher Angaben dem Komitee Geld vorzuenthalten sowie respektloses Benehmen in der Kirche. Die Gemeindemitglieder wurden angehalten, »ihre Religion in Kleidung und Haltung zu ehren, zumal vergangenen Sonntag einige die Kirche mit offensichtlichem Stolz anstatt mit der angemessenen Demut betreten haben, und eine Großzahl von Frauen kam aufs Heftigste geschmückt, einige gar mit entblößter Brust«.

Natürlich waren die Ältesten bestrebt, einen guten Eindruck auf ihre englischen Gastgeber zu machen. Sie waren sich durchaus bewusst, dass nicht alle sie willkommen hießen. Einigen Engländern missfiel ihre Gegenwart. Sie glaubten, dass die Fremden den Einheimischen die Arbeit stahlen und Wohlfahrtszahlungen kassierten, die sonst an die englischen Armen gegangen wären. Die Ältesten warnten, dass »man keine öffentlichen Feste, Tanz oder Spiel abhalten soll, nichts, was dem bescheidenen Verhalten widerspricht, wie es die Kirche befürwortet, um so nicht die englische Nation zu entsetzen und ihr Mitleid für unsere armen, flüchtigen Brüder zu unterminieren. Wir sollten mit denen weinen, die unglücklich sind, und nicht ihre Sache mit der Zurschaustellung von Reichtum untergraben und so Taten der Nächstenliebe entmutigen.«

Kam es zu einem Streit zwischen einem Hugenotten und den örtlichen Gesetzeshütern, unterstützten ihn die Ältesten nicht. Als M. de Primrose »berichtete, dass ein Constabler aus Spitalfields sich über das ungebührliche Gebaren einiger Franzosen in diesem Gebiet beschwert hatte«, beschlossen die Ältesten, »sich in den Predigten mit aller Entschlossenheit gegen diese Ausschweifungen zu wenden. Nächste Woche soll ein entsprechendes Pamphlet verlesen werden.« Als Gerüchte laut wurden, die Franzosen würden sonntags Tavernen besuchen, beschlossen die Ältesten, »sich in ihren Vierteln selbst über die Fakten zu informieren und Einzelne zu warnen, sich die Proteste mehr zu Herzen zu nehmen, die schon oft in diesem Zusammenhang geäußert worden waren.« Vielleicht war Jean Boulay einer der Übeltäter; er wurde »des üblen Verhaltens angeklagt und der Neigung, sich zu betrinken und den Frieden seiner Nachbarn zu stören«. Er wurde von der Kommunion ausgeschlossen, »bis er ein erbaulicheres Leben führt.« Vier streitsüchtigen jungen Männern, Isaac Barre, Pierre Fournier, Pierre Gatineau und Daniel Chabot, machte man unmissverständlich klar, dass »man sie von der Kommunion ausschließen würde, sollten sie sich nicht zusammenreißen und von der Verderbnis abwenden«.

Zu den unvermeidlichen Folgen einer Diaspora gehört es, dass Ehepaare voneinander getrennt werden. War die verlorene Geliebte tot oder lebte sie noch? Als Jean Faviere bat, den gegen ihn verhängten Ausschluss von der Kommunion wieder aufzuheben, begründete er das damit, »dass seine Frau, die er in Frankreich hatte, tot sei, und so glaube er, dass seine hiesige Ehe Gültigkeit besitze«. Stattdessen wurde er jedoch erneut abgemahnt, »weil er sich wieder vermählt hatte, ohne mit Sicherheit zu wissen, dass seine erste Frau nicht mehr lebt«, und »ohne das Konsistorium vorher davon in Kenntnis gesetzt zu haben«.

Als Jean Herbert sich erkundigte, warum der Bann gegen ihn nicht noch ein drittes Mal beraten worden sei, erhielt er die enttäuschende Nachricht, dass »Amaury Terin, der Ehemann seiner Verlobten Augustine Houson, noch immer lebt«. Und die Witwe von Jacques Benoit wurde »beschuldigt, erneut geheiratet zu haben, ohne sich vorher vergewissert zu haben, dass ihr erster Mann auch tot ist«.

Die Sonderbarkeit der englischen Ehegesetze, die sich in der Frage von Scheidung und Wiederheirat deutlich von denen im restlichen protestantischen Europa unterschieden, sorgten für einige Verwirrung:

Nicolas Hesse und Isabelle Popart ersuchten um Aufnahme in die Gemeinschaft und den Frieden der Kirche; sie hatten geheiratet, obwohl beider frühere Ehegatten noch immer lebten. Das Konsistorium war nur unzureichend über die Gründe informiert, die zur Auflösung der ersten Ehen geführt hatten, und man muss wissen, dass selbst Ehebruch und Trennung vom Ehegatten laut englischem Gesetz keine zweite Ehe ermöglichen. Daher wollte das Konsistorium sich nicht in die Angelegenheit einmischen und schickte die beiden Parteien in die Gemeinde, wo sie geheiratet hatten.

Doch als François Testu und seine Frau Marie Sarrazin »sich über die Beleidigungen von Charles Le Cevelier und seiner Frau beschwerten, die behaupteten, ihre Ehe sei ehebrecherisch, weil Testus Frau noch immer in Genf lebte«, konnte das Konsistorium die Angelegenheit klären. Nach Untersuchung der Aufzeichnungen des Konsistoriums und des Senats von Genf war man überzeugt, »dass die erste Ehe voll und ganz annulliert ist und dass Testu die Freiheit hatte, sich erneut zu vermählen. Somit ist seine Ehe mit Marie Sarrazin legitim.«

Das Konsistorium besaß die Macht, einen Vertrag abzuschließen oder zu brechen, wie Tobie Le Maistre zu seinem Leidwesen herausfinden musste, als er »die Erfüllung des Heiratsversprechens zwischen ihm und Anne Hauteville erbat«. Die junge Dame wurde von einigen ihrer Verwandten begleitet, »welche erklärten, dass ihre Mutter, die in Frankreich lebte, mit der Verbindung nicht einverstanden sei«. Das Konsistorium urteilte: »Da Anne erst 15 Jahre alt war, als sie dieses Versprechen unterzeichnet hat, und somit nicht in einem Alter, sich selbst zu verloben, hat Le Maistre nicht das Recht, die Erfüllung desselbigen zu verlangen.«

In einem anderen Fall schlug sich das Konsistorium auf die Seite von André de Joux, als seine Verlobte Jeanne Tibaudin versuchte, ihre Verlobung aufzulösen: »André de Joux, geboren in Niort, und Jeanne Tibaudin haben sich im vergangenen Monat am 23. November verlobt, doch nun sagt sie, dass sie ihn niemals heiraten werde. Ihre Gründe waren unzureichend, und er will der Auflösung ihrer Verlobung nicht zustimmen in der Hoffnung, dass die Zeit sie wieder zu ihm zurückführen wird. Das Konsistorium hat die Angelegenheit unverändert belassen.« Jeanne war jedoch nicht bereit, das zu akzeptieren. André war bald wieder zurück und verlangte »eine Rechtfertigung von Tibaudins Tochter, seiner Verlobten, und von Isaac Caillaus Witwe für die beleidigenden Worte, die sie gegen ihn gerichtet hatten«. »Nach der Anhörung beider Parteien drängte das Konsistorium Jeanne Tibaudin, ihre Verlobung mit André de Joux aufrechtzuerhalten oder nach geeigneten Mitteln zu suchen, ihren Verlobten zu entschädigen. Das zu tun, weigerte sie sich mit großer Sturheit, und so wird man ihr das *mereau* (das Symbol, das zum Empfang der Kommunion berechtigt) verweigern, bis sie ihre Pflicht anerkannt hat.« Man fragt sich, was für eine Ehe die beiden nach alledem überhaupt noch hätten führen sollen.

Es gab Fälle von Ehebruch und Inzest. In dem ergreifendsten von allen gestand Judith Godefroy, »dass ihr Onkel Pierre Godefroy der Vater ihres Kindes sei, welches sie vor ihrer Ehe geboren hat«. Ihr Onkel hatte sie angefleht, das Geheimnis zu bewahren, aber sie war ohnehin zu beschämt gewesen, bis sie ihr schlechtes Gewissen dazu getrieben hatte, es zu bekennen. Godefroy leugnete, dass es sich um sein Kind handele. »Er rief sogar Gott zum Zeugen an.« Aber er gab zu, eine Affäre mit seiner Nichte gehabt zu haben. »Als man ihn aufforderte zu sagen, dass er nie eine Affäre mit seiner Nichte gehabt habe, antwortete er, das könne er nicht tun, und er gestand, mit ihr im selben Bett geschlafen zu haben wie mit seiner Frau.«

In vielen Straßen in Spitalfields und Soho war der Emigrantenanteil so hoch, dass man kaum noch Englisch hörte. Tatsächlich beherrschten viele Emigranten überhaupt kein Englisch. Bei der Taufe seines Sohnes gab Louis Goujon seinen Beruf mit ›*ouvrier en soie*‹ an, und es sollte noch lange dauern, bis andere wie er den englischen Begriff für Seidenweber verwendeten. Andere bezeichneten ihren Beruf als *tailleur d'habits, imprimeur en toile, chirugien* und so weiter. Adressen wurden auf Französisch geschrieben oder in einer Mischung beider Sprachen. Michel Du Brueil und Marie du Puis aus Dieppe sagten, sie lebten ›*à Pettit cost Laine*‹. Andere lebten ›*dans la rue du Lyon Rogue, paroisse* Stepney, Spitlefeilds *hameau*‹ und ›*à l'enseigne du fromage au marché de* Spitlefeilds, Stepenay‹.

Traditionell zogen die außerhalb der Stadtmauern gelegenen Distrikte von Spitalfields, Bethnal Garden, Whitechapel,
Bishopsgate, Stepney, Mile End und die Freiheit von Norton
Folgate und des Artillery Ground Emigranten an, die hier
ohne jegliche Einschränkungen arbeiten konnten, da der Einfluss der Gilden nicht so weit reichte. Die Londoner Seidenindustrie war in der Regierungszeit Elisabeths I. von Emigranten aus den Niederlanden und Frankreich gegründet worden.
Das Weberhandwerk war ein mobiler Beruf, und viele Emigranten schlossen sich schlicht der einheimischen Belegschaft
an. Andere brachten Industriegeheimnisse, neue Fähigkeiten
und Techniken mit, die der englischen Seidenindustrie zu einem enormen Aufschwung verhelfen sollten. Es war nicht nur
die Qualität der Seide, die zählte; ein neues Muster war ebenso modebestimmend wie ein neuer Schnitt. Führende Desi-
gner wie Christopher Baudouin aus Tours produzierten Seiden-
muster von einer farblichen Brillanz, wie man sie in London
nie zuvor hatte herstellen können. Vater und Sohn Mongeorges
aus Lyon nutzten ihr Können, um Taft einen erhabenen Glanz
zu verleihen. Die hugenottischen Emigranten waren die Pio-
niere einiger bemerkenswerter Verfahren zur Stoffherstellung,
sodass die einheimischen Zünfte sie nur allzu gern aufnah-
men:

John Larguier und John Quet, die vor kurzem aus Nîmes im
Languedoc gekommen sind, erschienen nun und erklärten
(…), dass sie allerhand feine Seiden produzieren könnten,
wie sie in ihrer Schönheit in Frankreich perfektioniert worden sind, und sie baten, aufgenommen zu werden (…); (man
ließ ihnen Zeit, unter Aufsicht ihr Können zu demonstrieren)
(…); John Larguier produzierte nun ein Stück Seide wie in
England gemacht, doch mit einem feinen Seidenfaden, den
Mr Willaw ihm gegeben hatte. *Dieses Gericht urteilte nun, dass
so etwas noch nie zuvor in England gemacht worden sei und dass*

dieses Können eine große Bereicherung für die englische Nation darstelle. So wurde John Larguier als ausländischer Meister in die Zunft aufgenommen, doch unter der Bedingung, dass er mit Engländern gemeinsam ein Jahr lang diese Stoffe in diesem Land hier produziert.

Der Fluss Wandle war bereits das Zentrum der Färberindustrie, doch nun bauten hugenottische Emigranten in der Nachbarschaft die Hutfabrikation auf, genauer gesagt in Putney, Battersea, Wandsworth und Lambeth. Sie waren dort so erfolgreich damit, der französischen Industrie Konkurrenz zu machen, dass zukünftig katholische Kardinäle in Rom ihre Hüte von den protestantischen Flüchtlingen in England beziehen sollten.

Der französische Geschmack galt gemeinhin als allen anderen überlegen, als etwas, das sich zu imitieren lohnte. Pariser Mode war der letzte Chic, sodass die hugenottischen Emigranten keinerlei Mühe hatten, sich in Soho als Händler von Luxusgütern zu etablieren. Sie verkauften alles, vom Schmuck bis hin zu Perücken, Mänteln, Schuhen, Parfüm, exquisiten Weinen, Feingebäck und Schnittblumen. Hugenottische Büchsenmacher wie Monlong führten die einheimische Industrie zu neuer Perfektion. Hugenotten steuerten ihr Können zum Uhrmacherhandwerk bei und zur Papierherstellung. Paul Lamerie und andere produzierten die feinsten Gold- und Silberwaren, die man je in England gesehen hatte. Jean Pelletier war ein Schrankbauer mit überragenden Fähigkeiten. Er arbeitete mit Daniel Marot zusammen, dem Pariser Emigranten, der William und Mary nach England gefolgt war und der die Kunst der Raumgestaltung auf eine neue Ebene gehoben hatte. Doch Ludwig XIV. hatte auch Spione unter den Emigranten. Der berühmteste seiner Agenten, Bonrepaus, warnte davor, dass der große Einfluss der vielen französischen Talente in England Frankreichs Exporten schaden und das Handelsgleichgewicht zwischen beiden Ländern zerstören könne.

Die hugenottischen Flüchtlinge in Spitalfields produzierten Seide von unvergleichlicher Schönheit. Das Stoffdesign war für eine neue Mode genauso entscheidend wie der Schnitt. *(Museum of London)*

Viele hugenottische Emigranten hatten alles verloren. Finanzielle Hilfe, die durch das französische Komitee und über die französischen Kirchen in der Threadneedle Street und dem Savoy verteilt wurde, stammte aus drei Quellen. Als Oberhaupt der

Kirche von England konnte der König Kollekten in den Pfarr-gemeinden anordnen. Die Sympathie, die William und Mary für die Flüchtlinge empfanden, veranlasste sie, sie aus den königlichen Schatzkammern zu subventionieren. Das Parlament gewährte ihnen weitere 15 000 Pfund im Jahr aus den zusätzlichen Einnahmen, die man dank der neuen Steuer auf französische Güter sowie Wein und Spirituosen aus anderen Ländern kassierte.

Auf diese Art waren die hugenottischen Ältesten in der Lage, Emigranten einen guten Start in ihrer neuen Heimat zu ermöglichen und sich außerdem auch langfristig um Arme und Bedürftige zu kümmern. Ab 1701 erhielten mittellose Neuankömmlinge sechs Monate lang ein Startgeld.

Es dauerte drei bis vier Generationen, bis die hugenottischen Emigranten, die in den 80er-Jahren des 17. Jahrhunderts herübergekommen waren, vollständig in der englischen Gesellschaft aufgegangen waren. Und selbst danach waren sie nach wie vor – und mit Recht – stolz auf ihr einzigartiges Erbe. Einige nahmen englische Namen an; so wurde aus Charpentier Carpenter, aus Rideau Ridout und aus Reynard Fox; doch viele andere wie Olivier, Garrick, Courtauld, de Gruchy und Bosanquet blieben bis heute unverändert. Was die Hugenotten ihrer neuen Heimat brachten, war enorm. Kein Wunder, dass bereits im 18. Jahrhundert das Sprichwort aufkam, ein einziger Tropfen Hugenottenblut sei 1 000 Pfund im Jahr wert.

Im Gegensatz zu den Hugenotten behandelte man die Juden mit einer Mischung aus Vorurteil und Misstrauen. Nach ihrem langen Exil hatte Cromwell sie 1650 eingeladen, wieder nach England zurückzukehren; er war ein großer Bewunderer ihres finanziellen und kaufmännischen Könnens gewesen. Diese ersten jüdischen Emigranten waren Sephardim von der iberischen Halbinsel, aus Holland, Italien und der nordafrikanischen Levante.

Samuel Pepys war neugierig und besuchte eine Synagoge:

> Nach dem Dinner [gingen] meine Frau und ich (...) zu der
> jüdischen Synagoge – wo die Männer und Jungen Schleier
> trugen und die Frauen hinter einem Gitter nicht zu sehen
> waren. Dortselbst befanden sich ein paar Gegenstände in ei-
> nem Holzkasten, so wie es meines Wissens auch in ihrem
> Gesetz beschrieben ist, und sie alle gingen dorthin und ver-
> beugten sich. Wenn sie sich das Tuch überziehen, sagen sie
> etwas, woraufhin alle anderen ›Amen‹ schreien und man
> den Schleier des Sprechers küsst. Während des Gottes-
> dienstes singen sie die ganze Zeit – und das auf Hebräisch.
> Ihrem Gesetz folgend holten sie dann große schwere Rollen
> aus dem Kasten und trugen sie zu viert oder zu fünft herum.
> Immer wieder wechselten sie sich dabei ab, doch ob nun,
> um die Träger zu erleichtern oder weil jeder sie einmal tra-
> gen wollte, vermag ich nicht zu sagen. So trugen sie sie also
> herum und herum und sangen die ganze Zeit dabei. Am En-
> de sangen sie dann ein Gebet für den König, dessen Namen
> sie auf portugiesische Art aussprachen, aber das Gebet selbst
> war wie der Rest auch auf Hebräisch. Doch, oh Herr, was
> für ein Chaos herrschte in ihrem Gottesdienst, was für eine
> Unordnung. Niemand, der an den wahren Gott glaubt, soll-
> te mehr davon sehen müssen. Tatsächlich hätte ich mir nie
> erträumen lassen, dass es auf der ganzen Welt eine Religion
> gibt, die auf so absurde Art gelebt wird wie diese hier.

Den wenigen wohlhabenden Familien der Sephardim, die sich
in London niederließen, um am Wirtschaftsleben der Stadt
teilzunehmen, folgte alsbald eine immer größer werdende Zahl
ihrer ärmeren Brüder, die Ashkenazi aus Osteuropa. Diese
ließen sich in den außerhalb gelegenen Pfarreien nieder, errichteten kleine Manufakturen, eröffneten Geschäfte oder ver-
dingten sich als Straßenhändler. Während seines Besuches im

Jahre 1698 schrieb Henri Misson: »Die Juden von London haben nach und nach den gelben Hut abgelegt, den zu tragen sie früher verpflichtet waren. Nun tragen sie nichts mehr, woran man sie von anderen hätte unterscheiden können. Ich glaube jedoch nicht, dass es hier mehr als 60 oder 70 Familien von ihnen gibt. Sie haben nur eine Synagoge.« Zwei Jahre später berichtete die Presse, dass »die Juden hier eine neue Synagoge am Dukes Place bauen, die sehr geräumig ausfallen soll«.

Daniel Defoe machte sich in seiner 1700 veröffentlichten Satire *The True-Born Englishman* (Der echte Engländer) über die Vorurteile seiner Landsleute Fremden gegenüber lustig. »Ein echter Engländer ist ein Widerspruch an sich, in der Sprache Ironie, als Tatsache eine Fiktion. Wir alle sind Nachfahren von Emigranten.«

Allerdings waren nur wenige Engländer so aufgeschlossen wie Sir Josiah Child, der sich in *A New Discourse on Trade* (Neue Überlegungen zum Handel) für Toleranz gegenüber den jüdischen Emigranten einsetzte. Er erkannte, dass »Furcht der Grund für Hass ist«. Child beschrieb die Vorurteile, die man den Juden gegenüber hegte. Sie galten als »ein raffiniertes Volk, das sich in jede Art von Handel einschleicht und so den englischen Kaufmann seines Profits beraubt, den er ansonsten machen könnte«. Sie seien »ein armes Volk, das unter elenden Umständen lebt und es sich daher leisten kann, zum Nachteil des englischen Kaufmannes weniger Profit beim Handel einzustreichen«.

Man vermutete, dass sie »keinen Besitz mitbringen, sondern nur mit Feder und Papier anfangen. Und wenn sie nach einigen Jahren reich geworden sind, nehmen sie ihre Reichtümer und bringen sie in ein anderes Land und weg von hier (da sie ein Volk sind, das sich mit uns nicht vermischen kann). Diese fortgebrachten Reichtümer stellen einen großen Verlust für das Königreich dar.« Das sei auch kaum verwunderlich, argumentierte

Child, da man ihnen hier ja deutlich zeige, dass sie nicht willkommen seien. Er drängte darauf, den Juden in England die gleichen Freiheiten einzuräumen und die gleiche Sicherheit zu gewähren, wie es bereits in Holland und Deutschland üblich sei – beides Länder, die deutlich von der Anwesenheit der Juden profitierten.

Bei den Damen in Covent Garden galten die Juden als treffliche Liebhaber. Als eine Freundin von Tom Brown die Geliebte eines Juden wurde, zeigte er sich überrascht, dass »Mrs Lucy ihre alte christliche Bekanntschaft abgelegt hat und zu den Juden übergelaufen ist«.

Der Brief geht im gleichen antisemitischen Stil weiter:

So finde ich also heraus, dass es weder die Beschneidung noch die Nichtbeschneidung ist, wessen du dich erfreuen willst, sondern das Geld, das zu allen Religionen gehört. Du tust also nichts anderes als das, was die Vorfahren seinerzeit in der Wildnis getan: Du fällst vor dem Goldenen Kalb auf die Knie, was, wie die Rabbis sagen, die Entschuldigung für ihre Götzenverehrung gewesen sei (…). Zu deinem Trost, alle Kasuisten stimmen mit mir darin überein, dass es genauso wenig eine Sünde ist, einen Juden zu hintergehen wie einen Schotten zu übervorteilen oder mit gezinkten Karten gegen einen Aktien-Jobber zu spielen. Und nun, oh du meine alte Freundin, um dir die Wahrheit zu sagen, verspüre ich den großen Drang, dich wundervoll zu lieben, und ich will dir auch den Grund dafür nennen. Wärest du im Schoß der Kirche geblieben, ich glaube, du und ich, die wir uns nun schon so lange kennen, wir wären nie in die Versuchung geraten, miteinander zu sündigen. Doch seit du diesen Eindringling in deinen Busen gelassen hast, verspüre ich das wundervolle Verlangen, ihn Mores zu lehren, und ich bin fest entschlossenen, diesem Eleazar die Hörner aufzusetzen, diesem Eben-Ebra, diesem Sohn der Beschneidung, und das allein, um meinen christlichen Eifer zu beweisen. Triff mich deshalb heute Abend am Kampfplatz, meine liebe Lucy, denn ich sehne mich erstens danach zu erfahren, wie du dir bei der levithischen Zusammenkunft beholfen hast, und zweitens muss ich einfach wissen, ob Aarons Glocken heller läuten als die unseren. Adieu.

Während er noch allein auf dem Deck des Schiffes stand, das ihn nach England gebracht hatte, vermochte der in Afrika geborene James Albert Ukawsaw Gronniosaw einfach nicht glauben, was für Geräusche da vom Kai dort unten zu ihm heraufgetragen wurden. Sicher hörte er nicht richtig? Die gotteslästerlichen Flüche, die ihm in die Ohren drangen, erschütterten ihn bis ins Mark. Alle Engländer, die er über seinen Herrn in den amerikanischen Kolonien kennen gelernt hatte, waren äußerst sanftmütige, gottesfürchtige Leute gewesen. Die Gestalten auf dem Kai, die all die hässlichen Geräusche von sich gaben – und die nicht zögerten, einander zu schlagen, um sich Platz zu verschaffen –, schienen nicht demselben Volk zu entstammen. Verwirrt starrte er auf das Land Bunyan, und ihm kamen die ersten Zweifel, was seine Entscheidung betraf, hierher zu kommen.

James war ein Ausnahmefall unter den Afrikanern, die nach England kamen, denn er war ein freier Mann. Das war nicht immer so gewesen. Als kleines Kind und Enkel des Königs von Zaara irgendwo im Inneren Afrikas war er von dem Versprechen, Schiffe zu sehen, an die tausend Meilen entfernte Küste gelockt worden. Kaum hatte er jedoch die Goldküste erreicht, wurde er von deren afrikanischem Herrscher an einen holländischen Kapitän verkauft, welcher ihm seinen Goldschmuck abnahm, als er dessen Schiff betrat, das nach Barbados segelte. Dort wurde er dann für 50 Dollar an einen jungen Gentleman aus New York verkauft, der von ihm verlangte, in Livree bei Tisch zu servieren.

Sein nächster Herr war ein guter, religiöser Mann gewesen, der ihm auf dem Totenbett die Freiheit und zehn Pfund Sterling geschenkt hatte. Da James noch nie auf sich allein gestellt gewesen war und da er den Wert des Geldes nicht kannte, blieb er bei der Witwe seines Herrn und deren Söhnen. Als auch sie gestorben waren, war er »mittellos und ohne Freunde auf der Welt«.

Nachdem er drei Pfund Schulden gemacht hatte, überredete man ihn, für seinen Gläubiger auf einem Kaperschiff anzuheuern, der dann auch prompt die gesamten 125 Pfund Prisengeld einkassierte, eine Summe, die natürlich weit über dem ursprünglichen Kredit lag und auch nicht mit Zinsen erklärt werden konnte.

Und nun war James in England eingetroffen, und wieder wurde er betrogen, denn seine Wirtin behielt alles Geld, das er ihr zur Aufbewahrung anvertraut hatte: »Da sie mir keinen Beleg gegeben hatte und ich somit nichts in Händen hielt, konnte ich auch nichts verlangen.«

In London suchte er einen Mr Whitfield auf, »der die einzige lebende Seele war, die ich in England kannte«. Er bat ihn, ihm zu erklären, »wie ich mir einen Lebensunterhalt verdienen kann, ohne jemandem zur Last zu fallen«. Der gute Mr Whitfield »verwies mich an eine ordentliche Logis in der Petticoat Lane, bis er sich einen Weg überlegt habe, wie ich mich niederlassen könne. Auch übernahm er die Kosten meiner Unterkunft und all meine anderen Ausgaben.« Hier traf James dann die Liebe seines Lebens. »Am Morgen, nachdem ich in meine neue Unterkunft eingezogen war, saß ich mit der Dame des Hauses beim Frühstück, als ich über unseren Köpfen das Klappern eines Webstuhls hörte. Ich fragte, was das sei, und sie erklärte mir, dies sei eine Person, die Seide webt (...). Als wir dann den Raum betraten, schaute sich die Weberin um und lächelte uns an, und ich liebte sie vom selben Augenblicke an.«

Betty war eine Witwe mit Kind. James ging als Butler nach Holland zu einem Bekannten von Mr Whitfield, kehrte wieder zurück und heiratete Betty, nachdem er ihre Schulden bezahlt hatte. »Ich war entschlossen, alle Schulden meiner kleinen Frau zu begleichen, ehe wir heirateten«, erinnert er sich, »und so verkaufte ich alles, was ich besaß, und mit all meinem Geld befreite ich sie von ihren Gläubigern.« James hatte nicht im eigentlichen Sinne mit Vorurteilen zu kämpfen gehabt. Das Leben war einfach nur sehr schwer. Schließlich zog das Paar nach Norwich, wo sie sich in der Textilindustrie über Wasser hielten, bis verstärkt Lieferungen aus London eintrafen und sie fast verhungert wären.

Dann starb ihr kleines Mädchen. Offenbar war es nicht getauft worden, und niemand wollte das Kind beerdigen: »Das war eine der größten Prüfungen, der ich mich je habe stellen müssen, da wir nicht wussten, was wir mit unserem armen Baby tun sollten.« Widerwillig »schickte der Gemeindepfarrer schließlich nach mir, um mir zu sagen, er werde das Kind begraben, doch habe er beschlossen, keine Totenfeier für es abzuhalten«. James Geschichte endet damit, dass seine Frau am Webstuhl die Familie versorgt, während er »durch Alter und Gebrechen nur noch wenig zu ihrer Unterstützung beitragen kann«.

Die meisten Afrikaner kamen als Sklaven nach England, als Eigentum der Plantagenbesitzer von den Westindischen Inseln oder der Schiffskapitäne, die sie für gewöhnlich verkauften, bevor sie wieder in See stachen. Zuerst hatten die Hofdamen ihre ›Mohren‹ als modische Accessoires betrachtet und sie wie Haustiere behandelt – zumindest bis sie größer wurden. Der Gedanke, ein Leben lang einen kostenfreien Diener zu haben, war sehr verführerisch. Aber es war nicht klar, ob die Sklaverei in England selbst nun anerkannt war oder nicht. In der Ausgabe des Jahres 1700 von *Angliae Notitia* erklärte Edward Chamberlayne selbstbewusst: »Seit dem Sieg des Christentums gibt es keine fremden Sklaven mehr in England. Ein fremder Sklave, der nach England gebracht wird, ist bei der Landung *ipso facto* von der Sklaverei befreit, doch nicht von gewöhnlichem Dienst.« Diese Annahme wurde durch einige Testfälle gestützt, die unter der Aufsicht des Obersten Richters Sir John Holt am Court of King's Bench[8] verhandelt worden waren. Man ging davon aus, dass die englischen Gesetze den Status der Sklaverei nicht anerkannten. Tatsächlich gab es in der jüngeren Geschichte auch kein Beispiel dafür.

Das Gesetz war eine Sache, die vorherrschende Praxis eine andere. Westindische Plantagenbesitzer, die ihre schwarze ›bewegliche Habe‹ als Diener mit nach England brachten, regten sich besonders auf, wenn jemand ihre Rechte anzweifelte. Das Gesetz widersprach ihnen auch im Grundsatz nicht.

Als Katherine Auker sich an das Gericht von Middlesex wandte, wurde sie deshalb auch enttäuscht:

Auf Antrag von Katherine Auker, einer Schwarzen. Sie belegt, dass sie die Dienerin eines Robert Rich ist, eines Pflanzers auf Barbados, und dass sie vor ungefähr sechs Jahren mit ihrem Herrn und ihrer Herrin nach England gekommen ist. Sie wurde in der Pfarrkirche von St. Katherine nahe dem Tower getauft, woraufhin besagter Herr und besagte Herrin sie peinigten und hinauswarfen. Ihr Herr weigerte sich überdies, ihr einen Freilassungsbrief zu geben, wodurch sie nirgends Anstellung finden konnte. Der besagte Rich ließ sie dann verhaften und in Pulletry Cempter, London, einsperren [gemeint ist Poultry Compter, wo Schwarze für gewöhnlich eingesperrt wurden, bevor man sie ihren Herren zurückgab oder in die amerikanischen Kolonien verfrachtete]. Sie bittet, von ihrem Herrn entbunden zu werden, der sich gegenwärtig auf Barbados befinde.

---

8 Court of King's Bench = Abteilung für Zivilsachen des Obersten Gerichts von England. (Anm. des Übersetzers)

Das war ein vernünftiger Antrag, dem jedoch nicht stattgegeben wurde. Das Gesetz erlaubte Katherine nur, für jemand anderen zu arbeiten, bis ihr Herr wieder aus Barbados zurückkehrte, woraufhin sie wieder in seinen Besitz überging.

Allein die Tatsache, dass Geld dabei im Spiel war, wenn ein Mensch an einen anderen verkauft wurde, ließ den Sklavenhandel in dieser Zeit schlicht Usus werden. Im Jahre 1698 verlor die Königliche Afrikakompanie ihr Monopol auf den Sklavenhandel. Nun war es ein freier Markt mit scheinbar unendlichen Profitmöglichkeiten. Während die Königliche Afrikakompanie pro Jahr ungefähr 5 000 Afrikaner auf die Westindischen Inseln transportiert hatte, stieg die Zahl nun drastisch an. In den ersten neun Jahren freien Handels schaffte allein Bristol 160 950 Schwarze auf die Zuckerrohrplantagen.

Die Gier kannte keine Grenzen. Die ursprüngliche Absicht der Engländer in Afrika – den ›Wilden‹ die Zivilisation und den wahren Glauben zu bringen – entlarvte sich rasch selbst als die Heuchelei, die sie war, kaum dass man erkannt hatte, dass diese Menschen eine profitable ›Ware‹ waren. Der Gedanke, Afrikaner würden ihre Freiheit durch die Taufe umgehend zurückgewinnen, wurde rasch verworfen. Geistliche wurden offen entmutigt, die Afrikaner zu bekehren, und Diener wurden instruiert, nicht mit ihnen über Religion zu reden.

Von nun an waren sie nur noch das Eigentum ihrer Herren, das man wie jede andere Ware auch kaufen und verkaufen konnte. In der Presse wimmelte es von Verkaufsanzeigen:

Ein Negermädchen von sechs Jahren, spricht gut Englisch, ist recht hübsch und geistreich und besitzt eine Fülle einnehmender Eigenschaften. Sie steht zum Verkauf. Fragt im Surgeons Sign in der Flaggon Row, Deptford nahe London, nach ihr. Dort kann man sie auch besichtigen und mit ihrem Eigentümer sprechen.

Flucht war die einzige Möglichkeit für einen Afrikaner, sich der Sklaverei zu widersetzen; doch sofort brach lautes Geschrei aus, und die Erfolgsaussichten waren sehr gering:

Ein Neger mit Namen Quoshy, ungefähr 16 Jahre alt, der einem Cpt. Edw. Archer gehört, ist am 25. dieses Monats aus Bell-Wharf weggelaufen. Er besitzt nur eine Plüschkappe mit schwarzem Pelz, ein dunkles Wams, ein geflecktes Hemd und eine alte Hose. Auf der linken Brust ist ihm E.A. eingebrannt, und sein Kopf ist geschoren. Wer auch immer ihn zu Mr Roland Tryon in der Lime Street bringt, soll eine Guinea Belohnung und alle seine Kosten beglichen haben.

Ein Negerjunge mit Namen Guy, ungefähr 14 Jahre alt, sehr schwarz mit einem zimtfarbenen Mantel, Wams und Hose sowie einem schwarzen Hut mit Silberband. Er spricht sehr gut Englisch. Am 4. dieses Monats hat er sich unerlaubt von seinem Herrn (Major Robert Walker) entfernt. Wer auch immer oben genannten Negerjungen in Mr Lloyd's Kaffeehaus in der Lombard Street, London, bringt, soll eine Guinea Belohnung und all seine Unkosten erstattet haben.

Das Symbol der Sklaverei war das Silberhalsband:

Ein schwarzer Junge, ein Inder, ungefähr 13 Jahre alt, ist am 8. dieses Monats aus Putney weggerannt. Er trägt ein Band um den Hals mit der Inschrift: »Lady Bromfields Schwarzer, in Lincoln's Inn Fields«. Wer auch immer ihn zu Sir Edward Bromfield in Putney bringt, soll eine Guinea als Belohnung erhalten.

Natürlich gerieten einige Sklaven auch auf konventionellere Art mit dem Gesetz in Konflikt.

In den Gerichtsakten von Old Bailey findet sich Folgendes:

> Mary Harris, eine Schwarze aus der Gemeinde St. Giles in
> the Fields, wurde angeklagt, ein Paar Hollandlaken, drei Kittel und andere Güter am 30. November von Nicholas Laws,
> Gentleman, gestohlen zu haben. Es stellte sich heraus, dass
> sie Dienerin in seinem Haus war und die Gegenstände nahm,
> welche anschließend von ihr verpfändet wurden. Sie hatte
> wenig zu ihrer Verteidigung zu sagen, und da dies ihr erstes
> Vergehen war, überdachten die Geschworenen die Angelegenheit und befanden sie für 10 Pence schuldig. Wird ausgepeitscht.

Das war erst der Anfang. Der heraufziehende Krieg zwischen
England und Frankreich um die spanische Erbfolge sollte England den ›Asiento‹ bringen, das alleinige Recht, Sklaven aus
Afrika in die spanischen Territorien in Südamerika und Indien
zu importieren. Zu diesem Zeitpunkt, schätzte Daniel Defoe,
wurden zwischen 40 000 und 50 000 Sklaven pro Jahr auf englischen Schiffen transportiert und für 25 Pfund pro Kopf verkauft. Aphra Behn war eine der ersten, die in ihrem Roman
Oroonoko offen gegen die Sklaverei ins Feld zog. Als das 18.
Jahrhundert jedoch an Schwung gewann, verhallte ihre Stimme
zu einem fernen Echo, während der ganze Schrecken und die
Schande des britischen Sklavenhandels sich erst richtig zu entfalten begann.

14. KAPITEL

Religion und Aberglaube

*»Keine Stadt im weiten Universum prahlt mehr mit der
Religion oder schert sich weniger darum.«*

Der Mann am Pranger vor der Königlichen Börse steht auf
den Zehenspitzen. Diese Haltung wird er nicht lange bei-
behalten können, aber im Augenblick hilft es ihm ein wenig,
während sein Nacken in den ›hölzernen Kragen‹ gespannt wird
und seine Arme in unnatürlichem Winkel neben seinem Kopf
befestigt werden. Er ist sich der Aufregung der wogenden Menge um ihn herum durchaus bewusst, doch er hält seine Augen
fest geschlossen. Nur noch wenige Sekunden, und der Mob
wird einen Hagel von Dreck und Steinen auf seinen wehrlosen
Körper prasseln lassen. Er hat bereits Schwierigkeiten zu atmen. Wie viel schlimmer wird es erst werden, wenn Schlamm
und Exkremente Mund und Nase bedecken? Unwillkürlich
zuckt er bei dem Gedanken an Steine zusammen, die sein Gesicht treffen, seine Augen verletzen und auf Beine und Gesäß
niedergehen. Es folgt eine schreckliche Pause. Irgendetwas Wei-
ches streicht über seine Wange. Er wagt es, die Augen ein kleines Stück zu öffnen (…), dann reißt er sie verwundert auf. Die
Londoner bewerfen ihn mit Blumen!

Die Stadtoligarchen, die er beleidigte, indem er in *The Reformation of Manners* (Die Reformation der Sitten) auf ihre Korruption anspielte, hatten schließlich doch noch die Befriedi-
gung bekommen, Daniel Defoe dreimal an den Pranger zu

stellen. So oder so hatte Defoe ihnen genau in die Hände gespielt. Es war ihm gelungen, sich jeden wichtigen Mann Londons zum Feind zu machen. Er konnte von sich behaupten, derjenige gewesen zu sein, gegen den sich eigentlich unversöhnliche Gruppen wie die Tories, die konservative Hochkirche, und die liberalen Dissenter verbündet hatten. Sein letztes bissiges Pamphlet, *The Shortest Way with the Dissenters* (Kurzer Prozess mit den Dissenters), hatte die Tories erzürnt, die sich im ersten Jahr der Regierungszeit von Königin Anne (1702–14) endlich in der Lage sahen, die Liberalen, Günstlinge des verstorbenen Königs William, und ihre Dissenterverbündeten in die Schranken zu weisen.

Wieder schwingt das Pendel in eine andere Richtung, und es ist Zeit für ein Comeback der Anglikaner, besonders hier in London, wo sie so schwach sind: Die Dissenter sind zu zahlreich, zu reich und zu mächtig in der Stadt. Sie müssen in ihre Schranken gewiesen werden. Es gibt nicht genügend anglikanische Kirchen in den außerhalb gelegenen Gemeinden. 50 neue Kirchen sollen gebaut werden. Die Dissenter gewinnen die Loyalität der Armen. Ihre Kinder müssen in den Schoß der Kirche von England zurückgeholt werden. Überall in der Stadt werden Wohlfahrtsschulen errichtet, um sie mit der anglikanischen Religion zu indoktrinieren.

Defoe schrieb *The Shortest Way with the Dissenters* unter dem Pseudonym eines extremistischen Geistlichen. Dabei war er derart überzeugend, dass zunächst jeder glaubte, das Pamphlet sei echt, was Kirchenleute und Politiker natürlich nur noch mehr in Rage versetzte, nachdem sie herausfanden, dass man sie zum Narren gehalten hatte. All die erbitterten Streitereien und Ressentiments des 17. Jahrhunderts – in denen Politik und Religion so grausam verbunden waren – kamen in diesem Pamphlet wieder zur Sprache. James I. hätte die Puritaner ausrotten sollen, als er noch Gelegenheit dazu hatte. Seht euch doch nur einmal den Schaden an, den sie angerichtet haben! »Ihr habt einen König abgeschlachtet!«, donnert es. »Einen anderen König abgesetzt und den dritten zu einem Spottbild gemacht! Und doch besitzt ihr die Stirn zu erwarten, dass der vierte euch vertraut!« Mit Bezug auf das Toleranzgesetz von 1689, das freie Religionsausübung für protestantische Dissenter garantierte, heißt es in dem Pamphlet, die Kirche von England sei »durch euren ›Toleration Act‹ herumgeschubst und getreten worden!« »Wenn ihr je die Welt von Zwietracht und Rebellion befreien wollt«, drängt der imaginäre Kirchenmann, »so ist jetzt der geeignete Zeitpunkt dafür! Dies ist die Stunde, die häretische Wurzel der Spaltung auszureißen, welche so lange den Frieden der Kirche gestört hat!«

Die in dem Pamphlet geäußerte Empfehlung, ein paar Dissenter zu hängen, um den Rest in Reih und Glied zu zwingen, war viel zu nahe an den wirklichen Ressentiments der anglikanischen Reaktionäre. Die Vorstellung war gar nicht einmal so wirklichkeitsfremd, zumal gerade erst andere Dissidenten, die Hugenotten, im benachbarten Frankreich auf vergleichbare Art verfolgt worden waren. »Wenn nur ein strenges Gesetz erlassen und ausgeführt werden würde, dass jeder, den man auf einem Konventikel findet, aus diesem Land verbannt und der Prediger gehenkt wird, dann wäre diese Geschichte alsbald zu Ende! Sie würden alle wieder in die Kirche kommen, und wir wären wieder eins!« Das Pamphlet endet mit dem Ruf: »Ach, die Kirche von England! Papisten auf der einen, Schismatiker auf der anderen Seite, ist sie zwischen zwei Dieben gekreuzigt worden. Nun lasst uns die Diebe kreuzigen! Lasst uns die Kirche auf der Vernichtung ihrer Feinde aufbauen! Jenen, die ihrem Irrglauben abschwören, stehen die Tore der Gnade immer offen, doch die Starrsinnigen sollen gerichtet werden!«

Defoes fulminanter Angriff gegen die anglikanischen Extremisten brachte auch seine mächtigen Dissenterbrüder in Misskredit, weil er die Frage des ›gelegentlichen Konformismus‹ angeschnitten hatte – genau in dem Augenblick, da das Unterhaus ein Gesetz verabschieden wollte, das dem ein Ende machen sollte. Im Jahre 1698 hatte Defoe die erste Ausgabe seines Pamphlets *An Enquiry into the Occasional Conformity of Dissenters* (Eine Untersuchung über den gelegentlichen Konformismus von Dissentern) an die Tür der Kathedrale St. Paul genagelt. Auf diese Art würde es der alte Heuchler und Oberbürgermeister Sir Humphrey Edwin sehen, wenn er den Morgengottesdienst in seiner prächtigen Amtsrobe besuchte, um anschließend in aller Demut im Pinner Hall Konventikel am Kelch zu nippen. Eine zweite Ausgabe der *Untersuchung* im Jahre 1700 brachte den neuen Oberbürgermeister Sir Thomas Abney ebenso in Verlegenheit, einen weiteren ›gelegentlichen Konformisten‹. In *The Reformation of Manners* hatte Defoe nur Spott für die Doppelmoral übrig gehabt, die manchmal mit der Religion einherging: »Keine Stadt im weiten Universum prahlt mehr mit der Religion und schert sich weniger darum.«

Defoe führte dieses Verhalten auf den so genannten ›Test Act‹ von 1673 zurück, der besagte, dass niemand auch nur das geringste öffentliche Amt bekleiden dürfe, ohne an der anglikanischen Kommunion teilzunehmen; bei führenden Politikern war natürlich Heuchelei die Folge. Das Gesetz entwürdigte die Kommunion, argumentierte Defoe, »das heiligste Ding der Welt, und verwandelt sie in ein politisches Instrument«. Die größte Obszönität war jedoch, dass den Leuten gegen eine Bußgebühr die Teilnahme am Gottesdienst erlassen werden konnte. »Fünf Schilling kostet es, wenn man einen Monat lang kein Sakrament empfangen will, und einen Schilling pro Woche für das Nichterscheinen in der Kirche. Das ist eine Art, die Menschen zu bekehren, wie man sie noch nie gesehen hat! Das heißt, ihnen die Freiheit zum Sündigen zu verkaufen!«

Als praktizierender Dissenter war Defoe angewidert von der Heuchelei der ›gelegentlichen Konformisten‹. Für ihn verrieten Männer wie Sir Thomas Abney ihre Prinzipien für weltlichen

Gewinn; sie befleckten die Reinheit des freikirchlichen Glaubens. In seiner Jugend hatte Daniel Defoe gesehen, wie sein Vater und andere gute Männer, etwa sein Lehrer Charles Morton von der Newington Academy, als Menschen zweiter Klasse behandelt worden waren – sie hatten weder die Universität besuchen noch ein öffentliches Amt bekleiden dürfen –, weil sie sich geweigert hatten, sich der Kirche von England zu unterwerfen und in Glaubensfragen Kompromisse einzugehen. Abney und die anderen machten nun genau das. Unnötig zu erwähnen, dass die Kirche von England den Streit unter den Dissentern genoss. Obwohl es ihn nach Newgate und an den Pranger brachte, hatte Defoe das Gefühl, nicht anders handeln zu können. Wenn er für sich und andere das Recht erstreiten wollte, Gott so die Ehre zu erweisen, wie es ihm und ihnen ihr Gewissen befahl und ohne bestraft zu werden, dann musste er seinen Krieg der Worte fortführen.

Die religiöse Rangelei zu Beginn der Herrschaft von Königin Anne stellte einen deprimierenden Rückschritt dar. Die Glorreiche Revolution von 1688 hatte ein erfrischendes Maß an Toleranz gebracht – zumindest für die protestantischen Dissenter, die seit der Restauration gelitten hatten, weil sie dank des von Anglikanern inspirierten ›Clarendon Code‹ nicht mehr offiziell als Kirche anerkannt wurden: Nun war die Zeit gekommen, ihnen Bürgerkrieg, Königsmord und Republik heimzuzahlen. König William III., selbst ein Calvinist, musste die Nation vereinen, und einer der den meisten Erfolg versprechenden Wege, dies zu erreichen, war religiöse Harmonie. Er erkannte die Vorteile, die Dissenter, geschäftstüchtige Männer mit Initiative, wieder in den Schoß der Nation zu holen.

Die neue Stimmung fand ihren besten Ausdruck in John Lockes *A Letter Concerning Toleration (Ein Brief über Toleranz)*, der 1690 veröffentlicht wurde und in dem Locke die Bedeutung des Individuums im Blick auf die Religion erklärte: »Niemand darf so weit die Sorge um sein eigenes Heil vernachlässigen, dass er blind die Wahl anderen überlässt, seien sie nun Fürst oder Untertan, welchem Glauben er folgen oder wie er beten solle. Denn niemand kann seinen Glauben dem Diktat anderer anpassen, selbst wenn er wollte. Das Leben und die Macht der wahren Religion bestehen in der inneren Überzeugung des Geistes: Und Glaube ohne zu glauben ist kein Glaube.«

In einem radikalen neuen Ansatz erklärte Locke, dass der Glaube eines Mannes nicht Angelegenheit des Staates sei; auch dürfe er nicht seine Bürgerrechte beeinflussen: »Keine Privatperson besitzt das Recht, einen anderen Mann in jedweder Manier in seinen öffentlichen Aktivitäten ob des Umstandes zu behindern, welcher Religion oder Kirche er angehört. Alle Rechte, die ihm als Mensch gehören, sind ihm und müssen gewahrt werden; sie sind unveräußerlich. Dies ist keine Frage der Religion.«

Kirche und Staat sollten getrennt gehalten werden, und die religiösen Überzeugungen eines Menschen sollten nicht in die Politik einfließen:

> Wenn ein Katholik glaubt, dass er in der Tat den Leib Christi zu sich nimmt, welchen ein anderer Mann Brot nennt, dann verletzt er seinen Nachbarn dadurch nicht. Wenn ein Jude nicht an das Neue Testament als Wort Gottes glaubt, dann ändert er damit nichts an den Rechten eines anderen Menschen. Wenn ein Heide beide Testamente anzweifelt, dann darf man ihn deswegen nicht als verdorbenen Bürger bestrafen. Die Macht der Regierung und der Besitz des Volkes sind gleichermaßen sicher, ob ein Mensch nun an diese Dinge glaubt oder nicht. Ich gestehe gern ein, dass diese Meinungen falsch und absurd sind; aber Aufgabe der Gesetze ist es nicht, für die Wahrheit der Meinungen zu sorgen, sondern für die Sicherheit des Commonwealth und der Person eines jeden einzelnen Menschen.

Im Gegensatz zur Leidenschaft der extremistischen Anglikaner und eingefleischten Dissenter stand Samuel Pepys für die phlegmatische Denkart des konventionellen Anglikaners, der den Zeremonien folgte, ohne allzu tief in sein Herz zu blicken. Für gewöhnlich ging er sonntags zwei Mal zum Gottesdienst, aber seine Hauptsorge galt dabei der Frage, wo sein Platz in der hierarchischen Sitzordnung war und ob seine Frau die Aufmerksamkeit eines potenziellen Rivalen erregte. »Meine Frau und ich gingen am Nachmittag in die Kirche und setzten uns, sie eine Reihe unter mir, was der Rangordnung im Chorgestühl entspricht.« Oft ließ die Predigt einiges zu wünschen übrig – »eine typisch langweilige Predigt von Mr Mills« –, und immer öfter hatte Pepys Mühe, wach zu bleiben: »Ein junger, schlichter Kerl hat gepredigt, ich habe die ganze Zeit über geschlafen.«

Was auch immer die religiöse Überzeugung eines Menschen sein mochte, Religion durchdrang das Leben aller. All die Schlüsselmomente des Lebens – Taufe, Heirat, Beerdigung – fanden mit der und durch die Religion statt. Die Staatskirche verfügte über ausgedehnte Besitzungen, ihre Vertreter saßen im Oberhaus, dem House of Lords, aber ihre Macht umschloss tentakelgleich auch das Alltagsleben. Wenn ein Lehrer, eine Hebamme oder manchmal auch ein Chirurg eine Lizenz zum Praktizieren benötigten, wandten sie sich an die Kirchengerichte. Wenn ein Paar sich scheiden lassen wollte, ging es zum Kirchengericht. Wenn jemand seinen Nachbarn diffamierte, musste er sich dafür vor dem Kirchengericht verantworten. Wenn eine Frau einen Bastard gebar oder ein Mann sich weigerte, den Unterhalt für sein Kind zu bezahlen, wurden sie vom Kirchengericht bestraft. In Abwesenheit einer modernen Medienlandschaft wurden Nachrichten sowie politische und moralische Ansichten von der Kanzel herab unters Volk gebracht.

Dissenter waren Teil der Gemeinde, auch wenn sie nicht die Kirche besuchten. Sowohl in der Stadt als auch auf dem

Land stellte die Gemeinde die grundlegendste administrative Einheit dar; zu ihren weltlichen Funktionen gehörte beispielsweise die Armenfürsorge. Gemeindemitglieder zahlten den Zehnten sowie verschiedene Gebühren und Abgaben, um Kirche und Armenfürsorge aufrechtzuerhalten. Dissenter, die sich ebenfalls um das Wohl ihrer Gemeinden kümmerten, zahlten das Doppelte – an die Pfarrgemeinde und an ihre eigene Organisation. Und natürlich betrieben sie ihre eigenen Schulen und Akademien und ließen sich auf dem Friedhof von Bunhill Fields bestatten, unmittelbar vor den Toren der Stadt.

Während man unter Protestanten zumindest so etwas Ähnliches wie einen Kompromiss erzielen konnte, bildete der Antikatholizismus am Ende des 17. Jahrhunderts die stärkste emotionale Kraft in England. Die Gegenwart Tausender von hugenottischen Flüchtlingen aus Frankreich erinnerte jeden ständig an die angebliche katholische Bedrohung der Freiheit. Katholiken gab es in England kaum noch, und die wenigen verhielten sich so unauffällig wie möglich.

Nichtsdestotrotz beäugte man sie misstrauisch und war rasch mit drakonischen Maßnahmen bei der Hand:

8. Februar 1700. Kensington. Königliche Proklamation. Seine Majestät ist davon in Kenntnis gesetzt worden, dass große Mengen von Papisten und anderen illoyalen Subjekten, welche die Regierung Seiner Majestät verleugnen, sich letztlich in London und Westminster wider die Gesetze versammelt haben. Seine Majestät erachtete es somit für angebracht, diese Proklamation zu veröffentlichen, und befiehlt hierbei allen Papisten über 16 Jahren, seien sie nun einheimisch oder fremd, augenblicklich zu ihren Wohnorten zurückzukehren, und sollten sie keinen haben, zu dem ihrer Mutter oder ihres Vaters und sich von nun an nicht mehr als fünf Meilen davon zu entfernen.

Populäre Meinungen, nach denen etwa Papismus mit Sklaverei gleichzusetzen ist, sind sogar auf diesem neuen Triumphbogen in Cheapside festgehalten. *(Guildhall Library, Corporation of London)*

Die Gesetzeslage wurde bald noch verschärft:

22. April 1700. Hampton Court. Königliche Proklamation. Einem Gesetz folgend, welches das gegenwärtige Parlament in der vergangenen Session verabschiedet hat und das den Titel *Gesetz zur Vorbeugung gegen das Anwachsen des Papismus* trägt, wird hiermit kund- und zu wissen getan, dass bereits seit dem 25. März 1700 jede Person, die einen papistischen Bischof, Priester oder Jesuit verhaftet und ihn anklagt, damit er wegen des Lesens der Messe oder der Ausübung anderer papistischer Funktionen in diesem Reich verurteilt werden kann, eine Belohung von 100 Pfund für jeden solchen Übeltäter erhalten soll. Und sollte ein papistischer Bischof, ein Priester oder Jesuit die so genannte Heilige Messe lesen oder andere papistische Funktionen in diesem Reich und den dazu gehörigen Territorien ausüben oder irgendein Papist oder ein anderer einen papistischen Beruf verfolgen, indem er irgendwo in diesem Reich und den dazu gehörigen Territorien Kinder lehrt und dergleichen, soll er auf ewig eingesperrt werden.

Am Vorabend eines neuen Krieges mit dem katholischen Frankreich war durchaus nachvollziehbar, dass man Katholiken verdächtigte, zuallererst dem Papsttum treu ergeben zu sein und somit einer fremden Macht. Sie wurden gezwungen, Treueeide abzulegen, andernfalls entzog man ihnen das Recht, ihren Besitz zu vererben und Land zu kaufen. Kinder katholischer Eltern durften nicht ins Ausland geschickt werden, wo sie oft »in der römischen Religion« unterwiesen wurden.

Die *London Post* berichtete: »Wie wir hören, haben die Zollbehörden einen ganzen Rosenkranz von Papisten gefasst, welche von Frankreich nach London unterwegs waren, um sich der Papisten in diesem Königreich zu bedienen.«

Der Autor der *The Danger of the Protestant Religion Consider'd, From the Present Prospect of a Religious War in Europe* (Bewertung der Gefahr für die protestantische Religion, über die gegenwärtige Aussicht auf einen Religionskrieg in Europa) fasste die allgemeine Meinung im Jahr 1701 zusammen: »Das Wachstum des Papismus ist in jedem Fall gefährlich für die protestantische Religion. Es gibt zwei Eimer im Brunnen, zwei Schalen auf der Waage der Macht. Geht die eine hinauf, muss die andere hinab. Gebt ihr der einen Gewicht hinzu, wird die andere von ihrem Platz gehoben werden.« Der alte englische Glaube, dass Protestantismus gleichbedeutend mit Freiheit war, herrschte noch immer vor. »Papismus und Sklaverei sind wie Sünde und Tod. Das eine ist eine direkte Folge des anderen, und wann immer wir es für angebracht halten, das eine zuzulassen, verspricht es uns das andere.« Es muss darauf hingewiesen werden, dass diese Belagerungsmentalität nicht ganz unberechtigt war. Ludwig XIV. von Frankreich wurde als allmächtig betrachtet. Überdies beherbergte er den Stuart-Thronanwärter James III., und Marlboroughs Siege lagen noch in der Zukunft.

Nach den turbulenten Ereignissen der Mitte des 17. Jahrhunderts setzte es sich in den Köpfen der Menschen fest, dass Fanatismus jeglicher Art zu vermeiden sei. Zu viel Enthusiasmus wurde als unenglisch betrachtet. Von all den Sekten, die während des Interregnums auftauchten, fanden nur die Quäker einen Platz für sich im öffentlichen Leben – sie wurden so genannt, weil es hieß, ihre Versammlungen würden angesichts von Gottes Wort erbeben[9]. Die Quäker behaupteten, der Geist, der sie antrieb, bedürfe keiner Einmischung eines Priesters. Ihre Weigerung, den Hut vor einem Höhergestellten zu ziehen, Titel anzuerkennen und ihr Beharren auf der altertümelnden Anrede *thou* und *thee* wurde als bedrohlich und anarchistisch betrachtet. Auch ihre Kleidung und ihre Möbel spiegelten die-

---

9   to quake = beben. (Anm. des Übersetzers)

se Schlichtheit wider. Sie mieden heidnische und katholische Rituale aller Art, ja, sie weigerten sich sogar, die Bezeichnung der Wochentage zu übernehmen. Statt Sonntag sagten sie ›Erster Tag‹ und so weiter. Ihr charismatischer Anführer George Fox heilte viele Kranke durch Handauflegen, wobei er selbst das königliche Privileg der Skrofuloseheilung missachtete. Weil sie den Mut hatten, anders zu sein, machte man sich zunächst nur über die Quäker lustig, schloss sie dann mehr und mehr aus der Gesellschaft aus, und in den 60er- und 70er-Jahren des 17. Jahrhunderts waren sie zur meistverfolgten Religionsgemeinschaft Englands geworden.

Verfolgung sollte die Zukunft dieser ›Gemeinschaft von Freunden‹ bestimmen. Während George Fox und seine Brüder viele Jahre wegen ihres Glaubens im Gefängnis verbrachten, wandten sie sich der Gewaltlosigkeit zu. Gleichzeitig organisierten sie sich immer besser. Einmal im Jahr kamen sie in London zusammen, um ihre Vorgehensweisen und andere Dinge zu diskutieren. Diese Organisation, ihre Isolation und die Praxis, sich gegenseitig zu unterstützen, verwandelte sie in äußerst erfolgreiche Geschäftsleute. Von der Universitätsausbildung ausgeschlossen und unfähig, freie Bürger zu werden, da sie keinen Eid schwören wollten (ein Handicap, das 1708 durch ein Gesetz beseitigt werden sollte), wandten die Quäker sich alternativen Methoden zu, um ihren Lebensunterhalt zu verdienen. Sie durften vielleicht nicht am Handel mit Luxusgütern teilhaben, aber sie konnten Seife und Schokolade produzieren. Und um diese neuen Unternehmen zu finanzieren, brauchten sie Banken: Barclays und Lloyds wurden ursprünglich von den Quäkern gegründet. Materieller Erfolg konnte durch Philanthropie ausgeglichen werden.

Für die Anhänger jeder Religion war Gott im Alltag stets gegenwärtig. Katastrophen wie die Große Pest oder das Feuer von London erklärte man sich damit, dass das sündige Leben der Stadtbewohner Gottes Missfallen erregt habe. Nach der Pest von 1665 hielt der Tagebuchschreiber John Evelyn fest: »Das ganze Land fastet feierlich, um Gottes Unmut zu besänftigen und das Land von Pest und Krieg zu befreien.« Ein Jahr später veranlasste ihn das Große Feuer zu folgendem Eintrag: »Für diesen Tag wurde ein allgemeines Fasten im ganzen Land angeordnet, auf dass wir uns angesichts der schrecklichen Feuersbrunst demütig zeigen, welche zusammen mit Pest und Krieg die finsterste Prüfung ist. Doch für unsere außerordentliche Undankbarkeit, unsere brennende Lust, unser zügelloses Gebaren und unser profanes, verabscheuungswürdiges Leben haben wir das in der Tat verdient. Lasst uns nun auch den Dispens verdienen, indem wir Kirche, Fürst und Volk von den inneren Streitigkeiten befreien, denen wir bis jetzt zu wenig Aufmerksamkeit geschenkt haben.« Bis weit ins 18. Jahrhundert hinein wurden immer wieder öffentliche Fastentage angesetzt, um Gottes Zorn zu besänftigen.

Am Ende des 17. Jahrhunderts wurden die neu gegründete *Gesellschaft für die Reformation der Sitten* und die *Gesellschaft für die Förderung Christlichen Wissens* von der Überzeugung angetrieben, dass Gott das Land mit seiner Rache verheeren würde, sollten die Menschen sich nicht ändern. Man weigerte sich, die Willkürlichkeit von Katastrophen zu akzeptieren oder ein Übel in einen sozialen und ökonomischen Zusammenhang zu stellen. Die Hauptfunktion der Gerichtsprotokolle von Newgate bestand darin zu beweisen, dass Tugend belohnt wurde und Sünde nicht ungestraft blieb. Immer wieder warf man den Übeltätern vor, die *moralischen* Gesetze übertreten zu haben: Sie hatten ›den Sabbath entheiligt‹, hatten geflucht und gotteslästerlich gesprochen, hatten sich der Trunkenheit, Lüsternheit und anderen Lastern hingegeben. Und deshalb mussten sie nun sterben.

Die Reformation seit dem 16. Jahrhundert hatte den Wunderglauben der mittelalterlichen Kirche ins Reich der Legenden verbannt und an seine Stelle zunehmend technische oder medizinische Lösungen gesetzt. Die allmähliche Ablehnung von Magie machte solche Fortschritte auch dringend notwendig. Vor 1700 stimmte man darin überein, dass die Welt einen Zweck hatte und ihr Lauf den Wünschen ihres Schöpfers folgte. Nun jedoch, da man das Universum als große Uhr verstand, die von Rädern angetrieben wurde, welche ein ferner Gott in Bewegung gesetzt hatte, war es nur logisch, dass der Wunderglaube, die Macht des Gebets und das Vertrauen auf göttliche Einmischung in die Affären der Menschen nachließen. Es ist von großer Bedeutung festzuhalten, dass selbst Sir Isaac Newton dies nur langsam akzeptierte – seine geheimen alchemistischen Forschungen beweisen, dass Veränderungen nicht über Nacht stattfinden. Nur widerwillig war man bereit, sich von der Vorstellung abzuwenden, dass die Vorsehung das tägliche Leben bestimmte. Andererseits bestanden die Mitglieder der Royal Society darauf, dass alle Wahrheiten demonstriert werden mussten. Sie betonten die Wichtigkeit unmittelbarer Erfahrung und zeigten sich unwillig, überlieferte Dogmen zu akzeptieren, ohne sie einer Prüfung zu unterziehen.

Auch wenn die gebildeten Klassen eigentlich nicht mehr an Hexen glaubten und die Regierungen sie nicht mehr strafrechtlich verfolgten, blieb der Hexenglaube in der breiten Öffentlichkeit jedoch noch erhalten.

Noch 1704 hieß es in einem Bericht aus London:

> Sarah Griffith, die in einer Dachkammer auf der Rosemary Lane lebte, wurde lange verdächtigt, eine böse Frau zu sein (…). Einige der Nachbarskinder wurden von seltsamen Krankheiten heimgesucht. Sie erbrachen Nadeln, und ihre Leiber verrenkten sich merkwürdig und dergleichen. Und viele wurden durch seltsame Erscheinungen von Katzen in Angst versetzt, die plötzlich wieder verschwanden. Das und andere Dinge versetzten die Menschen in der Nachbarschaft der Frau in große Angst vor ihr (…), bis schließlich der Teufel (der alle verrät, die mit ihm buhlen), solcherart die Wahrheit ans Licht gebracht hat.

Als Sarah in den örtlichen Laden ging, witzelte der Lehrling, dass ihre Gegenwart die Waage beeinflusst habe, und sie schwor, dass sie sich dafür an ihm rächen würde. Auf jeden Fall kam der Ladenbesitzer des Nachts hinunter und fand sein Geschäft in vollkommener Unordnung.

Die örtlichen Jungen hatten beschlossen, die Angelegenheit selbst in die Hand zu nehmen:

Der junge Mann und einige Gefährten sahen Griffith nahe New River Head. Sie berieten darüber, sie auf die Probe zu stellen, und einer von ihnen sagte: ›Lasst sie uns in den Fluss werfen, denn ich habe gehört, wenn sie schwimmt, ist dies ein sicheres Zeichen dafür, dass sie eine Hexe ist.‹ Augenblicklich setzten sie ihren Plan in die Tat um, näherten sich Griffith und warfen sie in den Fluss; aber wie eine Schwimmblase, die sofort wieder nach oben kommt, wenn man sie unter Wasser zwingt, war es bei ihr: Kaum war die Hexe im Wasser, da schwamm sie schon wie ein Korken. Die Jungen hielten sie eine Zeit lang im Wasser fest, bis sie sie wieder herausließen. Kaum war sie aus dem Fluss, da schlug sie den jungen Mann auf den Arm und sagte, er würde teuer für seine Tat bezahlen. Sofort spürte dieser einen merkwürdigen Schmerz in seinem Arm, und als er ihn betrachtete, fand er die Abdrücke ihrer Hand und Finger schwarz wie Kohle. Er ging nach Hause und wurde viel beweint. Schließlich starb er mit dem Schmerz und wurde auf dem Friedhof von St. Sepulchre beerdigt.

Wie auch bei einem Heilungsprozess besaß die Suggestivkraft der Hexerei eine enorme Macht.

Am Ende des 17. Jahrhunderts glaubte man, die Magie befinde sich wegen des urbanen Wachstums, des Aufstiegs der Wissenschaft und der Verbreitung der Ideologie der Selbsthilfe auf dem Rückzug. Die Umwelt war viel einfacher zu kontrollieren. Fortschritte in der Landwirtschaft – hauptsächlich von der Notwendigkeit gefördert, eine so große Stadt wie London zu versorgen – hatten zur Folge, dass die Menschen sich mehr auf praktische Planung und weniger auf Aberglauben verließen. Unermüdlich bemühte man sich, das Wetter vorherzusagen. Das Wahrsagen verlor immer mehr an Bedeutung, während neue Mittel und Wege erfunden wurden, verlorene Gegenstände zu finden; am einfachsten konnten die Londoner schlicht eine Anzeige in den Zeitungen schalten oder Plakate in den Kaffeehäusern aushängen. Wo rationale Erklärungen gefunden wurden, zog sich die Magie zurück. Doch die Medizin als Wissenschaft kam nur langsam voran. Die Frauen klammerten sich noch immer an den Adlerstein bei der Geburt, und noch immer trug man Hasenpfoten, um sich vor Krankheiten zu schützen. Und die Menschen vertrauten weiterhin auf Horoskope, die ihnen eine bessere Zukunft vorhersagen sollten.

Doch das Schicksal musste sich nicht von Aberglaube oder Willkür bestimmen lassen. Die Arbeiten von John Graunt, Sir William Petty und Edmund Halley über die Wissenschaft der Statistik bedeuteten, dass man eine durchschnittliche Lebenserwartung errechnen konnte. Die Menschen konnten sich gegen Unglück versichern. Es ist paradox, dass ausgerechnet das Wort ›Zufall‹ – welches ein willkürliches Zusammentreffen von Ereignissen meint – genau zu der Zeit in Gebrauch kam, da man begann, Wahrscheinlichkeiten zu berechnen. In dieser schönen, neuen Welt vergaß man Gott bisweilen.

15. KAPITEL

Prostitution und Laster

»Einige tausend lüsterne Personen sind inhaftiert,
verurteilt und ausgepeitscht worden (…). Viele unserer Straßen
sind von der Pestilenz dieses Nachtvolks gesäubert worden.«

Ein Labyrinth dunkler Gassen lag zwischen The Strand und seinem Ziel in der Drury Lane. Auf seinem Weg durch die Katherine Street schüttelte der Gentleman zudringliche Finger ab, die an seinem Ärmel zupften oder ihm die Ecke seiner Perücke über die Schulter warfen. Ein Fächer tippte an seine Wange. Der stumme Kode der Strichmädchen. Er ignorierte die obszönen Vorschläge geisterhafter Stimmen aus dunklen Eingängen. Eine Gestalt sprang ihm in den Weg, und der rauchige Schein einer Öllampe enthüllte das entsetzliche Zerrbild einer Frau. Ein Haufen schwarzer Pflaster vermochte die Pockennarben kaum zu verbergen, und die eingefallenen Wangen sollten wohl mit übertrieben viel Rouge fröhlich wirken. Der Mund öffnete sich und enthüllte schwarze Zähne und Zahnfleisch, von Quecksilbermedizin ruiniert; dem Mund entschlüpfte eine Einladung, der Frau in eine Gasse zu folgen, weg von neugierigen Blicken. Der Gentleman stieß sie beiseite und marschierte weiter zu einem schönen Haus nahe des Drury-Lane Theaters, wo er mit seinem Stock an die Tür klopfte. Ein Schlüssel wurde gedreht, ein Riegel zurückgeschoben, dann wurde der Besucher begutachtet, um sicherzugehen, dass er kein Constabler oder ein Schnüffler der neu gegründe-

413

ten *Gesellschaft für die Reformation der Sitten* war, dann war er drin.

Unser Gentleman hat gerade eines der berüchtigtsten Bordelle in London betreten, die Räumlichkeiten der von den Pocken zerfressenen Kupplerin Elizabeth Wisebourn, die von den Mädchen in ihren Diensten respektvoll ›Mutter Whybourn‹ genannt wurde. Nachdem er ein Empfehlungsschreiben eines anderen Kunden vorgezeigt hat, kommt unser Gentleman an der offen im Flur liegenden Bibel vorbei und betritt das Speisezimmer. Die Porträts von Schönheiten *en déshabillé* – zum Geschäft bereit – zieren die Wände. Welche soll er wählen? Vielleicht eine der reichen Stadtfrauen, »die ihre Männer verabscheuen und die Kurzweil lieben«? Oder dieses frische Mädchen vom Land, das Mutter Whybourn neulich an der Kutschenstation von Holborn aufgesammelt hat? Beides wird den Gentleman eine Guinea für die Kupplerin kosten und was auch immer er dem Mädchen zu zahlen bereit ist. Will er vielleicht eine Jungfrau? Ein Mädchen bekam zehn Guineas, »um sich entjungfern zu lassen«. Dabei war vollkommen egal, ob sie sich schon Jahre zuvor von ihrer Jungfernhaut verabschiedet hatte. Verlorene Jungfernhäute gibt es zehn für einen Penny, wenn man sie sich chirurgisch bei Mrs Lydia Bennet erneuern lässt, die in Knightsbridge eine Klinik und ein Krankenheim betreibt und sie »mehrere Male an ein und denselben Kunden verkauft«. Die Räume oben enthalten alle einen Spiegel, der »so günstig angebracht ist, dass jene, die es wollen, sehen können, was sie tun, denn manchen bereitet das große Freude«.

Mit der Bibel in der Hand machte Mutter Whybourn täglich ihre Runden durch die Gasthöfe und Tavernen, »um zu sehen, welch Jugend und Schönheit nun wieder vom Land nach London geschickt worden ist«. Derart unschuldige Mädchen durfte man nicht allein der Gnade der Stadt überlassen. Sie würde sie unter ihre Fittiche nehmen – sie unterbringen, sie einkleiden, sie verpflegen – als Gegenleistung für ihre Körper und Seelen.

Die Londoner Prostituierten benutzten ihre Fächer, um Interesse zu erregen.
(Guildhall Library, Corporation of London)

Mit Barzahlungen an die Wärter würde sie viel versprechende junge Rekruten aus dem Gefängnis befreien. Straßenkinder würde man waschen und sie lehren, einem Gentleman Vergnügen zu bereiten. Auch die Sonntage waren nicht zum Faulenzen da. Mutter Whybourns Mädchen wurden in die Kirche geschickt. Wo sollte man sich auch besser Kunden suchen können?

Eines ihrer Mädchen erinnerte sich später:

> Wir nutzten alle Gelegenheiten, während wir die Treppe von der Galerie herabstiegen oder über Straßengräben kletterten, unsere Röcke so hoch zu heben, dass wir unsere schönen Füße und Beine zeigen konnten, an denen wir hübsche Seidenstrümpfe trugen. So verfolgten uns die Galane dann persönlich oder sandten uns einen Lakaien hinterher, um zu sehen, wo wir wohnten. Hinterher kamen sie dann zu uns. Auf diese Art haben wir viele gute Kunden gewonnen.

Auch mussten sich ihre Mädchen nicht um die Pocken sorgen. Obwohl sie selbst so etwas wie eine Expertin war, verließ sich Mutter Whybourn auch auf den geschätzten Rat eines ihrer Kunden, Dr. Richard Meade, der sie über die neuesten Behandlungsmethoden auf dem Laufenden hielt. Alle guten Bordelle hatten »Chirurgen und Apotheker, die wir bezahlen, und die uns sofort etwas geben, sollten wir auch nur den Verdacht eines Unglücks hegen«. Einige hatten mehr Glück als andere: »Sie pflegte ihre Dirnen einmal im Jahr zu wechseln, und manchmal tauschte sie sie auch mit anderen aus ihrem Geschäft; doch jene, die arm, krank, pockenzerfressen oder alt waren, warf sie zur Tür hinaus. Erwischte es dann und wann mal eine ihrer netten Dirnen, kümmerte sie sich um die Medizin.«

Die Pocken waren ein alter Feind, doch nun gab es einen wirklich bösartigen, neuen Gegner: die *Gesellschaft zur Reformation der Sitten*. Sie rekrutierte Tausende von Informanten – kleine Händler wie James Jenkins und Bodenham Rewse unten in The Strand gehörten mit zu den aktivsten –, die ihr bei dem Feldzug gegen das Laster helfen sollten. Die Prinzipien der Gesellschaft sprachen Tausende kleiner Ladenbesitzer und Handwerker an, die sich über die lockere Moral der Oberschicht entrüsteten und die chaotische Lüsternheit der niederen Klassen fürchteten. Die Informanten mussten stets wachsam sein. Sie sollten »sich all jene merken, die sich erdreisten, in Widerspruch zu den Gesetzen Gottes und der Menschen zu fluchen und den Tag des Herrn zu entweihen oder sich der verabscheuungswürdigen Sünde der Trunksucht schuldig machen und die Höhlen von Dirnen, Huren und anderem abscheulichen Volk aufsuchen, auf dass sie dem Gesetz gemäß bestraft werden mögen«. Diese Sündhaftigkeit würde sicherlich den göttlichen Zorn auf die Nation herabbeschwören.

In seiner Proklamation von 1698, um Unmoral und Laster zu verhindern und zu bestrafen, hatte König William selbst seiner Sorge Ausdruck verliehen, dass »die offen praktizierte Lasterhaftigkeit Gott dazu verleiten [könnte], uns seine Gnade und seinen Segen zu entziehen und uns stattdessen auf das Schwerste zu bestrafen«. Wenigstens konnte die Tugend-Bewegung nach dem Abgang der unzüchtigen Stuarts und der Thronbesteigung des aufrechten William mit königlicher Unterstützung für ihre Sache rechnen. Aber auch das nutzte nichts, wenn die Oberschicht nicht mit gutem Beispiel voranging.

Der Autor von *The Night Walker, Or, Evening Rambles in Search after Lew'd Women* (Der Nachtmensch, oder: Abendliche Wanderungen auf der Suche nach lüsternen Frauen), John Dunton, hatte das Gefühl, dass die Gesellschaft einen mühseligen Kampf vor sich hatte:

Gelobt sei Gott, auch wenn die Verderbtheit der Nation während der vergangenen zwei Regentschaften berechtigterweise auf den Thron zurückgeführt werden kann. Die gegenwärtige Regierung hat jedoch stets erklärt, wie sehr sie dieses Laster verabscheut und dieses furchtbare Verbrechen im Besonderen, welches ihr als gute Untertanen und Christen stets zu reformieren versucht habt. Doch unglücklicherweise muss gesagt werden, dass die Menschen nicht so leicht den Befehlen und dem Beispiel eines guten Fürsten folgen, wie sie sich von den lasterhaften Praktiken eines schlechten anstecken lassen.

Wie der Autor von *The Poor Man's Plea* herausstellte, schien für die Reichen ein anderes Gesetz zu gelten als für die Armen:

Diese Gesetze sind wie Spinnweben, in denen die kleinen Fliegen hängen bleiben und die die großen einfach zerreißen. Mein Oberbürgermeister hat ein paar arme Bettler auspeitschen lassen und eine Hand voll schändlicher Huren in die Besserungsanstalt geschickt. Ein paar Bierhausbesitzer und Weinhändler sind mit einem Bußgeld belegt worden, weil sie am Sabbath Getränke ausgeschenkt haben. Aber all das fällt auf uns, den Mob, die armen Plebejer, wie auch alles Laster auf unseren Schultern ruht, denn wir sehen nicht, wie der reiche Trunkenbold vor meinen Oberbürgermeister gezerrt wird oder dass man einen fluchenden, lüsternen Kaufmann bestraft. Der Mann mit dem goldenen Ring und den hübschen Kleidern darf vor dem Richter fluchen, trunken durch die Straßen nach Hause wanken, und niemand nimmt Notiz davon. Doch wenn ein armer Mann sich betrinkt oder flucht, bekommt er ohne Gnade den Stock zu spüren.

Die Informanten waren mit Eifer bei der Sache. Sie jagten ihre Beute, wandten sich an Stadtbeamte, um Haftbefehle unterzeichnen zu lassen, und schwärzten Constablers an, die nicht so pflichtbewusst waren, wie sie es hätten sein sollen, und Bestechungsgelder annahmen. Nicht länger sollte die Stadt von Obszönitäten widerhallen, schamlose Flittchen sich in der Öffentlichkeit prügeln oder einander mit diffamierenden Bemerkungen beleidigen wie: »Du bist eine Hure, eine Nutte mit heißem Salz im Arsch, und solche privaten Huren wie du machen uns anständigen Huren das Geschäft kaputt!« Die Straßen sollten von solch faulen, lüsternen und unordentlichen Kreaturen befreit werden. Mary Dickenson war eine von jenen, die in die Besserungsanstalt geschickt wurden, »nachdem die Zeugen geschworen hatten, sie sei eine lüsterne Frau. Ein Gentleman hat sie vergangene Nacht auf der Straße aufgelesen, und da sie keine Rechenschaft für sich hat ablegen oder erklären können, wie sie sich auf gesetzmäßige Art ihren Lebensunterhalt verdient oder wo sie lebt, ist sie nichts anderes als eine gemeine Vagabundin.«

Im Jahre 1699 konnte die *Gesellschaft für die Reformation der Sitten* prahlen:

Einige tausend lüsterne Personen sind inhaftiert, verurteilt und ausgepeitscht worden, sodass das Tower-Ende der Stadt und viele unserer Straßen von der Pestilenz dieses Nachtvolks gesäubert worden sind (…). In nur einer Woche sind 40 oder 50 von ihnen in die Besserungsanstalt geschickt worden, wo man viele von ihnen solch eine Disziplin gelehrt hat, dass sie sich entschlossen, auf unsere Plantagen zu gehen, um dort ehrlich für ihren Lebensunterhalt zu arbeiten.

Aber die Besserungsanstalten, so wurde argumentiert, waren nicht die Antwort auf das Problem. Die erfolgreicheren Huren wurden nach Hinterlegung einer Kaution sofort wieder entlassen, sodass sie ihr Geschäft ohne längere Unterbrechung wieder aufnehmen konnten. Jene, die zu arm waren, eine Kaution aufzubringen, wurden nur noch ärmer gemacht, sodass sie »in größerer Not waren denn zuvor und sich nun erst recht als Hu-

A Black Roll,

Containing the real (or reputed) Names and Crimes of several *Hundred* Perfons that have been Profecuted by the *Society* , this laft Year, for *Whoring,*
Drunkennefs, Thefts, Sabbath-breaking, &c. as Delivered unto Them by their
Clerk : And been publifhed for the fatisfaction of many who have been
defirous to know what progrefs we have made in this *Reformation of Manners.*

Some of thefe Perfons have kept Bawdy-Horfes ; fome of whom have been In-
dictedand fome Fined.

Mary Adams	Mary Smith	Sarah Moor	William Harper
Mary Arrundell	Rebecca Trimmer	Samuell Parker	John & Elizabeth Hedges
Sasah Allin	Mary Thorogood	John & Mary Parker	Mary Hill
Mary Abbitt	Jane Winchcomb	Mary Quarles	Ann Holbrook
Mary Arderfon	Sarah Whitaker	Elizabeth Raice	Dorothy Howes
Jane Armftrong	Mary Wilden	John & Sarah Rigway	Catherine Flower
Eltzabeth -Avean	Elizabeth Ealy	Alice Sprinkfield	Elizabeth Johnfon
James and Sarah Ajres	Thomas Bowater	Sufanna Stanley	Sarah Reach
Elizabeth Ealy	Tho. and Sarah Burton	Sarah Scot	Elizabeth Leek
Elizabeth Earle	Elizabeth Brown	Margaret Seale	Elizabeth Michel
Margaret Eaten	Jane Brickflock	Sarah Thompfon	Tho. and Jane Fettit
Mary Evenall	Henry Body	Richard and Mary Thomas	Elizabeth Portree
Amey Eliot	Martha Blefford	Alice Wilfon	Ann Kaye
Sarah Edwards	Elizabeth Buftell	Elizabeth Wheler	Temperance Reed
Alice Jones	Ann Bradbery	Hannah Ware	Mary Reves
Chriftian King	Ann Brewrick	John and Eliz. Hedger	William and Eliz. Smith
Mary Kirk	Mary Bone	Margaret Tillard	Sufanna Stubbs
Wm. & Eliz. Moslalarum	Mary Banfield	George Codd	Millicent Still
Elizabeth Oliver	Joan Horfnaile	Bridget Cotton	Mary Swan
Hannah Pannel	Mary Hughes	Elizabeth Chettham	Elizabeth Watts
Mary Main	Mary Harrifon	Mary Cole	Mary Vincent
Joan Reffe	Dorothy Howell	Mary Copinger	Ann Watte
William Remnant	Elizabeth Faugh	Mary Chetham	Elizabeth White
Ann Semer	Elizabeth Jones	Ann Chandler	Mary White
Charity Squifh	Elizabeth King	John and Ann Coleman	John and Mary Pannell
Elizabeth Shift	Sufanna Lewis	Mary Dawfon	

And fome Cired, *Viz*

Dorithy Furfon	John Hix Alias Harft	Mary Mow	Elizabeth Topta
John and Judith Froft	Mary Harris	Mary Pamer	Elizabeth Taylor
Mary Fairfax	Mary Hall	Ann Mark	Dorothy Williams
Thomas & Alice Gibbons	John and Mary Hind	Alice Randoll	Elizabeth Williams
William Groves	Geo. and Mary Harvel	Sarah Rofe	Elizabeth Whores
Sarah Gorry	Mary Jones	Mary Randford	Ann Winchcomb
Mary Gayrifh	Peter & Elizabeth King	Elizabeth Stay	James Delafoy
Mary Garret	Mary Knight	Sufan Spritgfield	
John Durnbit	John & Elizabeth Long	Arrundel Turner	

Night

Um die Straßen zu säubern, verfolgte die *Gesellschaft für die Reformation der Sit-*
ten viele Frauen, die von der Armut zur Prostitution getrieben worden waren,

Night Walkers and Plyers in Bawdy-Houses, all or most of whom have been Whipt in *Bridewell* this Year.

Elizabeth Bates
Elizabeth Biffel
Elizabeth Brown
Lidia Buckler
Martha Bolt
Mary Carr
Mary Carroll
Jane Defow
Sufanna Edwards
Elizabeth Elliot
Dorothy F.ander
Ann Goulding
Elizabeth Harris
Sarah Hilliard
Margaret Herger
Elizabeth Hedger
Elizabeth Heath
Ann Kettle
Mary Kempe
Katherine Lewis
Elizabeth Mills
Jane Peters
Ann Prefton
Ann Palmer
Elizabeth Sammon
Mary Turner
Martha Tucker
Ann Vickar
Catherine Chilver
Hannah Ribbey
Mary White
Elizabeth Thome
Hannah Powell
Elizabeth Lee
Mary Madfon
Jane Glover
Mary Jenkins
Sufanna Yates
Jane Bayley
Ann Bonufs

Mary Bennet
Mary Baker
Katherine Dodd
Mary Dupper
Martha Davis
Mercy Dickenfon
Jane Gloves
Elizabeth Green
Elizabeth Ginney
Ann Harrets
Dorothy Hall
Martha Harifon
Hannah Jackfon
Alice Jones
Martha Morgan
Elizabeth Meffenger
Ann Pearce
Elizabeth Partre
Elizabeth Pror
Ann Sheldrick
Elizabeth Smith
Sarah Slaughter
Mary Tanner
Judith Trumbold
Mary Truelove
Sarah Varrey
Sufadna Wilfon
Mary Weft
Mary Osborne
Frances Haughting
Frances Palmes
Patience Webbes
Mary Jeffreys
Elizabeth Prince
Alice Springfield
—— Phendal
Mary Gibbs Alice Gibbs
—— Stanly
Mary Peach
Ifab.l Godwin

Elizabeth Bird
Mary Haughton
Alias Haughtry
Thomas Newton
John Stow
Ann Green
Sarah Moon
Alias Thompfon
Mary Downing
Katherine Lewis
Wid. Wing
Tho. Gibbon
Ann Morris
Alias Haber
John Lockyer
Edward Newby
—— Wynn
Margaret Tyland
Mary Rinde
Mrs Oram
Mary Clark
—— Gatton
Mary Raughby
Alias Haughton
Alice Gobbons
William Monday
George Peter
Katherine Moor
Ann Worball
Mary Long
Mary Summers
Ann Worrel
Ifabel Perry
Alice Springfield
Hugh Wilkinfon
Lucy Michel
Mrs. Arran
Mary Tanner
Mary D.
George Peacock

Samuel Jones
Ann Jones
Ann Newman
Elizabeth Pierce
Sarah Jefferis
Hugh Wilkinfon
Ann Londay
Jobe Laud
Margaret Smith
Hanna Lewis.
Ann Reed

January 161½
Sarah Ellis
Wm. Griffeth
Thomas Bowater
Ann Worrel
Martha Flitcher
Mary White
Johanna Playfhad
Mary Osbourne
Rainsborow
Mary Kempe
Mary Stevens
Mary Baker
Mary Alderman
Alice Fendal
Mary Clark
Ann Slaughter
Elizabeth Gouge
Mary Reed
Rebecca Bowman
Lucy Bafly
Martha Griffen
Rebecca Fofter
Jane Bluit
Elizabeth Prince
Sarah Cook
Sarah Lacy

FINIS.

während sie die Tugendlosen in der Oberschicht geflissentlich ignorierte.
(Guildhall Library, Corporation of London)

ren verdingen mussten«. Ned Ward besuchte die Besserungsanstalt nahe The Fleet hinter Bride Lane – es gab noch andere in Westminster und Clerkenwell – und beschrieb eine der Szenen, wie die Londoner sie am meisten liebten: »Ein ernster Gentleman, dessen fürchterliches Aussehen ihn als ehrenwerten Bürger verriet, wurde auf den Richterstuhl gesetzt und mit einem Hammer bewaffnet wie ein Auktionator in Lloyd's Kaffeehaus. Dann brachte man eine Frau in Fesseln in den angrenzenden Raum, und die Zwischentür wurde geöffnet, sodass das ganze Gericht der Bestrafung beiwohnen konnte. Schließlich fiel der Hammer herab, und das Schlagen hörte auf.«

Aber das Verlangen nach Bestrafung war noch nicht befriedigt: »Ein [Mann] erhob eine weitere Anklage gegen die arme Schlampe, die niemanden hatte, der für sie sprach, und Folgendes wurde verkündet: ›Alle, die der Meinung sind, dass E…th T…ll auf der Stelle bestraft werden möge, sollen ihre Hand erheben.‹ Das selbstgerechte Publikum stimmte freudig zu. Die Frau wurde bis zur Hüfte entkleidet und in ihrer Nacktheit den lüsternen Blicken von Männern und Jungen ausgesetzt, sodass das Ganze eher dem Vergnügen der Zuschauer zugedacht schien als der Bestrafung oder der Heilung vom Laster. Dann drehte man ihren weißen Rücken zum Gericht herum und zerfetzte ihn mit der Peitsche.«

Was die Frauen betraf, die in der Besserungsanstalt Hanf stampfen und Werg zupfen mussten, bis die Finger bluteten, so beschreibt Ned Ward einen Besuch in ihrem Trakt:

Wir folgten unseren Nasen und gingen hinauf, um einen Blick auf diese Damen zu werfen, die so gut weggeschlossen waren wie Nonnen. Aber wie so viele Sklaven standen sie unter der Obhut eines Aufsehers, der mit einer äußerst flexiblen Waffe durch die Reihen schritt, um jene Hanf-Gesellinnen zu strafen, die sich dem Geist der Faulheit hingegeben hatten. Sie rochen so ungepflegt wie die Ziegen im Stall eines walisischen Gentleman (…). Alle freuten sie sich ob dieser schändlichen Plackerei, ungeachtet ihrer elenden Umstände. Einige schienen so jung zu sein, dass ich es als höchst seltsam empfand, dass sie die Sünde schon gut genug kennen sollten, um sie in dieses Elend zu stürzen. Andere waren so alt, das man glauben mochte, sie wären gerade dem Grabe entstiegen, und um sie in Zukunft von allem Laster abzuhalten, waren sie noch niemals in ihrem Leben so hart rangenommen worden. Einige waren in der Mitte ihres Lebens, und sie waren sehr hübsch, doch wirkten sie so lüstern, dass man sie, so schien es mir, wie Messalina nur ermüden, wohl nie befriedigen konnte.

Einige Strichmädchen taten so, als würden sie Besorgungen erledigen, um ihr wahres Gewerbe zu verbergen.

Jene, die ihrem Geschäft bei den Anwälten in The Temple nachgingen, hatten die beste Tarnung, wie Ned Ward erklärt:

Dies sind die Damen, die Gebühren nehmen anstatt zu geben. Sie machen hervorragende Geschäfte mit einigen der jüngeren Anwälte, obwohl sie nichts mit dem Gesetz zu tun haben, denn ihr müsst wissen, dass sie Nymphen der Freude sind, die nur zur Täuschung Papiere in Händen tragen. Sie sind solch bemerkenswerte Händler, dass sie es sich leisten können, eine längere Weile Kredit zu geben, und nun kommen sie, um die Schulden einzutreiben. Ich versichere euch, nun seid ihr im besten Teil der Stadt angelangt, um mit dieser Ware zu handeln, denn die meisten Damen, denen es nach Vermögen lüstet, die verzweifelt einen Mann suchen und bereit sind, sich der Liebe ohne Ehe hinzugeben, kommen hierher, um sich für ihr Geschäft zu qualifizieren. Hat die heranwachsende Nymphe dann einen Monat Konversation mit dieser ehrenwerten Gesellschaft hinter sich, ist sie für ihre Arbeit fertig und hat genauso viel gelernt wie in zwölf Monaten bei der erfahrensten Hure der Christenheit. Und solltet ihr je mit einer jener geschäftstüchtigen Damen zu tun haben und sie fragen, wer denn ihr erster Liebhaber gewesen sei, werden neun von zehn antworten: *ein Gentleman aus dem Tempel.*

Die Mitglieder der Bürgervereine waren fest entschlossen, dem zügel- und sittenlosen Treiben an öffentlichen Orten ein Ende zu bereiten, und dafür waren die Spielhäuser das offensichtliche Ziel. Diese Sündenpfuhle ermutigten »Freude an der Faulheit, excessive Eitelkeit, Ausgelassenheit, Luxus, Lüsternheit, Laszivität und Hurerei«. Die traditionsreiche Verbindung von Bühne und Prostitution machte die Spielhäuser zu den beliebtesten Jagdgründen für Huren wie Deborah Churchill, »die stets auf das Großartigste herausgeputzt« erschien, wenn sie auf Kundenfang war. Huren sandten auch Kuppler dorthin, da sie wusste, dass die »welche diese Orte am häufigsten besuchen, die treuesten Kunden sind«.

Dryden fasste 1700 die Szene in seinem Prolog zu Thomas Southernes *The Disappointment* (Die Enttäuschung) zusammen:

Das Spielhaus ist der Ort, wo sie verkehren,
Wo nachts sie sitzen, ihre faule Waren zu verkaufen
So im Stillen und ohne Schreier
Ist's doch der höchste Bieter, dem Erfolg beschieden!
Denn während sie an ihren Schnüren knabbert,
Kriegt doch sie das Geld und er den Tripper!

Auch die Stücke selbst wurden ob ihrer Laszivität unter Beschuss genommen. Jeremy Colliers *A Short View of the Immorality and Profaneness of the English Stage* (Ein kurzer Einblick in die Unmoral und das Profane an englischen Bühnen) gewann zahlreiche Anhänger, als es Wycherleys *Country Wife* (Das Weib vom Lande) und *The Plain Dealer* (Der rechte Händler) sowie

Vanbrughs *The Provoked Wife* wegen ihrer »schmutzigen Ausdrucksweise« anklagte, »dem Fluchen und der gotteslästerlichen, lüsternen Art der Sprache (…), der Beschimpfung der Geistlichkeit (…), und ihre Hauptcharaktere sind Wüstlinge, die auch noch mit ihrer Verderbtheit erfolgreich sind«.

Die *Gesellschaft für die Reformation der Sitten* war ebenso an einer religiösen Wiederbelebung wie an sozialer Reform interessiert. Zuwanderungswellen aus den Provinzen, ein unsicherer Arbeitsmarkt und wirtschaftliche Härte schufen eine nie zuvor da gewesene, gesellschaftliche Instabilität, in der Armut und Verbrechen außer Kontrolle gerieten. Ohne richtige Polizei lebte solch eine Gesellschaft an der Grenze zwischen Ordnung und Chaos. Die Straßenprostitution wurde sowohl als Symptom als auch als Ursache für die Londoner Probleme gesehen. Weit entfernt davon zu verstehen, dass viele Frauen sich nur aus Verzweiflung prostituierten, weil sie anderweitig den Lebensunterhalt nicht verdienen konnten, glaubten die Moralapostel und Reformer, dass diese faulen Kreaturen auch mit ehrlicher Arbeit überleben könnten, »würden sie sich nicht so der Lüsternheit hingeben«.

In *Augusta Triumphans* wetterte Daniel Defoe gegen aufsässige Dienerinnen, die aus einer Laune heraus ihre Stellung aufgaben und sich der Prostitution mit allen ihren Folgen zuwandten:

Ein Mädchen gibt seine Stellung auf und wird zur Hure. Gibt es gerade keinen Bastard zu ermorden oder der Gemeinde zu überlassen, dann findet sich sicherlich der eine oder andere unbedarfte Jüngling, der bereit ist, sie in ihrer Lüsternheit und Faulheit zu unterstützen. Diese Jünglinge berauben dann ihre Eltern, ihre Meister, ja, manchmal jeden, um ihren Dirnen zu Diensten zu sein. Viele Diebe verdanken ihren schändlichen Tod einer Hure. Ganz zu schweigen davon, dass sie verabscheuungswürdige Krankheiten weitergeben und unzählige andere Übel heraufbeschwören.

Er warnte davor, dass »unsere Straßen (über kurz oder lang) von diesen dreisten, schamlosen Schlampen überschwemmt sein werden. Die Guten werden belästigt werden, und jene, die ohnehin zum Bösen neigen, werden noch mehr der Sünde verfallen, da sie sich immer mehr Versuchungen gegenübersehen.« Es war höchste Zeit, »die Straßen von dem Nachtvolk zu befreien, das derart groß geworden ist, dass Friede und Anstand auf den öffentlichen Straßen aufs Übelste gefährdet sind«.

Zur Besänftigung argumentierte der Autor von *The Night Walker*, dass es oftmals nicht einfach sei, eine Anstellung zu finden – nicht nur Dienerinnen, sondern auch Schauspielerinnen standen oft nach der Saison auf der Straße, wenn die Reichen die Stadt wieder verlassen hatten. Für derart hilflose, mittellose Frauen, so erklärte er, sei es schwer, dem Ansturm der »Huren und Werber« zu widerstehen. Eine Prostituierte vertraute ihm an, dass sie zwar nicht glücklich mit ihrem Beruf sei, »aber die Armut hatte ihr keine andere Wahl gelassen, als weiter darin zu arbeiten«. Hatte sie sich dann einmal um eine ordentliche Stellung beworben, hatte sie häufig feststellen müssen, dass sie nur erneut in einem Bordell gelandet war. Viele Frauen wurden mit List oder auch Gewalt zur Prostitution verführt – vor allem Jungfrauen wurden entführt und vergewaltigt.

Einige junge Frauen wurden von ihren Arbeitgebern verdorben, von wo aus es für sie nur immer weiter bergab in Richtung Prostitution und Laster ging. Deborah Churchill, die man wegen Mordes henkte, gestand, dass »sie in jungen Jahren als Dienerin zu einer Dame hier in der Stadt gegangen war. In dieser Familie, wo man sie drei oder vier Jahre behielt, ist sie dann verdorben worden, denn in der Jugend war sie eine große Schönheit. Als der Gentleman sie dann verstieß und ihre Schönheit verblühte, zog sie lange Zeit als Hure durch die Stadt.«

Huren verdarben die Jugend, fürchtete Defoe, und führten närrische, alte Männer in die Irre:

> Während wir wollen, dass Diener unsere Arbeit tun, sind die Hundertschaften [von Drury], wie man sie nennt, ein Haufen fauler, frecher Schlampen, die das Vergnügen mehr lieben als das Spinnrad, und sie führen unsere Jünglinge in den Ruin. Ja, viele alte Lüstlinge (viehisch, wie sie sind) stehlen sogar von ihren Familien, um die Huren in ihren Höhlen zu besuchen und dort alle möglichen neuen Lüsternheiten zu probieren. Einige hängen sich halb auf, manche werden gepeitscht, andere liegen unter dem Tisch und kauen die Knochen, die man ihnen zuwirft, während wieder andere sklavisch inmitten der Dreckwäsche am Waschtrog stehen. Seltsam, dass das Verlangen mit der Zeit nicht stirbt; tatsächlich machen sich sogar *vor allem* alte Narren zum Gespött der Dirnen!

Niemand kannte die Schrecken der Geschlechtskrankheiten besser als Mutter Whybourn. Immerhin hatte deren Heilung sie ein Vermögen und ihre Schönheit gekostet. Vielleicht war das auch der Grund dafür, warum sie sich bemühte, an Kondome zu gelangen, doch das war nicht einfach; Kondome wurden in London generell kaum benutzt. Die Syphilis war so weit verbreitet, dass der Autor von *Der Nachtwanderer* vorschlug, sie nicht länger die ›französischen‹, sondern die ›englischen Pocken‹ zu nennen, die ›Londoner Krankheit‹. »Tatsächlich haben wir uns schon so sehr daran gewöhnt, dass wir es im Volksmund als die Covent-Garden-Gicht bezeichnen (…). Sie ist bei uns zu einer Epidemie geworden.«

Die Sorge war weit verbreitet, dass Männer sich bei Prostituierten eine Geschlechtskrankheit zuzogen und sie dann an ihre Frauen und ungeborenen Kinder weitergaben. Ein Fall, der vor dem Konsistorialgericht verhandelt wurde, illustriert eine solche menschliche Tragödie. Mary Hill, eine Dienerin in einem Haus in Mile End Green, Stepney, bezeugte, dass sie in große Angst geriet, als ihre Herrin plötzlich schrie: »Was, willst du mich ermorden?« Sie rannte in den Salon und fand ihren Herrn Isaac Pewsey, »wie er die Hände seiner Frau über einem Korbstuhl verdrehte«. Sara Pewsey war zu diesem Zeitpunkt schwanger und stand kurz vor der Entbindung, doch Isaac »trat sie den ganzen Weg vom Salon bis in die Küche«. Offensichtlich war Isaac von einem gewissen Dr. Salmon wegen Speichelfluss behandelt worden. Sara hatte versucht, sich um ihn zu kümmern, »und dennoch verfluchte er sie oft und schimpfte sie eine Schlampe und Hure (...) ohne jedwede Provokation oder Grund, und wenn der Speichel floss, schleuderte er die Ekel erregende Flüssigkeit auf sie (...), welche so unerträglich stank, dass [die Dienerin] sich ihr kaum zu nähern wagte, um ihr aus den Kleidern zu helfen«. Sara war von ihrem Mann mit der Syphilis infiziert worden.

Eine andere Frau, die in Clerkenwell lebte, war ebenso betroffen: »Thomas Ashworth hatte oft fleischlichen Kontakt mit dem Leib besagter Joanna (...). Er hatte ihr die Syphilis übertragen, welche sie derart schwächte, dass sie nicht mehr ohne Krücken gehen konnte.«

Natürlich konnte keine noch so teure Behandlung auf der Welt eine Heilung von der Syphilis garantieren. In und um Long Acre ein Schwitzbad zu nehmen, war nutzlos. Einst Orte für ein Stelldichein, waren sie nun Bordelle. Obwohl sie nur allzu häufig war, blieb die Syphilis eine Krankheit, die Schande bedeutete und dem Betroffenen die Ächtung durch seine Umgebung eintrug. Gnadenlose Stückeschreiber konnten der Versuchung nicht widerstehen und machten sich oft über den ›Klub der Nasenlosen‹ lustig.

Viele hegten Zweifel, was die Effektivität der *Gesellschaft für die Reformation der Sitten* betraf. Einige hielten sie für lächerlich, andere für verabscheuungswürdig. Diese Spitzelei hatte etwas zutiefst Unenglisches an sich. Der Autor von *A Modest Defense of Public Stews* (Eine bescheidene Verteidigung der öffentlichen Bordelle) sagte den Gentlemen der *Gesellschaft für die Reformation der Sitten* offen: »Eure Bemühungen, das Laster zurückzudrängen, haben es nur gefördert.« In der Vergangenheit hätte es solche Probleme nicht gegeben, argumentierte er, bis Heinrich VIII. die öffentlichen Bordelle in Southwark geschlossen hatte. König William war mit diesem System mit Sicherheit vertraut, da in der Niederländischen Republik lizenzierte Bordelle durchaus üblich waren. Öffentliche Bordelle, so forderte der Autor, sollte man mit »derartigen Privilegien und Immunitäten versehen«, dass »die private Hurerei« entmutigt »und der allgemeine Strom der Lüsternheit in geordnete Bahnen geleitet werde«. Er dachte an mehrere Preisstufen von zwei Schilling sechs Pence bis zu einer Guinea sowie die Einrichtung eines Fonds »für den Unterhalt von Bastarden und überalterten Huren«. Die Gesundheitsprüfungen mussten streng sein: »Keine Frau, die zweimal die Pocken gehabt hat, soll jemals wieder zugelassen werden, wobei drei Tripper als einmal Pocken zählen.«

Wenn London für den Sommer schloss, wurde Homosexuellen ein falsches Gefühl der Sicherheit vermittelt, die mitten am Tag vor der Börse oder in Covent Garden flanierten. Die *mollies houses*, die Schwulenklubs, frequentierten Tavernen in Covent Garden, vor allem auf dem Clare Market nahe Drury Lane. Dieses eine Mal zeigte sich Ned Ward leicht entsetzt: »Es gibt eine bestimmte Bande sodomitischer Kreaturen in der Stadt, die sich selbst *mollies* nennen, und die so weit degeneriert sind und sich von allem Männlichen abgewandt haben (...), dass sie sich einbilden, Frauen zu sein, die sie mit all ihren kleinen Eitelkeiten imitieren (...); [und] auch die Unanständigkeit der lüsternen Weiber lassen sie nicht aus (...), um diese widerwärtigen Bestialitäten zu begehen, die besser für immer ohne Namen bleiben sollten!«

Sodomie wurde als das sündigste aller Verbrechen betrachtet, und die Strafe dafür war der Tod. Natürlich nutzten das einige zur Erpressung.

George Skelthorp, der wegen Raubüberfalls vor Gericht stand, wusste, dass es »eine bestimmte Gastwirtschaft in Covent Garden gab, wo (...) sich diese Sodomiten häufig zu versammeln pflegen«:

> Er gab an, die Zeit und den Ort zu kennen, wo sich einige Sodomiten in Covent Garden herumtrieben. Dort stellte er sich ihnen dann oft in den Weg, und wenn einige von ihnen (was sie oft taten) ihn zu einem Ort in Covent Garden führen wollten, um es auf ihre verabscheuungswürdige Art mit ihm zu treiben, ging er mit ihnen. Und dann drohte er ihnen, er würde sie vor Gericht bringen, es sei denn, sie gäben ihm Satisfaktion. Auf diese Art und Weise kam er mehrere Male zu viel Geld, welches ihm diese Personen zahlten, die es vorzogen, ihm alles zu geben, was sie bei sich trugen, nur um nicht entlarvt zu werden.

Im frühen 18. Jahrhundert ging es in London tatsächlich noch weitaus zügelloser zu als in den 90er-Jahren des vorangegangenen Jahrhunderts, da die *Gesellschaft für die Reformation der Sitten* ihre Arbeit aufgenommen hatte. Verbrechen und Prostitution waren eine unheilvolle Verbindung eingegangen. Der gesellschaftliche Verfall schien nicht mehr aufzuhalten. Anstatt die Moral zu reformieren, hinterließ die Gesellschaft für die Reformation der Sitten den Engländern nur eins: eine gewisse Prüderie, die körperliche Bedürfnisse mit Widerwillen betrachtete und Sex in den Untergrund trieb.

16. KAPITEL

Verbrechen und Strafe

Achtmal im Jahr wurden in London die Glocken gedämpft geläutet,
um die Stadt darauf aufmerksam zu machen,
dass wieder die Zeit für ein Massenhenken gekommen war (...),
welchem man allgemein mit großer Freude entgegensah,
und das sich zu einer Art inoffiziellem Feiertag entwickelt hatte.

Es ist der 20. Januar 1700, und das Gericht hat sich im Hof von Old Bailey versammelt, einer schmalen Straße, die von Ludgate Hill nach Norden führt. Gestank erfüllt den überdachten Hof, als die Gefangenen herausgebracht werden. Der jüngste von ihnen hatte zwölf Pence zahlen müssen, damit seine Kumpane sich Mut antrinken konnten, doch weder der Alkohol noch die stark duftenden Blumen, mit denen die Tribüne verziert ist, vermögen den Gestank zu übertünchen oder das Galgenfieber der Gefangenen zu verbergen. Es ist ein bunt zusammengewürfelter Haufen: Diebe, Wegelagerer, Fälscher, Mörder. Obwohl diese Unterscheidungen unsinnig in einer Gesellschaft sind, wo Raub als ebenso schwerwiegend gilt wie Mord: Auf beides steht die Todesstrafe. Heute werden sie sich vor dem Gesetz verantworten müssen, und im London des Jahres 1700 ergibt das eine herrlich bizarre Geschichte. Der Korrespondent des *Post Man* ist hier, um über die Hinrichtung zu berichten.

Der Richter verkündet die Urteile aufsteigend nach Schwere der Tat. In Übereinstimmung mit König Williams neuen Gesetzen werden einige an der Hand gebrandmarkt, 13 auf der Wange mit einem großen T, das für *thief* steht, Dieb. Jene, die das Glück haben, 13 Pence in der Tasche zu haben, können zumindest dafür sorgen, dass man das Eisen kurz in kaltes Wasser taucht, sodass das Fleisch nicht allzu sehr verbrannt wird. Mit Metallkappen wird der Kopf während des Brennens festgehalten. Wenn die Haut des Gefangenen schwarz ist und seine Schreie sich in ein gequältes Stöhnen verwandelt haben, dreht sich der Brenner zum Richter um und erklärt mit professionellem Stolz: »Eine schöne Marke, Mylord!«

Sieben Männer und vier Frauen sind zum Tode verurteilt. Eine Frau, die wegen Geldfälschens, das als Kapitalverbrechen zählt, verurteilt worden ist, »fleht ob ihres Bauches«. Sie behauptet, schwanger zu sein, um sich so eine Schonfrist zu erkaufen. Sie weiß, dass die Matronen, die das Gericht zur Überprüfung derartiger Behauptungen beschäftigt, für Bestechungen empfänglich sind, und sie weiß auch, dass die Geburt des Babys den Tod der Mutter einläutet – schließlich wird man sie doch bei lebendigem Leibe vor St. Bartholomew, Smithfield, verbrennen. Ein Wegelagerer entscheidet sich für den Transport in die Kolonien, ändert dann jedoch seine Meinung und verlangt nach ›kirchlichem Segen‹, jenem seltsamen Erbe der Kirchengerichte, wonach jeder, der die Worte des 51. Psalms lesen kann, des so genannten ›Hals-Psalms‹, die volle Härte des Gesetzes abwenden kann. Der Gefängniskaplan tritt hinter ihn. Vielleicht flüstert er dem Gefangenen die rettenden Worte zu – gegen eine kleine Gebühr. In diesem Gericht regiert das Geld. »Kann er lesen?«, fragt der Richter auf Latein. »Er liest wie ein Geistlicher«, verkündet der Kaplan. Und wie ein Geistlicher wird er lediglich an der Wange gebrandmarkt.

Die Glücklichen, die der Schlinge entgehen, werden den Gerichtssaal vermutlich bald wiedersehen. Viele aus dieser kriminellen Gemeinschaft bereiten sich auf diese Möglichkeit vor, indem sie einen neuen Namen annehmen, sodass es beim nächsten Mal scheint, als stünden sie zum ersten Mal vor Gericht. Zu Beginn des 18. Jahrhunderts führt die stetig wachsen-

Gefangene wurden in einem offenen Gerichtssaal abgeurteilt. Ein erfolgloser Versuch, den Typhuserregern zu entgehen, die sie allzu oft verbreiteten. *(Guildhall Library, Corporation of London)*

de Verbrechensrate jedes Jahr zu einer wahren Flut von neuen Gesetzen. John Lockes Grundsatz, dass »die Regierung nur die Aufgabe hat, den Besitz zu wahren«, wird von der herrschenden Klasse wörtlich genommen. Zwischen den 80er-Jahren des 17. Jahrhunderts und den 20er-Jahren des 18. Jahrhunderts steigt die Zahl der Straftaten, die mit dem Tod bestraft werden, auf 350. Tatsächlich sind es so viele, dass niemand mehr sicher ist, wofür man nun gehängt werden kann und wofür nicht.

Es muss jedoch erwähnt werden, dass die Hinrichtungen nicht mit den Verurteilungen Schritt hielten. Ein paar Hinrichtungen erzeugen Furcht, zu viele stumpfen die Bevölkerung nur ab, die zumindest bis zu einem gewissen Grad der Herrschaft des Eigentums zustimmen muss. »Du Instrument von Schicksal und Gesetz«, schrieb Defoe von Tyburn, »gemacht, ein paar zu strafen und den Rest Ehrfurcht zu lehren.« Begnadigung und

Transport in die überseeischen Kolonien sind weitere Mittel, das Gesetz in einer Gesellschaft durchzusetzen, die weder Polizei noch ein stehendes Heer kennt. Selbst für die kleinsten Vergehen werden die Verurteilten gebrandmarkt, und die verräterischen Wunden machen es für sie dann unmöglich, eine ehrliche Arbeit zu finden. Als Kriminelle stigmatisiert, werden diese Männer und Frauen dann auch zu Kriminellen, eine sich selbst erfüllende Prophezeiung setzt ein; es ist nahezu sicher, dass sie erneut auffällig werden.

Die zum Tode Verurteilten verbringen ihre letzten Tage damit, sich inmitten von Lärm, Dreck und Gestank im Gefängnis von Newgate auf den Tod vorzubereiten. Dem anonymen Autor von *The History of the Press Yard* (Die Geschichte des Diensthofes) zufolge wurden sie in einem »üblen Gewölbe unter der Erde« festgehalten mit Bretterpritschen, »worauf ihr ruhen könnt, wenn eure Nase euch das erlaubt, denn der Gestank ist nahezu unerträglich, der in der schlechten Luft aus allen Ecken aufsteigt«. Ketten wurden in dem vor Kakerlaken wimmelnden Boden befestigt, »um jene zur Räson zu bringen, die sich als ungebärdig erwiesen haben«. Wollte man der Dunkelheit entfliehen, musste man sich eine Kerze kaufen. Jene mit Geld konnten sich eine Zelle abseits der anderen sichern, doch wirkliche Ruhe konnte man nicht kaufen. Sogar wenn die Gefangenen ihre Seele beim Kaplan erleichterten, geschah dies in Hörweite der anderen Gefangenen sowie der Zuschauer, die ihre Gesichter an die Gitter pressten.

Gefangenen, die Newgate zum ersten Mal betraten, mag man verzeihen, dass sie glaubten, mitten in der Hölle gelandet zu sein. Es gab gut 150 Gefängnisse in London, doch Newgate war das berüchtigtste. Ein Zeitgenosse beschrieb Newgate als »ein düsteres Gefängnis (...), ein Ort der Not (...), ein Wohnhaus des Elends, ein verwirrendes Chaos (...), eine bodenlose Grube der Gewalt«. Neue Gefangene bemerkten als Erstes den Lärm, den wilden Krach Hunderter von Gefangenen und das Rasseln ihrer Ketten auf dem Boden. Dann war da der Übelkeit erregende Gestank ungewaschener Leiber gemischt mit dem allgegenwärtigen Tabakrauch in der schlecht belüfteten Umgebung.

Während sich ihre Sinne überschlugen, wurden sie von den Wächtern gepackt und durchsucht. Sie mussten sich dem unterziehen, was man im Gefängnisjargon als »den schwarzen Hund laufen machen« bezeichnete. ›Kies‹, Bargeld, war der Lebenssaft von Newgate. Wie alle anderen Amtsinhaber seiner Zeit auch, hatte der Wärter sich seine Stellung kaufen müssen – und das hatte ihn die fürstliche Summe von 5 000 Pfund gekostet, welche er sich von den Gefangenen zurückzuholen gedachte –, sodass kein Gefangener hereinkam, ohne vorher ›Pfand‹ gezahlt hatte. Jene, die sich weigerten, wurden all ihrer Habseligkeiten beraubt und erst einmal in die Senkgrube geworfen. Da Wasser hier Mangelware war, waren diese Gefangenen nun vorläufig Außenseiter, und das würde sich auch nicht so rasch ändern.

In einem offiziellen Untersuchungsbericht heißt es:

Wir haben feststellen können, dass die Gefangenen auf der gewöhnlichen Seite von Newgate von Neuankömmlingen ein Pfandgeld verlangen, welches einst neun Schilling betrug, nun aber auf 17 Schilling angestiegen ist (…). Kommt ein Gefangener herein und hat nicht genügend Geld fürs Pfand dabei, wird er oder sie an einen Ort gebracht, den sie Tanger nennen. Dort wird er dann ausgezogen, geschlagen und auf die grausamste Art misshandelt.

Gefangene wurden ihrer Zahlungsfähigkeit gemäß untergebracht. Die beste Unterbringung gab es im Wärterhaus, von wo aus man den Diensthof überblicken konnte; tatsächlich war dies eine der teuersten Unterkünfte Londons. Der Autor von *The History of the Press Yard* zahlte eine Summe von zwanzig Guineas und elf Schilling die Woche und weitere elf Schilling für Möbel. Ein Bett mit sauberen Laken gab es für weitere fünf Schilling. Für einen Schilling die Woche konnte er auch eine Putzfrau bekommen. Eine Hure kostete einen Schilling pro Nacht, und für den Besuch eines Freundes zahlte man dem Wärter sechs Pence. Zeitungen konnte man sich ebenfalls bestellen. Die Mehrheit der Gefangenen hatte jedoch nicht das Glück, dort zu leben. Sie hausten entweder auf der Herren- oder auf der gewöhnlichen Seite. Die Zustände im untersten Stock beschrieb der Wegelagerer John Hall wie folgt: »Sie liegen auf zerfetzten Decken inmitten von schier unglaublichem Dreck (…) und die Läuse kriechen unter ihren Füßen entlang.« Da jedermann in Newgate von Läusen befallen war, hieß es dort »Quetsch den Fratz«, was »Töte die Läuse« bedeutete. Typhus war so weit verbreitet, dass tatsächlich nur jeder vierte Gefangene lange genug überlebte, um die Reise nach Tyburn anzutreten.

Und die Kosten in Newgate endeten nicht mit dem Pfand, also dem Eintrittsgeld. Gefangene, die es sich nicht leisten konnten, Essen von außerhalb kommen zu lassen, mussten auf die mageren Rationen zurückgreifen, die ihnen von den Behörden und aus Spenden zur Verfügung gestellt wurden, doch fürs Kochen verlangte der Koch drei Pence, sodass die Rationen oft roh oder kalt gegessen wurden. Das Gefängnisessen wurde am frühen Nachmittag serviert. Trost fanden die Gefangenen vor allem im Alkohol, und Newgate besaß seine eigene Bar, die allerdings ebenfalls exorbitante Preise nahm. Es war weit billiger, Alkohol zu trinken und Tabak zu rauchen, den man sich von Freunden bringen ließ.

Auch wenn sie ihre Strafe abgesessen hatten, konnten Gefangene nicht einfach gehen, ohne ein Abschiedsgeld gezahlt zu haben. Einige Schuldner schmachteten so jahrelang dort weiter, unfähig das nötige Geld zusammenzubekommen. Sie lebten »von den Ratten und Mäusen, die sie gefangen haben«, und wenn sie im Gefängnis starben, ließ man den Leichnam so lange in der Zelle verrotten, bis die Verwandten genügend Geld zusammengekratzt hatten, um ihn von den Wächtern freizukaufen. Ein Staatsgefangener wie Major Bernardi verbrachte mehr als 40 Jahre in Newgate, wo er ein zweites Mal heiratete und zehn Kinder großzog. Kinder und Haustiere waren in Gefängnissen nichts Besonderes.

Prostitution war weit verbreitet. Im Jahre 1700 fanden der Oberbürgermeister und die Stadträte entsetzt heraus, dass William Robinson, der stellvertretende Direktor, damit beschäftigt war, das Gefängnis in ein Freudenhaus zu verwandeln, indem er »lüsterne, gemeine Schlampen [einließ] (...), um dort die ganze Nacht zu liegen«. Es hieß, er habe »eine Hure mit Peter Flower, alias Bennett, zusammengesperrt, alias French Peter, und sie lag oft bei ihm, selbst nachdem er verurteilt worden war«. Robinson ließ keine einzige Möglichkeit aus, wenn es darum ging, Geld aus seinem Amt zu schlagen. So verlangte er sechs Schilling von einem männlichen Gefangenen, der in die Zelle einer Frau wollte. Viele der weiblichen Gefangenen konkurrierten mit den von außerhalb kommenden Huren; schließlich bedeutete eine Schwangerschaft Hinrichtungsaufschub.

Wenn ein Newgate-Baby überlebte, wurde es zur Erziehung ins Arbeitshaus der Gemeinde gebracht. Defoes Heldin Moll Flanders war solch ein Kind, auch wenn ihre Mutter nach Amerika transportiert und nicht hingerichtet wurde. Die Ironie der Geschichte, dass sie in Newgate geboren worden war und ihr Leben auch dort beendete, spiegelte das wirkliche Leben vieler Krimineller wider. Die Mutter des Straßenräubers Tom Merryman war eine gemeine Prostituierte die wegen Diebstahl und Raub in Newgate eingesessen hatte und aufgrund ihrer Schwangerschaft erst mit Verzögerung hingerichtet worden war. Ihr Sohn war in die Obhut der Gemeinde gegeben worden.

In *An Enquiry into the Causes of the Frequent Executions in Tyburn* (Untersuchung der Gründe für die häufigen Hinrichtungen in

Tyburn) verurteilte Bernard de Mandeville die Verderbtheit von Newgate:

> Es stellt eine Ermutigung des Lasters dar, dass die Lasterhaftesten beiderlei Geschlechts und noch dazu vor allem junge Leute an einem Ort beisammenleben und auch noch zueinander können. Für den Rest ist die Verderbtheit dieses Ortes einfach nur abscheulich, und es gibt keine schmutzigeren Scherze, keine Maximen, die für gutes Benehmen zerstörerischer sind, und keine sündige Sprache, wie sie an diesem Ort applaudiert werden und ungestraft wiederholt werden dürfen.

Es war leicht, im London des Jahres 1700 aufgegriffen und verhaftet zu werden. Einmal im Gefängnis, während sie auf ihren Prozess warteten, wurden die Gefangenen unweigerlich zu einem Teil der kriminellen Unterwelt. Der Autor von *Hanging Not Punishment Enough* (Hängen ist noch zu milde) verurteilte die Tatsache, dass die Gefängnisse »nun als Zuflucht für Verbrecher bekannt sind. Von dort senden sie ihre Botschafter aus, und es heißt, dass jedwede Korrespondenz über das Netz der Schurken durch ganz England transportiert werden kann.«

Viele der Gefangenen, besonders jene, die schon länger hier waren, verbrachten »die meisten Stunden (…) mit der Nachahmung von Prozessen, bei denen sie andere für das Kreuzverhör vorbereiteten und sie lehrten, Zeugen zu verwirren«.

In *The Memoirs of Right Villanous John Hall, The Late Famous and Notorios Robber* (Die Memoiren des verbrecherischen John Hall, des verstorbenen, berühmten und notorischen Räubers) findet sich ein sehr lebendiges Bild dieser ›Ausbildung‹ in Newgate:

> Anstatt nun über Philosophie und Mathematik zu disputieren, stürzen sich die Studenten aufs Gesetz. Jene, die des Einbruchs angeklagt sind, schwören Stein und Bein, dass man ihnen das nicht vorwerfen könne, da es bei Tag geschehen

In Newgate gab es einige der teuersten Unterkünfte in ganz London, während Schuldnern nichts anderes übrig blieb, als Ratten und Mäuse zu essen. *(Guildhall Library, Corporation of London)*

sei. Jene, die angeklagt sind, Pferdedecken und den Mantel eines Kutschers gestohlen haben, schwören, dass man sie nicht des Raubes anklagen kann, denn die Kutsche stand und wurde nicht angehalten (...). Auf diese unverschämte Art wird also jeder schamlose Übeltäter in seiner Sündhaftigkeit bestätigt, weil das Gesetz ihn nicht erreichen kann.

In dieser düsteren Umgebung existierte Folter als solche nicht, was ausländische Besucher zu dem Eindruck verleitete, die Engländer seien sehr fortschrittlich und milde. Aber Gefangene, die sich weigerten, vor Gericht für sich zu sprechen (das Schuld- oder Nichtschuldbekenntnis kam später, bis dahin konnte man schlicht keinen Prozess gegen einen schweigenden Gefangenen führen), mussten eine andere Form von Prüfung über sich ergehen lassen, die man *peine forte et dure* nannte.

Guy Miege erklärt in *The New State of England*, dass ein solcher Gefangener ins Gefängnis zurückgeschickt wurde.

Dort legte man ihn dann in einen niedrigen, dunklen Raum, nachdem man ihn bis auf die intimsten Kleider nackt ausgezogen hatte. Er lag mit dem Rücken auf dem Boden. Seine Arme und Beine wurden gestreckt und mit Seilen an die vier Ecken des Raumes gebunden; anschließend legte man ihm so viel Eisen und Steine auf den Leib, wie er tragen konnte. Am nächsten Tag sind ihm dann nur drei Stück Haferbrot erlaubt und nichts zu trinken, und am nächsten Tag dann (...) gibt es dann nur Wasser ohne Brot. Dies ist dann seine Nahrung, bis er stirbt.

Als letztes Mittel fügten manchmal seine Freunde ihr eigenes Gewicht dem auf seinem Leib hinzu, um das Sterben zu beschleunigen. Indem sie schwiegen, konnte man diese Gefangenen nicht für schuldig erklären, und so konnten sie »ihren Besitz für ihre Kinder retten«.

Transport in die amerikanischen Kolonien oder auf die Westindischen Inseln galt als schlimmeres Schicksal als der Tod. In den späten 90er-Jahren des 17. Jahrhunderts waren die Gefängnisse voll von Frauen, die des Geldfälschens angeklagt waren, die man begnadigt und stattdessen zur Zwangsdeportation verurteilt hatte. Zwar konnte man auf den Westindischen Inseln männliche Gefangene unterbringen – die man zur Arbeit oder zur Verteidigung auf den Plantagen einsetzen konnte –, Frauen waren jedoch nicht erwünscht. Emigrations- und Siedlungspolitik hatte man größtenteils den Kolonien selbst überlassen, und »Personen von üblem Charakter waren in Jamaika nicht erwünscht«. Während der Streit zwischen Mutterland und Kolonien weiterging, beschlossen einige der Betroffenen, die Dinge selbst in die Hand zu nehmen. Im Juli 1700 schrieb die *London Post:* »In dieser Nacht um ungefähr 12 Uhr versuchten mehrere Frauen, die zum Transport verurteilt in Newgate leben, aus dem Gefängnis zu entfliehen, indem sie ein Seil am Fenster hinunterließen; doch sie wurden entdeckt, und zwei von ihnen, die bereits hinuntergelangt waren, wurden wieder eingefangen und zurückgebracht.« Schließlich erklärten sich die Inseln unter dem Winde zur Aufnahme von 50 Frauen bereit, und die Regierung von William III. versprach acht Pfund pro Kopf zu zahlen, nur um sie loszuwerden.

Es ist nahezu sicher, dass es sich bei der Galgenhochzeit, die einen zum Tode Verurteilten retten konnte, um einen Mythos handelt. Nichtsdestotrotz könnte der Gedanke daran eine Gruppe von Frauen – die symbolisch Weiß trugen – zu Folgendem veranlasst haben, was im Juli 1700 in der Presse zu lesen stand: »Am vergangenen Dienstag ist eine Gruppe von zwölf Frauen ganz in Weiß in eine Versammlung der Lords der Admiralität gegangen und hat um das Leben von Griffin gebeten, einem der Piraten, die morgen hingerichtet werden sollen; aber Ihre Lordschaften vermochten sie nicht zu erweichen, und so sind sie am heutigen Tag, dem 19., auf gleiche Art zu den Lordrichtern gegangen, doch auch hier erreichten sie nichts.«

Besucher, die aus der Stadt herausfuhren oder sie betraten, mussten an den Straßenräubern vorbei. Zeitungen, Tagebücher und Briefe erfreuten ihre Leser mit den neuesten Vorfällen.

Sir John Verney schrieb einem Freund:

Sechs Ausländer auf dem Weg nach Frankreich sind bei Shooters Hill in der Kutsche nach Dover überfallen worden und haben 300 Pfund verloren. Einen von ihnen haben die Räuber getötet, die mit der Beute entkommen konnten. Die Gentlemen kehrten mit ihrem toten Kameraden nach London zurück. In letzter Zeit sind noch weitere Überfälle auf den Straßen in der Umgegend dieser Stadt verübt worden, sodass es im Augenblick sehr gefährlich ist zu reisen. Am Samstag haben drei Wegelagerer drei Wagen mit Dienern überfallen, die auf dem Weg zurück von den Brunnen von Richmond waren. Der Herzog von Northumberland ist ausgeraubt worden. Lord Osultstone saß in seiner Kutsche; der Mann im Wagen schnappte sich die Büchse, doch sie ging nicht los, und so haben die Räuber eines der Pferde seiner Lordschaft getötet und ihn auch ausgeraubt (…) und ungefähr 20 Personen sind ihnen in die Hände gefallen.

In der Hauptstadt selbst war es auch nicht viel sicherer, wie Nancy Nicholas Sir John Verney anvertraute:

Vergangene Woche fühlte ich mich nicht gut genug, um meinem geliebten Cousin zu schreiben (…). Hier in London kommt es beinahe jede Nacht zu einem üblen Überfall. Vergangene Woche sind ein Gentleman und zwei Damen in Hyde Park Corner ausgeraubt worden. Sie kamen aus Chelsea und hatte gerade St. James Park umrundet, als plötzlich sechs blanke Schwerter in ihre Kutsche gesteckt wurden.

Es kann niemandem entgangen sein, dass die harten Strafen gegen Diebstahlsdelikte so gut wie keine Wirkung auf die wachsende Zahl von Verbrechen zeitigten. Wie César de Saussure bemerkte: »Hinrichtungen sind in London keine Seltenheit (...). Nichtsdestotrotz gibt es in diesem Land eine überraschend große Zahl von Räubern. Man kann sie in drei Gruppen aufteilen: Wegelagerer, Straßenräuber und Taschendiebe, alle sehr verwegen und kühn.«

In einer Nation, die vor allem an einer Ausweitung des Handels mittels eines Ausbaus des Straßennetzes interessiert war, wuchs die Ungeduld »ob der häufigen Unterbrechung von Handel und Geschäft, indem Pakete geraubt und Korrespondenz abgefangen wird – von der Unsicherheit, Bankbelege über die Straßen zu schicken, einmal ganz zu schweigen«. Der Autor von *Hanging Not Punishment Enough* kam zu dem Schluss: »Sollte diesem wachsenden Übel nicht rasch Einhalt geboten werden, können wir es in Kürze nicht mehr wagen, durch England zu reisen.«

Er gab zu, dass die wirtschaftlichen Probleme als Folge des Kriegs mit Frankreich teilweise für diese Misere verantwortlich waren. Die wachsende Zahl von Wegelagerern wurde »der großen Zahl von Soldaten« zugeschrieben, »die ohne Arbeit oder Plunder sind und kaum Geld ihr Eigen nennen«:

Nachdem so viel Tausend Soldaten und Seeleute entlassen worden sind, sind viele von ihnen in Not geraten und haben sich an ein faules Leben gewöhnt. Sie wollen nicht arbeiten, und viele, fürchte ich, können es auch nicht mehr. Außerdem wächst die Zahl der Armen stetig an (...), lüsterne Weiber gibt es zum großen Entsetzen guter Leute genug, und (...) oft sind sie der Hauptgrund, dass diese Männer morden, plündern, rauben und stehlen.

Nichtsdestotrotz, sagte er, »haben sie mehrere in den Ruin getrieben und uns allen Furcht gebracht. Sie haben Kutscher verwundet und verstümmelt und viele nackt im kalten Wetter zurückgelassen, sodass sie oft sogar ihr Leben verloren haben.« Sie raubten nun »mit der gleichen Frechheit, Selbstsicherheit und Beiläufigkeit, wie sie es auch legal getan haben und mit Segen ihrer Vorgesetzten. Man hat den Eindruck, als kämen sie nicht zum Stehlen und Plündern, sondern zum Konfiszieren und Requirieren.«

Der Mythos des schneidigen Straßenräubers war bereits geboren. Laut César de Saussure: »Mit einer Hand präsentieren sie die Pistole, mit der anderen den Hut, während sie die unglücklichen Passagiere mit aller Höflichkeit ersuchen, ihre Börsen anstelle ihres Lebens herzugeben. Ich habe gehört, dass einige Straßenräuber recht höflich und großzügig sein sollen. Sie entschuldigen sich dafür, zum Rauben gezwungen zu sein, und lassen den Passagieren das Nötigste, um ihre Reise fortsetzen zu können. Alle Straßenräuber, derer man habhaft wird, werden ohne Gnade gehenkt.«

Nachdem er gefangen und gehenkt worden war, zog die von Fackeln beleuchtete Beerdigung des legendären Straßenräubers Claude Du Vall Hunderte von weinenden Frauen an.

Sein Epitaph in St. Paul's Covent Garden liest sich wie folgt:

> Hier liegt Du Vall:
> Leser, wenn du ein Mann bist,
> Halt ein Auge auf deine Börse, und bist du ein Weib,
> auf dein Herz.
> Viel Schaden hat er beidem zugefügt, denn alle
> Männer ließ er stehen und alle Frauen fallen.
> Er war der zweite Eroberer normannischen Geschlechts;
> Ritter ergaben sich seinen Waffen und Damen seinem
> Gesicht.
> Old Tyburns Ruhm, Englands berühmter Dieb,
> Du Vall, Freude der Damen, Du Vall, Leid der Damen.

De Saussure fiel eine seltsame Praxis auf, die erklärt, warum ein Raub am helllichten Tag etwas Besonderes war. »Wenn einer Person bei Tageslicht eine beachtliche Summe geraubt wird, und das auf der Überlandstraße, und wenn diese Person dann dem Sheriff diesen Raub vor Sonnenuntergang anzeigt und beweisen kann, dass das Geld ihr an diesem genauen Ort geraubt worden ist, ist das County, in welchem der Raub stattfand, verpflichtet, die Summe zurückzuerstatten.«

Auch in London selbst schlichen Räuber durch die schlecht beleuchteten Straßen. Es hieß, kein Mann könne abends auswärts essen, ohne nicht bis an die Zähne mit Schwert, Pistole und Muskete bewaffnet zu sein. Jungen, die angeheuert wurden, um den Weg zu erleuchten, konnte man nicht immer vertrauen: Ein ›Mondkerl‹ führte die Unvorsichtigen genau zu jenen, die ihn ausrauben würden. De Saussure riet, sollten Straßenräuber »einer gut gekleideten Person des Nachts in einer wenig besuchten Gegend auflauern, werfen sie ihm eine Schlinge um den Hals, halten ihm den Pistolenlauf unters Kinn und drohen ihm, ihn zu töten, wenn er auch nur die kleinste Bewegung macht oder nach Hilfe schreit«.

Es war Sache der Opfer, die Räuber zu verfolgen und sie dem Gesetz zu überantworten, meistens durch Angebot einer Belohnung in der Presse:

Gestern Morgen zwischen acht und neun Uhr am Morgen haben drei Straßenräuber zwischen Islington und Holloway einen Thomas Waller überfallen und ihm die Summe von 23 Schilling in Silber abgenommen. Einer dieser Räuber war ein großer schwarzer Mann mit glattem Haar, langem Gesicht, einer großen roten Nase, Pickeln um den Mund und einem kleinen blauen Fleck am Kinn. Wer auch immer ihn fasst und sich bei Mr Waller meldet, sodass der Mann dem Friedensrichter vorgeführt werden kann, soll zwei Guinea Belohnung erhalten sowie all seine Unkosten erstattet.

Manchmal berichtete die Presse von Straßenräubern in ungewöhnlichen Verkleidungen: »Sonntag- und Montagnacht haben vier Straßenräuber in Frauenkleidung mehrere Personen zwischen Pancras und Highgate ausgeraubt, aber wie ich höre, sind zwei von ihnen gefasst und angeklagt worden.«

Auch Frauen waren sich nicht zu schade für einen Raubüberfall. In den Gerichtspapieren von Old Bailey steht zu lesen: »Elizabeth Brown, alias Latham, wurde des Raubüberfalls auf eine Alice Haman in The Strand angeklagt. Brown hat sich auf sie gestürzt und sich mit einem Silbermedaillon im Wert von 15 Schilling davongemacht. Es wurde bezeugt, dass sie sich der Klägerin auf der Straße in Begleitung einiger anderer Frauen genähert hat (…), und sie wurde als faule Hausfrau betrachtet und somit für schuldig befunden.«

Die Hüter von Gesetz und Ordnung in London waren schwach, da es keine zentrale Behörde gab. Eine richtige Polizeitruppe gab es nicht. Eine Polizei wurde als unenglisch betrachtet, während sie im benachbarten Frankreich ein Instrument königlicher Tyrannei war. Polizeiarbeit wurde in London nur sporadisch geleistet. Es gab die Königlichen Boten, die direkt dem Kronrat verantwortlich waren. Sie waren für Hochverrat und andere politische Verbrechen verantwortlich. Da Geldfälschen ebenfalls unter Hochverrat fiel, hatten sie viel zu tun. Der Rat beschäftigte die so genannten Stadtmarschalle, die sich um die Straßenbewohner kümmerten. Sie besaßen die Befugnis, auch in den umliegenden Countys Haftbefehle auszustellen. Bis zu einem gewissen Grad wurde ihre Arbeit auf Gemeindeebene von den Constablern, Kirchendienern und Straßenwächtern kopiert, auch wenn diese großen Einschränkungen unterlagen, was das Recht betraf, jemanden zu verhaften. Constabler wurden nicht bezahlt; einfache Bürger wechselten sich jährlich in diesem Posten ab – theoretisch. Praktisch bezahlten die Bürger Deputies (Stellvertreter), die ihnen diese Arbeit abnahmen und sie alsbald immer taten. Straßenwächter verdienten nur sechs Pence die Nacht für eine sehr gefährliche Arbeit.

Der Großteil der Polizeiarbeit ruhte auf den Schultern der Bürger, die Bürgerwehren in ihren Vierteln organisierten und selber Detektivarbeit leisteten, um Kriminelle zur Strecke zu bringen. Die *London Post* berichtete:

Mir wurde berichtet, die Gentlemen von Hackney hätten den Wunsch, die Straßen, die zu ihnen führen, von Räubern zu säubern. Zu diesem Zweck heuerten sie einen unternehmenslustigen Träger an, versahen ihn mit ein paar Waren und schickten ihn über die Straße, um zu sehen, ob man ihm auflauern würde. Gleichzeitig heuerte man drei, vier weitere Gesellen an, die ihm ein Stück entfernt folgen sollten, um ihm zu helfen, sollte er angegriffen werden. Und das war auch gut so, denn der Träger wurde von drei Räubern aufgehalten. Sofort warf er seine Waren zu Boden und rannte los, die drei Mordbuben dicht auf den Fersen. Alsbald hatte er jedoch die anderen erreicht, und die Übeltäter wurden festgesetzt und sitzen seitdem im Gefängnis.

Während die Gesellschaft immer reicher wurde und die Verbrechensrate stieg, entwickelte die Unterwelt eine Gegenkultur mit eigenem Code und eigener Sprache. Moll Raby spezialisierte sich im ›Arschzupfen‹. Sie suchte sich eine ›Blume, Blümchen oder Funken‹ in einem Bierhaus und lockte ihn in eine dunkle Gasse. »Wenn der genarrte Trottel dann mit heruntergelassener Hose nach ihr greift, schnappt sie sich seine Uhr oder sein Geld. Dann räuspert sie sich laut, woraufhin der Kerl, mit dem sie zusammen ist, aus dem Dunkel erscheint, den Galan niederstreckt, und gemeinsam tragen sie die Beute davon.« Moll Raby machte alles Mögliche. So war sie zum Beispiel auch eine ›Nachtschleicherin‹ und brach in ein Haus in der Downing Street ein, wo sie die ganze Zeit über unter dem Bett lag, während die Familie zu Abend aß. Einmal nahm sie einer Schlafenden eine Perlenkette ab und schluckte sie herunter; dann erbot sie sich mit Unschuldsmiene, dass man sie durchsuchen möge.

Moll Hawkins war eine Verkleidungskünstlerin. Sie kleidete sich wie ein Putzmacher- oder Näherinnenlehrling, ging zu Häusern von Leuten von Rang und erklärte, »sie habe etwas für die Dame des Hauses zu überbringen«. Während die Dienerin ging, um ihre Herrin zu holen, raubte Moll das Haus aus und floh. Bei einem Besuch bei Lady Arabella Howard am Soho Square, angetan mit Handschuhen und Fächer, erbeutete sie einen 50 Pfund teuren Teller aus dem Salon.

Nan Holland arbeitete in der ›Dienstleistungssparte‹. Sie ließ sich als Dienerin anstellen und raubte dann das Haus aus. Obwohl sie noch jung war, konnte Nan »vorzüglich schmeicheln, überzeugend lügen, verzweifelt schwören, anderen geschickt in die Tasche greifen, ohne Unterlass saufen und rauchen und unersättlich huren. Sie war die Frechheit in Person.«

César de Saussure bemerkte: »Die Taschendiebe sind Legion. Mit außergewöhnlicher Geschicklichkeit stehlen sie Taschentücher, Schnupftabaksdosen, Uhren – kurz, alles, was sie in euren Taschen finden.« Die Diebe stahlen alles, sei es nun das Schwert eines Gentleman, der nichts ahnend um die Ecke kam, oder eine Truhe von einer fahrenden Kutsche; ja, selbst vor Kindsraub schreckten sie nicht zurück.

Einbrüche hatten ein seuchenartiges Ausmaß angenommen. ›Den Gesichtskreis bearbeiten‹ bedeutete in der Diebessprache, ein Haus auszurauben. Entweder brachen sie die Tür mit einer Eisenstange auf oder stiegen durchs Fenster ein. Manchmal fesselten und knebelten sie die Bewohner, während sie die Zimmer ausräumten und sich mit der Beute davonmachten. Läden wirkten wie Magneten auf Diebe, und das trotz des neuen Ladendiebstahlgesetzes, das den Diebstahl von Waren im Wert von über fünf Schilling zu einem Kapitalverbrechen erklärte. Manchmal setzten Diebe einen ›Zug‹ ein, einen Haken am Ende einer Stange, um Waren durch das Ladenfenster herauszuziehen. Gestohlene Waren landeten natürlich meist bei irgendwelchen Hehlern in düsteren Spelunken. Die Hehler mussten jedoch damit rechnen, gebrannt markt, ausgepeitscht oder für sieben Jahre in die Kolonien deportiert zu werden.

Es war Williams und Marys Politik, einen Dieb den Dieb fangen zu lassen. Indem sie hohe Belohnungen aussetzten, ermutigten sie die Diebe, andere anzuschwärzen, und zerstörten so ganze Banden. Auf diese Art entstanden auch die Diebfänger wie Jonathan Wild, Leute, die ein doppeltes Spiel spielten. Während sie auf der einen Seite vorgaben, dem Gesetz Geltung zu verschaffen, profitierten sie auf der anderen vom Verbrechen. Ihre Armee professioneller Informanten besaß die Macht über Leben und Tod der Diebe, die in ihren Dunstkreis gerieten.

Für jene Insassen von Newgate, die zum Tode verurteilt worden waren, wich der Dreck ihrer Zelle irgendwann der Glorie ihres Hinrichtungstages. Für viele war es eine Frage des Prinzips, heldenhafte Gleichgültigkeit angesichts ihres Schicksals zur Schau zu stellen. Sie spielten die Hauptrolle in dem staatlichen Hinrichtungsdrama, in jenen Ritualen des Opfers und der Erneuerung, die einen Teil des Kontraktes zwischen Herrschenden und Beherrschten darstellten. Anstatt es als schändlich und demütigend zu empfinden, wie es erwartet wurde, schöpften viele im Augenblick ihres kurzen Ruhms neuen Mut oder freuten sich sogar, berüchtigt genannt zu werden. Tapfer stellten sie sich dem Tod und versuchten, die Rolle möglichst gut zu spielen, die ihnen zugedacht war.

Gespielte Tapferkeit war jedoch nicht billig. Für einen spektakulären Abgang benötigte man Bargeld, und Newgate war berüchtigt dafür, seinen Insassen all ihre Habe zu nehmen. Aber die Menge durfte nicht enttäuscht werden. Bei einem Volk, das einen großen Teil seines Vermögens für das äußere Erscheinungsbild aufwendete und wo Kleidung einen hohen Symbolwert besaß, war es üblich, sich für die eigene Hinrichtung möglichst bunt und fröhlich anzuziehen. Aber nicht nur die neuen Kleider mussten geordert, sondern auch ein prächtiger Sarg sollte organisiert werden.

Die meisten Verurteilten waren jung und allein stehend, Bilderbuchbeispiele menschlichen Treibguts, von Träumen von goldgepflasterten Straßen nach London gelockt, um dann in der Unterwelt der Hauptstadt zu stranden. Dies war ihr erster und einziger großer Tag. Da ihre Leben so abrupt enden sollten, beschlossen sie, zu ihrer Hinrichtung wie zu ihrer Hochzeit gekleidet zu gehen. Oder, wie der berüchtigte Wegelagerer John Hall es in seinen Memoiren ausgedrückt hat, »sodass man sie für Bräutigame hielt, die die alte Mrs Tyburn ehelichen wollen«. Auch wohlhabendere Übeltäter folgten dieser Tradition. Lord Ferres trug den weißen Seidenanzug, den er auch bei seiner Hochzeit getragen hatte, als er dafür hingerichtet wurde, seinen Verwalter erschossen zu haben. Mindestens ein Gentleman-Wegelagerer ließ seinen Schneider noch bis kurz vor der Hinrichtung hart arbeiten. Einige eher praktisch veranlagte Charaktere gingen allerdings in ihrem Totenhemd zur Hinrichtung.

Der Franzose Henri Misson war ein solch genauer Beobachter der englischen Sitten, dass man von ihm wohl kaum erwarten konnte, sich eine öffentliche Hinrichtung entgehen zu lassen:

Er, der gehenkt oder sonstwie vom Leben zum Tode befördert werden soll, lässt sich zunächst rasieren und ordentlich einkleiden, entweder mit einem Trauer- oder einem Hochzeitsgewand. Ist das getan, schickt er seine Freunde los, damit sie sich die Erlaubnis holen, ihn zu begraben und er seinen Sarg mitnehmen darf, was ihnen sofort gewährt wird. Sind Anzug oder Nachtgewand, Handschuhe, Hut, Perücke, Blumenstrauß, Sarg, Leichentuch und all die anderen Dinge besorgt und bereit, ist das Wichtigste erledigt, sodass der Verurteilte dann an seine Seele denken kann.

Der Stadtrat und Schriftsteller Henry Fielding, einer der Ersten, der die Wirksamkeit öffentlicher Hinrichtungen infrage stellte, hatte den Eindruck, dass diese Aufmerksamkeit, die der Kleidung gewidmet wurde, nur dazu diente, den Verbrecher zu glorifizieren. Er schlug vor, man solle den Verurteilten »ein besonderes Habit verordnen (Schwarz ist die passendste Farbe) (...), zumindest für die Hinrichtung, damit sie nicht mehr in bunten Kleidern rauskommen (...) sondern in solchen, wie sie jenen angemessen ist, die alsbald die volle Härte des Gesetzes zu spüren bekommen werden«.

Die Öffentlichkeit wollte jedoch glamouröse Schurken, zumal es noch ein großes Publikum außerhalb der Menge in Tyburn gab (was wohl zum größten Teil der englischen Neigung zuzuschreiben ist, Verbrecher als heroische Rebellen gegen jedwede Autorität zu betrachten, als freie Männer in einer repressiven Gesellschaft). Die Abenteuer von Kutschenräubern, Piraten und anderen Gesetzlosen regten die Fantasie der Menschen an, und im Jahre 1700 hatten die Verleger erkannt, dass es einen großen Markt für ihre Memoiren gab. Der Konkurrenzkampf um die Manuskripte war hart und begann bereits bei der Verhandlung in Old Bailey. Beat Louis de Muralt kommentierte ironisch: »Obwohl die Geschichten dieser Verbrecher an sich schon sehr bewegend sind, werden sie oft noch auf die lebhafteste Art ausgeschmückt (...), sodass die gedruckten Versionen nach Ansicht vieler Leute zu dem Besten gehören, was man in London lesen kann.«

So war jede Verhandlung in Old Bailey ein Medienereignis mit der eigenen Zeitung dicht auf den Fersen. Je sensationeller die Fälle, desto sensationeller die Titel: »Ein vollständiger und wahrheitsgemäßer Bericht über die Entdeckung und Verhaftung der berüchtigten Bande von Sodomiten in St. James«; »Ein vollständiger und wahrheitsgemäßer Bericht über die Entdeckung und Verhaftung der berüchtigten Hexe«, und »Die wahre und wunderbare Beziehung einer Mörderin aus der Gemeinde Newington, welche einem Kind die Kehle durchgeschnitten hat«. Diese Berichte mögen ja ungenau und übertrieben gewesen sein, aber die Blätter waren schwungvoll geschrieben, wurden zu einem vernünftigen Preis verkauft und erschienen garantiert am Tag der Hinrichtung, wenn die Nachfrage am größten war.

Ein paar der raffinierteren Todeskandidaten verkauften ihre Memoiren, um den Sarg bezahlen, ihre Schulden im Gefängnis begleichen und noch ein wenig für ihre Familien übrig behalten zu können. In ihrem kurzen Augenblick des Ruhms gefiel es einigen, ihre eigenen, gerade veröffentlichten Memoiren zu lesen – selbst noch auf dem Weg nach Tyburn. Andere gaben ihre Aufzeichnungen an Freunde und Verwandte, damit diese sie veröffentlichen lassen konnten, oder reichten ihre Memoiren demonstrativ dem Kaplan, wenn sie schon unter dem Galgen standen.

Aber die wirklichen Gewinner dieses Geschäfts waren nicht die Gefangenen, sondern die Gefängnisbeamten. Der Gefängniskaplan von Newgate, der so genannte Ordinarius von Newgate, brachte ein Gehalt von 35 Pfund mit nach Hause, doch den größten Teil seines Einkommens machte sein Monopol auf die ›offiziellen‹ Berichte der Verurteilten aus, die »Berichte, Beichten und berühmten letzten Worte« namhafter Verbrecher, die zwischen drei und sechs Pence kosteten und in tausendfacher Auflage verkauft wurden. Der Ordinarius hatte durch sein Amt natürlich den Vorteil der ›Auskunft letzter Hand‹: Er verbrachte viele Stunden mit den Gefangenen, nahm ihnen die Beichten ab und begleitete sie bis unter den Galgen. Unglücklicherweise starb der Markt für sein Wissen mit dem Verurteilten, und bis dahin hatte er seine geistliche Pflicht zu erfüllen. Der Kaplan veröffentlichte dann alles so schnell wie möglich, am besten gleich am nächsten Morgen, um noch so viel verkaufen zu können, wie denn nur irgend ging. Und er vergaß auch nicht, die bevorstehende Publikation bereits unmittelbar nach der Verhandlung in den Zeitungen anzukündigen.

In den ersten Monaten des Jahres 1700 hatte John Allen diese prestigeträchtige Stellung inne. Nebenbei verdiente er sich etwas Geld mit einem Bestattungsunternehmen und bot zum Tode Verurteilten Aufschub im Tausch für möglichst farbenprächtige Geschichten an. Der Mann, der ihn ersetzte, Paul Lorrain, ein ehemaliger Angestellter von Samuel Pepys, war weniger skrupellos. Er drängte die Verurteilten, »sich rasch vom Bösen loszusagen, und zu diesem Zweck sollen sie geduldig und demütig die kurze Zeit der Schande und der Bestrafung auf sich nehmen, die ihren Taten angemessen ist. Sie sollen ihre Strafe anerkennen, und sofern sie dazu in der Lage sind, der Welt Satisfaktion gewähren.« Viele empfanden den Druck als unerträglich. Ein paar zeigten sich daraufhin verstockt, wie zum Beispiel der Pirat Dalziel, der Lorrain drohte, ihn die Treppe hinunterzutreten.

Im März desselben Jahres traf Lorrain auf den berühmten Piraten Captain Kidd. Am Tag von dessen Hinrichtung verlief nicht alles nach Plan. Man stelle sich die Szene vor: Niedrigwasser, Execution Dock, Wapping. Hier werden die Piraten aufgehängt, bis die Flut dreimal über sie hinweggegangen ist. Auf der Themse drängten sich mit Zuschauern gefüllte Barken, während andere sich am gegenüberliegenden Ufer versammelt hatten und ihre Ferngläser auf die Szene richteten. Lorrain hatte Kidd in Newgate verlassen und traf als Erster am Execution Dock ein. Als der Captain schließlich jedoch erschien, war klar, dass irgendetwas ganz und gar nicht stimmte. Lorrain entdeckte »zu meinem unbeschreiblichen Kummer«, dass Kidd »volltrunken war, sodass er offenbar unter geistiger Verwirrung litt. Er würde das großartige Werk noch nicht einmal bemerken, das man nun an ihm vollbringen würde.«

Kidd rechnete mit einer Begnadigung durch seine früheren Geschäftspartner in der Regierung, die einen Teil seiner Profite aus New York eingestrichen hatten. Die Begnadigung blieb jedoch aus. »Ich vermute, er meinte es ernst«, fährt Lorrain fort, »denn er dachte mehr über andere nach als über sich selbst, und noch immer versuchte er, seine Fehler auf seine Mannschaft und andere abzuwälzen. Er entschuldigte seine Taten auf jede erdenkliche Art, ganz so wie bei seiner Verhandlung.«

Doch dank eines »bemerkenswerten Zufalls« bekam Lorrain eine zweite Chance, die Nuss zu knacken. In seinen eigenen Worten:

> Das Seil, das Captain Kidd um den Hals gelegt wurde, riss, und so fiel er lebend zu Boden. Auf diese Art bekam er noch einmal Gelegenheit, über die Ewigkeit nachzudenken, in die er nun übergehen würde. Als man ihn wieder heraufbrachte, um ihn erneut an den Baum zu hängen, bat ich, noch einmal zu ihm gehen zu dürfen, was man mir auch gewährte. Dann erklärte ich ihm, die große Gnade, die Gott der Herr ihm (unerwartet) gegeben hatte, sodass er noch einmal über seine Fehler nachdenken und Buße tun könne. Nun fand ich ihn weit zugänglicher als zuvor.

Erst als er wieder auf der Leiter stand und Lorrain sich an die unteren Sprossen klammerte und ihn anflehte zu bereuen, erklärte Kidd »offen, dass er alles von ganzem Herzen bereue und in christlicher Nächstenliebe aus dieser Welt scheide«.

Wie Lorrains Geschichte über Kidd zeigt, waren die offiziellen Berichte voll scheinheiligen Moralisierens – was auch nicht verwundert, da Lorrain im Gegensatz zu seinen Vorgängern die meisten davon selbst verfasst hat. Frühere Amtsinhaber hatten den eigenen Worten der Verurteilten mehr Platz eingeräumt. Der Ordinarius Samuel Smith arbeitete zum Beispiel mit dem Wegelagerer Jackson zusammen, um einen der unterhaltsamsten Berichte überhaupt zu verfassen. Wer was dazu beigetragen hat, ist offensichtlich, und die Einzelteile sind nur grob zusammengefügt. Smith verurteilt die Wegelagerer als »jene alles verschlingenden und zerstörenden Raupen einer verdorbenen und schmutzigen Nation«, woraufhin Jackson Smith mit wahrscheinlich verschwörerischen Blick als »einen Geistlichen oder besser als einen wohltätigen Arzt für meine sündige, kranke Seele« beschreibt. Die Frauen schienen Jacksons Ruin gewesen zu sein. Er lässt durchsickern, »dass mein verstorbener Komplize mir sein Weib gegeben hat. (…) Ich habe die Erbschaft angenommen und den Besitz sofort und ohne Gewalt an mich gebracht, denn sie hat sich nur allzu gern ergeben.« Aber es war klar, wer wirklich die Kontrolle über dieses Pamphlet hatte. Smith hatte natürlich das letzte Wort: »Ich hoffe, dass Gott ihm seine Sünden vergeben hat, für die er nun in Ketten in Hampstead liegt, ein wahrhaft Furcht erregendes Spektakel für alle, die es sehen.«

Auf diese Art wurde der Kriminelle schlussendlich als Sünder dargestellt, dessen Sünden unweigerlich zu seinem Untergang geführt hatten. John Allens Bericht über den Einbrecher John Titt ist typisch dafür: »Sein Leben war zum Schluss sehr unregelmäßig. Er war dem Fluchen verfallen, der Lüsternheit und dem Verderben, und das, so sagt er, bekümmere ihn nun sehr. Jetzt betrachte er seine Laster, die ihm früher so angenehm erschienen waren, nur noch mit Verachtung.«

Lorrain machte es sich zur Aufgabe, den Gefangenen im Vorfeld der Hinrichtung von Pech und Schwefel zu predigen. Dafür verwendete er so heilsame Texte wie Matthäus 25, 46: »Und sie werden hingehen: diese zur ewigen Strafe, aber die Gerechten in das ewige Leben.« Einen Tag vor der Hinrichtung predigte er ein letztes Mal vor den Verurteilten, die in der Gefängniskapelle vor schwarz verhüllten Särgen saßen, in denen man sie zu Grabe tragen würde. Das war eine feierliche Angelegenheit, aber Neugierige kauften sich Eintrittskarten von den Wärtern an der Kapellentür, und auch die Einstellung der Gefangenen war alles andere als feierlich: »Am Morgen, bevor sie hingerichtet wurden, als sie sich in der Kapelle befanden, schienen sie nicht alle von ihrem Zustand berührt zu sein. Während der Ordinarius betete, nahm Stone eine Laus von seiner Brust, legte sie aufs Gebetbuch und sagte zu Chicksley: ›Schau mal, wie sie über die Gebete rennt.‹«

Achtmal im Jahr wurden in London die Glocken gedämpft geläutet, um die Stadt darauf aufmerksam zu machen, dass wieder die Zeit für ein Massenhenken gekommen war, welchem man allgemein mit großer Freude entgegensah und das sich zu einer Art inoffiziellem Feiertag entwickelt hatte. Wie Beat Louis de Muralt bemerkte: »Man könnte glauben, dass sie diesen Hinrichtungen ebenso entgegenfiebern wie einem Jahrmarkt.«

Vor dem Gefängnis hallte die Luft von den Rufen der Straßenhändler wider, die Flugblätter zu den Kriminellen, Balladen und Erfrischungen feilboten. Durch die Menge drängten sich Diebe, die sich von der geballten Macht des Gesetzes vor ihnen keineswegs abschrecken ließen, im Gegenteil: Hinrichtungstage stellten eine hervorragende Einnahmequelle für Diebe dar, wie César de Saussure mit einem gewissen Staunen bemerkte: »Diese Schurken sind so frech. Sie stehlen sogar noch unter dem Galgen. Keine Hinrichtung vergeht, ohne dass nicht Taschentücher oder andere Dinge gestohlen würden.«

Die festliche Atmosphäre breitete sich sogar bis in das Gefängnis aus, wo viele der Verurteilten immer rüpelhafter und trotziger wurden, nicht zuletzt aufgrund der nicht unerheblichen Menge Alkohol, die man ihnen zugestand, um ihre Furcht zu ertränken. Ein Beobachter, Bernard de Mandeville, empfand das als den schockierendsten Aspekt der ganzen Sache. Die Verurteilten »tranken entweder wie die Wahnsinnigen oder warfen mit den lästerlichsten Zoten um sich und spotteten über jene, die weniger reuelos waren (...). Der Ordinarius huschte zwischen ihnen umher und (...) verteilte stückweise gute Ratschläge an die unaufmerksamen Zuhörer. Neben ihm fluchte der Henker ob der Verzögerung.«

Der Weg zum Galgen war streng ritualisiert. Zunächst wurden die Delinquenten in den Diensthof gebracht, wo man ihnen vor einer Zuschauergruppe die Ketten abnahm. Dann wurden die Gefängnistore aufgestoßen, und die Karrenprozession rollte zu den grölenden Gaffern hinaus. Die Parade wurde vom Stadtmarschall zu Pferd angeführt sowie dem Untersheriff, welche zu beiden Seiten von einer Kavalkade von Friedenswächtern und Constablers mit ihren Stäben flankiert wurden. Eine Kompanie Speerträger bildete die Nachhut. Die Gefangenen, von denen viele auf ihren eigenen Särgen hockten, wurden vom Ordinarius und dem Henker begleitet. Die Karren waren nach einer strengen hierarchischen Ordnung belegt, je nach Schwere des Verbrechens: Der erste Karren gebührte jenen, die die Königliche Post überfallen hatten. Die Reichen konnten es arrangieren, in der Kutsche zum Hinrichtungsplatz zu fahren; dort mussten sie dann allerdings auch auf den Karren klettern. Verräter wurden rückwärts gezogen. Für jene, die sich den Hass des Volkes zugezogen hatten, war ihre letzte Reise voller Gefahren. Sie sahen sich einem Bombardement von Beschimpfungen, Dreck, fauligem Gemüse und weit gefährlicheren Geschossen ausgesetzt.

An der Kirche von St. Sepulchre hielten die Gefangenen an, wo nach alter Sitte ein Glöckner zwölfmal eine Handglocke läutete, bevor er sich mit den Worten an die Anwesenden wandte: »Alle guten Menschen mögen zu Gott für diese armen Sünder beten, die nun ihrem Tod entgegengehen und für die diese große Glocke läutet. Ihr, die ihr zum Tode verurteilt seid, bereut mit Tränen der Trauer. Bittet den Herrn, er möge eure Seelen durch das Blut Christi erlösen, der nun zu seiner Rechten sitzt und für jeden von euch sprechen wird, der reumütig zu ihm zurückkehrt. Der Herr erbarme sich eurer! Christus erbarme sich eurer!«

Der Glöckner gab jedem Gefangenen Blumen und einen Becher Wein. Dann bewegte sich die Prozession Snow Hill hinunter, bog scharf nach links ab, überquerte den Fleetgraben und zog vor den Hügel nach High Holborn hinauf. In den schmalen Gassen unweit der Elendsquartiere von St. Giles kamen sie nur langsam voran. Den ganzen Weg über lagen Zuschauer in den Fenstern und drängten sich auf den Dächern, um einen besseren Blick auf die Verurteilten zu haben. Als die Erregung wuchs, gesellten sich Lebemänner zu der Menge hinzu, die gerade erst von einer nächtlichen Zechtour kamen. Die einzigen Menschen, die jetzt noch arbeiteten, waren die Taschendiebe, die das Beste aus der Gelegenheit machten, solange ihre Beute sich noch auf die Prozession konzentrierte.

Allmählich ließ die Wirkung des Alkohols bei den Verurteilten nach. Wie Bernard de Mandeville erklärte: »Der Mut, den starke Getränke verleihen können, verfliegt, und da sie noch einen beachtlichen Weg vor sich haben, befinden sie sich in Gefahr, sich wieder zu erholen; ohne eine erneute Dosis hat die Nüchternheit sie alsbald wieder. Aus diesem Grunde müssen sie während der Fahrt trinken, und aus diesem Grund halten die Karren drei, vier, ja manchmal ein halbes Dutzend Mal an, bevor sie das Ende ihrer Reise erreichen.« Straßenhändler, die den neuen Import aus Holland verkauften, Gin, rannten neben den Wagen her, doch die Prozession hielt mehrere Male an, entweder an den Häusern von Freunden der Gefangenen oder an Tavernen, die die Verurteilten mit kostenlosen Getränken versorgten, gleichzeitig aber natürlich von der Publicity profitierten. Selbst das Trinken wurde zu einem Teil der Legende von Tyburn. Auf dem Weg zu seiner Hinrichtung ein paar Jahre zuvor hatte der berühmte Straßenräuber Captain Philip Stafford den Zug anhalten lassen, um sich etwas zu trinken zu kaufen, und inzwischen waren diese Pausen zu einer Tradition geworden. Ein unglücklicher Mann hatte einmal auf diese Pausen verzichtet und so die Begnadigung verpasst, die eintraf, nachdem er bereits fünf Minuten am Galgen hing.

Einige der Verurteilten beteten, andere, fast noch Kinder, weinten. Ein 15-jähriger Junge ließ sich von seinem Vater auf dem Karren begleiten. Er hatte ihm den Kopf auf den Schoß gelegt und weinte den ganzen Weg über. Häufig riefen die Passagiere der Karren sowohl Bewunderung als auch Mitleid bei der Menge hervor, womit der Zweck der Hinrichtung als öffentliches Abschreckungsmittel hinfällig war. Die Häufigkeit der Hinrichtungen hatte die Menschen an den Anblick des Todes gewöhnt, sodass er seine Macht verloren hatte, Schrecken hervorzurufen. Stattdessen waren die Hinrichtungen zur »Unterhaltung für den Mob« geworden, zu einer Art riesigen Teegesellschaft. In diesem Augenblick schienen die Kriminellen und die Menge in ihrer Verachtung jedweder Autorität vereint zu sein. Vielleicht lag das daran, dass die neuen Eigentumsgesetze die Strafen im vollkommenen Missverhältnis zum Vergehen hatten ansteigen lassen. Als man sich Mitte des 18. Jahrhunderts dessen bewusst wurde, schlug man vor, die Hinrichtungen fortan auf dem Gefängnisgelände durchzuführen. Wie Fielding es formuliert hat: »Das wäre dann furchtbarer für die Verbrecher selbst, die im Augenblick ihres Todes dann nur von ihren Feinden umgeben wären. Selbst der Kühnste von ihnen würde keine Unterstützung mehr finden, um den Mut zu bewahren.«

Die Prozession endete regelmäßig im Chaos. Am letzten Teil der Route, die geschäftige Oxford Road nach Tyburn an ihrem westlichen Ende entlang, war die Menge besonders dicht und dementsprechend chaotisch. Die Behörden mussten Befreiungsversuche und Aufruhr unterbinden, Schlägereien und Kämpfen ein Ende bereiten, die von jenen angezettelt wurden, die de Mandeville als »die kräftigsten und entschlossensten des Mobs« bezeichnete. Manchmal wurden die Karren in dem Gedränge zurückgelassen, und die Verurteilten mussten das letzte Stück zu Fuß gehen. Verletzungen und selbst der Tod waren durchaus nicht unwahrscheinlich. In der *London Post* stand ein Bericht über die Hinrichtung eines niederländischen Weinhändlers und seiner »vorgeblichen Frau und Hure« zu lesen, die für den Mord an einem gewissen Norris verurteilt worden waren. Am Tag ihrer Hinrichtung »war die Zuschauermenge so groß (…), dass viel Schaden angerichtet worden ist (…). Ein Galgengerüst fiel um, erschlug einen Jungen und verletzte mehrere andere. Einer der Officer des Sheriffs wurde obwohl zu Pferd so sehr bedrängt, dass das Tier auf ihn fiel, und er tot weggetragen wurde, und überall hörte man die Leute *Mörder* schreien.«

Kamen sie durch, rollten die Karren mit den Verurteilten auf den Dreifachbaum zu, das tödliche Niemalsgrün, die dreibeinige Stute, den tödlichen Galgenbaum – die Londoner hatten viele Bezeichnungen für den dreieckigen Holzgalgen, an dem von einer Seite zur anderen acht Leute an jedem Balken hängen konnten, 24 insgesamt. De Saussure beschrieb, wie es weiterging: »Der Kaplan, der die Männer begleitet, befindet sich ebenfalls auf einem Karren. Er betet mit ihnen und lässt sie ein paar Psalmen singen. Dann gestattet man den Verwandten, die Karren zu besteigen und ihren Lieben Lebewohl zu sagen.« Diese Pause gab dem Henker Gelegenheit, den Wert der Gefangenen einzuschätzen, die bald sein Eigentum sein würden. In John Halls Worten: »Er teilte sie in Gruppen ein, um den Verkauf einfacher zu gestalten.«

Der Henker verdiente ungefähr 90 Pfund im Jahr. Diese Summe setzte sich aus einem kleinen festen Gehalt, ›Akkordzuschlägen‹ und den Vergünstigungen zusammen, die seine Arbeit mit sich brachten. Wie de Saussure es formuliert hat: »Die Körper und Kleider der Hingerichteten gehören dem Henker. Wenn die Verwandten sie haben wollen, müssen sie sie ihm abkaufen.« Eine weitere Einkommensquelle des Henkers waren die Körper, auf die niemand Anspruch erhob, die ›ungewollten Leichen‹, die »man an die Chirurgen zum Sezieren verkaufen kann«. Oft gab die Ehrenwerte Gesellschaft der Barbier-Chirurgen noch zusätzliches Trinkgeld, wenn der Henker ihren Dienern half, die Leichen in die Surgeons Hall zu bringen.

Der heftige Alkoholkonsum sorgte für einige recht absurde Augenblicke. Wenn der Zug schließlich Tyburn erreichte, war der Henker aller Wahrscheinlichkeit nach genauso betrunken wie die, die er hängen sollte. Bei einer berüchtigten Gelegenheit war er derart alkoholisiert, dass er dem Geistlichen die Schlinge um den Hals warf, der mit den Verurteilten betete. Der Name des öffentlichen Henkers in den 80er-Jahren des 17. Jahrhunderts, Jack Catch oder Ketch, der das Köpfen des Herzogs von Monmouth vollkommen verpatzt hatte, wurde zum Synonym für Grausamkeit und Inkompetenz. Kinder wurden mit der Mahnung zu bravem Verhalten angehalten, »Sonst holt dich Jack Ketch«. Er wurde sogar als Figur ins Puppentheater aufgenommen. Die Grenze zwischen Henker und Gehenkten war fließend. Mindestens zwei Henker sind bei der Ausübung ihrer Pflicht verhaftet worden. Einer war noch auf dem Weg nach Tyburn, sodass die Gefangenen wieder nach Newgate zurückgebracht werden mussten.

Das Henken konnte mehrere Minuten dauern und war ein qualvoller Tod. Wie Misson festhielt: »Der Henker macht sich nicht die Mühe, sie von ihrem Elend zu befreien; aber ein paar ihrer Freunde und Verwandte tun es für sie. Sie ziehen an den Beinen der sterbenden Person und schlagen ihr auf die Brust, damit sie so rasch wie möglich sterben möge.« Die Menge schaute ehrfurchtsvoll zu, während die sterbenden Männer und Frauen zuckten und sich wanden. Sie jubelten oder stöhnten, je nachdem ob der- oder diejenige populär war oder nicht. Besorgt bemerkte der Ausländer Misson: »Die Engländer lachen über die Empfindsamkeit anderer Völker, die aus dem Henken so eine große Angelegenheit machen.« Das Phänomen provozierte den schwarzen Humor; im Jargon der Unterwelt war das Henken nur ›ein Tritt‹ oder ›ein schiefer Hals mit nasser Hose‹.

Ausländische Beobachter hielten die Engländer nicht für grausam, zumindest nicht an ihren eigenen Standards gemessen. De Saussure war davon beeindruckt, dass »man glaubt, der Tod sei hinreichende Strafe für jedes Verbrechen. Auf Folter verzichtet man.« Nichtsdestotrotz stand auf Hochverrat ein weit furchtbarerer Tod. Der Gefangene wurde nur für ein paar Minuten gehängt; dann schnitt man ihn herunter, weidete ihn aus und hackte ihn anschließend in vier Teile. Sowohl die Viertel als auch der Kopf standen »der Krone zur freien Verfügung.« Im Jahre 1700 bestand allerdings durchaus die Möglichkeit, dass der Henker für den Tod des Gefangenen sorgte, ehe man ihn aufschnitt – natürlich für ein entsprechendes Entgelt.

In John Halls Memoiren findet sich die Übelkeit erregende Beschreibung, wie bestimmte Körperteile in Jack Ketchs Küche in Newgate zur besseren Aufbewahrung konserviert wurden: Rumpf und andere Teile wurden in einen Kessel mit siedendem Pech geworfen. Dann wurden sie herausgeholt und »mit Teer überzogen«. Man nannte dies »seinen letzten Anzug«. Schließlich wurden die Teile an auffälliger Stelle ausgestellt, als ›Stadtaufseher‹, wie Hall es so bissig beschrieb, und als Warnung für andere.

Kaum hatten die gehenkten Männer und Frauen aufgehört zu strampeln, ungefähr 15 bis 20 Minuten, nachdem sie ›ausgeschaltet‹ worden waren, »bricht zwischen jenen, die die Körper der Toten nicht aufgeschnitten haben wollen, und den Boten der Chirurgen ein Streit über den Besitz der Leichen aus«. De Saussure beschreibt diese »äußerst amüsanten Szenen«: »Fäuste fliegen, bevor jene weggebracht werden können, und manchmal werden die Leichen rasch entfernt und begraben. Das Volk gerät auch wohl in Streit darüber, wer denn nun die Leichen zu den Eltern tragen dürfe, welche in Kutschen oder Karren warten.«

Das Royal College of Physicians und die Ehrenwerte Gesellschaft der Barbier-Chirurgen besaßen das Recht auf bis zu zehn kostenlose Verbrecherleichen pro Jahr zum Sezieren. Es gibt Hinweise darauf, dass Vertreter dieser beiden Institutionen nach Newgate fuhren, um sich unter den noch Lebenden bereits die besten Exemplare auszusuchen. Dann gaben sie dem Verwalter noch ein gutes Trinkgeld, um sicherzustellen, dass deren Hinrichtung zufällig mit einer Anatomievorlesung zusammenfiel. Es war von essenzieller Bedeutung, dass es sich um eine frische Leiche handelte. Während die offizielle Leichenquote kaum für diese beiden Institute ausreichte, kümmerte sich überhaupt niemand um den wachsenden Bedarf der privaten Lehrhospitäler, St. Thomas und St. Bartholomew, und der Henker machte manch profitables Nebengeschäft, indem er ihnen Leichen verkaufte, die sonst niemand haben wollte.

In dieser äußerst wettbewerbsorientierten Umgebung stiegen die Kosten für eine Leiche dramatisch an. Auch wenn ihre Arbeit von ungeheurem Wert für die medizinische Wissenschaft war, mussten sich die Chirurgen mit einer Bevölkerung auseinander setzen, die der Überzeugung war, eine Sektion behindere die Auferstehung am Tag des Jüngsten Gerichts.

Die Bücher der Ehrenwerten Gesellschaft der Barbier-Chirurgen geben Aufschluss über die Mühe und die Summen, die sie aufbringen musste, um an Leichen zu kommen:

	£	s.	p.
Trinkgeld des Henkers		2	6
Entgelt für Charles Window für den Transport von vier Leichen von Tyburn dieses Jahr	2	8	
Entgelt für ein Skelett, das mit der Kutsche von St. Giles zur Halle gebracht wurde		2	
Entgelt für die Kirchendiener, die nach Tyburn gegangen sind, um eine Leiche für anatomische Studien abzuholen, sie aber nicht haben bekommen können. Der Mob war zu groß, und es waren zu viele Soldaten dort		13	
Entgelt für den High Constabler der Gemeinde von St. Giles, weil er den Gemeindedienern dabei geholfen hat, eine Leiche zurückzuholen, die ihnen der Mob abgenommen hatte		7	6
Entgelt für den Henker, der uns die Kleider des Toten gebracht hat, die in dem Tumult verloren gegangen sind, und sein Trinkgeld		15	
Entgelt für Mr Babbage, der ein Skelett aus Maldens Knochen zusammengesetzt hat	3	2	
Entgelt für die Gemeindediener, die bei der letzten Hinrichtung verletzt worden sind	4	4	
Entgelt für die Reparatur der Fenster, die beim Abholen der letzten Leiche von Tyburn kaputtgegangen sind		6	

Die Gehenkten erlangten manchmal das Bewusstsein zurück, nachdem man sie vom Galgen geholt hatte, erwachten im Sarg wieder zum Leben oder, am schlimmsten von allem, auf dem Seziertisch. Ein Verbrecher, der als der ›halb gehenkte Smith‹ bekannt war, wurde begnadigt, nachdem er bereits 15 Minuten gehenkt worden war und anschließend immer noch lebte. Er wurde zur Ader gelassen und behandelt, bis er sich wieder erholt hatte, und später schilderte er seine bemerkenswerte Erfahrung.

Er erinnerte sich …

… seinen Schmerz gespürt zu haben, den ihm das Gewicht seines eigenen Körpers verursacht hatte, und seine Sinne waren seltsam verwirrt; alles strebte nach oben. Schließlich sah er ein gleißendes Licht, das wie ein Blitz vor seinen Augen erschien, und in diesem Augenblick spürte er keinen Schmerz mehr. Nachdem man ihn heruntergeschnitten hatte und er wieder zu sich kam, flossen Blut und Sinne wieder in ihre ursprünglichen Kanäle zurück, und er verspürte mit einem Mal einen derart unerträglichen Schmerz, dass er wünschte, man hätte ihn nicht heruntergeholt.

Die größte Schande war bei weitem nicht der Galgen. Anschließend in Ketten aufgehängt zu werden und noch tot so lange dort hängen zu bleiben, bis das Fleisch verfault oder von den Vögeln weggefressen worden war, war die allergrößte Schmach, und Familien und Freunde nahmen große Risiken bei dem Versuch auf sich, ihre so getöteten Lieben ordentlich zu beerdigen. Nachdem sich die Dunkelheit herabgesenkt hatte, traten sie in Konkurrenz zu den Leichenfledderern bei dem illegalen, um nicht zu sagen grausigen Versuch, die Überreste aus den Ketten zu befreien. Die Behörden, die sich derartiger Handlungen durchaus bewusst waren, sicherten die Richtgestelle mit scharfen Nägeln. Die *London Post* berichtete, wie zwei Männer auf

Die letzte Chance für die Verurteilten, ihren Frieden mit Gott und der Gesellschaft zu machen, bevor der Ordinarius von Newgate den Karren anstößt.
(Pepys Library, Magdalene College, Cambridge)

diese Art in Mile End aufgehängt wurden. Viele der zahlreichen Zuschauer waren »ob des furchtbaren Anblicks derart entsetzt, dass sie gezwungen waren, in The Golden Cabbage ein-
zukehren (…), um dort [auf dem Heimweg] einen guten Schluck
die Lebensgeister weckenden Biers zu trinken«.

Seit urdenklichen Zeiten glaubte man, die Leichen der Hingerichteten besäßen mystische Kräfte, die die Gesundheit för-
derten. Bei den in Ketten Aufgehängten fanden unglaubliche
Szenen statt. Ein ausländischer Besucher gab vor, einmal »eine
junge Frau [gesehen zu haben] mit einem Hauch von Schönheit, die bleich und zitternd in die Arme des Henkers fiel und
von diesem verlangte, er solle ihr vor Tausenden von Zuschau-

ern den Busen entblößen und die Hand des Toten darauf legen«. Mütter hoben Kinder zu den Toten empor, die die Hände der Hingerichteten streicheln sollten, weil dies gut für die Gesundheit war. Auch jetzt noch, unter der Herrschaft des rationalen und pragmatischen William III., glaubte man, der ›Totenschweiß‹ der Hingerichteten könne Skrofulose heilen, etwas, das ansonsten nur durch die Berührung des Monarchen zustande kam.

LITERATURVERZEICHNIS

*(Hinweis: Die Textauszüge aus den unten genannten Quellen
hat der Übersetzer aus den Originalausgaben selbst übertragen.)*

Adams, John: *An Essay Concerning Self-Murther* (London, 1700)

Addison: *Selections from Addison's Papers Contributed to the Spectator.* Herausgegeben und mit einer Einleitung sowie Hinweisen versehen von Thomas Arnold (Oxford, 1886)

Akber, Edward (Hrsg.): *The Torment of Protestant Slaves* (London, 1908)

Allen, John: *A full and true account, of the behaviour, confessions, and last dying-speeches of the condemn'd criminals, that were executed at Tyburn, on Friday the 24th May, 1700* (London, 1700)

Allen, Robert J.: *The Clubs of Augustan London* (London, 1933)

Allestree, Richard: *The Whole Duty of Man* (London, 1658)

Anonymus: *The Women's Petition Against Coffee. Representing to Public Consideration the Grand Inconveniencies Accruing to their Sex from the Excessive Use of That Drying, Enfeebling Liquor. By a Well-willer* (London, 1674)

Anonymus: *The Men's Answer to the Women's Petition Against Coffee* (London, 1674)

Anonymus: *The Compleat Servant Maid, or, The Young Maiden's Tutor* (London, 1677)

Anonymus: *The New Whole Duty of Man* (London, 1680)

Anonymus: *Account of the Barbarous Murther of Philip Parry, Esq, committed by Mr Thomas Bond, Near Covent Garden, on Friday night last, being the 15th March, 1700* (London,1700)

Anonymus: *The Present Ill State of the Practice of Physick in this Nation Truly Represented, and Some Remedies Thereof Humbly Proposed to the Two Houses of Parliament by a Member of the College of Physicians* (London, 1702)

Anonymus: *The Necessity and Usefulness of the Dispensaries Lately Set Up by the College of Physicians in London for the Use of the Sick Poor* (London, 1702)

Anonymus: *A Full and True Account of the Discovering, Apprehending and Taking of a Notorious Witch* (London, 1704)

Anonymus: *The London Bawd: With Her Character and Life, Discovering the Various Intrigues of Lewd Women* (London, 1711)

Anonymus (wahrsch. Daniel Defoe): *The History of the Press-Yard Or, a Brief Account of the Customs and Occurrences that Are Put in Practice in that Ancient Repository of Living Bodies Called Newgate etc* (London, 1717)

Anonymus: *Account of Several Workhouses for Imploying and Maintaining the Poor* (London, 1725)

Anonymus (wahrsch. Paul Lorrain, Ordinarius von Newgate): *A Select and Impartial Account of the lives, behaviour, and dying-words of the most remarkable Convicts, from the year 1700* (London, 2. Auflage 1745)

Anonymus: *The Malefactor's Register, or, The Newgate and Tyburn Calendar Containing the Lives, Trials, Accounts of Execution, and Dying Speeches, of the Most Notorious Violators of the Laws of Their Country; Who Have Suffered Death and Other Punishments from 1700, to Lady Day 1779,* 5 Bände (London, 1780)

Anonymus: *Hanging Not Punishment Enough For Murtherers, Highwaymen, and House-Breakers.* Herausgegeben von Basil Montagu (London, 1812)

Appleby, A.: »The Disappearance of Plague: A Continuing Puzzle«, in: *Economic History Review,* 2nd series, 33 (1980)

Aristoteles: *Aristotle's Masterpiece: Or, the Secrets of Generation Displayed in All the Parts Thereof, etc* (London, 1694)

Ashelford, Jane: *The Art of Dress: Clothes and Society 1500–1914* (London, 1996)

Ashton, John: *The Fleet: Its River, Prison and Marriages* (London, 1888)

Ashton, John: *Social Life in the Reign of Queen Anne* (London, 1904)

Ashworth Underwood, E. (Hrsg.): *A History of the Worshipful Society of Apothecaries of London,* Band 1, 1617–1815. Zusammengestellt aus den Aufzeichnungen des verst. Cecil Wall durch den verst. Charles Cameron. Überarbeitet, mit Notizen versehen und herausgegeben von E. Ashworth Underwood (London, 1963)

Astell, Mary: *An Essay in Defence of the Female Sex* (London, 1696)

Astell, Mary: *A Serious Proposal to the Ladies for the Advancement of Their True and Greatest Interests … By a Lover of Her Sex,* Teil 1 (London, 1696)

Astell, Mary: *Some Reflections Upon Marriage* (London, 1706)

Barbeau Gardiner, Anne: »Elizabeth Cellier in 1688 on Envious Doctors and Heroic Midwives Ancient and Modern«; in: *Eighteenth Century Life,* Band 14 (1990)

Barbon, Nicolas: *An Apology for the Builder or a Discourse Shewing the Cause and Effects of the Increase of Building* (London, 1685)

Barbon, Nicolas: *A Discourse of Trade* (London, 1690)

Beattie, J.M.: »The Pattern of Crime in England 1660–1800«; in: *Past and Present,* 72 (1974)

Beattie, J.M.: *Crime and the Courts in England 1660–1800* (Oxford, 1986)

Beer, E.S. de: »The Revocation of the Edict of Nantes and English Public Opinion«, *Proceedings of the Huguenot Society of London*, henceforth HSP, XVIII (1947–52)

Behn, Aphra (zugeschrieben): *The Ten Pleasures of Marriage, and the Second Part, The Confession of the New Married Couple.* Faksimile-Nachdruck, mit einer Einleitung von John Harvey (London, 1922)

Beier, A.L. & Finlay, Roger (Hrsg.): *London 1500–1700: The Making of the Metropolis* (London,1986)

Beloff, M.: *Public Order and Popular Disturbances* 1660–1714 (Oxford, 1938)

Beloff, Max: »A London Apprentice's Notebook 1703–5«, History, XXVII

Bernardi, John: *A Short History of the Life of Major John Bernardi, Written by Himself in Newgate* (London, 1729)

Blackstone, William: *Commentaries on the Laws of England* (London, 1765)

Booth, P.: »Speculative Housing and the Land Market in London 1660–1730«; in: *Town Planning Review*, Band 51, 4 (1980)

Boulton, Jeremy: »London Widowhood Revisited: The Decline of Female Remarriage in the Seventeenth and Early Eighteenth Centuries«; in: *Continuity and Change*, 5 (1990)

Boulton, Jeremy: »Itching after Private Marryings? Marriage Customs in Seventeenth-Century London«; in: *London Journal*, 16 (1991)

Bradley, Rose M.: *The English Housewife in the Seventeenth and Eighteenth Centuries* (London, 1912)

Brewer, John: *The Pleasures of the Imagination: English Culture in the Eighteenth Century* (London,1997)

Bristow, Edward J.: *Vice and Vigilance: Purity Movements in Britain Since 1700* (Dublin, 1977)

Brown, Tom: *Amusements Serious and Comical for the Meridian of London & Letters from the Dead to the Living* (London, 1700; diese Auflage wurde herausgegeben und mit Anmerkungen versehen von A.L. Hayward, London, 1927)

Burford, E.J.: *Wits, Wenchers and Wantons* (London, 1990)

Burford, E.J. & Wotton: Joy, *Private Vices – Public Virtues* (London, 1995)

Burn, John Southerden: *The Fleet Registers. Comprising the History of the Fleet Marriages, and Some Account of the Parsons and Marriage-House Keepers; With Extracts from the Registers* (London, 1833)

Calendar of State Papers, Colonial Series: America and West Indies, 15 May 1696–31 October 1697. Herausgegeben durch den Ehrenwerten J.W. Fortescue (London, 1904)

Calendar of State Papers, Domestic Series: Of the Reign of William III, 1 January 1699–31 March 1700. Herausgegeben von Edward Bateson (London, 1937)

Campbell, Robert: *The London Tradesman* (London, 1747)

Cellier, Elizabeth: *To Dr – An Answer to His Queries, Concerning the Colledg* [sic] *of Midwives* (London, 1688)

Chamberlayne, Edward: *Angliae Notitia, or the Present State of England* (London, 1700)

Chancellor, E.B.: *The Pleasure Haunts of Old London During Four Centuries* (London, 1925)

Chaytor, Miranda: »Husband(ry): Narratives of Rape in the Seventeenth Century«; in: *Gender and History,* Band 7, Nr. 3 (1995)

Child, Sir Josiah: *A New Discourse of Trade* (London, 1694)

Clapham, Sir John: *The Bank of England, A History* (Cambridge, 1944)

Clark, Alice: *Working Life of Women in the Seventeenth Century* (London, 1919; die verwendete Ausgabe wurde herausgegeben und mit einer neuen Einleitung versehen von Amy Louise Erickson, London, 1992)

Clarke, Peter: *The English Alehouse, A Social History 1200–1830* (London, 1983)

Cockburn, J.S. (Hrsg.): *Crime in England, 1550–1800* (London, 1977)

Cook, Harold J.: *The Decline of the Old Medical Regime in Stuart London* (Ithaca und London, 1986)

Cox, Margaret: *Life and Death in Spitalfields 1700 to 1850* (York, 1996)

Crawford, Patricia: »Attitudes to Pregnancy from a Woman's Spiritual Diary«, *Local Population Studies,* 21 (1978)

Crawford, Patricia: »Attitudes to Menstruation in Seventeenth-Century England«; in: *Past and Present,* 91 (1981)

Culpeper, Nicholas: *A Directory for Midwives: Or, a Guide for Women in Their Conception, Bearing and Suckling Their Children* (London, 1693)

Culpeper, Nicholas: *The English Physician* [sic] *Enlarged* (London, 1695)

Cumming, Valerie: *A Visual History of Costume in the Seventeenth Century* (London, 1984)

Cunnington, Phillis & Lucas, Catherine: *Costume for Births, Marriages and Deaths* (London, 1981)

Curtis, Laura A.: »A Case Study of Defoe's Domestic Conduct Manuals Suggested by the Family, Sex and Marriage in England, 1500–1800«; in: *Studies in Eighteenth Century Culture,* 10

Davidson, Caroline: *A Woman's Work Is Never Done, a History of Housework in the British Isles 1650–1950* (London, 1982)

Davis, Dorothy: *A History of Shopping* (London, 1966)

Davison, Lee & Hitchcock, Tim & Keirn, Tim & Shoemaker, Robert B.: *Stilling the Grumbling Hive: The Response to Social and Economic Problems in England 1689–1750* (Stroud, 1992)

Defoe, Daniel: *Minor Single Works. An Essay Upon Projects* (London, 1697)

Defoe, Daniel: *The Poor Man's Plea to All the Proclamations, Declarations, Acts of Parliament, etc, Which Have Been, Or Shall Be Made, or Publish'd, and Suppressing Immorality in the Nation* (London, 1698)

Defoe, Daniel: *The True-Born Englishman: A Satyr* (London, 1700; this edition London, 1997)

Defoe, Daniel: *Minor Single Works. The Danger of the Protestant Religion Consider'd, From the Present Prospect of a Religious War in Europe* (London, 1701)

Defoe, Daniel: *Minor Single Works. The Villainy of Stock Jobbers Detected, And the Causes of the Late Run upon the Bank and Bankers Discovered and Considered* (London, 1701)

Defoe, Daniel: *The Reformation of Manners: A Satyr* (London, 1702)

Defoe, Daniel: *The Levellers: A Dialogue Between Two Young Ladies, Concerning Matrimony* (London, 1703; Harleian Miscellany, vol. 5, 1944)

Defoe, Daniel: *Minor Single Works. A Hymn to the Pillory* (London, 1703)

Defoe, Daniel: *Minor Single Works. A Hymn to Tyburn. Being a Sequel of the Hymn to the Pillory* (London, 1703)

Defoe, Daniel: *Minor Single Works. The Shortest Way with the Dissenters: Or Proposals for the Establishment of the Church* (London, 1703)

Defoe, Daniel: *Minor Single Works. The Shortest Way to Peace and Union* (London, 1703)

Defoe, Daniel: *Giving Alms No Charity, And Employing the Poor* (London, 1704)

Defoe, Daniel: *Minor Single Works. An Enquiry into the Occasional Conformity Bill. Shewing that the Dissenters are No Way Concern'd in it. By the Author of the Preface to Mr Howe* (London, 1704; verwendete Ausgabe von 1929)

Defoe, Daniel: *Minor Single Works. More Short-Ways with the Dissenters* (London, 1704)

Defoe, Daniel: *Minor Single Works. The Anatomy of Exchange Alley; or, a System of Stockjobbing* (London, 1719)

Defoe, Daniel: *The Fortunes and Misfortunes of the Famous Moll Flanders* (1722; die verwendete Ausgabe wurde herausgegeben und mit einer Einleitung versehen durch Juliet Mitchell, London, 1978)

Defoe, Daniel: *Minor Single Works. Religious Courtship* (London, 1722)

Defoe, Daniel: *The Great Law of Subordination Consider'd; or, the Insolence and Unsufferable Behaviour of Servants* (London, 1724)

Defoe, Daniel: *Minor Single Works. General History of the Robberies and Murders of the Most Notorious Pyrates* (London, 1724)

Defoe, Daniel: *Roxana, the Fortunate Mistress* (1724; die verwendete Ausgabe wurde herausgegeben von David Blewett, London, 1982)

Defoe, Daniel: *A Tour through the Whole Island of Great Britain* (1724–6; verwendete Ausgabe London, 1971)

Defoe, Daniel: *Everybody's Business Is Nobody's Business: or, Private Abuses, Public Grievances* (London, 1725)

Defoe, Daniel: *Minor Single Works. Some Considerations upon Street- Walkers. With a Proposal for Lessening the Present Number of Them* (London, 1726)

Defoe, Daniel: *Conjugal Lewdness, or Matrimonial Whoredom* (London, 1727)

Defoe, Daniel: *A Proposal to Prevent Murder, Dishonour and Other Abuses, by Erecting an Hospital for Foundlings in Augusta Triumphans: or, the Way to Make London the Most Flourishing City in the Universe … Concluding with an Effectual Method to Prevent Street Robberies* (London, 1728)

Defoe, Daniel: *Major Single Works. The Complete English Tradesman,* 2 Bände (London, 1732)

Delaune, Thomas: *The Present State of London: or, Memorials Comprehending a Full and Succinct Account of the Ancient and Modern State* (London, 1681)

Dickson, P.G.M. : *The Financial Revolution in England 1688–1756* (London, 1967)

Donnison, Jean: *Midwives and Medical Men, A History of Inter-Professional Rivalries and Women's Rights* (London, 1977)

Duffie, R.E. : »English Florists Societies and Feasts in the Seventeenth and First Half of the Eighteenth Century«; in: *Garden History,* 10 (1982)

Dunlop, O.J. & Denman, Richard D.: *English Apprenticeship and Child Labour: A History* (London, 1912)

Dunton, John: *The Athenian Mercury,* Ausgaben 14, 15, 16, 17 (London, 1692–94)

Earle, Peter: *The World of Defoe* (London, 1976)

Earle, Peter: *The Making of the English Middle Class, Business, Society and Family Life in London, 1660–1730* (London, 1989)

Earle, Peter: *A City Full of People, Men and Women of London, 1650–1750* (London, 1994)

Ellis, Aytoun: *The Penny Universities. A History of the Coffee-Houses* (London, 1956)

Evelyn, John: *Fumifugium: Or the Inconvenience of the Aer and Smoak of London Dissipated. Together with Some Remedies Humbly Proposed by J.E . Esq., to His Sacred Majestie, and to the Parliament Now Assembled* (London, 1661)

Evelyn, John: *Single Works. Acetaria; or a Discourse of Sallets* (London, 1699)

Evelyn, John: *The Diary of John Evelyn.* Herausgegeben und bearbeitet auf der Grundlage des Originals durch William Bray. 2 Bände (London, 1901)

Evelyn, Mary: mit einem Vorwort von John Evelyn, *Mundus Muliebris: or, The Lady's Dressing Room Unlock'd, acrd Her Toilette Spread. Together with the Fop-Dictionary, Compiled for the Use of the Fair Sex* (London, 1690)

Evendon, Doreen: »Mothers and their Midwives in Seventeenth-Century London« in: Marland, Hilary (Hrsg.), *The Art of Midwifery: Early Modern Midwives in Europe* (London, 1933)

Faller, Lincoln B.: »In contrast to Defoe: The Reverend Paul Lorrain, Historian of Crime«, in: Vierteljahresschrift der *Huntington Library,* Band 40 (1976–7)

Faller, Lincoln B.: *Turned to Account: The Forms and Functions of Criminal Biography in the Late Seventeenth and Early Eighteenth-Century England* (Cambridge, 1987)

Fielding, Henry: *An Enquiry into the Causes of the Late Increase of Robbers With Some Proposals for Remedying this Growing Evil, etc* (London, 1751)

Fiennes, Celia: *The Journeys of Celia Fiennes.* Herausgegeben und mit einem Vorwort versehen von Christopher Morris (London, 1947)

Fildes, Valerie (Hrsg.): *Women as Mothers in Pre-Industrial England, Essays in Memory of Dorothy McLaren* (London, 1990)

Firmin, Thomas: *Some Proposals for the Imploying of the Poor, Especially in and about the City of London, and for the Prevention of Begging* (London, 1678)

Firmin, Thomas: *Some Proposals for the Imployment of the Poor, And for the Prevention of Idleness and the Consequence Thereof, Begging* (London, 1681)

Fisher, F.J.: »The Development of London as a Centre of Conspicuous Consumption«; in: *Transactions of the Royal Historical Society,* 4. Reihe, XXX (1948)

Fontaine, Jacques: *A Tale of the Huguenots; or, Memoirs of a French Refugee Family.* Übersetzt und zusammengestellt aus den Originalhandschriften Jacques Fontaines durch einen seiner Nachfahren. Mit einer Einleitung von F.L. Hawkes (New York, 1838)

Forbes, T.R.: »By What Disease or Casualty: the Changing Face of Death in London«; in: *Journal of Historical Medicine,* XXXI

Fox, Celina: *Londoners* (London, 1987)

Fox, George: *The Journal* (London, 1998)

Freke, Elizabeth: *Mrs Elizabeth Freke Her Diary 1671–1714. Edited by Mary Carbery* (Cork, 1913)

Fuller, William: *Mr William Fuller's Trip to Bridewell, With a True Account of His Barbarous Usage in the Pillory … Written by His Own Hand* (London, 1703)

Gay, John: *Trivia; Or, the Art of Walking the Streets of London* (London, 1716)

George, M. Dorothy: *London Life in the Eighteenth Century* (1925; verwendete Ausgabe London, 1992)

Gerard, John: *The Herball or General Historie of Plantes.* Erweitert und bearbeitet durch Thomas Johnson, Bürger und Apotheker, 1633; die verwendete Ausgabe wurde zusammengestellt durch Marcu Woodward (London, 1931)

Gerzina, Gretchen: *Black England, Life Before Emancipation* (London, 1995)

Gillis, John: »Married but not Churched: Plebian Sexual Relations and Marital Nonconfromity in Eighteenth-Century Britain«; in: *Eighteenth Century Life,* 9

Ginsburg, Madeleine: »The Secondhand Clothes Trade 1700–1978«; in: *Costume,* 14 (1980)

Gittings, Clare: *Death, Burial and the Individual in Early Modern England* (London, 1984)

Glass, D.V. : »Notes on the Demography of London at the End of the Seventeenth Century«; in: *Daedallus*, XCVII

Goodenough, Mary: *Fair Warning to the Murderers of Infants Being An Account of the Trial of Mary Goodenough* (London, 1692)

Graunt, John: *Natural and Political Observations Mentioned in a Following Index, and Made Upon the Bills of Mortality … With Reference to the Government, Religion, Trade, Growth, Ayre, and Diseases of the Said City* (London, 1676)

Green, David: *Queen Anne* (London, 1970)

Greenberg, J. : »The Legal Status of the English Woman in Early Eighteenth-Century Common Law and Equity«; in: *Studies in Eighteenth-Century Culture*, 4 (1975)

Griffiths, Arthur: *The Chronicles of Newgate* (London, 1884)

Gwillim, John: *The London Bawd. with her Character and Life etc* (London, 1711)

Gwynn, Robin: »The Arrival of the Huguenot Refugees in England 1680–1705«; in: *HSP*, XXI (1965–70)

Gwynn, Robin D. : *Huguenot Heritage: The History and Contribution of the Huguenots in Britain* (London, 1985)

Gwynn, Robin D. : *Minutes of the Consistory of the French Church of London, Threadneedle Street, 1679–1692* (London, 1994)

Hall, John: *Memoirs of the Right Villanous [sic] John Hall, the Late Famous and Notorious Robber, Penn'd from His Mouth Some Time Before His Death* (London, 1708)

Harding, V. : »Locations of Burials in Early Modern London«; in: *The London Journal*, vol. 14 (1989–91)

Harrison, Henry: *The Last Words of a Dying Penitent* (London, 1692)

Harvey, Gideon: *The Family Physician and the House Apothecary* (London, 1678)

Hatton, Edward: *A New View of London* (London, 1708)

Hay, D. & Linebaugh, P. & Thompson, E.P. (Hrsg.) : *Albion's Fatal Tree: Crime and Society in Eighteenth-Century England* (London, 1975)

Heal, Ambrose: *Signboards of Old London Shops* (London, 1947)

Hibbert, Christopher: *The Roots of Evil: A Social History of Crime and Punishment* (London, 1963)

Hill, Bridget: *Eighteenth-Century Women, an Anthology* (London, 1984)

Hill, Bridget: *Women, Work, and Sexual Politics in Eighteenth-Century England* (Oxford, 1989)

Hitchcock, Tim: »Paupers and Preachers: the SPCK and the Parochial Workhouse Movement«; in: *Chronicling Poverty*, Tim Hitchcock u.a. (Hrsg.) (Basingstoke, 1997)

Hitchcock, Tim & King, Peter & Sharpe, Pamela (Hrsg.) : *Chronicling Poverty; The Voices and Strategies of the English Poor, 1640–1840* (Basingstoke, 1997)

Hole, Christina: *English Home Life, 1500–1800* (London, 1947)

Hole, Christina: *The English Housewife in the Seventeenth Century* (London, 1953)

Hooke, Nathaniel: *An Account of the Conduct of the Dowager Duchess of Marlborough*, etc. (London, 1742)

Houblon: *Lady Alice Archer, The Houblon Family*, vol. 1 (London, 1907)

Houlbrooke, Ralph: *English Family Life 1576–1716* (Oxford, 1988)

Houlbrooke, Ralph (Hsrg.): *Death, Ritual and Bereavement* (London, 1989)

Howson, G. : *Thief-Taker General: The Rise and Fall of Jonathan Wild* (London, 1970)

Huguenot Society of London: *Estat d' Assistance reglées par le comité Protestants françois réfugiés,* 3 fevrier 1701, ms. 15

Huguenot Society of London: Quarto Series 2, *The Registers of the French Church, Threadneedle Street, London,* Band III, 1686–1714. Herausgegeben von T.C. Colyer-Fergusson (Aberdeen, 1906)

Huguenot Society of London: *The Registers of La Patente de Soho, 1689–1782,* Quarto Series, vol. 45. Herausgegeben von Susan Miner (Frome, 1956)

Hunt, Margaret: »Wife Beating, Domesticity and Women's Independence in Eighteenth-Century London«, in: *Gender and History,* Band 4, Nr. I (Frühling 1992)

Inwood, Stephen: *A History of London* (London, 1998)

Jackson, Francis (alias Dixie) : *Jackson's Recantation; or, the Life and Death of the Notorious Highwayman now Hanging in Chains at Hampstead* (London, 1674)

Jeaffreson, John Cordy: *Brides and Bridals* (London, 1872)

Jenkins, Simon: *The Selling of Mary Davies and Other Writings* (London, 1993)

Joceline, Elizabeth: *The Mother's Legacy to Her Unborn Child* (London, 1894)

Johnson, Charles (Pseudonym von Daniel Defoe): *A General History of the Robberies and Murders of the Most Notorious Pirates* (London, 1724)

Josselin, Ralph: *The Diary of Ralph Josselin 1616–1683.* Herausgegeben von Alan Macfarlane (London, 1976)

King, Gregory: *Natural and Political Observations and Conclusions Upon the State of England, 1696.* Herausgegeben von George E. Barnett (London, 1936)

Kiple, Kenneth F. (Hrsg.): *Plague, Pox and Pestilence* (London, 1997)

Kramer, F.J.L. (Hsrg.): *Archives ou correspondance inedité de la maison d' Orange-Nassau,* 3. Reihe 1689–1702, 3 Bände (Leiden, 1907–09)

Landers, J.: »Mortality and the Metropolis: the case of London 1675–1825«, *Population Studies,* 41 (1987)

Landers, J.: *Death and the Metropolis, Studies in the Demographic History of London, 1670–1830* (Cambridge, 1993)

Landers, J. & Mouzas, A.: »Burial Seasonality and the Causes of Death in London 1670–1819«; in: *Population Studies,* 42 (1988)

Laurence, Anne: »Godly Grief: Individual Responses to Death in Seventeenth-Century Britain'; in Houlbrooke, R. (Hsrg.), *Death, Ritual and Bereavement* (London, 1989)

Laurence, John: *A History of Capital Punishment* (London, 1935)

Lemire, Beverly: »Consumerism in Pre-industrial and Early Industrial England: the Trade in Second-hand Clothes«; in: *Journal of British Studies,* 27 (1988)

Lemire, Beverly: »The Theft of Clothes and Popular Consumerism in Early Modern England«; in: *Journal of Social History,* Band 24, Nr. 2 (1990)

Lillywhite, Bryant: *London Coffee Houses* (London, 1963)

Lindsay, Jack: *The Monster City, Defoe's London, 1688–1730* (London, 1978)

Linebaugh, Peter: »The Tyburn Riot Against the Surgeons«; in: May, D. & Linebaugh, P. & Thompson, E.P. (Hrsg.), *Albion's Fatal Tree* (London, 1975)

Linebaugh, Peter: *The London Hanged, Crime and Civil Society in the Eighteenth Century* (London, 1991)

Litten, Julian: T*he English Way of Death, the Common Funeral Since 1450* (London, 1991)

Llewellyn, Nigel: *The Art of Death, Visual Culture in the English Death Ritual c. 1500–c. 1800* (London, 1991)

Locke, John: *A Letter Concerning Toleration* (Oxford, 1691)
[Dt: *Ein Brief über Toleranz,* Hamburg 1996]

Locke, John: *Two Treatises of Government* (London, 1821)
[Dt: *Zwei Abhandlungen über die Regierung,* Frankfurt 1977]

Locke, John: *How to Bring Up Your Children, Being Some Thoughts on Education* (1693; verwendete Ausgabe London, 1902)[Dt: *Gedanken über Erziehung,* Ditzingen]

London, II: Civic and Municipal Institutions, Sessions; in: *The Complete Proceeding of the King's Commission of the Sessions of the Peace, of Oyer and Terminer, and of Gaol Delivery* (London, 1684–1710)

London. Appendix, Miscellaneous, *The Petition of Widows, in and about London and Westminster for a Redress of Their Grievances* (London, 1693)

London: Appendix, Miscellaneous, *The Petition of the Ladies of London and Westminster to the Honourable House for Husbands* (London, 1693)

London, III: Miscellaneous Institutions, Societies, and Other Bodies, Royal College of Physicians. *Pharmacopoea Londinensis, Or, the New London Dispensatory.* Fünfte, durchgesehene und kommentierte Auflage, hrsg. von William Salmon (London, 1696)

London, III: Miscellaneous Institutions, Societies, and Other Bodies, Societies for the Reformation of Manners. *A Sixth Black List of the names ... of... persons, who by the endeavours of a Society for promoting a Reformation of Manners in the City of London ... have been ... prosecuted and convicted, etc.* (London, 1700)

London. Appendix: Miscellaneous, *Proclamations Relating to the City of London* (London, 1700)

London, II: Civic and Municipal Institutions, Sessions, Abney, Mayor. *Order of the Court of Quarter Sessions as to the hours at which Vintners and others keeping Public Houses within the City of London and its Liberties shall close the same: dated January 10, 1700* (London, 1700)

London, III: Miscellaneous Institutions, Societies, and Other Bodies, Charity Schools, *An Account of the Methods Whereby the Charity Schools Have Been Erected and Managed, and of the Encouragement Given to Them* (London, 1705)

London, II. Civic and Municipal Institutions, Governors for the Poor, *An Account of the Corporation of the Poor of London; Shewing the Nature, Usefulness and Management of the Work-house in Bishopsgate Street* (London, 1713)

London. Appendix: Miscellaneous, *A View of London and Westminster. or, the Town Spy ... Containing an Account of the Customs ... of the People in the Several Most Noted Parishes. By a German Gentleman* (London, 1725)

The London Gazette

The London Post With Intelligence Foreign and Domestic

Lorrain, Paul: The Ordinary of Newgate; in: *Accounts of the Behaviour, Confessions, and Dying Speeches of the Condemn'd Criminals (otherwise referred to as Malefactors) that Were Executed at Tyburn.* diverse Eintragende von 1700/01–1718. Katalogisiert in der British Library unter: Cup. 645.e.1. etc., 515.l.2 etc. sowie 1852.d.4

Lorrain, Paul: *The Ordinary of Newgate, His Account of the Behaviour, Confessions, and Dying-words of Captain W. Kidd, and other Pirates, that were executed ... May 23, 1701* (London, 1701)

Lorrain, Paul: *The Ordinary of Newgate His Account of the Life, Birth, Death and Parentage of John Hall, Richard Low, Stephen Bunch, William Davis and Joseph Monifano, Five Notorious Thieves and Housebreakers, etc* (London, 1707)

Lorrain, Paul: *The Whole Life and Conversation, Birth, Parentage and Education of Deborah Churchill* (London, 1708)

Lorrain, Paul: *The Ordinary of Newgate His account of the Behaviour, Confession, and Last Dying Speech of G. Skelthorp ... executed ... 23 March, 1708/9* (London, 1708/9)

Lorrain, Paul: *The Ordinary of Newgate, The Case of Paul Lorrain ... Humbly Offer'd to the House of Commons* (London, 1712)

Luttrell, Narcissus: *A Brief Historical Relation of State Affairs from September 1678 to April 1714* (Oxford, 1857)

MacDonald, Michael: *Mystical Bedlam, Madness, Anxiety and Healing in Seventeenth-Century England* (Cambridge, 1981)

MacDonald, M. & Murphy, T. : *Sleepless Souls: Suicide in Early Modern England* (Oxford, 1990)

Macfarlane, Alan: *The Family Life of Ralph Josselin a Seventeenth Century Clergyman* (Cambridge, 1970)

Macfarlane, Alan: *Marriage and Love in England. Modes of Reproduction 1300–1840* (Oxford, 1986)

Malcolm, J.P.: *Anecdotes of the Manners and Customs of London during the Eighteenth Century* (London, 1808)

Mandeville, Bernard de: *The Fable of the Bees: Or, Private Vices, Public Benefits* (London, 1714)

Mandeville, Bernard de: *A Modest Defence of Public Stews* (1724; verwendete Ausgabe mit einer Einleitung von Richard I. Cook, Los Angeles, 1973)

Mandeville, Bernard de: *The Virgin Unmask'd: or Female Dialogues Betwixt an Elderly Maiden Lady and Her Niece ... on Love, Marriage, Morals, etc of the Times* (London,1724)

Mandeville, Bernard de: *An Enquiry into the Causes of the Frequent Executions at Tyburn; and a Proposal for Some Regulations Concerning Felons in Prison* (London, 1725)

Markham, G.: *The English House- Wife, Containing the Inward and Outward Vertues Which Ought to Be in a Compleat Woman, etc* (London, 1664)

Marty, Diana de: »Some aristocratic clothing accounts of the Restoration Period in England«; in: *Waffen und Kostümkunde*, vol 1976

Marty, Diana de: »Fashionable Suppliers 1660–1700: Leading Tailors and Clothing Tradesmen of the Restoration Period«; in: *The Antiquaries Journal*, vol. LVIII (1979)

Masters, Betty R.: *The Public Markets of the City of London Surveyed by William Leybourne in 1677* (London, 1974)

Mauriceau, François: *The Accomplisht Midwife, Treating of the Diseases of Women With Child, and in Child-bed*. Übersetzt und mit Anmerkungen versehen von H. Chamberlen (London, 1675)

Mauriceau, François: *The Diseases of Women with Child, and in Child-bed*. Übersetzt von Hugh Chamberlen (London, 1697)

McCray Beier, Lucinda: *Sufferers and Healers: The Experience of Illness in Seventeenth-Century England* (London, 1987)

McKendrick, N. & Brewer, J. & Plumb, J.H.: *The Birth of a Consumer Society; the Commercialization of Eighteenth-Century England* (London, 1982)

McLaren, Dorothy: »Marital Fertility and Lactation 1570–1720«; in: Prior, Mary (Hrsg.), *Women in English Society 1500–1800* (London, 1985)

Meldrum, T.: »A Woman's Court in London. Defamation at the Bishop of London's Consistory Court 1700–1745«; in: *London Journal,* 19 (1) (1994)

Meneffe, Samuel Pyeatt: *Wives for Sale, an Ethnographical Study of British Popular Divorce* (Oxford, 1981)

Merryman, Tom: *The Matchless Rogue: Or, an Account of the Contrivances, Cheats, Stratagems and Amours of Tom Merryman, Commonly Called Newgate Tom* (London, 1725)

Miege, Guy: *The New State of England under our Present Monarch, King William III* (London, 1701)

Misson, Henri: *Memoirs and Observations in His Travels Over England* (1698; übersetzt von Mr Ozell, London, 1719)

Mordaunt, Colonel Harry (ebenfalls Bernard de Mandeville zugeschrieben): *A Modest Defence of Public Stews; Or, an Essay upon Whoring, As It Is Now Practis'd in these Kingdoms* (Glasgow, 1730) ,

Morley, Henry: *Memoirs of Bartholomew Fair* (London, 1880)

Morris, Christopher (Hrsg.): *The Journeys of Celia Fiennes* (London, 1947)

Muralt, Beat Louis de: *Letters Describing the Character and Customs of the English and French Nations* (London, 1726)

Newcome, Henry: *The Compleat Mother: Or an Earnest Perswasive to All Mothers (Especially Those of Rank and Quality) to Nurse Their Own Children* (London, 1695)

N.H.: *The Compleat Tradesman: or the Exact Dealer's Daily Companion ... Composed by N.H., Merchant in the City of London* (London, 1684)

N.H.: *The Ladies Dictionary, Being a General Entertainment for the Fair Sex* (London, 1694)

O'Day, R.: *Education in Society 1500–1800: Social Foundations of Education in Early Modern Britain* (London, 1982)

Orne, J. (Hrsg.) (Verfasser wahrsch. John Dunton): *The Nightwalker or Evening Rambles in Search of Lewd Women with the Conference Held with Them* (London, 1696)

Outhwaite, R.B.: »Age at Marriage in England from the Late Seventeenth to the Nineteenth Century«; in: *Transactions of the Royal Historical Society,* 23 (1973)

Outhwaite, R.B. (Hrsg.): *Marriage and Society, Studies in the Social History of Marriage* (London, 1981)

Papali, George Francis: *Jacob Tonson, Publisher: His Life and Work (1656-1736)* (Auckland, 1968)

Payne, William L. (Hrsg.): *The Best of Defoe's Review, An Anthology* (New York, 1951)

Pechey, John: *A General Treatise of the Diseases of Maids, Bigbellied Women, Child-bed Women, and Widows, Together with the Best Methods of Preventing or Curing the Same* (London, 1696)

Pechey, John: *The Compleat Midwife's Practice Enlarged* (London, 1698)

Peltzer, J. & Peltzer, L.: »The Coffee Houses of Augustan London«; in: *History Today* (Oktober 1982)

Pepys, Samuel: *The Shorter Pepys.* Ausgewählt und herausgegeben von Robert Latham (London, 1990)

Plumb, J.H.: »The New World of Children in Eighteenth-Century England«, *Past and Present,* 67

Pollock, Linda A.: *Forgotten Children: Parent-Child Relations from 1500–1900* (Cambridge, 1983)

Porter, Roy: *Disease, Medicine and Society in England, 1550–1860* (Basingstoke, 1987)

Porter, Roy: *London, A Social History* (London, 1994)

Porter, Roy & Hall: Lesley, *The Facts of Life; The Creation of Sexual Knowledge in Britain, 1650–1950* (New Haven und London, 1995)

Porter, Stephen: »Death and Burial in a London Parish; St Mary Woolnoth 1653–99«; in: *London Journal,* Band 8, Nr. 1 (1982)

The Post Boy

The Post Man and the Historical Account

Prideaux, Humphrey: *The Care of Clandestine Marriages Stated, Wherein Are Shown the Causes from whence this Corruption A Ariseth, and the True Methods Whereby It May Be Remedied* (1691, Harleian Miscellany, Band 1, 1944)

Prior, Mary (Hrsg.): *Women in English Society 1500–1800* (London, 1985)

Reddaway, Thomas Fiddian: *The Rebuilding of London after the Great Fire* (London, 1940)

Ritchie, Robert C.: *Captain Kidd and the War Against the Pirates* (Cambridge, Mass. und London, 1986)

Rose, Craig: »Evangelical Philanthropy and Anglican Revival: the Charity Schools of Augustan London 1698–1740«; in: *London Journal,* Band 16, Nr. 1 (1991)

Rumbelow, Donald: *The Triple Tree: Newgate, Tyburn and the Old Bailey* (London, 1982)

Salmon, William: *The Compleat English Physician: Or the Druggist's Shop Opened* (London, 1693)

Saussure, César de: *A Foreign View of England in the Reign of George I and George II. The Letters of Monsieur Cesar de Saussure to his Family.* Übersetzt und herausgegeben durch Madame van Myden (London, 1902)

Schofield, Roger: »Did the Mothers Really Die?«; in: Bonfield, L. & Smith, R. & Wrightson, K. (Hrsg.), *The World We Have Gained* (Oxford, 1986)

Schorrenberg, Barbara Brandon: »Is Childbirth any Place for a Woman? The Decline of Midwifery in Eighteenth-Century England«; in: *Studies in Eighteenth Century Culture,* 10 (1981)

Scott Thomson: Gladys, *Life in a Noble Household 1641–1700* (London, 1937)

Sermon, William: *The Ladies Companion, or the English Midwife* (London, 1671)

Sharp, Jane: *The Midwives Book, Or the Whole Art of Midwifery Discovered* (London, 1671)

Sharpe, J.A.: *Crime in Early Modern England, 1550–1750* (London, 1984)

Sharpe, J.A.: »Last Dying Speeches: Religion, Ideology, and Public Execution in Seventeenth-Century England«; in: *Past and Present,* 107 (1985)

Sheehan, W.J.: »Finding Solace in Eighteenth-Century Newgate«; in: J.S. Cockburn (Hrsg.), *Crime in England 1500–1800* (London, 1977)

Sheppard, F.H.W.: »The Huguenots in Spitalfields and Soho«; in: *HSP,* XXI (1965–70)

Sherlock, William, Dekan der St Paul's Cathedral: *A Practical Discourse Concerning Death* (London, 1699)

Shesgreen, Sean: *The Cries and Hawkers of London* (London, 1990)

Shirren, A.J.: *Daniel Defoe in Stoke Newington* (London, 1960)

Shyllon, Folarin: *Black People in Britain, 1555–1833* (London, 1977)

Singleton, Robert R.: »Defoe, Moll Flanders and the Ordinary of Newgate«; in: *Harvard Library Bulletin,* 24 (1976)

Slack, P.: »The Disappearance of Plague; an Alternative View«; in: *Economic History Review,* 2nd series, 34 (1981)

Sloan, A.W.: *English Medicine in the Seventeenth Century* (Durham, 1996)

Smith, Captain Alexander: *The Complete History of the Lives and Robberies of the Most Notorious Highwaymen, Footpads, Shoplifts, and Cheats of Both Sexes, 1714–19* (London, 1719; verwendete Ausgabe mit einem Vorwort von A.L. Hayward, London, 1933)

Smith, Steven R.: »The London Apprentices as Seventeenth Century Adolescents«; in: *Past and Present,* 61 (November 1973)

Speck, W.: »The Societies for the Reformation of Manners: a Case Study in the Theory and Practice of Moral Reform«; in: *Literature and History,* 3 (1976)

Stone, Lawrence: *The Family, Sex and Marriage in England 1500–1800* (London, 1990)

Stone, Lawrence: *Uncertain Unions and Broken Lives: Marriage and Divorce in England 1660–1857* (Oxford, 1995)

Stone, Lawrence: *The Road to Divorce: A History of the Making and Breaking of Marriage in England* (Oxford, 1995)

Stow, John: *A Survey of the Cities of London and Westminster … Brought Down from the Year 1633 … to the Present Time by John Strype* (London, 1720)

Styles, J. & Brewer, S.: *An Ungovernable People: The English and Their Law* (London, 1980)

Swift, Jonathan' Dean of St Patrick's: *Directions to Servants* (London, 1745) [Dt: *Anweisungen für Dienstboten,* Frankfurt 1990]

Swift, Jonathan' Dean of St Patrick's: *Gulliver's Travels and Selected Writings in Prose and Verse.* Herausgegeben von John Hayward (London, 1990) [Dt: *Gullivers Reisen*]

Tanner, Dr. Anodyne: *The Life of the Late Celebrated Mrs Elizabeth Wisebourn, Vulgarly Call'd Mother Whybourn ... Together with her Last Will and Testament* (London, 1721)

Thomas, Keith: *Religion and the Decline of Magic* (London, 1973)

Thornton, P.: *Seventeenth-Century Interior Decoration in England, France and Holland* (London und New Haven, 1978)

Thornton, P. & Rothstein, N.: »The Importance of the Huguenots in the London Silk Industry«; in: *HSP,* XX (1958–64)

Thorold, Peter: *The London Rich: The Creation of a Great City from 1666 to the Present* (London, 1999)

Thorp, M.R.: »The Anti-Huguenot Undercurrent in Late Seventeenth Century England«; in: *HSP,* XXII (1970–76)

Timbs, John: *Clubs and Club Life in London* (London, 1908)

Trenchfield, Caleb: *The Father's Counsel to His Son, An Apprentice in London* (London, 1678)

Ukawsaw Gronniosaw, James Albert: *A Narrative of the Most Remarkable Particulars in the Life of James Albert Ukawsaw Gronniosaw, An African Prince, as Related by Himself.* Mit einer Einleitung von W. Shirley (Bath, 1770)

Verney, Margaret M.: *Memoirs of the Verney Family from the Restoration to the Revolution 1660 to 1696* (London, 1899)

Verney, Margaret Maria, Lady (Hrsg.): *Verney Letters of the Eighteenth Century from the Mss. at Claydon House,* Band 1 (London, 1930)

Von Uffenbach, Zacharias Conrad: *London in 1710.* Übersetzt und herausgegeben von W.H. Quarrell & Margaret Mare (London, 1934)

Walker, R.B.: »Advertising in London Newspapers 1650–1750«, *Business History,* 15, Nr. 2 (1973)

Waller, W.C.: »Early Huguenot Friendly Societies«, *HSP,* VI (1898–1901)

Waller, W.C. (Hrsg.): »Extracts from the Court Books of the Weavers Company of London, 1610–1730«, *Huguenot Society of London Quarto Series Publications, henceforth HSQS,* vol. 33 (1931)

Ward, Ned: *The London Spy: The Vanities and Vices of the Town Exposed to View.* Herausgegeben und mit Anmerkungen versehen durch Arthur L. Hayward (London, 1927)

Weatherill, Lorna: »A Possession of One's Own: Women and Consumer Behaviour in England, 1660–1740«; in: *Journal of British Studies,* 25 (1986)

Weatherill, Lorna: *Consumer Behaviour and Material Culture in Britain, 1660 –1760* (London, 1988)

West, Richard: *The Life and Surprising Adventures of Daniel Defoe* (London, 1997)

Willis, Richard, späterer Bischof von Gloucester, Salisbury und Winchester: *A Sermon Preach'd at the first meeting of the gentlemen concern'd in promoting the charity schools ... of London etc.* (London, 1704)

Wilson, Adrian: *The Making of Man-Midwifery, Childbirth in England 1660 –1770* (London, 1995)

W.M.: *The Queen's Closet Open'd* (London, 1696)

Woolley, Hannah: *The Cook's Guide: or Rare Receipts for Cookery* (London, 1664)

Woolley, Hannah: *The Ladies Delight: or a Rich Closet of Choice Experiments and Curiosities* (London, 1672)

Woolley, Hannah: *The Gentlewoman's Companion; or, a Guide to the Female Sex: Containing Directions of Behaviour in All Places* (London, 1682)

Woolley, Hannah: *The Queen-like Closet; or, Rich Cabinet* (London, 1684)

Woolley, Hannah: *The Accomplish'd Ladies Delight in Preserving, Physic, Beautifying, and Cookery, etc* (London, 1686)

Wrigley, E.A.: »A Simple Model of London's Importance 1650–1750«; in: *Past and Present,* 37 (1967)

Zee, Van der, Henri & Barbara: *William and Mary* (London, 1973)

Zell, Michael: »Suicide in Pre-Industrial England«, *Social History,* 11 (1986)

REGISTER